Helmut Höfling

Der große Applaus

Zweitausend Jahre Theater

ENSSLIN & LAIBLIN VERLAG REUTLINGEN

Abbildungen auf dem Schutzumschlag:
Die Radierung von Jan Punt (oben links) zeigt ein Szenenbild zu einem Amsterdamer Theater im 18. Jahrhundert (Archiv für Kunst und Geschichte). Daneben das Amphitheater von Ostia Antica (dpa). In der mittleren Reihe Bertholt Brechts »Mutter Courage« in einer Inszenierung des »Berliner Ensembles« in Ost-Berlin (dpa); daneben eine tragische griechische Theatermaske aus dem 5. oder 4. Jahrhundert v. Chr. (Archiv für Kunst und Geschichte); rechts außen Goethes »Torquato Tasso«, aufgeführt vom Renaissance-Theater Berlin (dpa). Unten links der berühmte französische Pantomime Marcel Marceau und rechts die Salzburger »Jedermann«-Aufführung von 1976, mit Curd Jürgens als Jedermann und Senta Berger als Buhlschaft (beide Fotos dpa).

1. – 10. Tausend

 Satz: ensslin-typodienst. Reproduktion/Schutzumschlag: SKS-Repro GmbH, Walddorfhäslach. Reproduktion/Innenteil: Grafische Kunstanstalt Willy Berger, Stgt.-Feuerbach. Druck: W. Kohlhammer GmbH, Stuttgart. Bindearbeiten: Heinrich Koch, Tübingen. Printed in Germany. ISBN 3-7709-0649-7

INHALTSVERZEICHNIS

KULT UND MIMUS

VON ATHEN NACH ROM

VERDAMMUNG UND WIEDERAUFERSTEHUNG

BLÜTEZEIT IN SPANIEN UND ENGLAND

ITALIENISCHE TYPEN UND FRANZÖSISCHE CHARAKTERE

VORHANG AUF FÜR DAS DEUTSCHE THEATER

WEIT IM OSTEN – HOCH IM NORDEN

QUER DURCH DIE NATIONEN IN DIESEM JAHRHUNDERT

Kult und Mimus

Theater ist die innere Stimme der Völker

Am 24. August 79 nach Christus verschüttete der Vesuv die antike Stadt Pompeji, während dort gerade im Amphitheater eine Vorstellung stattfand. Als nach den Ausgrabungen im Jahre 1862 der Theaterbetrieb wieder aufgenommen wurde, erließ der Direktor, Antonio Langini, folgende Einladung:

»Das Stadttheater in Pompeji wird am kommenden Sonntag mit der Oper ‚Die Regimentstochter' von Donizetti wieder eröffnet werden, nachdem unter der Direktion meines Kollegen, des Herrn Quintus Martius, zuletzt ‚Die Trojanerinnen', ein Trauerspiel von Seneca, gegeben worden und seitdem die Vorstellungen fast achtzehnhundert Jahre unterblieben sind. Ich bitte einen hohen Adel und ein verehrungswürdiges Publikum, die meinem Vorgänger bewiesene Gunst auf mich zu übertragen. Ich werde mich bemühen, meinen Spielplan des seinen würdig zu gestalten.«

Wer möchte da nicht begeistert in den alten Ruf mit einstimmen: »Das Theater ist tot – es lebe das Theater!«

Das trifft jedoch nicht nur für das Theater von Pompeji zu. Unter diesem Schlagwort könnte man auch die seit vielen Jahren geführte öffentliche Diskussion um die Abschaffung oder Erhaltung einer jahrhundertealten Institution zusammenfassen, wie dies hinreichend deutlich wird in täglich wiederkehrenden Fragen über den heutigen Publikumsgeschmack, die Theatermüdigkeit im Fernsehzeitalter, neue Theaterbauten, subventioniertes Theater, Besetzung von Spitzenpositionen in der Theaterhierarchie, Glück und Elend des Schauspielerberufes, modernes oder traditionelles Theater.

Oft schon hat man das Theater totgesagt – und immer noch ist es quicklebendig und wird es auch bleiben.

Wie aus der kurzen Meldung über Pompeji hervorgeht, hat es bereits in der Antike Theater gegeben. Seine Ursprünge aber liegen noch viel weiter zurück, denn das Theater dürfte ungefähr so alt sein wie das Menschengeschlecht. Jedenfalls kennen wir aus der Erforschung der menschlichen Geschichte kein Gemeinschaftsleben ohne Theater, gleich welcher Art und Bedeutung.

Das Theater gehört somit zum Wesen des Menschen schlechthin und ist demnach allen Menschen eigen, also nicht nur einer bestimmten Adels- oder Bildungsschicht oder gar der Finanzaristokratie. Jeder Mensch ist auf seine Weise ein Schauspieler und hat das Verlangen, »außer sich« zu sein. Spielen wir nicht alle im täglichen Leben immer wieder »Theater«?

Viel bedeutsamer jedoch ist die Eigenschaft des Menschen, sich auf der kleinsten, unsichtbarsten Bühne der Welt selbst Theater vorzuspielen, einer Bühne, auf der das einzelne Individuum zugleich als Dramatiker und Regisseur, als Schauspieler und Bühnenbildner wirkt — ja, es wirkt in diesem winzigen Theater erst recht auch als Publikum. Bei fast allen Auseinandersetzungen über das merkwürdige Phänomen Theater wird die winzige Bühne in der eigenen Brust des Individuums vergessen. Sie aber war und blieb die Keimzelle jeglichen Theaters.

Was aber ist Theater?

»Auf dem Theater spricht ein Volk mit sich selbst, hier macht es sich Vorwürfe, ist es verzweifelt, begeistert oder verwirrt«, hat der Dramatiker Günther Weisenborn (1902—1969) einmal gesagt. »Im Gegensatz zum Parlament ist das Theater die innere Stimme der Völker. Der Traum wird zur Gestalt im Kostüm, die eigene Sehnsucht wird Dialog, die eigene Hoffnung wird Handlung. Der unaufhörliche Zug der Masken, die seit Jahrhunderten über die Bühnen ziehen, hat unser Volk verwandelt, sei es Cid, Ödipus, Hamlet, Lulu oder Galilei. Theater: Das kann Operationssaal sein, Baumschule, Blumengarten und Lachkabinett, aber immer ist es ein Ort der Veränderung.«

Anlaß für diese Stellungnahme Weisenborns war die Herausgabe einer Festschrift zur Eröffnung des neuen Nationaltheaters Mannheim am 13. Januar 1957, dem 175. Jahrestag der Uraufführung von Schillers »Die Räuber«. Wenige Monate zuvor hatte der Herausgeber an alle namhaften Bühnenautoren des In- und Auslandes folgende Fragen gerichtet, die auf den Sinn des Theaters in unserer Zeit hinzielten:

1. Soll das Theater zu seinen kultischen Ursprüngen zurückkehren oder mehr als ein Instrument der Aufklärung und des Fortschritts bemüht sein um die Verbesserung der menschlichen Zustände?
2. Halten Sie den Appell an die Vernunft für die wichtigste Aufgabe oder mehr die ins Religiöse tendierende Darstellung irrationaler Schicksale und Bezüge?
3. Wollen Sie das Publikum zur Aktion aufrufen oder das Verstehen und Verzeihen menschlicher Schwächen durch die Beispiele der Bühne fördern?
4. Worin erblicken Sie den gefährlichsten Feind der Menschheit in unserer Zeit?

Diese Fragen mit ihrem vornehmlich provokatorischen Charakter waren als Anregung zu einer persönlichen Stellungnahme oder einem Bekenntnis ge-

Rechts: Im Jahre 1600 ist Shakespeares »Hamlet« entstanden. Der Kupferstich von Daniel Chodowiecki zeigt eine Berliner Aufführung des Jahres 1778.

dacht, und die Antworten darauf zeichneten in ihrer Gesamtheit ein sehr aufschlußreiches Bild der Dramatik in der Mitte des 20. Jahrhunderts.

Wie nicht anders zu erwarten, spiegeln die Antworten die unterschiedlichen Haltungen und Charaktere der Dramatiker wider. So schrieb beispielsweise Thomas Stearns Eliot (1888–1965), der eine Erneuerung des Dramas durch Verssprache anstrebte, um damit eine Ausdrucks- und Kommunikationsform für die christliche Ordnung zu schaffen, der er sich mit seinen religiös-zeitkritischen Stücken verpflichtet fühlte: »Ich habe mit Ihren Fragen . . . beträchtliche Schwierigkeiten . . . Zum Beispiel fragen Sie: ‚Soll das Theater zu seinem kultischen Ursprung zurückkehren, oder soll es ein Instrument von Aufklärung und Fortschritt sein?' Ich fühle mich nicht wohl bei der darin liegenden Antithese von Religion und Fortschritt. Ich möchte sagen, das Theater hat von Zeit zu Zeit nötig, zu seinen kultischen Ursprüngen zurückzukehren, so wie der Riese Antaeus seine Kräfte durch die Berührung mit seiner Mutter, der Erde, erneuern mußte. Denn ich glaube nicht, daß es sich unser modernes Theater leisten kann, irgendeinem Ideal zuzustreben, sei es das der griechischen Bühne oder das einer anderen großen Epoche des Dramas in der Vergangenheit in irgendeiner Sprache. Das heutige Theater dient vielen Zwecken und muß fortfahren, es zu tun. Es muß ein Prosa- und ein Versdrama geben, ein solches mit der Absicht zu überzeugen und eines, das nur Literatur ohne eine wirkliche Zuhörerschaft ist. Für mich sind ‚der Appell an die Vernunft' und das, was Sie mit ‚irrationalen Schicksalen, die zur Religiosität neigen', meinen, keine notwendigen Alternativen auf dem Theater. Persönlich bin ich nicht an der Art von Drama interessiert, welches irgendeine soziale These als Ausgangspunkt festlegt oder welches darauf aus ist, das Publikum zu einer bestimmten Aktivität aufzurufen. Das ist kaum die Aufgabe eines Kunstwerkes . . .«

Recht ausführlich ist die Stellungnahme von Frank Thieß (1890–1977), dem Romancier und Bühnenautor, der sich in Vorträgen, Reden und Aufsätzen eingehend mit der Theorie und Geschichte des Dramas beschäftigt hat. »Das Drama ist zu allen Zeiten, in denen es auf das geistige Leben der Umwelt erregend, fördernd und bildend wirkte, das Gewissen der Völker gewesen. Was ihnen Angst machte, hob es ans Licht, was sie glaubten, verwandelte es ins Bild. Will es mehr als Unterhaltung geben oder aktuelle Ereignisse einordnen, muß es zu seinen Ursprüngen zurückkehren. Das Bemühen um Aufklärung oder gar um ‚Fortschritt' ist nicht Aufgabe des Theaters, sondern der Presse. Der Appell an die Vernunft, die in der Weltgeschichte die kleinste Rolle gespielt hat und erst zu Hilfe gerufen wird, wenn die kollektive Unvernunft die Verhältnisse hoffnungslos durcheinandergebracht hat, kann unter keinen Umständen Ziel der großen Bühne sein. Dramatische Dichtung, selbst wenn sie, wie bei Voltaire, aufklärend ins Schwarze träfe, würde bald mit sich selbst in Widerspruch geraten, weil ihr Wesen Gestaltung und Deutung ist. Gestaltung und Deutung lassen sich mit Aufklärung und Belehrung nicht vereinen. Sobald nämlich das Drama sich wie der Film in das Tatsachengewölbe begibt und von ihm aus den Zuschauer aktivieren will, kann es zwar starke, vielleicht sogar nützliche Reaktionen hervorrufen, doch ihn niemals an die Ursachen der Ereignisse heranführen.

Auf diese Ursachen allein aber kommt es an, weil nur von ihnen her der Zuschauer zu einem tieferen Verstehen seiner Existenz und der gesamten Lebensproblematik überhaupt geführt wird. Sollte dies gelingen, sind damit bereits die Voraussetzungen für eine richtige Haltung gegenüber den Gegenwartsproblemen geschaffen. Während andererseits der Kopfsprung in die Gegenwartsprobleme ausnahmslos dahin führt, daß wenige Jahre später die ihnen verschworenen Stücke mit diesen Problemen zusammen versinken. So verschwanden die dramatischen Manifeste des Expressionismus, und so verschwanden politische Stücke, die nach 1945 allen Theatern ausverkaufte Häuser einbrachten. Man wird dergleichen immer wieder aufführen und soll es auch tun (wie schon in der Antike Mimus und Satyrspiel die Tragödie begleiteten), aber man soll wissen, daß mit Dramen aus der Perspektive des Leitartikels die dramatische Dichtung ihrer Zeit nicht die geringste Förderung erfährt. Hauptmanns sogenannte ‚soziale Dramen' blieben nicht deshalb am Leben, weil sie den politischen Tendenzen der Jahrhundertwende entgegenkamen, sondern weil sie echte Kunstwerke waren, also wie Schillers ‚Kabale und Liebe' oder Hebbels ‚Maria Magdalene' rein menschliche Konflikte im Rahmen einer Gegenwartsproblematik behandelten.

Seit den frühesten Tagen des abendländischen Theaters hat der Mensch im Mittelpunkt des Werks gestanden. Der Mensch und die Götter in der griechischen Tragödie, der Mensch und sein Glaube im spanischen Theater, der Mensch und seine von ihm selbst geschaffene Hölle bei Shakespeare, der Mensch und seine Schuld bei unseren Klassikern. Immer ging es den Dichtern um die Rückverbindung des Menschen zu Mächten, die außerhalb seiner rationalen Einsicht von innen oder außen auf ihn einwirkten und ihm zum Schicksal wurden, weil die ‚geprägte Form' seines Charakters keinen andern Ausweg zuließ. Diese Rückverbindung, lateinisch ‚religio', ist der eigentliche Grund aller über ihre Zeit hinaus lebenden Dichtung, und das Wissen um den irrationalen Rest aller Lebensschicksale ist der Boden jeder fortwirkenden dramatischen Schöpfung gewesen. Die Bühne aber war von jeher der legitime Ort der Aussprache über den Menschen. Denn hier steht ja auch im Schauspieler der lebendige Mensch und nicht sein filmisches Abbild vor uns. Wenn der Schauspieler uns ergreift, mitreißt, rührt oder erregt, so tut er das als individuelle Person, nicht als personeller Träger einer vom Autor verkündeten Anschauung.

Darum ist der gefährlichste Feind, den das Theater und mit ihm die dramatische Dichtung unserer Zeit heute hat, die Gleichgültigkeit gegenüber dem Menschen und die sich aus ihr ergebende Ablehnung alles Emotionalen: des Schmerzes, des Leids, des Mitfühlens und der Liebe. Noch aus dem Zorn kann Dichtung entstehen und sich auf den Zuschauer unmittelbar übertragen, aus der Kälte ‚technischer Perfektion' dagegen entsteht nur ein Kunstsurrogat, das über wenige Stunden zu fesseln vermag, doch dann ins Massengrab der Literaturgeschichte eingeht.

Weder das ekstatische noch das politische, noch das abstrakte, noch das choreographische Theater führen uns wieder zu echter dramatischer Dichtung, sondern allein das Theater, welches sich in den Dienst des Menschen stellt und von ihm aus auch den Zuschauer dort, wo er einfühlendes Wesen ist, aufrührt. Solange wir freilich von der Bewunderung des Intellekts und seiner Manufakturen nicht freikommen, werden auch unsere Dramen Kunsthandwerke bleiben, und die Gefühlswelt des Menschen wird nur noch in der Wüste der Neurosen aufzufinden sein.«

Um das Bild abzurunden, das sich vor drei Jahrzehnten die Dramatiker vom Theater in unserer Zeit gemacht haben, seien aus der Fülle ihrer Stellungnahmen hier abschließend noch die Worte Carl Zuckmayers (1896–1977) wiedergegeben: »Über die Notwendigkeit der dramatischen Kunst kann es keinen Zweifel und keine Frage geben, und sie ist in ihrer unmittelbaren Wirkung von Mensch zu Mensch, im lebendigen Theater, durch keine noch so lebens- oder kunstnahe technische Ersatzform abzulösen. Mit ihrem Aufhören oder Verkümmern würde das Menschengeschlecht auf einen vorarchaischen, auf einen vorreligiösen Zustand zurücksinken, der zu seiner furchtbarsten Identitätskrise, zu seiner Katastrophe, zu seinem geistigen und damit auch leiblichen Tod führen müßte. Für den, der das erfühlt hat, ist das Bekenntnis zum Theater und das unablässige Weiterschaffen an seiner Ausdrucksform, auch in Zeiten, in denen es nur geringe äußere Chancen bietet, ja selbst in Perioden, in denen man vom Theater seiner eignen Muttersprache verbannt und vertrieben ist, eine selbstverständliche und keineswegs hoffnungslose Aufgabe. Die gegenwärtigen Weltspannungen sind der Entwicklung einer neuen Dramatik größeren Stils höchst ungünstig, sie saugen ihr gewissermaßen das Blut und den Atem weg und drängen sie in den

Rechts: Carl Zuckmayer – hier bei der Feier zu Schillers 200. Geburtstag in Marbach – hielt es für das oberste Gebot des Dramatikers, den Zuschauer ins Herz zu treffen.

luftleeren Raum. Schon seit dem Ersten Weltkrieg erlebte das Drama keine große, fruchtverheißende Blüte mehr, aber es gilt in einer solchen Übergangsstunde, seine Art zu erhalten, sein heimlich glimmendes Feuer zu hüten und immer wieder mit seinem Mundhauch zu entfachen. Die Art, in der Form und im Inhalt, wird selbstverständlich nicht von dem bestimmt, was man unter Geschmack oder Bedürfnis des Publikums versteht, denn in Wahrheit gibt es das gar nicht. Das Publikum hat keine vorgefaßte Meinung, kein gemeinsames Bedürfnis und erst recht keinen allgemein bestimmbaren Geschmack. Schon zu sophokleischen Zeiten wird man vermutlich ins Theater gegangen sein, um sich zu unterhalten, oder dann wohl auch aus Gewohnheit, so wie die größere Menge in die Kirche geht. Es liegt einzig und allein an der inneren Wahrheit, an der Überzeugungskraft und an der vitalen Substanz dessen, was dem Besucher dort geboten wird, um eine Meinung, ein Bedürfnis, ein Aufnahmevermögen in ihm zu wecken und auszubilden. Zunächst muß das Publikum, die aus einzelnen zusammengesetzte Menge, recht eigentlich von der Bühne her überwältigt werden, übermannt – worin etwas liebend Gewaltsames liegt –, damit es wahrhaft sich hinzugeben, mitzudenken und mitzufühlen vermag. Die Beschränkung auf eine rein prädikante, didaktische Lehrwirkung, die Verengung des Theaters zur Schulstube oder zum Abendkurs lehnen wir ab. Hingegen wünschen und vertreten wir eine unmittelbare, heftige und mitverantwortliche Teilnahme an den elementaren Vorgängen unsrer Welt- und Lebensstunde, wobei wir keineswegs der Täuschung erliegen, daß wir vom Theater aus Umstände und Menschen in direktem Sinne ändern, bessern oder reformieren könnten. Jedoch glauben wir an unsere Macht, durch die Hochfrequenz künstlerischer Ausstrahlung das geistig-seelische Klima einer Zeit mitbeeinflussen oder vorbereiten zu können. ‚Tua res agitur' – Dich geht es an, was hier gespielt wird –, das ist die Voraussetzung für jede wahrhafte Breiten- und Tiefenwirkung des Theaters, was aber keineswegs bedeutet, daß das Gebotene irgendwelchen schlagzeilenhaften Tagesansprüchen gemäß, sondern nur, daß es aus jener menschlichen ‚necessitas', Not, Notwendigkeit geboren und von jener tieferen Bedeutung erfüllt sein muß, nach der alle, auch die primitivste Schau-Lust zutiefst begehrt. Versäumen wir nie, die wir der Schaubühne schaffend verschworen sind, mit jedem neuen Auftritt, mit jedem neuen Stoff, mit jeder Szenen- oder Rollengestaltung, unsere Haut zu Markte zu tragen. Wer nicht riskiert, übers hohe Seil zu gehn und sein Genick zu brechen, wird niemals vollbringen, seine Zuhörer und Zuschauer ins Herz zu treffen. Ins Herz zu treffen aber ist unser strenges Gebot, nicht um es zu verletzen, sondern um wie mit einem Brandpfeil seine heiligsten Flammen zu entzünden: Wir nennen sie Schönheit, Wahrheit und Menschlichkeit.«

Schon dieser kurze Einstieg in die Welt des Theaters wird so manchen durch die schillernde Vielfalt seiner Aspekte überraschen und den Theaterfreund, den Nichtfachmann, der nur das Theater liebt, mehr verwirren als belehren. Genau das aber ist beabsichtigt! Wer nun neugierig nach Erklärungen sucht für so vieles, was ihm bis jetzt nur in gedrängter Form vorgesetzt worden ist, dem wird sich im Verlauf der Lektüre, Akt für Akt, der Vorhang heben, auf daß er Schritt für Schritt eindringt in die Theaterwelt des Welttheaters.

Ein Urtrieb der Menschheit

»Die ganze Welt ist Bühne, und alle Frau'n und Männer bloße Spieler.«

Diese berühmten Verse, die Shakespeare in seiner Komödie »Wie es euch gefällt« dem geistvollen Edelmann Jacques, einem melancholischen Sonderling, in den Mund gelegt hat, gehören längst zu den geflügelten Worten. Auch findet man für den englischen Originaltext »All the world's a stage« die deutsche Übersetzung »Die ganze Welt ist ein Theater«. Gemeint ist mit der ganzen Welt das ganze Leben. Der Vergleich ist alt, wie unter anderem aus der Inschrift des alten »Globe-Theaters« in London hervorgeht: »Totus mundus agit histrionem.« Denn offenbar so alt wie der Mensch ist auch sein Bedürfnis, sich zu verkleiden und eine Rolle zu spielen oder einem anderen eine Rolle vorzuspielen sowie zuzuschauen, wie eine Rolle vorgespielt wird. Der Spieltrieb ist ein Urtrieb der Menschheit, der hauptsächlich auf das Trieb- und Instinktleben zurückgeht und den wir sogar mit dem Tier gemein haben.

Wollen wir also die Elemente des Theaters erkennen, so dürfen wir weder mit dem Regisseur beginnen noch mit dem Schauspieler, nicht mit dem dramatischen Dichter und nicht mit dem bildenden Künstler oder Techniker der Szene, auch nicht mit dem Kult und nicht mit dem Publikum, am wenigsten mit den Theaterformen, den klassischen oder den volkstümlichen, den heutigen, den deutschen. Alles das sind Einzelheiten und Besonderheiten. Beginnen müssen wir vielmehr mit der Macht, die Voraussetzung ist für Theater und Drama, mit dem Gemeinsamen von Wanderschmiere und Kunsttempel, Pantomime der Naturvölker und Festspiel des Weltpublikums, mit der Ausdrucksform des Körpers, mit der Mimik.

»Mimik ist die primitivste Kraft innerhalb ihrer aller«, wie es der Theaterwissenschaftler Artur Kutscher einmal ausgedrückt hat. »Sie ist die einfachste, älteste Form des Theaters und Dramas. Sie umfaßt Formen, die wir im allgemeinen noch gar nicht Theater und Dramen zu nennen gewohnt sind, und doch ist überhaupt kein Theater und Drama ohne sie zu denken, auch in alle Zukunft nicht, denn in ihr wurzelt das Schöpferische der ganzen Gattung, der Stil; ihre Erkenntnis ermöglicht deshalb die Beurteilung von entsprechenden, gemäßen und nicht gemäßen, nicht entsprechenden Faktoren, von Gedeihen und Entartung des Theaters und Dramas, und zwar heute wie in der Geschichte, in der Theorie wie in der Praxis.«

Mimische Äußerung ist eine Gabe der menschlichen Natur, und es gibt kein Volk ohne mimische Spiele, die dabei stets dem Charakter seiner Menschen entsprechen. Nicht nur stehen mimisch reichen Völkern mimisch arme gegenüber, auch innerhalb eines Sprachstammes, sogar innerhalb eines Landes sind die mimischen Anlagen verschieden stark entwickelt. Von vornherein muß man jedoch zwischen unwillkürlichen und willkürlichen, natürlichen und künstlichen mimischen Bewegungen unterscheiden. Wenn auch die natürliche Mimik in jeder künstlichen mitspielt, so gilt unsere Betrachtung allein der künstlichen Mimik, das heißt der beabsichtigten Vorführung, dem gewollten Ausdruck von Spannungen, Gefühlen, Lebenszusammenhängen. Damit aber fällt die Mimik unter den Begriff des Spiels.

Nicht nur um seiner selbst willen ist das Spiel da, vielmehr dient es der Lebensschulung, der Einübung, der Ergänzung des Daseins, der Kräftigung, Befreiung, Erlösung, wie Karl Groos in seiner umfassenden Untersuchung der Spiele der Tiere und der Menschen nachgewiesen hat. Besonders deutlich läßt sich dies an den Spielen der Tiere in der Paarungszeit erkennen, wenn die Männchen mit Eifer, manchmal mit Wut werben und dabei vielfach tanzartige Bewegungen ausführen. Feierlich schreitend entfaltet der Pfau den prunkvollen Baldachin seines Schwanzes, der Truthahn balzt mit seinem Gekoller und Rad, und der Auerhahn verbindet seinen Tanz mit inbrünstigem Gesang. Wenige hochentwickelte Tiere ahmen nicht nur ihresgleichen nach, sondern auch den Menschen. So hat man beispielsweise in der Menschenaffenstation auf Teneriffa beobachtet, daß Schimpansen Umzüge im Gänsemarsch und Gleichschritt veranstalten oder regelrechte Reigen aufführen und sich mit Zweigen und Blumen schmücken.

Umgekehrt hat natürlich auch schon in den frühesten Tagen der primitive Mensch Tiere nachgeahmt. Ursprünglich mag die Ursache hierfür ein unmittelbares Kommunikationsbedürfnis gewesen sein: Zu einer Zeit, als die Sprache noch höchst unvollkommen war, beschrieb der heimkehrende Jäger, was er gesehen oder getan hatte, indem er seine Abenteuer durch eine Tierimitation vorspielte. Schon bald wurde das Spiel zu einem Teil der Wirklichkeit. Entweder ahmten die Jäger das Wild nach, dem sie nachstellten, um sich unbemerkt noch näher anschleichen zu können, oder sie spielten die Rolle eines anderen Tieres, das ein guter Jäger ist, in der Hoffnung, der Zau-

ber dieses Tieres werde so auf sie übertragen. Für die erste Spielart seien hier die Eskimos genannt, die sich noch bis in unsere Tage mit Seehundfellen verkleideten und so getarnt auf dem Eis an die Seehunde heranrobbten. Die andere Art war bei den Indianern vom Stamm der Tscherokesen Brauch: Sie benutzten Wildkatzenmasken, wenn sie Truthühner anschlichen. Dabei ging es ihnen mehr um den Zauber als um die Verkleidung, zumal sie sich der Beute auch noch singend näherten. »Sobald wir nahe genug heran waren, erschossen wir das Tier«, berichtete ein Tscherokese, »und benutzten dabei den Zauber der Maske.«

Tierimitationen beschränken sich jedoch nicht nur auf jagende oder gejagte Lebewesen, vielmehr kann das dargestellte Tier auch das Totem eines Stammes sein und deshalb Zauberkraft besitzen.

Das Spiel des Menschen unterscheidet sich vom Spiel des Tieres dadurch, daß die Phantasie betätigt wird, eigene Mächte fühlbar und bewußt werden, sowie durch den Stolz, daß dies aus uns selbst kommt und wir dies können. Diese Erfahrung der Macht genießt schon das Kind. Nachahmungen und Darstellungen von Tieren und Menschen sind die ersten Spiele der Kinder.

Alle Eindrücke ihres jungen Lebens fordern sie zunächst zu einer mimischen Reproduktion heraus. Welches Kind hätte wohl nicht schon Vater und Mutter, Schüler und Lehrer, Pferd und Kutscher, Häschen in der Grube, Räuber und Gendarm, Riese und Zwerg, König und Prinzessin, Jäger, Hund und Raubtier gespielt. Wenn sich das Kind unter einem Tuch versteckt, dann handelt es aus Freude, sein Verschwinden selbst geschaffen zu haben. Der Vogel Strauß dagegen, der seinen Kopf in den Sand steckt, weil er nichts sehen will und glaubt, auch nicht gesehen zu werden, handelt aus Angst. Der Strauß ist dumm, tragikomisch dumm – beim Kind dagegen erwächst aus dem Genießen eigener Kräfte im Bewußtsein einer ganz anderen Wirklichkeit die Freude am Spiel.

Mehr noch als das Spiel des Tieres greift das Spiel des Kindes »über den eigenen Körper hinaus auf den Raum, auf die Dinge über, bezieht sie ein und stattet das Spiel aus mit Requisiten«, wie Kutscher schreibt. »Dabei ist ein ganz besonderer Reiz die Überwältigung der Realität.« So bedeutet beispielsweise die Puppe ein Kind, der Stuhl ist ein Wagen, die Höhle unter dem Schreibtisch eine Stube. »Die Phantasie macht das Glück. Mehrere ordnen sich dem Gange einer Phantasie unter, einer Spielannahme. Die Sprache wird ein unentbehrliches Hilfsmittel, das Selbstgespräch, das Zwiegespräch, das Gespräch in Gruppen, der Gesang, die Musik.« Das Ganze bildet eine Welt für sich. Wie sehr Außenstehende die heiligen Zirkel stören, erhellt ein Erlebnis des jungen Goethe. Als Erwachsene in eine von ihm veranstaltete Puppenspielaufführung für Kinder einbrachen, rief er entrüstet, alle, die nichts davon verständen, sollten sich entfernen.

Die schaffende Phantasie ist nicht nur beim Spiel des Kindes wichtig, sondern natürlich auch für das Spiel des Erwachsenen von entscheidender Bedeutung. Die Verwandtschaft des Spiels mit der Kunst tritt immer deutlicher hervor, je mehr wir uns den Anfängen der Kunst zuwenden.

Tanz ist allen Völkern und Zeiten vertraut

Als ein Hindu, also ein Inder brahmanischer Religion, tanzenden Europäern zuschaute, fragte er erstaunt: »Können das nicht ihre Diener tun?«

Natürlich ist das nur ein Witz, denn Tanzen ist keineswegs eine niedere Arbeit, die man gern auf andere abschiebt. Die tanzenden Europäer, über die der Hindu sich wunderte, dürften wahrscheinlich Gäste eines Hotels oder einer Bar gewesen sein, die aus reinem Vergnügen, aus Lebensfreude tanzten.

Es gibt viele Arten von Tänzen. Für die Naturmenschen, die sogenannten Primitiven, die dem Kind als Wesen am nächsten stehen, ist der Tanz das wichtigste Spiel: eine der charakteristischsten Formen der darstellerischen mimischen Bewegung, ja er ist ihre Urform. Die Ursache des Tanzes ist stets der Drang, seelischen Erregungen körperlichen Ausdruck zu verleihen. Die seelischen Erregungen sind dabei der Inhalt, die Körperbewegungen die Form dieser Kunst.

Der Tanz, ein allgemein-menschlicher Kunsttrieb, ist allen Völkern und allen Zeiten vertraut. Der Körper, der am Schaffenden haftet, ist das nächstliegende Material zu künstlerischem Bilden und zugleich auch das einfachste, gemeinverständlichste Material. Da Malerei und Plastik, Dichtung und Musik mehr voraussetzen, dürfte der Tanz wohl als älteste Kunst gelten. Stets ist der Tanzausdruck mimisch und bedeutet zunächst ganz einfach eine Lösung, Befreiung, Entladung, Reinigung, eine Katharsis des Tanzenden.

Wie deutbar und allgemein verständlich das Mimische ist, geht aus der bezeichnenden Geschichte hervor, die uns im zweiten nachchristlichen Jahrhundert der griechische Satiriker Lukian erzählt hat. »Ein Prinz aus einem der halb griechischen, halb barbarischen Königshäuser am Pontus war einst an den Hof des Nero gekommen und sah dort einen Tänzer (Mimen) in einer seiner Darstellungen, die er so vortrefflich ausführte, daß der Fremde, der kein Wort von dem Text verstand, gleichwohl den Sinn aller seiner Bewegungen und Gebärden begriff. Als er sich bei Nero verabschiedete und ihn dieser mit dem Versprechen der Gewährung aufforderte, sich von ihm zu erbitten, was er wolle, erwiderte er:

‚Die größte Freude könntest du mir machen, wenn du mir den Tänzer schenken wolltest.'

‚Und was soll dir denn der in deiner Heimat?' fragte Nero.

‚Wir haben', versetzte er, ‚wilde Völker zu Nachbarn, die unsere Sprache nicht verstehen, und es ist sehr schwer, Übersetzer zu bekommen. Wenn ich also mit ihnen zu verkehren nötig hätte, könnte ihnen dieser durch seine Gebärden alles verständlich machen, was ich sagen wollte.'«

In seinem Buch »Mimik und Physiognomik« nennt Theodor Piderit die Mienensprache die ewige Sprache der Menschheit. »Die Wortsprachen der Völker sind verschiedenartig und wechselnd, die Mienensprache aber ist allerorten und zu allen Zeiten ein und dieselbe geblieben. Auf dem Gesichte der amerikanischen Rothaut wie des befrackten Europäers, des Sklaven wie des Königs, des Kindes wie des Greises ist der Ausdruck des Schreckens, des Zorns, der Entzückung usw. immer derselbe, und daß diese Mienensprache sich zu allen Zeiten gleichgeblieben ist, das zeigen uns die Bilder vergangener Jahrhunderte, die Statuen und Monumente des Altertums.«

Die Körperkunst ist auch die anschaulichste, denn der Tanz wird durch unser Körpergefühl aufgenommen. Dem Naturmenschen ist es in höchstem

Grad eigen, der Zivilisierte dagegen hat es oft verloren oder sich erst spät und mühevoll wieder angeeignet. In seiner »Plastik« nennt der Dichter und Philosoph Johann Gottfried von Herder (1744 – 1803) das Gesicht eine verkürzte Formel des Gefühls und erläutert das Körpergefühl einem Bildwerk gegenüber so: »Was da von menschlicher Seele in den Kunstkörper gegossen ist, hat beinahe die Gewalt, unsre Seele in die nämliche sympathetische Stellung zu versetzen. Jedes Beugen und Heben der Brust und des Knies und wie der Körper ruht und wie in ihm die Seele sich darstellt, geht stumm und unbegreiflich in uns hinüber; wir werden mit der Statue gleichsam verkörpert oder diese mit uns beseelet.« Was Herder hier von der Plastik sagt, gilt genauso vom Tanz.

So ist denn der Tanz durch den bewegten Leib dem Leben benachbart, ein Stück von ihm und doch Symbol, Erscheinung. Er ist daher auch die wirkungsmächtigste Kunst, und da er in seinem Ausdrucksreichtum die vollkommenste, umfassendste Darstellung typisch-menschlicher Verhältnisse gestattet, bewegt und erregt er den Menschen stärker als jede andere künstlerische Tätigkeit. Wie Ernst Grosse in seinem Werk »Die Anfänge der Kunst« feststellt, findet der Naturmensch im Tanz den stärksten künstlerischen Ausdruck und Genuß, dessen er überhaupt fähig ist.

Beim Tanzen kann man sowohl sitzen oder stehen oder sich fortbewegen. Es gibt aber auch Tänze nur mit Fingern, Händen und Armen sowie mit dem Kopf, mit Gliedern und mit dem ganzen Körper. Meistens besteht der Tanz aus Tritten, Stampfen, Schritten, Sprüngen, Arm- und Rumpfbewegungen, Gebärden, Verrenkungen und selbstverständlich Gesichtsmimik. Weitere Unterschiede liegen darin, ob man einzeln tanzt oder zu zweit, in Gruppen oder Reihen, in Ketten oder Haufen; ferner darin, ob Männer und Frauen zusammen tanzen oder streng nach Geschlechtern getrennt.

Die Tanzbewegungen sind nicht regellos, sondern rhythmisch und verlangen geradezu eine akustische Begleitung, sei es auch nur das taktmäßige Geräusch eines Händeklatschens, einer Trommel, einer Rassel und ähnliches. Meist kommt dazu auch noch das Wort, wenigstens ein Schrei, ein Juchzer, eine Anrufung, ein Gebet, dann die im Wort wurzelnde Poesie und das in diesem Zusammenhang von selbst ausgelöste Lied.

Der Tanz wird jedoch nicht nur durch Musik und Poesie bereichert, auch die Bemalung der Haut, die Kostümierung, die Stilisierung des Kopfes durch eine Maske oder durch Färbung des Gesichts sind weitere Mittel, den tänzerischen Ausdruck zu bereichern und zu verstärken. Als wichtigste Requisiten gelten Waffen, Peitschen, Glocken, Fackeln, Gebets- und Zauberstäbe.

Hinter der Maske versteckt ihr Träger seine Individualität, indem er sie verstellt, verändert oder erhöht; oft auch will er sich dadurch fremde, über-

natürliche, spukhaft-gespenstische Mächte sowie deren Auswirkung aneignen. Auch zu einfacheren Zwecken wird die Maske verwandt, unter anderem, um das Wild zu täuschen. Wie Steinritzungen und Höhlenmalereien aus Südafrika, Spanien und Südwestafrika beweisen, ist man schon um 7500 v. Chr. mit Masken vom Strauß, Rentier, Nashornvogel, Büffel und von anderen Tieren auf die Jagd gegangen.

Masken dienen auch dazu, Schrecken zu erregen. So wollen beispielsweise Indianer größer, wilder, mächtiger aussehen, indem sie sich auffallend bemalen, mit Federn schmücken, hohe Büsche und Kämme tragen, Sandalen oder Kothurne anlegen, Sperrscheren und Stangen unter faltigen Gewändern verwenden. Die Massai in Ostafrika rahmen ihr Gesicht mit einer Krause von Straußenfedern oder Löwenmähnenhaar ein. Die alten Germanen setzten Schädel wilder Tiere auf, zottige Felle mit Bärengebiß und Auerochshörnern. Die Japaner benutzten einen Ritterhelm mit fratzenhaftem Visier und veränderten ihr Gesicht durch eine Adlernase, einen weitgeöffneten Mund voll silberner Zähne, einen schwarz-weiß-roten Schnurr- und Knebelbart sowie durch tiefe Wangenfurchen.

Zahlreiche Erlebnisse und Stimmungen versetzen das Gemüt des Menschen in Tanzlust, wie etwa eine glückliche Jagd, Auszug zum Kampf, Sieg und Friede, Besuch von Fremden, die Jahreszeiten, Geburt, Mannbarkeit, Liebe, Fruchtbarkeit, Hochzeit, Tod und Trauer. Wenn auch die große Gruppe der kultischen, religiösen, rituellen Tänze besonders auffällt, so ist – entgegen vielfacher Behauptungen – der Tanz weder seiner Ursache noch seinem Anlaß nach nur religiös; er kann vielmehr auch reines Unterhaltungsspiel bedeuten. Obwohl kultische Feiern häufiger und regelmäßiger Gelegenheit zum Tanzen geben, haben wir nach Kutschers Ansicht »auf das entschiedenste festzuhalten, daß der Tanz von Natur mit dem Kult nichts zu schaffen hat, mit ihm in keinem ursächlichen Zusammenhange steht und überhaupt außer und neben dem Kulte existiert«.

Sowohl das Kultische als auch das Nichtkultische ist von Anfang an im Tanz möglich. So können beispielsweise Liebestänze kultischen oder zauberischen Charakter haben, wie etwa die großen Mysterien der Südseeinsulaner und Westafrikaner. Gegen das Kultische sprechen jedoch solche Liebestänze wie der orientalische Bauchtanz oder der bayerische Schuhplattler, die Mann oder Frau von der geschlechtlich vorteilhaftesten Seite zeigen und so eine Art von Liebeswerbung bedeuten.

Ähnlich muß man auch bei Kriegs- und Waffentänzen unterscheiden. Kult und Zauberei liegen vor, wenn sich der Tanzende dadurch übernatürliche Kräfte beschaffen, die bösen Geister abwehren und Dämonen für den Kampf günstig stimmen will. Sie können aber ganz allgemein auch nur kriegerische Gesinnung bezwecken, Kraft und Geschicklichkeit im Gebrauch der Waffen zeigen und der bloßen Unterhaltung dienen.

Ebenso verhält es sich mit den Tiertänzen. Durch kultische und zauberische Tiertänze will man sich Beute beschaffen; nur unterhalten dagegen sollen solche Tänze, in denen man Tiere komisch in Laut und Bewegung, Leben und Treiben nachahmt. Tiertänze hat es in Europa fast ununterbrochen bis in die jüngste Zeit gegeben. Kirchliche Urkunden aus dem 5. und 6. Jahrhundert enthalten mehrfach Verurteilungen von Zechern, die auf Steckenpferden geritten sind oder Häute und Köpfe von Tieren getragen haben. Trotz ihres offensichtlich heidnischen Ursprungs traten Tänzer mit Tiermasken im Mittelalter sogar bei Kirchenfesten auf. So beklagt sich beispielsweise Thomas Kirchmeyer, ein Dichter und Puritaner aus dem 16. Jahrhundert, bitter über die in seinen Augen typische Verbindung von Pfaffen- und Heidentum in den Fastnachtsspielen:

> »Sie verkleiden sich als Bären und Wölfe und wilde Löwen und rasende Stiere.
> Manche sind Kraniche mit Flügeln und Stelzen.

Andere lieben das häßliche Affenkleid, wieder andere kleiden sich wie Narren,
was diesen Papisten gut ansteht, bei so einem Bacchusfest.«

Unkultisch sind ferner nachahmende Tänze zu Lob und Spott gewisser Menschen sowie tänzerische Darstellungen der alltäglichen Arbeit und der Tätigkeit besonderer Berufe, so des Bauern und Hirten, des Bäckers und Matrosen. Es gibt sie sowohl bei den Naturvölkern wie bei den alten Griechen und den Kindern in unserer Zeit.

Unterscheiden muß man auch zwischen Volks- und Nationaltanz auf der einen Seite sowie Kultur- und Gesellschaftstanz auf der anderen. Beide sind ein anderes Entwicklungsstadium des Mimisch-Tänzerischen. Dabei gilt der Chortanz in der Orchestra des griechischen Theaters, verbunden mit Gesang und Musik, zweifellos als der älteste Kulturtanz, während als bedeutendster Kulturtanz unser Ballett anzusehen ist. Der Girltanz amerikanischer Herkunft ist als jüngstes Ballett eine Gegenbewegung gegen die Überkultur des Balletts und in seiner bewußten Betonung des bloß Rhythmisch-Gymnastischen an die primitivsten Tänze der Naturvölker angelehnt.

Beim Gesellschaftstanz fällt besonders stark die Verarmung im mimischtänzerischen Ausdruck auf. Nach der jeweils geltenden Konvention, die der rasch wechselnden Mode unterworfen ist, beschränken sich seine Interessen fast ausschließlich auf die Beziehung zwischen Dame und Herr. Diese kurzlebigen Modetänze im Kaffeehausstil sind für unsere Betrachtung über die Entstehung des Theaters belanglos.

Aus der bisherigen Darstellung der Ausdrucksformen geht klar hervor, daß der Tanz seinem Ursprung nach mimisch ist. Nur in Ausnahmefällen und als Entartungserscheinung gibt es auch unmimische Tänze. Zwischen Tanz und Mimik bestehen jedoch Unterschiede, denn das Grundelement des Tanzes ist der Rhythmus. Die Mimik kann auch ohne Tanz und rhythmisierten Ausdruck auskommen. Sie ist Gebärde an sich.

Damit sind wir bei der Pantomime angelangt. Was das ist, hat ein Witzbold einmal so beschrieben: Die Leute reden miteinander, aber sagen nichts. Das ist kurz und treffend, denn echte Pantomime läßt das Wort gar nicht vermissen, weil die Mimik alles trägt. »Die Pantomime ist bloße Gebärde, stumme Aktion, in der nur der Körper spricht, eine rein aus sich verständliche Sprache, die keiner besonderen Erklärung, keines Theaterzettels, keines Prologes bedarf«, so der Theaterwissenschaftler Kutscher. Sie stellt Bilder aus dem Leben der Natur, der Tiere und der Menschen dar und kann komisch und ernst, ergreifend und erschreckend, gespenstisch und symbolisch, irdisch und mystisch, allgemein-menschlich und typisch, märchenhaft und überwirklich sein. Wie Lukian, der griechische Schriftsteller aus der Antike, über die seelischen Untergründe und das Ethos dieser Gattung schreibt, werde ein fleißiger Besucher dieser »Schauspiele« auch seinen Charakter bessern, wenn er merke, wie alles darauf abgesehen sei, Haß gegen Schlechtigkeiten zu erregen, Mitleid mit Unrechtleidenden zu erwecken und überhaupt das sittliche Gefühl der Zuschauer zu bilden. Die Tränen, die vergossen werden, sooft sich eine rührende oder klägliche Szene darbietet, würden beweisen, wie sehr solche Darstellungen das Gemüt ergreifen. Die Wirkung der Pantomimik sei so groß, daß ein Verliebter das Theater als ein vernünftiger Mensch verlasse, wenn er gesehen habe, welch trauriges Ende die Raserei der Liebe zu nehmen pflege, und daß ein Trauernder heiter nach Hause gehe, als habe er einen Trunk der Vergessenheit zu sich genommen.

Im Stofflichen ist die Pantomime reicher als der Tanz, weil sie im Formalen freier und lockerer ist. Das Stoffliche und Sinnliche werden in der Pantomime überwunden, erstens durch den Zwang zur Verdeutlichung: Die dabei notwendige Übertreibung braucht nicht unbedingt eine Vergröberung zu sein, sondern vielmehr Stilisierung zum Zierlichen oder Plumpen hin, zum Graziösen oder Drastischen, also Groteske, Burleske, Karikatur. Der zweite, künstlerisch bedeutendere Gestaltungsfaktor der Pantomime ist jedoch der Rhythmus – und damit nähert sie sich also wieder dem Tanz. Wie Frank Thieß ausführt, hat die Pantomime »nur dann einen unanfechtbaren künstlerischen Sinn, wenn das rhythmisch-tänzerische Moment in ihr dieselbe Bedeutung hat wie das Wort im Drama. Würde sich der Sinn der Pantomime im Mimischen erschöpfen, so entspräche das der Auffassung, daß sich der Sinn des Dramas in der Wiedergabe eines Inhalts auf dem Wege des gesprochenen Dialogs zu erschöpfen habe. Nicht der mimisch ausgedrückte Inhalt macht die Pantomime aus, sondern die Darstellung eines beliebigen Geschehens durch Rhythmus, Linie und Musik, wobei erst der tanzende Körper die Worte überflüssig macht.«

Die römische Pantomime war völlig vom Tanz beherrscht und hatte reiche Ausdrucksmöglichkeiten, die dem Darsteller höchstes Können abverlangten, wie Lukian vermerkt: »Der Tänzer muß fähig sein, alle Arten von Bewegungen mit der größten Leichtigkeit auszuführen; sein Körper sei also weich und gelenkig und zugleich fest und gedrungen, um sich gefügig zu drehen und wiederum derb und fest aufzutreten, je nachdem es die Rolle erfordert.«

In höherem Sinn sind Tanz und Pantomime gleichbedeutende Begriffe und bilden eine künstlerische Einheit. Wenn auch die Pantomime umfassender

Rechts: Eine Form des Kulturtanzes ist das Ballett. Die Notenschrift zu Igor Strawinskys »Le Sacre du Printemps« zeigt einige der ausdrucksstarken Bewegungen, festgehalten von Valentine Hugo.

— LE SACRE DU PRINTEMPS — musique de Strawinsky
Danse sacrale de l'élue —
Chorégraphie de Nijinsky
sempre sf
sempre sf
p subito
8va bassa
f
f pesante
ff
sf
ff sempre
ff
sf
quelques uns des mouvements, notés en 1913
Valentine Hugo

ist, so enthält dennoch der Tanz schon alles Wesentliche. Der Tanz ist also die Urzelle des Mimus und Dramas, das heißt ihre einfachste und älteste Form.

Um kein Mißverständnis aufkommen zu lassen, sei darauf hingewiesen, daß hier »dramatisch« nicht im volkstümlichen, landläufigen Sinn zu verstehen ist, etwa wenn wir von einem dramatischen Unglück, einer dramatischen Sturmflut, einem dramatischen Boxkampf sprechen. »Dramatisch ist mimisch schlechthin«, wie Kutscher es formuliert.

Auch andere Wissenschaftler kommen bei ihren Untersuchungen zu dem Ergebnis, daß die Anfänge des Schauspiels im Tanz liegen. Der Tanz sei die Vorstufe des Mimus und das Drama entwicklungsgeschichtlich eine differenzierte Form des Tanzes. In einem Satz heißt das: Der Tänzer ist der Vater des Mimen und des Schauspielers.

Da der Tanz im griechischen Drama eine große Rolle spielte, mußte der Dichter sogar Tänze erfinden. Deshalb war der griechische Schauspieler wie auch der römische Mime mit der Tanzkunst vertraut. Ähnliches gilt auch für die Darsteller anderer Völker, wie etwa der Inder und Japaner. Wenn Goethe in »Wilhelm Meisters theatralischer Sendung« von der Freude am Theater und seiner Darstellung spricht, so meint er sogar: »Dabei dürfen wir, wenn wir auf den Grund kommen wollen, weder Zigeuner noch Bärentanz noch die gefährlichen Sprünge herumziehender Wagehälse vergessen.«

Wenn der Tanz, wie vorhin gesagt, die Urzelle des Mimus und des Dramas ist, so ist er damit die Urzelle des Theaters überhaupt und seine einfachste, älteste Form.

Als Herodot nach Ägypten ging

Wer sich mit Theatergeschichte befaßt, wird immer wieder auf Sätze stoßen wie diese: »Der Ursprung des Theaters liegt, soweit wir es zu erkennen vermögen, bei allen Völkern und zu allen Zeiten im religiösen Kultus.« Oder: »Der kultische Ursprung wird im Theater immer wirksam bleiben, seitdem vor zehntausend Jahren der erste Höhlenmensch beim Beschwörungstanz eine Tiermaske vor das Gesicht hielt.« Wenn jedoch der Tanz die Urzelle des Theaters und seine einfachste und älteste Form ist, dann stimmen die obigen Behauptungen nicht. Denn der Tanz kann, wie wir gesehen haben, sowohl kultisch als auch nichtkultisch sein. Das Bedürfnis des Menschen, anderen eine Rolle vorzuspielen oder anderen beim Rollenspiel zuzuschauen, ist so alt wie die Menschheit selbst. Was nun zuerst da war – der religiöse Kult des Priesters, der sich dieses Spielbedürfnisses bedient, oder das Spielbedürfnis, das im religiösen Kult Befriedigung findet – ist eine müßige Streitfrage der Wissenschaftler. Sie erinnert an die Frage, ob zuerst das Ei da war oder die Henne. Den Mimus, das heißt den Possenreißer, das weltliche Volkstheater, gab es in Griechenland schon wenigstens drei Jahrhunderte vor Aischylos, dem ersten Tragiker, und die saftigen Darbietungen der Gaukler, Akrobaten und Artisten wurden durch das Staatstheater der Dichter keineswegs abgelöst oder verdrängt. Ohne Zweifel jedoch ist die attische Tragödie aus dem religiösen Kult hervorgegangen.

Blicken wir kurz noch einmal weiter zurück: Mit dem Übergang von der Jagd zur Landwirtschaft wurden die Rituale, die Bräuche der Stämme komplizierter und entwickelten sich zu weitläufigen Mythen, die alle in Zusammenhang standen mit den Urbegriffen des Daseins: Geburt, Tod, Wiedergeburt – oder Werden und Vergehen. Da sie ihrerseits die Bilder von Kampf, Sieg und Untergang hervorriefen, ist es ganz natürlich, daß diese Grundbegriffe auch zu denen des Theaters wurden.

In Ägypten dürfte wohl die früheste Zivilisationsstufe zu finden sein, in der sich die primitiven Rituale zu komplizierten Aufführungen entwickelten. Auch dort spielte die Überwindung der Nacht, des Winters und des Todes eine bedeutsame Rolle. Nach den Vorstellungen der Ägypter mußte der Sonnengott Re Nacht für Nacht durch dunkle Regionen unterhalb der Erde reisen, wobei sein Schiff von dem Drachen Apophis bedroht wurde. Mit diesem Thema befaßt sich eine Zeremonie, die uns auf einem Papyrus von etwa 2300 v. Chr. zeigt, wie ein Priester, der den All-Gott spielt, den Drachen vernichtet und dabei singt: »Ich habe ihm das Genick gebrochen, seine Wirbelsäule mit einem Messer durchschnitten, sein Fleisch zerhackt, seine Hand zerstochen . . . ich habe ihn ausgelöscht; er ist nicht mehr, und seine Familie ist nicht mehr; er ist nicht mehr, und seine blinde Tür ist nicht mehr; er ist nicht mehr, seine Erben sind nicht mehr. Sein Ei soll nicht bleiben, seine Saat soll nicht aufgehen – und umgekehrt.«

Neben anderen religiösen Mysterienspielen führten die alten Ägypter in pantomimischer Darstellung die Passion des Osiris auf, des ermordeten, zerstückelten und auferstandenen Gottes, wie sie die Inschrift auf dem Tempel von Abydos aus der Zeit 2000 bis 1700 v. Chr. schildert: Das Boot des Gottes bewegt sich den Fluß hinab, eine große Schlacht spiegelt die Überwindung seiner Feinde wider, der Gott kehrt unter den Freudenrufen des Volkes in den Tempel zurück. Für die Zuschauer dieses Spiels war das ein Fest mit Zelten und Verkaufsständen, mit Pauken und Schellen, ein Gelage, bei dem reichlich und genußvoll gegessen und getrunken wurde und die hübschen Tänzerinnen ihre nackten Oberkörper nicht verbargen. Wird man hierin, wie der Theaterwissenschaftler Joseph Gregor (1888–1960) vermutet, die älteste Spur vom Theater kultischen Ursprungs erblicken dürfen, so in dem zeitlich nicht bestimmbaren Auftreten von Gauklern, Tänzern, Ringern und Taschenspielern aller Art, wie es für das primitive Volksleben im Urzustand kennzeichnend ist, den Anfang des Mimus, also des Possenreißers, der sich den allen Menschen eingeborenen Trieb des Nachahmens, die Freude an der Spiegelung des irdischen Treibens in charakteristischen Einzelzügen zunutze macht und sie durch scharfe Beobachtung auf den verblüffend einfachen Nenner zurückführt.

Als Herodot, der griechische Historiker, Geograph und Reiseschriftsteller, etwa um das Jahr 450 v. Chr. nach Ägypten kam, sah er eine Zeremonie, das heißt eine Dramatisierung des Kampfes gegen das Böse. Dabei mußten sich die Priester, die eine Statue trugen, mühsam einen Weg durch die Menge bahnen, die den »Feind« verkörperte, um den Gott sicher in einen Altarraum zu bringen. Wie Herodot berichtet, war das Gemenge so heftig, daß dabei einige Menschen zu Tode kamen. Gewöhnlich wurden unter Ausschluß der Öffentlichkeit die wichtigsten Szenen der Rituale im Innern der Tempel aufgeführt. Nur als Herodot versprach, alles strengstens geheimzuhalten, durfte er einer solchen Szene beiwohnen. Für die Nachwelt ist es äußerst bedauerlich, daß er sein Wort nicht gebrochen hat. Nach seiner Überzeugung hatten die Ägypter diese religiös betonten Lustbarkeiten erfunden, und »von ihnen erst haben es die Hellenen gelernt«. Dabei verwies er auf die enge Verwandtschaft zwischen dem ägyptischen Gott Osiris und dem griechischen Gott Dionysos. Kein anderer aber als Dionysos ist zum Stammvater des attischen Theaters geworden.

Wenn auch die berühmten Tempelzeremonien ihrem Wesen nach liturgisches Drama waren, so darf man dennoch annehmen, daß es in Ägypten ebenso ein blühendes volkstümliches Drama gegeben hat. Wie Herodot berichtet, behandelten die volkstümlichen Stücke die gleichen religiösen Themen, denn die Ägypter waren ungewöhnlich fromm, doch wurde alles theatralischer und komischer dargestellt.

So war beispielsweise der Drache Apophis auf der Bühne festgebunden und bat mit Drohungen, Versprechen und unter Tränen um seine Freilassung. In einem anderen Stück wurde Horus, der Gott mit dem Falkenkopf, als Baby geboren, wuchs aber rasch zu gewaltiger Größe heran und entwickelte einen ungeheuren Appetit, und seine Mutter Isis plauderte vertraulich mit dem Publikum.

Anscheinend haben sich die Theaterkulturen der verschiedenen Völker in einer gewissen Parallelität von Kultus und Mimus entwickelt, wobei die Durchdringung des kultischen Elements mit dem mimischen zur Loslösung vom Kultus führte und damit zur Selbständigkeit der Kunstform Theater.

Überblicken wir zunächst die außereuropäischen Völker, so finden wir überall Spuren des Theaterspielens, der Freude an theatralischen Darbietungen.

Aus der Welt des Fernen Ostens wissen wir, daß ein Kaiser in China schon in der ersten Hälfte des nachchristlichen Jahrhunderts eine große Schauspielertruppe besaß. Die frühesten Beispiele seriöser chinesischer Theaterkunst stammen aus dieser Epoche, als der Tang-Kaiser Ming Huang eine große Akademie des Dramas im Birnengarten des kaiserlichen Parks gründete. Aus dieser Tradition heraus bezeichnete man noch Anfang unseres Jahrhunderts Schauspieler höflich als »die jungen Leute aus dem Birnengarten«. Wie die Forschung festgestellt hat, reichen die Anfänge des Theaters in China aber noch viel weiter zurück, bis in die Zeit vor Christus. So kann man etwa bis ins Jahr 700 v. Chr. die schriftliche Überlieferung von Theateraufführungen bei religiösen Festen zurückverfolgen. Erst kürzlich hat man in Shantung einen Satz Tonfiguren mit Akrobaten und Tänzern entdeckt, die Adligen ihre Kunststücke vorführen; schon im 2. Jahrhundert v. Chr. waren sie von Zentralasien ins Reich der Mitte gekommen. Im Hintergrund dieser kunstvollen Plastik sitzt das Orchester, bestehend aus Streich-, Blas- und Schlaginstrumenten. Um 120 v. Chr. gründete Kaiser Wu das Musikamt, das damit betraut wurde, Texte und Musik für Zeremonie und Unterhaltung zu verfassen und ländliche Volkslieder zu sammeln. Mit der Zeit verband man Tanz und Lied miteinander, um so dem Publikum eine Begebenheit nahezubringen. Das führte schließlich zum vollausgereiften Schauspiel, das jedoch noch immer ein stark lyrisches Element enthielt.

Schon die Stücke, die für Ming Huang, also im 8. Jahrhundert n. Chr., aufgeführt wurden, schienen einfache Komödien gewesen zu sein, meist für zwei Schauspieler. Aber das echte Theater mit literarischem Anspruch kam erst im späten 13. Jahrhundert auf. Aus dieser Zeit stammt auch das Singspiel »Der Kreidekreis« des chinesischen Dichters Li Hsing-tao, das im 19. Jahrhundert mehrfach ins Französische übersetzt und später auch von deutschen Dramatikern bearbeitet wurde, so von Klabund (1925) und Johannes von Guenther (1942). Einen starken Eingriff in das altchinesische Kreidekreis-Motiv nahm Bertolt Brecht in seinem Drama »Der kaukasische Kreidekreis« (1948) vor und in der Erzählung »Der Augsburger Kreidekreis«, enthalten in den »Kalendergeschichten«. Das traditionelle chinesische Drama, etwa von 1280 bis 1800, ist eine komplexe Kunstform, die Sprache, Musik, Schauspiel, Tanz, Pantomime und Akrobatik einschließt. Der Stil des traditionellen chinesischen Theaters, das bei uns im Westen als Pekingoper berühmt ist, entwickelte sich im 19. Jahrhundert als volkstümlich-spektakuläre Version verschiedener früherer und literarischerer Formen des chinesischen Dramas. Mit unserem Begriff von »Oper« hat die Pekingoper jedoch nichts gemein, sondern mehr mit Varieté, Tanz, Akrobatik und Artistik von höchster Präzision.

Einfache Formen des Theaters enthielten schon in frühester Zeit auch die Feste in den buddhistischen Tempeln Japans, also ebenso wie in China. Nach dem 8. Jahrhundert n. Chr. kann man verschiedene Stile von Maskentänzen und Pantomimen unterscheiden, von denen einige chinesischer Herkunft sind. Überhaupt diente das chinesische Theater als Vorbild für die aus Kulttänzen und pantomimisch-tänzerischen Spielen heraus entwickelte Theaterkunst Japans, die als Nô-Theater – das heißt Kunst-Theater – zu einer nationalen Blüte führte und deren Erzeugnisse noch heute zum festen Bestand des japanischen Theaters gehören. Seinen Ursprung hat das Drama in Anpassungen und Bearbeitungen des 14. Jahrhunderts von noch älteren Formen. Dabei gab der Buddhismus das Hauptthema vor: die Sünde, mit materiellen Dingen verhaftet zu sein, was den Toten zwingt, diese Welt wieder aufzusuchen und die Leidenschaften seiner vorherigen Existenz abermals zu erleben. Im 15. Jahrhundert erlangte das Nô-Spiel seine Vollendung und hat sich danach kaum verändert. Es ist eine klassische, stilisierte Kunstform, ein strenges Stiltheater. Nicht realistisches Spiel, sondern Gestik, Tanz und Gesang sind die Grundlage. Da das Nô-Spiel in Maske, Musik und Ausdrucksformen an gewisse starre Prinzipien gebunden ist, bleibt es dem europäischen Verständnis nur schwer zugänglich.

Während sich das chinesische Theater von europäischen Einflüssen weitgehend ferngehalten hat, sind sie in Japan vom 19. Jahrhundert an in steigendem Maße eingedrungen. Im heutigen Japan herrscht zwar das westliche Theater eindeutig vor, dennoch sind die traditionellen Formen, obwohl in der Minderheit, keineswegs ausgestorben.

Auch in Indien blickt das Theater auf eine lange einheimische Überlieferung zurück. Seine Gesetze schuf der heilige Brahmane Bharata, dessen grundlegende mythologisch-theoretische Schrift zwischen 200 v. Chr. und 200 n. Chr. datiert wird. Musik und Tanz nehmen darin eine große Rolle ein. Von den Darstellern verlangt sie äußerste Konzentration und schreibt sozial bedingte Gehweisen sowie genaue Körperhaltungen vor, wie beispielsweise vierundzwanzig Haltungen der Finger, sechsunddreißig der Augen, je sechzehn Positionen der Füße auf der Erde und in der Luft. Die Personen aus den gebildeten Ständen dürfen nur Sanskrit sprechen, die Sprache der Gebildeten und der Literatur; die Figuren aus den ungebildeten Ständen dagegen ausschließlich die Volkssprache Prakrit. Festgelegt sind unter anderem auch die Rollentypen, Kostüme, Masken, Begleitinstrumente und Klangfarben.

Der eigentlichen dramatischen Kunst, wie sie in den Meisterwerken des 4. und 5. Jahrhunderts n. Chr. überliefert ist, waren Schattentheater und Pup-

penspiel vorausgegangen. Von früh an gibt es die Narrenfigur des Vidushaka, des Schimpfers und Spaßmachers: ein dickbäuchiger Kahlkopf, faul, gefräßig und gewitzt, der später die Rolle des Dieners übernahm. Erstaunlich reich ist die in mehreren Lehrbüchern überlieferte Dramaturgie des indischen Theaters mit ihren Anweisungen über den Aufbau der Handlung, die verschiedenartigsten dramatischen Mittel und die Einteilung in Rollenfächer. Anders als beim abendländischen Theater fehlt im indischen Theater das Tragische; darin liegt ein entscheidender Unterschied. Der Held darf nicht untergehen, ein tragischer Ausgang ist sogar verboten.

Der größte Dichter des indischen Theaters war Kalidasa, der um die Wende des 4. zum 5. Jahrhundert n. Chr. lebte. Außer ihm hat etwa ein Jahrhundert davor sein Vorgänger, der sagenhafte König Shudraka, durch das mehrfach übersetzte und bearbeitete Drama »Vasantasena« Geltung erlangt; sein Stück war bereits die zweite Fassung eines noch älteren Stoffes. »Vasantasena« oder »Das irdische Wägelchen« ist ein reizvolles Spiel um die Liebe des edlen, aber durch Freigebigkeit verarmten Kaufmanns Tscharudatta zu der schönen Kurtisane Vasantasena und seine Rettung durch diese edelmütige Hetäre. In zahlreichen Bearbeitungen durch europäische Dramatiker, darunter Lion Feuchtwanger (1915) und Ferdinand Bruckner (1957), hat das Stück in der Neuzeit auch Zugang zu den Bühnen des Abendlandes gefunden.

Die aus tiefen mythischen Urgründen geborene und in den Zauber der tropischen Natur getauchte Kunst des indischen Theaters hat, seit sie im 18. Jahrhundert in Europa bekannt wurde, die Wissenschaft ebenso wie die Bühnen angezogen. So empfing Goethe (1749–1832) von der »Sakuntala« des Kalidasa wesentliche Anregungen. »Weibliche Reinheit, schuldlose Nachgiebigkeit, Vergeßlichkeit des Mannes, mütterliche Abgesondertheit, Vater und Mutter durch den Sohn vereint, die allernatürlichsten Zustände, hier aber in den Regionen der Wunder, die zwischen Himmel und Erde wie fruchtbare Wolken schweben, poetisch erhöht«, sagt Goethe von dem Stück, in das er sich jahrelang versenkte und dessen Beginn ihn zum »Vorspiel auf dem Theater« des »Faust« anregte. Es war über den Umweg einer englischen Übersetzung in der Übertragung ins Deutsche durch Georg Forster 1791 an ihn gelangt. Theatergeschichtlich bedeutsam ist die vollendete Kunst der Dramaturgie, die aus dem Werk spricht. Eine spannende Handlung, gut durchgeführte Rollen, Wechsel der Stimmungen unter Einbeziehung der heiteren Note, Wechsel auch von Prosa und Vers und – als Charakteristikum des indischen Theaters – die enge Verbundenheit von Mensch und Natur in der Atmosphäre tropischer Landschaft geben der ergreifenden Dichtung das Gepräge. Zahlreiche Bearbeitungen und Nachdichtungen brachten »Sakuntala« wiederholt auf die deutsche Bühne, auch als Oper.

Dem Kopf und Schenkel des Zeus entsprungen

Der entscheidende Anstoß für das europäische Theater – und sogar noch weit darüber hinaus – kam jedoch nicht von fernen exotischen Ländern und Kontinenten, sondern ging von der hellenischen Antike aus. Als Stammvater des attischen Theaters gilt Dionysos, der bocksfüßige Gott der Fruchtbarkeit und des Rausches, ein in Griechenland eingewanderter Gott, den der griechische Dichter Homer (9. Jh. v. Chr.) noch nicht zu den Olympiern gezählt hat.

Um den theatergeschichtlich so bedeutsamen Dionysos näher kennenzulernen, muß man sich wenigstens etwas mit der hellenischen Götterwelt vertraut machen. Ihren Ursprung hatte sie im Totenkult, da nach dem Glauben der Griechen die Menschen nicht starben, sondern als gute und böse Geister weiterlebten. Während die bösen Geister durch Opfer und Gebete besänftigt wurden, steigerten die Hinterbliebenen und Nachfahren die guten Eigenschaften des Verstorbenen, der im Geiste weiterlebte, oft ins Unermeßliche und schufen sich so erhabene Helden mit Bärenkräften und Sehergaben oder auch edle Frauen von göttlicher Schönheit. Die Lebenden verehrten diese Toten mit übermenschlichen Eigenschaften oft als göttliche Schutzherren. Da befreundete Stämme manchmal ihre Gottheiten untereinander anerkannten oder übernahmen, entstand so eine immer zahlreichere Götter- und Sagenwelt.

Fast jede namhafte Stadt führte ihre Gründung auf die Heldentat eines legendären Vorfahren göttlicher Herkunft zurück. Damit wollte man nicht nur die eigene Vergangenheit verherrlichen, sondern sich auch eines stammesverwandten, natürlichen Schutzgottes vergewissern. Doch woher kamen diese Schutzgötter, wie waren sie entstanden? Auch sie mußten ihren Ursprung haben, genau wie der Beginn alles Lebens durch urweltliche Gewalten. Wer aber war der Urvater: Uranos, der Himmel, oder Kronos, die unendliche Zeit? Zu viele Legenden machten eher unsicher, und da Himmel und Unendlichkeit fern und unfaßbar waren, wurde schließlich »die breitgebrüstete Erde ein Sitz von ewiger Dauer für alle Götter«.

Überspringen wir hier einen Teil der vielfältig verästelten und verzweigten Geschehnisse des griechischen Mythos und kommen wir gleich zu Zeus, der schließlich mit seinen Brüdern die Herrschaft über das Weltall ausloste. Während Poseidon das Meer erhielt und Hades die Unterwelt, fielen Zeus Himmel und Erde zu, über die er die Obergewalt innehatte. Als Vater der Götter und Menschen herrschte er im Olymp, dem Hain der Götter, der Himmel und Erde miteinander verband. Dort hielt er hof wie irdische Könige, war aber im Gegensatz zu ihnen unsterblich und an keine menschlichen

Gesetze und Sitten gebunden. Das machte ihn zum eigenen Richter und zugleich zum eifrigsten und erfolgreichsten Liebhaber der Frauen, sozusagen zu einem göttlichen Casanova, der immer neue Listen und Verwandlungen für seine amourösen Abenteuer ersann.

Schon lange bevor er seine Schwester Hera zur Frau nahm und damit zur Königin des Olymp erhob, war er zuerst mit Metis verheiratet gewesen. Als im Olymp das Gerücht entstand, die Kinder dieser Göttin der Klugheit würden ihn dereinst entthronen, verschlang Zeus kurzerhand die von ihm schwangere Gattin. Dadurch nahm er nicht nur ihre Eigenschaften in sich auf, sondern auch das Kind, das sie unter ihrem Herzen trug. Der nicht gerade zärtliche Ehegatte Zeus mußte sich daraufhin den Kopf öffnen lassen, damit Athene das Licht der Welt erblicken konnte. Mutterlos und gerüstet war so die Tochter dem Haupt ihres Vaters Zeus entsprungen. Diese streitbare, männliche Vernunft, die von keiner Frau geboren werden kann, wurde zur Göttin der Weisheit und Beschützerin der Kunst.

Es würde ein ganzes Buch füllen, wollte man alle Liebesabenteuer des Vaters der Götter und der Menschen erzählen. Den Griechen waren sie bestens vertraut, wünschten sie sich doch, ihre Herkunft von Zeus ableiten zu können. Fast alle Helden des griechischen Mythos, ob halbmenschlich oder halbgöttlich, waren Kinder oder Kindeskinder des allerhöchsten Gottes, der sterbliche Frauen in göttlicher Liebeslaune verführt und geschwängert hatte. In einem Fall hatte er sich in einen zahmen Stier verwandelt und so die Königstochter Europa übers Meer nach Kreta entführt, wo er mit ihr den legendären König Minos zeugte. Um Leda zu betören, war er zum Schwan geworden, und dieser Vereinigung entsprang die schöne Helena, um die der Krieg von Troja entbrannte. Zeus hatte auch Tantalos gezeugt, der seinen Sohn Pelops zerstückelte und den Göttern gekocht zum Mahl vorsetzte, worauf diese ihn erbost zu den berühmten »Tantalosqualen« verurteilten: Obwohl er hungrig und durstig war, durfte er weder essen noch trinken, und ständig drohte ihn ein Felsen über dem Kopf zu zerschmettern.

Am bedeutendsten für die Theatergeschichte aber ist Zeus' Liebesabenteuer mit der thebanischen Königstochter Semele. Um das richtig verstehen zu können, muß man zunächst an noch weiter zurückliegende Techtelmechtel des Göttervaters erinnern, die vor seiner Heirat mit Hera stattgefunden hatten. So war er eines Tages auch in Liebe zu Persephone entbrannt, die er mit seiner Schwester Demeter gezeugt hatte. Als Persephone ihm den Sohn Zagreus, das »gehörnte Kind«, gebar, wollten ihn die Titanen, das Göttergeschlecht der Riesen, töten. Um ihn zu schützen, verwandelte Zeus seinen geliebten Zagreus in einen Ziegenbock. Dennoch gelang es den Titanen, das göttliche Tier in Stücke zu reißen. Athene aber rettete für ihren Vater das noch zuckende Herz seines Lieblings, und Zeus gab es seiner Geliebten Semele, die es verschluckte. Sie sollte den Liebling des Zeus wiedergebären. Das aber brachte Hera, die rechtmäßige Ehefrau des Göttervaters, in Harnisch. Aus Eifersucht und Rachgier riet sie der Geliebten ihres Gatten, sie möge ihn bitten, sich ihr in seiner unverhüllten göttlichen Gewalt und Herrlichkeit zu zeigen. Als Zeus dann tatsächlich unter Blitz und Donner Semele erschien, verbrannte sie durch den göttlichen Blitzstrahl. Die sechs Monate alte Leibesfrucht seiner Geliebten trug Zeus, eingenäht in seinem Schenkel, aus und gebar schließlich Dionysos, den Gott des Weines, auch Bacchus genannt. Dieser »Löser« befreite die Menschen von Sorgen und wurde als Gott der Fruchtbarkeit angebetet. Aus den Feiern zu Ehren des wiedergeborenen Göttersohnes, den »Dionysien«, ist das griechische Staatstheater entstanden.

Während uns heute die Mythologie der Griechen leicht verwirrt, waren ihre Götter und Helden den Teilnehmern der dionysischen Feiern und Besuchern des frühen Theaters so vertraut, daß sie deren Auftritt in Menschengestalt auf der Bühne als selbstverständlich empfanden. Die Tatsache, daß die Unsterblichen durchaus nicht immer in Harmonie miteinander lebten, erwies sich auch für die Sterblichen als vorteilhaft. Hatten schon die Götter ihre Fehler, so brauchten auch die Menschen nicht vollkommen zu sein. Den Frauen gefiel es, sich nicht immer nur ehrbar aufzuführen wie Hera, sondern auch einmal nach Lust und Laune zu lieben wie Aphrodite, die Göttin der Schönheit und des sinnlichen Genusses. Und warum sollten die Männer nicht ebenso listenreich handeln wie Hermes, der Götterbote mit Flügelschuhen, der Gott der Wege und des Verkehrs, der Kaufleute und der Diebe, der Redekunst und der Gymnastik. Auch wollten sie Dionysos nicht nachstehen, dem Gott des Weines, und sich wie er betrinken und tanzen bis zur Raserei, um so schließlich »entheos«, also »enthusiastisch« zu sein, das heißt »besessen durch einen Gott«.

Die Darstellung des Mythos auf der Bühne empfanden die Zuschauer wie einen Gottesdienst, und es schmälerte keineswegs die Größe und Heiligkeit der Unsterblichen, wenn diese wie ein Mensch aus Fleisch und Blut vor ihren Augen auftraten und durch Wort und Tat in die Handlung eingriffen. Im Gegenteil, durch ihre körperliche Gegenwart wurde die Übermenschlichkeit der Götter dem menschlichen Denken und Fühlen nähergebracht. Das Theater der Griechen, das aus den Glaubensriten hervorgegangen war und die Sagen der Götter und Helden erklärend ergänzte, wirkte auf die Menge als ein mit Weisheit, Wissen und dichterischem Schwung gelenktes Spiel der Phantasie, als Handlung, die sich mit Platos Worten »außerhalb und über der Sphäre des nüchternen Lebens von Notdurft und Ernst vollzog«.

Satyrn, Bacchen und Mänaden

Bereits zweitausend Jahre vor unserer Zeitrechnung schauten vier- bis fünfhundert prächtig gekleidete und geschmückte Gäste der mächtigen und reichen Herrscher auf der Insel Kreta von den Steinsitzen der stufenförmig steil ansteigenden Ränge auf die ersten Bühnen der Theatergeschichte hinab. Diese ältesten uns bekannten Theaterbauten hat man in den Ruinen der Königspaläste von Knossos und Phaistos gefunden. Aus den Spielszenen, die auf den erhaltenen Fresken dargestellt sind, geht leider nicht eindeutig hervor, ob man den Zuschauern damals schon Schauspiele geboten hat oder nur kunstvolle Tänze. Schriftliche Hinweise hierüber fehlen uns.

Als Homer ein Jahrtausend später seine großen Epen »Ilias« und »Odyssee« dichtete, waren die königlichen Paläste des »vom dunkelwogenden Meer ringsumflossenen Landes« längst durch eine Katastrophe zerstört worden, aber er schilderte, gestützt auf geschichtliche Überlieferung, wie »in dem weitbewohnten Knossos blühende Jünglinge und vielgefeierte Jungfrauen den Ringelreihen tanzten, an der Hand einander haltend«. Durch solche rhythmischen, kreisförmigen Tänze um die Altäre, die zum kretischen Brauchtum gehörten, wurde der Gott der Fruchtbarkeit verehrt und seine jährliche Wiedergeburt gefeiert. Weniger förmlich als die Tanzschritte der reizvollen Mädchen und kraftvollen jungen Männer bewegen sich auf den Fresken die Priester und Priesterinnen, ausschweifend und leidenschaftlich-lüstern im Ausdruck, dem Dienst zu Ehren des Gottes der Fruchtbarkeit überschwenglich hingegeben. Sie waren die Vorläufer der späteren dionysischen Feiern, aus denen sich auf dem nahen Festland das griechische Theater entwickelte.

Ursprünglich waren diese Feiern ausgelassene Feste zur Weinlese gewesen, also ein froher Anlaß, den man jedoch würdig begehen mußte, um Dionysos, dem Schutzgott der Winzer, für die Ernte zu danken. Sein Altar wurde mit Trauben geschmückt und davor das Tier geopfert, das dem Gott heilig und zugleich der schlimmste Feind des Weinstocks war: ein Bock, ein »tragos«. Berauscht vom Wein, den alle Anwesenden reichlich kosteten, tanzten sie wie die Besessenen um den Altar herum. Schon bald fielen alle Hemmungen, und der von den Dionysospriestern geleitete Gottesdienst artete in lebensfrohe Ausschweifungen aus. Niemand befürchtete, sich bei diesen wilden Lustbarkeiten etwas zu vergeben, denn die Winzer waren nicht sie selbst, da sie nicht ihre Alltagskleidung trugen und ihr Gesicht hinter ge-

Rechts: Die griechische Amphore aus dem 6. Jahrhundert v. Chr. zeigt Satyrn bei der Weinlese. Im kleinen Fries darüber umtanzen Mänaden den Dionysos.

schmückten und bemalten Bocksköpfen verbargen, um nicht erkannt zu werden. Halb Mensch, halb Bock, dem geheiligten Tier des Dionysos nahe, fühlten sie sich wie die zügellosen Wald- und Berggeister, die Satyrn, denen Denkmäler in den Hainen des Schutzgottes der Winzer errichtet wurden. Mit ihren Bocksköpfen und ihrer vom Wein erregten Männlichkeit, die sie offen zur Schau trugen, bekundeten die Männer, daß auch sie sich wie die lüsternen und ziegenähnlichen Satyrn zur Gefolgschaft des Dionysos zählten. Einen gewaltigen geheiligten Phallus als menschliches Fruchtbarkeitssymbol voraustragend, zogen die Anbeter des Weingottes jubelnd und singend von einem Heiligtum des »Lösers« zum anderen, bis dann schließlich die dörflichen Festlichkeiten mit geschlechtlichen Orgien endeten.

Ebenso derb, hemmungslos und überschäumend vor Lebenslust wie die Stimmung waren auch die Gesänge der Festschwärmer. Da ein solcher singender und grölender Haufen »komos« hieß, nannte man ihre Gesänge, Spiele und die von ihnen rezitierten lustigen Oden »Komödien«. Jeder versuchte den anderen durch noch ausgelassenere Späße und Bocksprünge zu überbieten, und was sie auch verspotteten – den Alltag, das Menschliche oder Göttliche –, nichts wurde ihnen krummgenommen, denn alles war erlaubt, da die Teilnehmer am »komos« Narrenfreiheit genossen.

Je nach den überlieferten Gebräuchen unterschieden sich die heiligen Handlungen während der ländlichen Dionysien in den Dörfern. So stand in einigen Gegenden das Schicksal des Zagreus im Mittelpunkt der Feierlichkeiten: Trauer herrschte über den Tod des Zagreus, den die Titanen in Bocksgestalt zerrissen hatten, und Freude über seine Wiedergeburt als Dionysos. Seine Auferstehung fiel mit dem Frühling zusammen, wenn nach dem Winter, dem Tod, die verdorrten Weinstöcke neu zu sprießen begannen.

Damit war für die »Bacchen«, wie sich dann die Mütter, Frauen und Töchter der Winzer nannten, der Zeitpunkt gekommen, die bevorstehende Wiedergeburt gebührend zu feiern, und das hieß, sich besinnungslos zu betrinken, torkelnd durch die Gegend zu schwärmen und bis zur Raserei zu tanzen. Um aus der Legende von Zagreus Wirklichkeit werden zu lassen, rissen die Bacchen dem Gott zu Ehren einen Ziegenbock in Stücke, tranken sein Blut und aßen das rohe Fleisch. Dadurch wurden sie in ihrer »Besessenheit durch den Gott« so »eins« mit ihm, daß sie durch diese mystische Vereinigung göttliche Einsicht gewannen und weissagen konnten. Zwei Tage und Nächte lang dauerte der hemmungslose Weiberspuk der Bacchen, die in ihrer Raserei und Tollheit von Mänaden angeführt wurden, den »Rasenden«, wie man die tollen Frauen nannte, die sich dem Dienst des Dionysos geweiht hatten. Kein Mann durfte sie in ihrer »ekstasis«, bei ihrem entrückten Treiben, stören, wenn ihm sein Leben lieb war.

Den Winzern war es nur recht, wenn ihre Frauen den Weingott so leidenschaftlich verehrten, denn vom Wein lebten sie. Bogen sich die Rebstöcke unter der Last der Trauben, dann war Dionysos ihnen gnädig gewesen; ein Grund also, ihn mit den heiteren Gesängen des »komos« zu feiern.

Bei einer schlechten Weinlese dagegen – einem Zeichen für den Unmut des Gottes – drohte Unheil, das man durch Opfer und Gebete abwenden mußte. Da man den im Vorjahr geopferten Bock für die tierische Verkörperung des Dionysos selbst hielt, wurde das damalige Festlied beim »Bocksopfer« jetzt zur Totenklage über den in Bocksgestalt getöteten Gott, den »tragos«. Dieser Bocksgesang war die »Tragödie«, die sich durch die Trauer darin von den fröhlichen Liedern des »komos« unterschied.

Ob nun die dionysischen Feiern in Heiterkeit oder in Trauer begangen wurden, das Brauchtum zu Ehren des Gottes blieb gleich. Denn in beiden Fällen umkreisten festlich gekleidete Tänzer den Altar, bildeten einen Chor und sangen zu rauschender Musik einen Hymnus, den ein Vorsänger, der Chorführer, anstimmte. In solchen Dithyramben, wie man diese Chorlieder und Festgesänge nannte, priesen die Feiernden nicht nur Dionysos, sondern auch andere Götter und Helden. So trug man besonders Bruchstücke aus den durch Homer volkstümlich gewordenen Götter- und Heldensagen vor, wobei jeder Chorführer sang, was er davon auswendig wußte, und die Männer des Chores dann mit einstimmten.

Im sechsten vorchristlichen Jahrhundert begann man am Hof des Athener Tyrannen Peisistratos (600–527 v. Chr.), die bedeutsamsten Dithyramben schriftlich festzuhalten. Aus den Dionysien war so allmählich eine neue Kunst entstanden, die Musik und Tanz mit dem Chorgesang zu einer Einheit verband. Arion aus Lesbos, der berühmteste Meister dieser Kunst, teilte den Chorgesang in Lied und Gegenlied auf. Die Dithyramben nahmen nun eine feste Form an, da außer den Worten und der Musik auch die danach angepaßten Bewegungen vom Chorführer, dem »koryphaios«, den Chorsängern einstudiert wurden.

Die Choreuten, wie die Chorsänger hießen, waren Männer, die sich als »Diener der Gottheit« bezeichneten und Kränze im Haar trugen. Freiwillig sangen, tanzten und musizierten sie während der Dionysien, und ihre öffentlichen Wettbewerbe wurden bald ebenso volkstümlich wie die sportlichen Spiele, die »Feste der nackten Jugend«, die miteinander um die Teilnahme an den Olympischen Spielen kämpfte. Um ihren Alltag abzulegen und das Außerordentliche ihrer Tätigkeit hervorzuheben, verkleideten und maskierten sich die Choreuten. Damit gaben sie sich nicht für das aus, was sie wirklich waren, sondern für das, was sie scheinen wollten – und wurden so zu Schau-Spielern.

Thespis und sein Karren

Die ländlichen Dionysien, bei denen die als Satyrn verkleideten Teilnehmer ziellos herumtobten, unterschieden sich bald wesentlich von den städtischen Feiern zu Ehren des Gottes. Denn in den griechischen Städten, vor allem in Athen, wandelten sich im sechsten vorchristlichen Jahrhundert die Lebensformen erstaunlich rasch. »Wenn das Volk den Regierenden gehorcht und die Regierenden den Gesetzen«, dann sei ein Staatswesen als geordnet und vollkommen zu betrachten, hatte Solon (um 640–559 v. Chr.) erklärt. Mit seinen neuen Gesetzen war es diesem weitgereisten und erfolgreichen Kaufmann gelungen, die bedrohliche Lage in Athen, hervorgerufen durch ungerechte Klassenunterschiede und vor allem durch die Verbitterung der Armen gegen die Reichen, wenigstens vorübergehend zu beruhigen.

»Niemand ist vor seinem Ende glücklich zu preisen.« Als Solon auf der Höhe seiner Erfolge diese Worte sprach, ahnte er nicht, daß ihm noch zu Lebzeiten sein Vetter Peisistratos die Macht durch einen Staatsstreich entreißen sollte. Von der Wirkung theatralischer Darbietungen auf das Publikum überzeugt, ließ der Tyrann seinen Truppen beim Einzug in die Stadt einen Streitwagen mit einer hochgewachsenen, bildschönen Frau voranfahren, die mit den Insignien und dem Gewand der Göttin Athene ausgestattet war. Wie die ihr folgenden Herolde laut verkündeten, sei die Schutzgöttin Athens vom Olymp herabgestiegen, um den von ihr erwählten Peisistratos als Tyrannen einzusetzen, worunter man damals einen Alleinherrscher verstand. Wenn auch das Volk auf diese neuartige Werbemaßnahme hereinfiel und der Verkörperung des Mythos glaubte, so mußten dennoch besonders ausgerüstete Truppen des Tyrannen nachhelfen, um den Sieg zu sichern.

Peisistratos mißbrauchte jedoch keineswegs die Macht, um seinen persönlichen Ehrgeiz zu befriedigen, sondern er setzte sie tatkräftig zum öffentlichen Wohl ein. Bei den Tempeln und Denkmälern, die er zu Ehren der Götter errichten ließ, gedachte er natürlich in besonderer Dankbarkeit der Schutzgöttin Athene. Er war es auch, der den Dionysoskult der Winzer bei der Weinlese zum Staatskult erhob. Sechs Tage lang dauerten die Frühlingsdionysien, die alljährlich im März in Athen stattfanden. Doch für das Jahr 534 v. Chr. plante Peisistratos eine besondere Festaufführung, durch die Dionysos, sein Lieblingsgott und der Lieblingsgott des athenischen Volkes, in neuer Art gefeiert werden sollte.

Dazu berief er einen Künstler, den sein Vorgänger Solon ungnädig behandelt hatte: Thespis, einen beliebten Tanzlehrer und Chorführer aus dem attischen Dorf Ikara, der schon in seinem Heimatort eine Neuerung bei den Dionysien erprobt hatte und damit nun in Athen eine breitere Öffentlichkeit überraschte. Zwischen den als Böcken verkleideten Sängern trat ein einzelner vor und antwortete dem Chor in der Wechselrede. Aus der Masse der maskierten und berauschten Gottesdiener löste sich also ein »Antwortender«, um über sich, die Götter und das Schicksal Auskunft und Rechenschaft zu geben und zu verlangen. Thespis hatte den Chorführer vom Chor unabhängig gemacht und, indem dieser den Chorgesang durch Fragestellungen unterbrach, den Vortrag durch Rede und Gegenrede belebt. Außerdem war Thespis, der den Antwortenden wahrscheinlich selbst spielte, allein aufgetreten und hatte die versammelte Menge durch eine Erklärung darauf vorbereitet, was sie sehen und hören würde.

Dieser Vorgang war ein unerhörter Augenblick in der Geschichte des Theaters, denn damit wurde der einzelne sich seiner selbst bewußt, stand vor Gott und der Welt und führte mit ihnen ein Zwiegespräch. Aus der Schar der vielen Lobsänger Gottes trat der Mensch nunmehr als einzelner hervor.

Thespis bezeichnete sich selbst in seiner künstlerischen Darbietung – also in seiner Rolle – als »hypokrites«, was »Erklärer« oder »Antworter« bedeutet. Durch seine Unterbrechungen und Einwürfe, unterstrichen durch Gebärden sowie durch geschickt eingestreute Fragen und Antworten entwickelte sich das im Festlied Erzählte zur anschaulichen Handlung – und das heißt zum Drama. Im sprachlichen Sinn des griechischen Wortes »dram« gedeutet, war das Drama »ein Tun, das die Überwindung eines Widerstandes ankündigt«, dargestellt in den Aufführungen des Thespis durch die lebendige Gegenüberstellung von Gegensätzen und die stimmlich deutlich gemachten Konflikte der in der Erzählung handelnden Personen.

Auch in der Maskierung führte er eine revolutionierende Neuerung ein. Statt der üblichen Bocksmasken trugen jetzt Chor und Antwortender Leinwandmasken mit menschlichen Gesichtszügen, und außerdem verkleidete Thespis den Erklärer als Dionysos. Der Einzelsänger, der den Gott Dionysos in menschlicher Maskierung darstellte, gebärdete sich als jemand, der er nicht selbst war, das heißt als einer, der sich verstellte und der damit zum Schauspieler wurde. Es wäre jedoch falsch, wollte man, wie dies gelegentlich geschieht, Thespis zum Erfinder der Schauspielkunst und des Dramas machen. »Die Behauptung mitsamt der Begründung kann nur von Leuten herrühren, denen jede innere Beziehung zum Theater mangelt«, schreibt Artur Kutscher hierzu. »Denn niemand hat die Schauspielkunst und das Drama erfunden; das war überhaupt nicht nötig, weil beide mit den Menschen und ihrer Kultur gewachsen sind aus urtümlichen Anfängen.«

Thespis war nicht nur Schauspieler, sondern auch Dichter, doch sind leider alle seine Texte verlorengegangen. Aus der gottesdienstlichen Tätigkeit des Schauspielers hat er einen Beruf gemacht. Zusammen mit seinen Choreuten, Masken und Dekorationen zog er von Ort zu Ort, um die Dionysien auszugestalten. Wie der römische Dichter Horaz (65–8 v. Chr.) sagt, soll er dabei als Beförderungsmittel einen Karren benützt haben, der in unseren Sprachgebrauch eingegangen ist als der sprichwörtlich gewordene Thespiskarren, das heute noch gebräuchliche Symbol für Wanderbühne.

Die Dionysien in Athen während des Jahres 534 v. Chr. sind ein Meilenstein in der Theatergeschichte, denn mit diesem Datum verbinden wir das erste dramatische Auftreten des ersten Schauspielers. Thespis hatte sich in Athen durchgesetzt. Er gewann damals auch den ersten datierbaren Tragödienwettbewerb und begründete so die Tragödienaufführungen als offizielle jährliche Dionysos-Festspiele.

Einen überwältigenden Erfolg errang aber auch Peisistratos, der alleinherrschende Machthaber, der mit diesem geglückten Versuch ein Beispiel für die Zukunft gesetzt hatte. Der Platz am Südhang der Akropolis von Athen, wo die von Thespis zur dramatischen Tragödie belebten Dithyramben in Szene gingen, wurde zum heiligen Bezirk des Dionysostempels erklärt. Dort entstand auch während des fünften und vierten vorchristlichen Jahrhunderts das steinerne Amphitheater, das »Dionysos-Theater«. Wer Sinn für den Geist des Ortes hat, der begreift, warum dies gerade dort in der Stadt Athenes geschah, die ja nach dem Glauben der Hellenen mutterlos dem Kopf des Zeus entsprungen war als die streitbare männliche Vernunft. Zu dem ekstatischen Dionysoskult mußte der Geist Athenes kommen, die Kontrolle des Verstandes. »Mythisch gesprochen, ist das Theater aus dem Zusammenwirken von Dionysos und Athene entstanden, ist es dem Schenkel und dem Kopf des Zeus entsprungen. Aus der Lebenskraft und dem Geist des höchsten Gottes«, wie Georg Hensel es einmal ausgedrückt hat. »Praktisch gesprochen, verdanken wir es dem Engagement einer Provinzwanderbühne, des Thespis aus einem Dionysos verehrenden Dorf, in die Weltstadt Athen, wo der erste Dialog gesprochen wurde.«

Bereits eine Generation später stehen wir am Vorabend der Hochblüte der griechischen Tragödie. Aus den Tänzen im Bocksgewand des Dionysoszuges, aus dem Mythos des Gottes – seinem Einzug im Frühling, seiner Kraft, die Welt in Rausch zu versetzen, bis er von den rasenden Mänaden zerrissen wird, stirbt und wiederaufersteht – ist die erhabene, auf Kothurnen einherschreitende Tragödie geworden, die Götter- und Menschenschicksale beschwört und sie im Kreisrund der Orchestra zu einer gottesdienstartigen Handlung werden läßt. Dem ersten Schauspieler wird ein zweiter und alsbald ein dritter gegenübergestellt. Mehr und mehr ist das Theater damit zu einer Kunstform geworden, zu einer Mischung von Ekstase und Berechnung, von Rausch und Verstand, und dies ist es bis heute geblieben.

Von Athen nach Rom

Das berühmteste europäische Theater

Wer heute nach Athen kommt und am Südhang der Akropolis das Dionysostheater besucht, findet nicht mehr das ursprüngliche Bauwerk vor. Seine jetzige Form ist das Ergebnis von Veränderungen, die sich über sechs Jahrhunderte hinzogen. Daß so wenig von diesem griechischen Theater erhalten geblieben ist, liegt darin begründet, daß anfangs nur Holz als Baumaterial verwendet wurde. Hatten früher die Zuschauer auf den Felsvorsprüngen und Böschungen der Hänge gestanden und gesessen, so ging man nun dazu über, im Halbkreis rings um den Platz am Südhang der Akropolis, also im geheiligten Bereich des Dionysostempels, Sitze, Bänke und Tribünen aus Holz zu errichten. Von dort aus konnte das gläubige Publikum dem gottesdienstlichen Spiel in würdiger Haltung beiwohnen.

Doch von Anfang war das Theater noch etwas anderes als ein religiöser Ritus: nämlich zumindest ebensosehr ein Fest, eine festliche Ausschmückung des Gottesdienstes. Bei dieser Veranstaltung, die dem Ernst oder der Heiterkeit der Feier Ausdruck geben sollte, verwandelten sich durch Sprache, Maske und Spiel Menschen in Götter, Menschen in Helden der Legende und Geschichte und schließlich – in rascher Entwicklung – Menschen in andere exemplarische Menschen. Das antike Theater war ein Fest der Verwandlung mit vergöttlichten Menschen und vermenschlichten Göttern.

Statistisch gesehen war das Athen des fünften vorchristlichen Jahrhunderts die bedeutendste Theaterstadt, die es je gegeben hat. Denn ein Gemeinwesen von 30 000 männlichen Einwohnern besaß ein Theater mit 14 000 Plätzen. Vorstellungen fanden allerdings nur an sieben Tagen im Jahr statt, die als öffentliche Feiertage galten. Dabei bildeten die Aufführungen der Stücke den Höhepunkt einer festlichen Atmosphäre von Prozessionen und karnevalähnlichen Veranstaltungen.

Von Fall zu Fall wurden Bühne und Zuschauerraum des Dionysostheaters in Athen improvisiert. Für die ersten Tragödien des Aischylos (525–456 v. Chr.) war die Bühne offenbar nur eine offene Fläche, auf die jeweils größere Requisiten wie Grabsteine, Felsen oder Statuen getragen wurden. Mitte des fünften Jahrhunderts errichtete man dann alljährlich eine provisorische hölzerne »skene«. Diese Szene, die als Hintergrund diente, bestand aus einer niedrigen gegliederten Wand mit drei Türen. Bemalte Leinwandbahnen, die den Ort des Dramas andeuteten, ließen sich auf dieser Wand leicht anbringen. Jene frühesten Bühnenbilder, die Sophokles (496–406 v. Chr.) eingeführt und Aischylos für seine späteren Stücke übernommen hat, müssen sehr kunstvoll gewesen sein. Wie wir wissen, enthielten sie sogar Perspektivdarstellungen. Die Skene benutzte man auch als Basis für technische Geräte, so etwa für den Kran (»geranos«) oder die Maschine (»mechane«), mit der man Götter fliegen lassen konnte. Für Euripides (etwa um 484–406 v. Chr.), der diese Maschine häufig eingesetzt hat, war der »deus ex machina« ein willkommenes Mittel, die Handlung wieder ihrem traditionellen Ende zuzuführen, nachdem er sie zwischendurch so frei behandelt hatte.

»Deus ex machina« ist ein auch heute noch vielgebrauchter Ausdruck aus dem Lateinischen und heißt wörtlich: »Gott aus der Maschine«, was wiederum soviel bedeutet wie »von oben kommend« und heute sprichwörtlich für Zufallslösung steht. Mit Hilfe dieser kranartigen Bühnenvorrichtung des griechischen Theaters konnten Götter oder Helden auf dem Dach des Bühnenhauses, der Skene erscheinen, wie gesagt besonders am Ende des Stücks. In der griechischen Tragödie war der »Gott aus der Maschine« wohl noch keine Notlösung, sondern ein bewußt gehandhabtes dramaturgisches Mittel. Später wurde der »deus ex machina« dann sprichwörtlich für Personen oder Umstände, die eine unerwartete und künstliche Lösung unlösbar erscheinender Konflikte ermöglichte. Als Parodie hat noch in unseren Tagen Bertolt Brecht (1898–1956) dieses alte Theatermittel in seiner »Dreigroschenoper« eingesetzt, wo am Ende, als Mackie Messer schon die Schlinge um den Hals fühlt, ein reitender Bote des Königs erscheint und ihm völlig unvermutet die Begnadigung verkündet.

»Die reitenden Boten kommen sehr selten«, heißt es bezeichnenderweise am Schluß des Stücks, »und die getreten werden, treten wieder. Darum soll man das Unrecht nicht zu sehr verfolgen.«

Doch zurück zum antiken Dionysostheater in Athen! Den Anlaß, am Südhang der Akropolis ein völlig neues, festes Theater zu bauen, gab ein merkwürdiger Zwischenfall. Als nämlich während der Vorführung eines Satyrspiels die Holzbänke unter dem Gewicht der Zuschauer zusammenbrachen und es dabei Verletzte gab, beschloß die Stadtverwaltung von Athen, den Zuschauerraum mit rund siebzehntausend Plätzen sowie die Bühne erstmals aus Stein zu bauen. Das geschah unter dem attischen Redner und Staatsmann Lykurgos, und etwa um 330 v. Chr. waren die Arbeiten beendet. Dieses Steintheater glich in seiner äußeren Form, wenn auch gewaltig vergrößert, den ältesten uns bekannten Theaterbauten in Knossos und Phaistos auf der Insel Kreta.

Das athenische Dionysostheater lag am Südhang der Akropolis unter freiem Himmel. Der Zuschauerraum bildete einen fächerförmig aufsteigenden Halbkreis von Rängen, deren Sitzplätze keine Rückenlehnen besaßen.

Diese Bequemlichkeit gab es nur bei den Marmorsitzen für die hohen Würdenträger der Stadt und die Dionysospriester, die aus der Umgebung zu den Aufführungen kamen. Noch heute ist der Zuschauerraum unverändert erhalten, wogegen die »orchestra«, die kreisrunde Tanzfläche, und die Bühne dahinter mehrfach umgebaut worden sind. Als um 150 v. Chr. die Bühne erhöht wurde, verlor sie damit zugleich ihre klassische Position, wo sie fast auf einer Ebene mit der Orchestra lag. Zwei Jahrhunderte später, zur Zeit Neros (54–68 n. Chr.), wurde sie wiederum beträchtlich erweitert, indem man ihr einen Teil der Orchestra eingliederte. Durch diesen Bühnenraum, der 61 n. Chr. fertiggestellt wurde, schrumpfte der klassische griechische Kreis zum römischen Halbkreis. Weitere bauliche Veränderungen erfuhr das Dionysostheater, als man um etwa 200 n. Chr. die berühmten Reliefs an der Vorderseite der Bühne anbrachte und hundert Jahre später die Orchestra wasserdicht gemacht wurde, um darin auch Seeschlachten mit Gladiatoren inszenieren zu können. Seit jener Zeit wurde das Theater am Südhang der Athener Akropolis immer seltener benutzt und verfiel. Nachdem man im Mittelalter sogar seinen Standort vergessen hatte, wurde es schließlich 1765 wiederentdeckt. Ohne Sinn für den hohen und unersetzlichen Wert dieser kulturhistorischen Stätte bauten die türkischen Besatzungstruppen im 19. Jahrhundert einen Befestigungswall quer durch das Theater und verwendeten dabei viele der originalen Steine. Erst 1862 begannen die Archäologen dort mit wissenschaftlichen Grabungen.

Die Geschichte des berühmtesten europäischen Theaters ist also sehr bewegt. Das Dionysostheater, wie es sich uns heute bei einem Besuch Athens darbietet, hat mit der einstigen Uraufführungsstätte der Tragödien von Aischylos, Sophokles und Euripides, also mit dem Holzbau im fünften vorchristlichen Jahrhundert, nur die Lage am Fuße des Akropolishügels gemein. Als einzige Überreste sind fünf echte Bruchsteine aus der Stützmauer der frühesten eingeebneten Tanzfläche, der Orchestra, erhalten geblieben.

Wie ein klassisches griechisches Theater ausgesehen hat, läßt sich heute noch besser aus den Ruinen des Amphitheaters von Epidauros erkennen, jener einst blühenden Hafenstadt an der Ostküste von Argolis. Mit seinen sechzehntausend Plätzen galt dieses um etwa 350 v. Chr. gebaute Theater schon in der Antike als besonders harmonisch. Noch heute hat es die volle kreisförmige Orchestra mit einem Stein in der Mitte. Abweichend von der ursprünglichen Form mit nur unteren Sitzreihen hat man im zweiten nachchristlichen Jahrhundert die oberen Ränge noch hinzugefügt. Die oberste Reihe ist zwanzig Meter höher als der Spielkreis der Orchestra, doch wenn in der Orchestra eine Münze zu Boden fällt, hört man sie dort oben so deutlich den Sand berühren, als liege man mit dem Ohr daneben – eine akustische Überraschung, mit der heutzutage jeder Fremdenführer die Reisenden verblüfft. So wie man selbst auf den obersten Plätzen noch jede geflüsterte Silbe verstand, so konnte man auch von dort herab in zornige Empörung geraten, die Schauspieler herrlich beschimpfen, gegen den Widerstand der Platzanweiser die Spielfläche stürmen und den Dichter, der auch sein eigener Regisseur und Hauptdarsteller war, zur Rechenschaft ziehen. Die Aburteilung undisziplinierter Zuschauer gehörte zum Nachspiel jedes Festspiels. Zwei Tore zu ebener Erde bildeten den Eingang für die Zuschauer, die dann um die Orchestra herum und einen der zahlreichen Gänge hinauf zu ihrem Sitzplatz gingen. Die münzähnlichen metallenen Eintrittskarten wiesen dem Inhaber einen Platz in einem der zwölf Blöcke zu. Aus solchen Karten, die man in Athen gefunden hat, glaubt man schließen zu können, daß jeder Block einem anderen Stamm zugeteilt war.

Noch mehr Zuschauer faßte das um 280 v. Chr. gebaute Amphitheater in Ephesos, der altgriechischen Stadt in Kleinasien, also in der heutigen Türkei. Von dreiundzwanzigtausend Plätzen aus konnte die Menge dem Spielgeschehen folgen und gleichzeitig den herrlichen Blick auf das Mittelmeer als Naturkulisse genießen.

Masken, Kostüme und Kothurne

Grundsätzlich lag bei den griechischen Theatern am unteren Ende der ansteigenden Sitzplatzreihen oder Ränge die Orchestra, die zusammen mit der Skene die Bühne bildete. Schauspieler und Chor traten aus der Skene heraus und verschwanden, wenn es die Handlung vorschrieb. Die Orchestra, ursprünglich der Tanzplatz des Chores, war bereits an feste Bauten angeschlossen, wie etwa an einen Tempel. Als sich um etwa 500 v. Chr. das klassische attische Drama entwickelte und die Einzelsprecher eingeführt wurden, verschob man für diese Darsteller — Protagonisten und Antagonisten — die Spielfläche an die Peripherie der Orchestra, zum Tempel hin. Um die Darsteller besser sehen und hören zu können, wurde dann schließlich noch die Spielfläche erhöht. Umstritten ist, ob es eine solche Brettergerüstbühne schon in klassischer oder erst in hellenistischer Zeit gegeben hat. Die hölzerne Bühne war durch eine Bretterwand — eine Haus- oder Tempelfront — nach hinten durch die Skene abgeschlossen, hinter der sich die Umkleide- und Vorbereitungsräume befanden. Dort gab es auch drei Türen für die Frontauftritte. Gelegentlich wurde ein hölzernes Gestell aus der Skene herausgefahren, um dem Publikum den Ablauf besonderer Begebenheiten zu verdeutlichen.

Die überragende Akustik des berühmten Amphitheaters von Epidauros läßt sich in den Ruinen heute noch nachprüfen.

Die Umgebung, in der sich die Handlung abspielte, sollte im Bühnenbild wenigstens bildhaft angedeutet werden. Ein einziger Baum oder auch nur die Zeichnung eines Baumes genügte, um einen Garten oder Wald zu symbolisieren. Ein Teil stand also für das Ganze. Um diese Eindrücke hervorzurufen, die im Grunde nur Sinnestäuschungen waren, erfanden schon die frühesten Bühnentechniker die Kulissen. Dreieckige Prismen, deren bemalte Flächen beim Szenenwechsel gedreht wurden, dienten als optische Hilfsmittel, um die Illusion zu vervollkommnen. Obwohl die Aufführungen am hellen Tage unter freiem Himmel stattfanden und die Zuschauer mit ihren eigenen Augen deutlich erkennen konnten, daß sie nicht wirkliche Bäume sahen, wurde dennoch ihre Phantasie so stark angeregt, daß ihre Einbildungskraft sie gefangennahm und die farbigen Zeichnungen die Natur ersetzten. Die Annäherung an die Wirklichkeit war so gelungen, daß die Zuschauer sahen, was sie sehen wollten; was sie jedoch wirklich sahen, sahen sie nicht.

Die Illusion des Publikums in jenen Zeiten des frühen Theaters wurde natürlich wesentlich beeinflußt durch die Gläubigkeit, mit der jeder einzelne solchen Aufführungen beiwohnte wie gottesdienstlichen Handlungen. Schon damals gab es eine Art Rollbühne, die man aus dem Mitteltor der Skene, dem festen Bühnenhaus, herausfahren konnte, um den Zuschauern das Ende einer Szene zu zeigen, die sich im Innern des Hauses unsichtbar abgespielt hatte. Denn in früheren Zeiten wurden gewalttätige Handlungen, wie etwa ein Mord, auf offener Bühne vermieden und hinter der Skene verübt. Das Ergebnis aber, den Schrecken, bekam das Publikum gleich anschließend vorgeführt, wenn auf dem vorrollenden Bühnenwagen der Leichnam und sein Mörder mit blutiger Waffe den begierigen Blicken zur Schau gestellt wurden. Auch kunstvoll erzeugte und der Natur nachgeahmte Geräusche – wie Donner oder unterirdisches Getöse der aufgerührten Erde – wirkten aufs Ohr wie die Kulissen aufs Auge und ergänzten den Eindruck der Echtheit. Wie sehr das Schauspiel auch die Schaulust befriedigen muß, hat man von Anfang an gewußt und deshalb lebende Pferde vor die Streitwagen gespannt, Maschinen für Donner und Blitz erfunden sowie Hebekräne und Flugmaschinen gebaut, die Tiere, Menschen und Götter schweben ließen.

Doch nicht nur der Schauplatz wurde mit künstlerischer Sorgfalt hergerichtet, sondern ebenso auch das Aussehen der Darsteller, also der Schauspieler und Choreuten. Alle Rollen wurden übrigens von Männern gespielt. Ihre Kostüme und Masken, die bald anziehend, bald abschreckend wirkten, gehörten zu den wesentlichen Bestandteilen jeder Aufführung. Waren die Masken ursprünglich nur aus Leinen verfertigt und einfarbig weiß bestrichen, so gingen bald schon Bildhauer dazu über, kunstvolle Schauspielermasken zu modellieren. Manchmal wurde das Maskengesicht auch noch durch perückenartige Haaraufsätze, die sogenannten »onkos«, umrahmt. Da Masken und Perücken den ganzen Kopf bedeckten, konnte ein einziger Darsteller im gleichen Drama verschiedene Rollen spielen, wenn er sich entsprechend anders maskierte: mal als Gott oder Mensch, mal als guter oder böser Dämon, mal als Mann oder Frau. Indem er sich so entpersönlichte, wurde er zu einem »Typ«.

»Typisch« waren in der frühen Schauspielkunst auch Bewegungen und Gebärden. Ob man Trauer oder Freude, Schmerz oder Scham zeigte, jede Gefühlsregung wurde durch eine bestimmte Geste ausgedrückt: Mit der Hand am Ohr deutete man an, ein Geräusch aus der Ferne zu hören, und wer einen Befehl gab, streckte die Hand aus.

Größer wirkten Schauspieler und Choreuten jedoch nicht nur durch den perückenartigen Haaraufsatz, sondern auch durch den Kothurn, einen Schaftstiefel aus weichem Leder mit kreuzweiser Verschnürung. Allerdings war die Sohle des Kothurns zur Zeit der großen Klassiker noch dünn und wurde erst im zweiten vorchristlichen Jahrhundert betont dick. Der stelzenartig hohe Kothurn, der ein langsames feierliches Bewegungsspiel erzwang, kam noch später, im zweiten nachchristlichen Jahrhundert, in römischer Zeit auf.

Auch durch ihre Kostüme machten die Darsteller gleich im ersten Auftritt klar, daß sie nicht der Alltagswelt der Zuschauer angehörten, sondern der besonderen Welt des Theaters. Das landesübliche »chiton«, ein Leibrock aus Leinen, war das Bühnenkleid, im Gegensatz zum Alltagskleid mit langen Ärmeln ausgestattet und für Frauenrollen lang geschnitten, für Männerrollen dagegen kurz. Den Gürtel trug man dicht unter der Brust. Seher erkannte man gleich an dem netzartigen, geflochtenen Überwurf, der bis auf die Füße reichte. Dionysos war mit einem safrangelben Umhang bekleidet, ein Trauernder trat in einem schwarzen, ein vom Unglück Geschlagener in einem zerfetzten Gewand auf. Könige und Königinnen unterschieden sich von schlicht gekleideten Dienern und Hirten nicht nur durch ihre charakteristischen Requisiten, sondern auch durch purpurne Schleppen. Farbenprächtig und symbolkräftig waren also alle Kostüme, die dazu oft noch durch Auspolsterungen die Körper der Schauspieler viel umfangreicher und überlebensdick erscheinen ließen. Mit ihren typischen Requisiten, wie man sie von den Standbildern her kannte, traten die Götter auch im Theater auf: Herakles trug eine Keule, Poseidon einen Dreizack und Hermes einen Heroldsstab. In der Alten Komödie bevorzugte man groteske Flickenkleider, und die Männer trugen einen riesigen Phallus aus rotem Leder. Beides verschwand erst in der Neuen Komödie, bei der normale Kleidung vorherrschte.

Die Schauspieler trugen ihren Text in einer Weise vor, die für uns heute mehr dem Gesang als dem Sprechen ähnelt. Auf die einfache Frage, ob denn der Vers bei den Griechen stets gesungen worden ist, hat der Musikwissenschaftler Thrasybulos Georgiades in seinem Buch »Musik und Rhythmus bei den Griechen« die komplizierte Auskunft gegeben: »So formuliert, wäre die Frage nicht ganz korrekt, weil der griechische Vers in sich schon Musik enthält. Er braucht nicht erst in Musik gesetzt zu werden . . . Der Rhythmus wird schon auf der Sprachebene restlos, das heißt auch musikalisch, festgelegt, und deswegen kann man durch eine besondere musikalische Rhythmik nichts mehr ausrichten. Der griechische Vers enthält die musikalische Komponente, weil die griechische Sprache sie schon enthält.«

Auch das Wort »Theater« hat seinen Ursprung im Griechischen. »Theatron«, wörtlich »Raum zum Schauen«, nannte man anfangs nur die Abteilung der Zuschauer, den Ort, an dem »etwas Besonderes schaubar gemacht wird«. Dieser zunächst begrenzte Begriff für den Zuschauerteil des antiken

Theaters wurde später auf das gesamte Theatergebäude übertragen. Vom Griechischen gelangte das Wort über das lateinische »teatrum« dann in viele europäische Sprachen. Die Zuschauer also, ohne die überhaupt Theater nicht möglich ist, haben dem Theater den Namen geliefert. Durch Sprache, Maske und Spiel verwandelten sich nicht nur die Schauspieler, sondern auch die Zuschauer, indem sie sich von den dargestellten Vorgängen, den in Szenen aufgelösten Dithyramben, magisch anziehen und ergreifen ließen.

Der Besuch der Aufführungen stand allen Freien, den Vollbürgern, offen, während die Masse der Sklaven ausgeschlossen blieb – ausgenommen diejenigen Sklaven, die von ihren Herren dazu die Erlaubnis erhielten. »Den Frauen war der Zutritt strengstens verboten; denn schon die alten Griechen fanden, daß eine Frau ins Haus und nicht ins Theater gehört.« So lautet ein Zitat aus der bekannten Witzreihe »Aus einem Schüleraufsatz«. Ganz schief liegt der Witzbold damit allerdings nicht, denn wahrscheinlich nahmen zwar auch Frauen teil, jedenfalls bei Tragödien, vielleicht aber nicht bei Komödien, vor allem wegen der Derbheiten und »Obszönität« der Satyrspiele. Zu dem, was wir heutzutage obszön nennen, hatte die Antike allerdings ein völlig anderes, ein ungeniertes Verhältnis. In seinem Buch über »Die Griechen« meint dazu der britische Philologe Kitto: »In den ‚Fröschen' des Aristophanes greift Aischylos den Euripides an, weil der ‚unmoralisch' sei. Euripides habe so erbärmliche Schlampen auf die Bühne gebracht, ‚daß sich anständige Frauen aus Scham darüber erhängt haben'. Warum hätten sie das getan, wenn sie sorgfältig im Hause gehütet wurden? Die ‚Vita' oder Biographie des Aischylos berichtet, daß die Furien in den ‚Eumeniden' so schauerlich waren, daß die Knaben zu Tode erschraken und die Frauen Mißgeburten hatten – eine alberne Geschichte, aber wer sie auch zuerst erzählt hat, glaubte, daß Frauen ins Theater gingen.« Ob sie nun wirklich Zutritt hatten oder nicht, bleibt umstritten.

Da auch nach dem Ende der Tyrannis die Demokratie das Theater als Instrument der Beeinflussung und Propaganda übernahm, legte der Staat größten Wert auf den Besuch der Vorstellungen. War zunächst noch der Eintritt frei, so sah sich bald der Veranstalter bei den ständig wachsenden Kosten der Aufführungen gezwungen, ein Eintrittsgeld zu erheben. Unter Perikles (499–429 v. Chr.), dem größten Staatsmann des alten Athen, wurde dann jedoch das »theorikon«, das »Schaugeld«, an die Ärmeren gezahlt, damit auch sie wieder die Vorstellungen besuchen konnten. Gegen Ende des fünften vorchristlichen Jahrhunderts wurde sogar allen Besuchern ein »Anwesenheitsgeld« gezahlt – nicht um ihnen außer dem Vergnügen auch noch einen finanziellen Gewinn zu bescheren, sondern um die Bürger fester an die genehmen religiösen und politischen Ideen zu binden, wie sie in den zugelassenen Stücken der vom Staat abhängigen Dichter und Preisrichter verbreitet wurden. Mit dem Zerfall der Polis, des griechischen Stadtstaates, setzte dann eine Privatisierung des Theaters ein.

Beschränkten sich die ersten Aufführungen noch auf bekannte Themen, nämlich auf Bruchstücke aus den Götter- und Heldensagen der homerischen Dichtungen, so fiel es bald den Dichtern zu, die Stoffauswahl zu erweitern, indem sie dramatische Handlungen außerhalb des volkstümlichen Mythos suchten oder gar selbst erfanden. Solange Tyrannen nach eigenem Ermessen die Politik in ihrem Machtbereich lenkten, bestimmten sie auch die Schauspiele, die bei den Dionysien aufgeführt werden durften. Ein Dichter, der als Mensch und Künstler nicht die Gunst des Alleinherrschers genoß, hatte auch keine Aussicht, daß sein Stück bei einem Wettbewerb ausgezeichnet und angenommen wurde.

Die Dichter blieben in ihrem dramatischen Schaffen weiterhin eingeschränkt, als die Tyrannen aus Athen verjagt wurden und die Volksvertreter wieder die Macht übernahmen. Da auch zu ihrer Zeit die Dionysien die alljährliche Demonstration athenischen Prunks waren, zu der viele bedeutende Fremde angereist kamen, bestellten sie einen »archon«, der schon Monate vorher mit den Vorbereitungen begann. Dieser städtische Beamte wählte aus den Tragödien und Komödien, die ihm die Dichter vorlegten, die Stücke aus, die am Wettbewerb teilnehmen durften. Jedem Dichter teilte der Archon dann einen »choregen« zu, wie man den reichen Bürger nannte, der als Mäzen ehrenhalber die erheblichen Kosten für die Aufführung der erwählten Dramen und die Finanzierung eines eigenen Chors übernahm. Mit dem Dramatiker, der im 5. Jahrhundert v. Chr. immer auch sein eigener Regisseur und bis zur Zeit des Sophokles noch dazu der Hauptdarsteller war, mußte sich der Chorege darüber verständigen, wie der Dichter-Schauspieler mit den Choreuten die Aufführung der Stücke einstudieren sollte. Zum Ausgleich für seine kostspielige Aufgabe im Interesse des Allgemeinwohls brauchte der Chorege ein Jahr lang keine Steuern zu entrichten. Trotzdem war das meistens kein Geschäft für ihn. Denn da ein etwaiger Sieg äußerst ehrenvoll war und beispielsweise der Chor aufwendig gekleidet sein mußte, gab der Mäzen gewöhnlich mehr aus, als er an Steuern hätte zahlen müssen.

Jeder Dichter verfaßte drei Tragödien und ein Satyrspiel, die alle an einem Tag hintereinander vom frühen Morgen bis zum späten Abend aufgeführt wurden. Vor dem Satyrspiel, in dem die Darsteller mit umgeschnalltem Phallus die ernsten Themen der vorangegangenen Tragödien in einer saftigen Satire verspotteten und dem Gelächter preisgaben, stärkten sich die Zuschauer erst noch durch ein reichliches Abendessen. Da alle Stücke neu sein mußten, waren selbst die bedeutendsten griechischen Dramen nur ein einziges Mal in Athen zu sehen. Erst etwa siebzig Jahre nach dem Tod des Aischylos begann man, die Stücke von Sophokles und Euripides bei den Dionysien wieder aufzuführen, und bald wurden auch die Pflichttragödien völlig abgeschafft.

Über den Wert der einzelnen Aufführungen gaben bestallte Preisrichter ihr Urteil im Namen des Volkes ab. Während der Preis für die siegreichen Tragödien dem Choregen und den Choreuten zufiel, bekam der Dichter selbst nur eine Ehrengabe: einen Ziegenbock für die beste Trilogie von Tragödien sowie einen Korb Feigen und einen Krug Wein für die beste Komödie. Der Efeukranz, der Ruhm und die Ehre, als »gottgerufen« bezeichnet zu werden, waren dem Dichter Lohn genug.

Aischylos und der Fluch der bösen Tat

»Wer wüßte wohl nicht seinen Namen? Bacchus, in Erz steht er hier, an Stelle des leiblichen Mannes. Seht, Syrakus, die volkreiche Stadt, errichtet dem Bürger, der ihr den Reichtum der Worte geschenkt, zum Dank dieses Denkmal: Alles hat er bedacht mit nützlichen Sprüchen fürs Leben.«

Nicht Aischylos ist hier gemeint, sondern Epicharm, auf dessen Bildsäule Jahrhunderte nach seinem Tod diese Inschrift angebracht wurde. Uns ist der Name des dorisch-sizilischen Dichter-Schauspielers, der als erster Komödienschreiber berühmt wurde, heute kaum noch geläufig, denn von seinen fünfunddreißig Stücken sind alle bis auf wenige Bruchteile verlorengegangen. Weder kennen wir seinen Geburtsort noch genaue Lebensdaten, ausgenommen die Tatsache, daß er seine Mythen-, Helden- und Philosophenparodien im sechsten und beginnenden fünften Jahrhundert v. Chr. geschrieben hat, die als bedeutende Vorform der griechischen und zugleich auch der europäischen Komödie gelten. Es ging ihm darin nicht nur um die Aneinanderreihung von Einzelszenen mit komischen Gestalten, sondern um die Darstellung menschlicher Gegensätze, menschlicher Schwächen und Eigenschaften.

Um die philosophischen Erkenntnisse, die er auswertete, dem Publikum im Spiel zu vermitteln, stellte er typische Theatergestalten auf die Komödienbühne, wie den »Parasiten«, das »Großmaul« und den »Bauern«.

In seiner Komödie »Hoffnung oder Reichtum« sagt beispielsweise der Parasit von sich selbst: »Bei jemandem, der Hochzeit feiert, braucht man mich nicht erst einzuladen. Ich speise mit jedem zusammen, der das nur will. Ich bin angenehm, errege viel Gelächter, lobe den tüchtig, der einen Schmaus gibt.« Während er sich selbst als allseits beliebten Mann beschreibt, der gern und gut ißt, wird er dagegen an einer anderen Stelle der Komödie derb und drastisch sogar als nimmersatter Fresser und Vielfraß charakterisiert: »Wenn du ihn sehen könntest, wie er frißt . . . . Es braust sein breiter Schlund, das Kinn mit seinen Knochen klappert, es knarrt der Backenzahn, und der spitze Eckzahn knirscht dabei. Er zischt mit den Nasenlöchern, wakkelt mit dem Ohr.«

Doch nicht nur menschliche Fehler und Unzulänglichkeiten nahm Epicharm aufs Korn, er verspottete auch den Mythos und enthüllte göttliche Schwächen, ohne jedoch in seinen freundlichen, drolligen Parodien die Herrlichkeit der Gottheiten herabzusetzen. Bis die Dichter-Schauspieler in Athen die neuartige Kunst des Epicharm in Syrakus übernahmen, sollte jedoch noch geraume Zeit vergehen.

Trotz ernstzunehmender politischer Unruhen in Athen, die eine Ablenkung und Aufmunterung der Bürger durch heitere, festliche Theateraufführungen geradezu geboten, beherrschten auch weiterhin die Tragödien die Szene. Von den Tragödiendichtern seien hier zwei Namen hervorgehoben. Der eine hieß Choirilos, von dem eigentlich kaum mehr überliefert ist, als daß er dreizehnmal als Sieger aus den Wettbewerben hervorging und dafür mit Ehrengaben des Staates ausgezeichnet wurde.

Mehr dagegen wissen wir von dem athenischen Tragiker Phrynichos, der um 500 v. Chr. lebte und als Schüler von Thespis sowie als Vorläufer von Aischylos gilt. Er war der erste Dichter, der Zeitgeschichte, also die Geschichte seiner eigenen Zeit, in einem Drama gestaltet hat und dafür bestraft wurde. »Der Fall von Milet« oder »Die Zerstörung Milets« hieß die Tragödie, die 493 v. Chr. einen Theaterskandal auslöste, dann verboten wurde und verlorenging. Themistokles (um 527–459 v. Chr.), einer der hervorragendsten Staatsmänner Athens, wollte mit Hilfe von Phrynichos, dem beliebtesten Dichter-Schauspieler seiner Zeit, die Bürger seiner Stadt vom drohenden Angriff des Perserkönigs Xerxes überzeugen. Um sie aufzurütteln und zum Rüsten aufzufordern, benutzte er das Theater zur Beeinflussung der Volksmeinung. In seiner Tragödie »Die Zerstörung Milets« behandelte Phrynichos den Untergang der stammesverwandten Stadt Milet durch den Perserkönig Dareios, den Vater und Vorgänger von Xerxes. Statt darin eine Warnung zu sehen, wie Themistokles sich das erhofft hatte, rief die Niederlage bei den Athenern nur Schmerz und peinliche Gefühle hervor. Mit der dramatisierten Wirklichkeit hatte ihnen der Dichter ihre Freude an den dionysischen Feiern verdorben, was sie ihm nie verziehen. Phrynichos wurde zu einer hohen Geldstrafe verurteilt, weil er das betrübliche Schauspiel geschrieben und aufgeführt hatte. Undank ist der Welt Lohn! Erst nach seinem Tod wurde er als Wegbereiter des Aischylos anerkannt.

Auch über Aischylos, den über die Zeiten hinaus weltberühmten griechischen Tragödiendichter, besitzen wir nur wenige biographische Daten. Er entstammte einem begüterten Adelsgeschlecht, das seine Herkunft vom letzten athenischen König herleitete. Aischylos wurde um 525 v. Chr. in Eleusis bei Athen als Sohn des adligen Grundbesitzers und Chorführers Euphorion geboren und trat bereits im Jahre 500 als Fünfundzwanzigjähriger bei den Dionysosfesten im Wettkampf der Dichter auf. Doch erstmals 484 errang er den Siegerkranz, insgesamt wurde er im Laufe seines Lebens achtundzwanzigmal ausgezeichnet. Wie damals üblich war er Dichter, Regisseur sowie Chorführer und hat wohl auch selbst Hauptrollen gespielt. Den durchschlagenden Erfolg aber brachte ihm erst 472 die Tragödie »Die Perser«, das Mittelstück aus einer Trilogie. Die Aufführung in Athen fand acht Jahre nach der vernichtenden Niederlage der Perser in der Seeschlacht bei Salamis 480 v. Chr. statt, an der Aischylos selbst teilgenommen hatte wie zuvor schon im Jahre 490 an der Schlacht von Marathon, in der die Griechen die mehr als zwanzigfache Übermacht des persischen Landungsheeres besiegten. Seiner Meinung nach hatten die wenigen Griechen den für unmöglich gehaltenen Triumph über die vielen Perser nur mit Hilfe der Götter errungen, wofür ihnen, allen voran Zeus, der Dank der Hellenen gebührte. Diesen Wendepunkt der Geschichte, die Behauptung griechischer Lebensformen gegen den barbarischen Einfluß Asiens, betrachtete Aischylos als den Ruhmestag seines Lebens.

Während der Handlungsablauf der uns erhaltenen Werke von Aischylos dem Glaubensmythos und der Dichtung Homers folgen, dramatisierte er in »Die Perser« ein zeitgeschichtliches Thema, denn Ort und Zeit der Handlung sind der Hof innerhalb des persischen Königspalastes zu Susa im Jahre 480 v. Chr.: Der Chor zählt die gewaltigen Heeresmassen auf, die Xerxes gegen die Griechen geführt hat, um die Schmach von Marathon zu rächen. In banger Sorge warten die Greise sowie Atossa, die Mutter des Perserkönigs, auf eine Nachricht vom Kriegsschauplatz. Da bringt ein Bote die fürchterliche Kunde, das gesamte Heer der Perser sei vernichtet. Die Totenklage des Chores beschwört den Geist des letzten Herrschers, des Königs Dareios, der noch Schlimmeres voraussagt: Auch die letzten Reste des Heeres würden vernichtet werden. Und schon naht der unglückliche König Xerxes selbst. Mit seinen herzzerreißenden Klagen und Selbstvorwürfen endet das Stück.

»Diesmal nahmen die Athener den Bezug zur Zeitgeschichte nicht übel, denn im Gegensatz zu Phrynichos hatte Aischylos keine Niederlage der Hellenen gegen die Perser auf der Bühne abgehandelt, sondern einen gewaltigen Sieg. Das Zeitstück sollte durch erschütternde Bilder vom persischen Königshof zeigen, wie tief das feindliche Großreich Asiens durch den Triumph der Griechen in Verzweiflung gestürzt worden war. Indem er den Schauplatz des Geschehens auf die Seite des geschlagenen Feindes verlegte, warnte er seine Landsleute, nicht in den Fehler der Perser zu fallen: in den Übermut, die »hybris«, die das gottgewollte Gleichgewicht der Menschheit bedrohte und vor den Augen der Zuschauer unbarmherzig bestraft wurde.

Durch »Die Perser« war Aischylos' Ruhm so gewachsen, daß ihn Hieron I., der Tyrann von Syrakus, nach Sizilien einlud. Doch nicht nur politisch war die Aufführung ein Erfolg, sondern auch als theatergeschichtliches Ereignis, das den Zuschauern durch die Neuartigkeit der Inszenierung auffiel. Wie aus der kurzen Inhaltsangabe ersichtlich, kennt das Werk bereits den Botenbericht und die Geistererscheinung als dramatische Mittel. Wenn auch der entscheidende Bestandteil seiner Tragödie der Chor bleibt, der während des gesamten Spiels anwesend ist, spricht und singt, sich am Geschehen beteiligt, Stellung nimmt, befragt wird und antwortet, so wird doch die Handlung jetzt nicht mehr nur von einem einzigen Schauspieler getragen, sondern von zwei Sprechern, die vom Chor unabhängig sind. Aischylos hat also den zweiten Schauspieler eingeführt. Beide zusammen in den Masken handelnder Personen belebten die Szene durch Spiel und Gegenspiel und verliehen ihr eine eigene neuartige Gestaltung.

Außer beim Zeitstück »Die Perser« hat Aischylos sonst bei seinen Stoffen auf mythologische Vorgänge sowie auf Konflikte aus Sage und Vorzeit zurückgegriffen. Damit waren beinahe alle Gestalten auf der Bühne und alle Tatsachen des dramatischen Geschehens, die auch von anderen Dichtern und Dramatikern behandelt worden sind, den Zuschauern bestens bekannt. Nach der Weltanschauung und Lebensauffassung des Dichters stand das Gute dem Bösen ständig im Kampf gegenüber – auch in der Seele: der Kampf des menschlichen Willens mit dem unentrinnbaren Schicksal, bei dem alle Leidenschaften aufgedeckt wurden. Wer gegen den überlieferten Glauben verstieß, den die Götter festgelegt hatten, der beging eine böse Tat, die unbedingt gesühnt werden mußte. Der Fluch der bösen Tat, der nicht nur den Frevler selbst traf, sondern auch seine Kinder und Kindeskinder vernichtete, wurde im Werk des Aischylos grausam deutlich. »Die Götter lassen Sterblichen eine Schuld erwachsen, wenn sie ein Geschlecht verderben wollen«, heißt es in seiner Tragödie »Niobe«, von der nur ein Bruchstück erhalten ist. Nach seiner Weltanschauung war Zeus der Inbegriff der Gerechtigkeit, über jede Kritik erhaben. Hatte ein einzelner die böse Tat begangen, so mußte das Gemeinwesen gleichfalls dafür büßen, denn der einzelne galt als Bestandteil der Gemeinschaft. Umgekehrt war der einzelne ebenso in die bösen Handlungen des Gemeinwesens verstrickt. Zum Guten gehörten Selbstzucht in jeder Form und auf jedem Gebiet, Frömmigkeit in der bedingungslosen Anerkennung des göttlichen Willens, Achtung des Nächsten. Aischylos liebte die harten Kontraste, und sein hoher Stil entsprach seinem heroischen Lebensgefühl und dem Ernst, mit dem er die unauflösliche Verbundenheit der Götter mit dem Staat dramatisch behauptete.

»Sieben gegen Theben«, uraufgeführt im Jahre 467, schildert Geschehnisse aus der Ödipus-Sage: den Streit der Ödipus-Söhne Eteokles und Polyneikes um die Herrschaft in der Stadt Theben und ihren gemeinsamen Tod im Zweikampf. Damit ist der Fluch ihres Vaters Ödipus erfüllt, doch hat Eteokles die Stadt gerettet. In dieser patriotischen Tragödie, einem Hohelied der Vaterlandsliebe, das den bewußten soldatischen Tod feiert, trägt die Gestalt des Eteokles schon Ansätze zur Charakterschilderung.

Die Tragödie »Die Schutzflehenden«, auch »Die Hiketiden«, um 463 uraufgeführt, behandelt die Sage von den fünfzig Töchtern des Königs Danaos, die gezwungen werden sollen, die fünfzig Söhne des Königs Aigyptos zu heiraten. Der Chor, der aus diesen hundert Personen besteht, beherrscht noch stark das sehr undramatische Stück.

Für die weitere Entwicklung des Dramas war »Der gefesselte Prometheus« von größter Bedeutung, denn in diesem um 457 uraufgeführten Stück tritt der Begriff des Tragischen im Sinne von Trotz und Auflehnung gegen das göttliche Gebot zum erstenmal deutlich in Erscheinung. Prometheus, der Titan und Halbgott, der den Menschen das Feuer, die Schrift und die Zahlen gebracht und ihnen damit die Herrschaft über Naturgewalten verliehen hat, wird zur Strafe auf Befehl des Zeus an einen Felsen geschmiedet. »Weil er die Menschen allzusehr geliebt« hat, muß er leiden. Bewußt nimmt Prometheus dieses Leid auf sich, besteht in einem gewaltigen Monolog sogar darauf. Da er sich weigert, Zeus sein Geheimnis zu verraten, wird er in den Tartaros, den tiefsten Abgrund der griechischen Unterwelt, gestürzt. Prometheus nimmt auch dieses neue Leid auf sich, denn er weiß, daß der Tyrannengott Zeus untergehen und ein neuer Gott kommen wird, der sich den Menschen enger verbunden fühlt. Diesem ersten uns bekannten Stück der Antike, in dem ein Halbgott gegen Zeus rebelliert und damit gegen die bestehende Weltordnung aufbegehrt, kommt eine grundlegende Bedeutung zu. Es wurde richtungweisend für die Entwicklung der abendländischen Tragödie, denn viereinhalb Jahrhunderte vor Christus deutete sich in dem Drama, in dem Prometheus an einen Felsen geschmiedet ist wie an ein Kreuz, ein Erlöserdrama an, und gleichzeitig gewann darin auch der Monolog als Stilelement des Bühnenstücks Form und Gestalt.

Rechts: »Prometheus, gefesselt« nennt Peter Handke seine Übersetzung der Aischylos-Tragödie. Hier eine Aufführung der Berliner Schaubühne von 1986.

»Neues Gesetz erschüttert von heut an die Welt«

Neue Gottesvorstellungen, die zu seiner Zeit revolutionär gewirkt haben, brachte Aischylos mit seiner »Orestie« ins Spiel, die ihre Uraufführung im Jahre 458 v. Chr. im Dionysostheater in Athen erlebte und den ersten Preis erhielt. Es war zugleich sein ganz großer Erfolg und sein letzter Sieg in Athen. »Die Orestie« ist eine Trilogie, bestehend aus den Tragödien »Agamemnon«, »Das Totenopfer« oder »Die Grabspenderinnen« sowie »Die Eumeniden«. Das dazugehörige Satyrspiel »Proteus« ist nicht erhalten. Nachdem Aischylos zuvor schon den zweiten Schauspieler eingeführt hatte, übernahm er in der »Orestie« von seinem jüngeren Rivalen Sophokles den dritten Schauspieler, wodurch das Wechselspiel noch lebhafter wurde. Kurzgefaßt ist der Sinn dieser Trilogie, daß jede aus Gier und Sinnenlust begangene Tat des Freiverantwortlichen unweigerlich die Rache nach sich zieht. Auch wenn man den Rächer selbst noch so sehr versteht, so wird er dennoch von seinem Gewissen geplagt und bedarf der Sühne. Endgültig entsühnen können aber nicht die Götter und auch nicht der einzelne, sondern nur Rechtsgesinnung und Rechtsordnung der menschlichen Gemeinschaft. Für die kultische Bedeutung der Trilogie ist kennzeichnend, daß Aischylos am Schluß den Konflikt von der irdischen Basis in die himmlische Sphäre emporträgt und Götter und Menschen miteinander zu versöhnen trachtet.

Wegen der Bedeutung der »Orestie« und zugleich zum besseren Verständnis folgt nun eine knappe Inhaltsangabe aller drei Tragödien:

1. Teil: »Agamemnon«

Dunkle Nacht lagert über der von Fluch und bösem Tun umwitterten Burg in Argos. Auf dem Dach des Königspalastes hält ein Wächter Ausschau nach dem von Berg zu Berg springenden Feuerzeichen, das die Heimkehr der Krieger von Troja ankündigen soll. Dunkel sind die Anspielungen des Wächters, dunkel und hintergründig die Klagen des Chores um die Toten. Vor Beginn des trojanischen Feldzuges hatte Agamemnon die eigene Tochter Iphigenie geopfert, um günstigen Segelwind zu erhalten. Während seiner Abwesenheit ist seine Ehefrau Klytaimnestra zur Ehebrecherin mit Aigisthos, seinem Neffen, geworden.

Als Agamemnon heimkehrt, heuchelt ihm Klytaimnestra ihre Freude vor, obwohl sie mit ihrem Geliebten den Tod des Gatten bereits vorbereitet hat. Die trojanische Königstochter und Seherin Kassandra, die Agamemnon auf seinem in die Orchestra einfahrenden Kriegswagen als Beute mit sich führt, prophezeit dem Chor in düsterer Vision die kommenden Greueltaten: Der nach zehnjähriger Abwesenheit heimkehrende König werde im Bad von Klytaimnestra und Aigisthos erschlagen – und auch sie selbst solle im Palast

Elektra und Orest am Grab des Agamemnon – die »Orestie« des Aischylos ist heute genauso aktuell wie vor 2 500 Jahren.

den Tod finden. Später werde dieser Gattenmord von ihrem Sohn Orestes mit Muttermord gerächt, und so erfülle sich der Fluch, der auf dem Geschlecht der Atriden liegt.

So geschieht es auch. Aus dem Palast hört man die Todesschreie Agamemnons, und als Kassandra dem König in die Gemächer folgt, wird auch sie ermordet. In wildem Triumph tritt Klytaimnestra heraus und prahlt mit Gattenmord. Vor dem anklagenden Chor rechtfertigt sie sich mit der Behauptung, ihre Bluttat sei nur Sühne für den Opfertod ihrer Tochter Iphigenie, an dem Agamemnon die Schuld trage. Obwohl auch sie sich auf den Fluch bezieht, der auf den Atriden lastet, spürt man dennoch, daß sie den Mord aus böser Lust verübt hat, aus Gier und Herrschsucht.

Tief befriedigt über die Bluttat zeigt sich auch Aigisthos, der Geliebte der Königin, der vom Chor als Mitschuldiger angeklagt wird. Für Aigisthos ist der Mord jedoch die späte Rache für die Untat, die König Atreus, der Vater

Agamemnons, einst an Thyestes begangen hat. Um diese verwickelten Beziehungen und Schuldverstrickungen richtig zu verstehen, muß man wissen, daß Thyestes der Bruder des Atreus und der Vater des Aigisthos war. Atreus hatte die Kinder des Thyestes zerstückelt, ihm ihr Fleisch als Gastmahl vorgesetzt und dann Thyestes mit Aigisthos, der damals noch ein Säugling war, aus dem Land vertrieben.

Entgegen dem Willen des Volkes, das vom Chor vertreten wird und auf die Rückkehr des Orestes hofft, Agamemnons Sohn, errichtet Aigisthos mit Klytaimnestra eine Gewaltherrschaft über Argos. »Komm doch, Liebster!« sagt die Königin zu ihrem Geliebten. »Ich und du, endlich sind wir Herren im Hause.«

2. Teil: »Das Totenopfer« oder »Die Grabspenderinnen«

Nach der Ermordung ihres Gatten Agamemnon hatte Klytaimnestra ihren kleinen Sohn Orestes in die Fremde schicken lassen, damit dem ermordeten Vater im Sohn kein Rächer entstehe. Doch als Orestes herangewachsen ist, kommt er zurück, um sein Schicksal zu erfüllen: den toten Vater zu rächen. Zunächst noch unerkannt wird er Zeuge, wie der Chor der Dienerinnen und seine Schwester Elektra am Grabe Agamemnons Opferspenden bringen, da Klytaimnestra schlimme Träume schrecken. Ermutigt vom Chor, der den unrechtmäßigen Gewaltherrscher Aigisthos haßt, betet Elektra um den Rächer, der »den Mord mit Mord bezahlt«. Orestes gibt sich daraufhin Elektra als ihr Bruder zu erkennen und erklärt ihr, Apollon habe ihm die Rache befohlen und schwere Strafen angedroht, falls er sie nicht vollziehe.

Orestes läßt sich nun durch einen Diener im Palast als fremder Wanderer anmelden, der wichtige Kunde zu bringen habe. Er berichtet seiner Mutter, Orestes sei tot. Klytaimnestra heuchelt Trauer und schickt die Amme Kilissa, Aigisthos zu holen. Als dieser den Palast betritt, erschlägt ihn Orestes. Auf das Geschrei des Dieners hin eilt Klytaimnestra herbei, die sogleich ahnt, wer da als angeblich Fremder gekommen ist: »List mordet uns jetzt, gleich wie wir einst mordeten.« Orestes schwankt zunächst, doch als sie dann frei gesteht, reine Lust habe sie zum Ehebruch und Mord getrieben, fühlt er sich als Vollstrecker göttlichen Gebots, zieht seine Mutter in den Palast und tötet sie. Kaum hat er die Rache vollzogen, glaubt er sich von den Erinnyen, den Rachegeistern der Mutter, verfolgt:

»Wer sind die Frau'n, die nahen dort gorgonengleich,
Die nachtgewand'gen, dicht von Schlangenwindungen
Das Haupt umstrickt? Nicht länger mehr hier bleibe ich.«

Im Wahnsinn stürzt er davon – nach Delphi, zum Heiligtum des Apollon, der ihm die Rache auferlegt hat.

3. Teil: »Die Eumeniden«

Schutzsuchend ist Orestes, den die Furien verfolgen, nach Delphi zum Tempel des Gottes Apollon geflüchtet. Er sitzt auf den Tempelstufen, um ihn schlafend die Rachegeister seiner Mutter, die »schattendunkel grauenhaften, mißgestalteten« Erinnyen. Apollon befiehlt Hermes, Orestes zum Sühneopfer nach Athen zu geleiten. Kaum ist er gegangen, da weckt Klytaimnestras Schatten die schlafenden Erinnyen und hetzt sie dem Muttermörder nach. In Athen steht Orestes vor dem Bildnis der Göttin Athene, während ihn die Erinnyen umringen und ihr grausiges Rachelied singen. Die Schutzgöttin der Stadt setzt ein Geschworenengericht ein, das auf dem Ares-Felsen, dem Areopag, vor dem Volk über diesen Fall und über alle künftigen Fälle entscheiden soll. Zwar gibt Orestes die Tat zu, bereut aber nicht: »Und bis zu dieser Stunde tadl' ich nicht mein Los.« Es scheint schlimm um ihn zu stehen. Die Erinnyen klagen ihn des Muttermordes an, während sie den Mord der Klytaimnestra an ihrem Gatten damit entschuldigen, daß Eheleute nicht blutsverwandt sind. Endlich gibt Apollon, der als Beschützer des Orestes sowie als Zeuge und Angeklagter auftritt, denn er hat den Muttermord befohlen, dem Streit vor Gericht die entscheidende Wende: Der Sohn sei dem Vater mehr blutsverwandt als der Mutter.

»Der Zeuger pflanzt das Leben, sie bewahrt den Sproß
Als heilig Gastpfand . . .«

Die göttliche Gerechtigkeit selbst greift nun lösend in den Konflikt ein, in dem Muttermord gegen Gattenmord steht. Athene, die Schutzgöttin der Stadt, die von keiner Mutter geboren, sondern dem Haupt des Zeus entsprungen ist, wirft zu den Stimmsteinen der Richter den entscheidenden weißen Stein des Freispruchs für Orestes in die Abstimmungsurne und verlangt, daß man in ihrem Spruch ihren Vater Zeus ehre. Die zürnenden Erinnyen versöhnt Athene, indem sie die Rachegeister in gnädige Eumeniden verwandelt, in segensreiche Schutzgötter der Stadt Athen. Nie mehr werden sie rächen oder richten wollen, das soll von nun an Aufgabe des Staates sein. Mit einer Jubelprozession endet die Trilogie »Die Orestie«.

Auch diese drei Tragödien brachten Gestalten und Geschehnisse auf die Bühne, die jedem Griechen der damaligen Zeit geläufig waren. Aischylos kam es nicht darauf an, die bekannte Geschichte aus grauer Vorzeit, die damals schon rund 740 Jahre zurücklag, noch einmal möglichst packend vorzuführen, sondern darauf, sie religiös und politisch neu zu deuten. »Nichts lag der damaligen Kunstanschauung ferner als die Idee eines Theaters, das von jeder Beziehung zum Leben und zur Politik frei gewesen wäre«, meint dazu der Soziologe Arnold Hauser. »Die griechische Tragödie war im engsten Sinne des Wortes ‚politisches Theater'; das Finale der ‚Eumeniden' mit dem inbrünstigen Gebet um das Gedeihen des attischen Staates zeigt, worum es ihr am meisten zu tun war.«

Den vergangenen Rechtsverhältnissen, drastisch veranschaulicht im Familienfluch der Atriden mit Freveln und Gegenfreveln, Kinderschlächterei und Kannibalismus, werden nun neue Rechtsverhältnisse entgegengesetzt: das Schwurgericht der Bürger von Athen als zivilisatorische Einrichtung der menschlichen Vernunft gegen die Barbarei und vernunftlose Blutrache der menschlichen Urzeit. »Damit, daß Athene die Entscheidung von sich abweist und mit ihr Menschen beauftragt, jedoch Menschen ihres Staates, damit, daß sie einerseits zurücktritt und doch andererseits den Ausschlag gibt – ist doch im Drama das Entscheidende immer das Letzte –, tritt an die Stelle des alten ein neues Verhältnis zwischen Menschen und Gott«, vermerkt hierzu der Philologe Karl Reinhardt. »Der Mensch ist auf sich selbst gestellt, er sieht mit eigenen Augen, prüft aus eigener Erkenntnis, er darf nicht mehr blind sich an den Spruch des Gottes halten, er muß nun selbst sehen, wie er's treibt. Und doch ist das, was ihn in diesen Stand der Freiheit und Gefahr versetzt, die Göttin.«

In der »Orestie« spiegelt sich eine der entscheidenden Wendungen in der Menschheitsgeschichte, denn mit der Ablösung der Blutrache durch das von der Vernunft gesetzte staatliche Recht beginnt die europäische Kultur auf der Grundlage der Rechtssicherheit. Dieses Recht ist durch den Schwur der Richter an göttliches Gebot gebunden. »Neues Gesetz erschüttert von heut an die Welt«, singen die Erinnyen in Athen.

Schon zu seinen Lebzeiten galt Aischylos als der bedeutendste Dichter des griechischen Raumes, und sein Ruhm ist seit seinem Tod im Jahre 456 v. Chr. in Gela auf Sizilien bis heute nicht verblaßt. Von seinen etwa neunzig Tragödien und Satyrspielen sind zweiundsiebzig Titel bekannt, doch nur sieben Tragödien der Nachwelt erhalten geblieben. Noch heute werden sie immer wieder aufgeführt, und oft sind im Laufe der Jahrhunderte aus seinen Urfassungen Neudichtungen entstanden. Besonders gilt das für seine »Orestie«, die unter anderem von folgenden Dramatikern neu gestaltet und gedeutet wurde: »Elektra« von Sophokles, 413 v. Chr. – »Orestes« von Euripides, 408 v. Chr. – »Oreste« von Voltaire, 1750 – »Oreste« von Alfieri, 1786 – »Die Orestie« von Alexandre Dumas, 1856 – »Die Tragödie der Elektra und des Orest«, von André Suarès, 1905 – »Das Leben des Orest«, Oper von Ernst Krenek, 1930 – »Trauer muß Elektra tragen« von Eugene O'Neill, 1931 – »Elektra« von Jean Giraudoux, 1937– »Der Familientag« von T. S. Eliot, 1939 – »Die Fliegen« von Jean-Paul Sartre, 1943 – »Die Atriden-Tetralogie« von Gerhart Hauptmann, 1940 bis 1944. Immer wieder finden sich Dramatiker, die den Stoff der »Orestie« aufgreifen.

»Sophokles erst hat den nichts als leidenden Menschen erfaßt«

Kaum ein anderer Dichter der Welt wurde zu Lebzeiten so gefeiert und nach seinem Tode so götterähnlich verehrt wie Sophokles. Sein Ruhm strahlt noch bis in unsere Tage. Obwohl uns von seinen hundertdreiundzwanzig Dramen, die er schrieb, nur sieben erhalten geblieben sind, läßt sich daraus klar erkennen, daß er der altgriechischen Theaterkunst entscheidende Anregungen gegeben hat, die noch heute nachwirken. Das Tragische tritt bei ihm sowohl als Schicksal in Erscheinung, gegen das sich der Mensch vergeblich aufzulehnen versucht, wie als Schuld des Individuums. »Sophokles erst hat den nichts als leidenden Menschen erfaßt, den, der gänzlich seinem Leiden überantwortet ist«, bemerkt hierzu der Philologe und Übersetzer Wolfgang Schadewaldt. »Das Leid gewinnt bei ihm den Charakter einer den Menschen einschließenden Schicksalslage, aus der er nicht herauskann, weil er selbst sein Leiden ist. Leid ist hier mit dem Menschen gesetzt. Und weil Sophokles der Tragiker des Menschen ist, mußte er auch zum Tragiker des ausweglosen, äußersten und umfassendsten Leidens werden.«

Erstaunlich ist, daß dieser Mann, der mit allen Glücksgütern des Lebens gesegnet war und zu seinen Lebzeiten für den glücklichsten Menschen gehalten wurde, das Leben selbst als den unglücklichsten Zustand bezeichnete und durch sein Werk die tiefste Verzweiflung und das grenzenlose Leid der Menschheit als unvermeidbare Gegebenheiten des Daseins so überzeugend verkündete. Sophokles, geboren 496 v. Chr. in Kolonos bei Athen, wuchs als Sohn eines Waffenschmieds in wohlhabenden Verhältnissen auf und genoß eine sorgfältige Erziehung. Auffallend müssen seine äußere Erscheinung und musikalische Begabung gewesen sein, sonst wäre ihm wohl nicht die Ehre zuteil geworden, zur Siegesfeier nach der Seeschlacht bei Salamis, in der Aischylos mitgekämpft hatte, den Festchor der nackten athenischen Jünglinge anzuführen. Er heiratete eine adlige Athenerin und stand den Idealen der Aristokratie nahe. Ein wichtiges Datum in seiner Entwicklung war das Jahr 468 v. Chr., als der Achtundzwanzigjährige zum erstenmal bei den Dionysien als tragischer Dichter über Aischylos siegte. Insgesamt errang er in seinem neunzigjährigen Leben vierundzwanzigmal diesen begehrten ersten Preis und beherrschte mit seinem gewaltigen Werk das Theater im »Goldenen Zeitalter Athens« wie man die Regierungszeit seines Freundes und großen Staatsmannes Perikles (499–429 v. Chr.) bezeichnet.

Zunächst trat Sophokles auch als Schauspieler auf und führte Regie, später arbeitete er nur noch als Theaterdichter. Mit dem Geschichtsschreiber Herodot war er befreundet, als Dramatiker beliebt und als Bürger hochgeehrt. Ehrenhalber bekleidete er auch mehrere öffentliche Ämter, unter anderem als athenischer Schatzmeister und zweimal als Stratege, das heißt als beratender Feldherr. Perikles verwandte ihn auch im diplomatischen Dienst, und noch als alter Mann gehörte Sophokles dem zehnköpfigen »Ausschuß der öffentlichen Sicherheit« an. Bis ins hohe Alter hinein war er geistig auf der Höhe und körperlich so gesund, daß er noch bis zu seinem Tod eine Geliebte hatte. Neunzigjährig starb er in Athen und wurde in seinem Geburtsort Kolonos beigesetzt, in der Nähe von Athen, wo sein »König Ödipus« ins Schattenreich eingeht. Die Athener verehrten ihn als Heros und brachten ihm jährlich Staatsopfer dar.

Obwohl also alle äußeren Umstände seines eigenen Lebens der freudlosen Bewertung des Daseins und dem hoffnungslosen Ausblick widersprachen, erklärte Sophokles selbst, er stelle in seinen Tragödien Menschen dar, wie sie sein sollten. Mit seiner Geburt ist dem Menschen das Leid auferlegt, das fortan zu seinem Leben gehört. Mag er sich auch schuldlos fühlen, so kann er dennoch nicht dem Leid entrinnen. Das ersehnte Ziel ist der Tod, der vom Leid erlösende Augenblick. So unbegreifbar die Schicksalsschläge manchmal auch sein mögen, die Menschen des Sophokles nehmen sie heroisch auf sich. An der Macht der Götter gibt es keinen Zweifel, sie behalten immer Recht. Nur im Leid kann der Mensch zu sich finden und die Wahrheit erkennen, daß dieses Leid die tiefere Wirklichkeit des Lebens ist. In seiner von ihm selbst eingestandenen Frömmigkeit will Sophokles durch das Schicksal seiner Gestalten die Einsicht und Weisheit vermitteln, es sei sinnlos, gegen die göttlichen Gewalten und die göttliche Ordnung der Welt aufzubegehren, da die menschliche Ordnung und der Sinn des Lebens auf dem geduldigen Ertragen des Unglücks beruhe. »Christlicher Glaube und hellenische Tragik sind identisch, sofern in ihnen der Mensch als Knecht des Seins erscheint«, heißt es dazu in der Deutung der griechischen Tragödie durch Gerhard Nebel. Denn trotz aller Macht der Götter, trotz Schicksal und Verhängnis, trotz der Unantastbarkeit der geglaubten Weltordnung sind bei Sophokles auch Mitleid und Barmherzigkeit mit dem Menschen nicht zu überhören. »Es schrieb jemand eine Abhandlung, worin er anzeigte, daß Sophokles ein Christ gewesen«, äußerte Goethe in einem Gespräch mit Riemer. »Das ist keineswegs zu verwundern, aber es ist merkwürdig, daß das ganze Christentum nicht einen Sophokles hervorgebracht.«

Von seiner Prosaschrift »Über den Chor«, die er außer seinen zahlreichen Dramen verfaßt hat, kennen wir nur den Titel. Vermutlich ist in dieser dramaturgischen Betrachtung erörtert, warum Sophokles die Zahl der Choreuten erhöhte, obwohl in seinen Tragödien der Chor an Bedeutung verlor. Zwar durchwirkte der Chor noch immer das Geschehen, aber die Choreuten sollten nur noch Deuter und Sprecher des Hintergrundes sein, während die

Schauspieler den Vordergrund der Bühne beherrschten und ihr Zwiegespräch das eigentlich dramatische Element der Aufführung bildete. Im Hintergrund blieben auch immer die Götter, wogegen das Menschliche, der Mensch als Individuum, im Mittelpunkt der Handlung stand.

Sophokles steigerte die dramatischen Möglichkeiten auch durch die Einführung des dritten Schauspielers, etwa um 408 v. Chr., wodurch der Einzelmensch noch plastischer hervortrat und die Handlung durch noch geschärftere Rede und Gegenrede Schlag auf Schlag vorwärtsgetrieben wurde. Damit war das Charakter- und Handlungsdrama geboren. Eine besondere Kunst zeigte er in der Motivierung der Handlungen, wozu Goethe anmerkt: »Seine Charaktere besitzen alle eine solche Redegabe und wissen die Motive ihrer Handlungsweise so überzeugend darzulegen, daß der Zuhörer fast immer auf der Seite dessen ist, der zuletzt gesprochen hat.« Indem Sophokles das Innere des Menschen zum Schauplatz der Handlung machte, durften die Schauspieler die handelnden Personen nicht mehr nur als Typen darstellen, sondern sie mußten sie charakterisieren, um darzutun, daß die Triebfeder alles Tuns in der Seele zu finden sei und nicht im äußeren Geschehen.

Sophokles förderte die Entwicklung des griechischen Theaters auch noch durch zwei weitere Neuerungen. Zum einen löste er das Drama aus dem Trilogieverband: Er baute die drei Stücke eines Spieltages nicht mehr als geschlossene Dreiereinheit auf, sondern vielmehr jedes Stück als Drama für sich, also drei voneinander unabhängige Tragödien, die am gleichen Spieltag aufgeführt wurden. Dadurch konzentrierte er die Handlung stärker und trieb sie rascher voran. Zum anderen erfand er die Technik des »analytischen«, des untersuchenden Dramas, das heißt, durch die nach rückwärts aufgerollte Handlung wird ein Fall, der vor dem Beginn der Handlung liegt, aufgeklärt und in seiner Auswirkung gezeigt. Die sogenannte »analytische Technik« – das Verfahren also, durch knappe, scheinbar zufällige Redewendungen die Vorgeschichte des Dramas zu erwähnen – ist nicht erst im 19. Jahrhundert, sondern bereits zweieinhalb Jahrtausende früher durch Sophokles eingeführt worden.

»Nicht mitzuhassen, mitzulieben bin ich da«

Von den sieben erhaltenen Tragödien der insgesamt hundertdreiundzwanzig Stücke, die Sophokles geschrieben hat, gehören zwei zum Stoffkreis von Homers »Ilias«: nämlich die Tragödie »Aias«, die während des Trojanischen Krieges spielt, und der »Philoktet«. In beiden Werken steht ein tragischer Held im Mittelpunkt, und in beiden tritt Odysseus als Nebenfigur auf.

Drei andere Tragödien befassen sich mit Stoffen aus der Ödipus-Sage, davon zwei – nämlich »König Ödipus« und »Ödipus auf Kolonos« – mit dem Schicksal des unglücklichen Königs selbst, der nach griechischer Vorstellung das schwerste aller Menschenlose zu tragen hatte; in der dritten Charaktertragödie, »Antigone«, steht die Tochter des Ödipus im Mittelpunkt.

In den beiden übrigen überlieferten Stücken geht es um bekannte Frauengestalten, deren Schicksal auch von anderen griechischen Dichtern immer wieder dramatisiert worden ist. In »Die Trachinierinnen« ist es Deianeira, die Gemahlin des Herakles, und in »Elektra« die gleichnamige Tochter Agamemnons und rachedurstige Schwester des Orestes.

Mit der um 442 v. Chr. in Athen uraufgeführten »Antigone«, für Hegel »das vortrefflichste Kunstwerk« überhaupt, hat Sophokles seine am stärksten verinnerlichte Tragödie geschrieben. Im tragischen Konflikt zwischen Antigone und Kreon, dem König von Theben, wird die Konfrontation zwischen Staat und Religion, Macht und Individuum dargestellt. Zwar spielt in diese Charaktertragödie auch das Schicksal hinein, aber wenn man ihr alles Schicksalhafte nähme, so könnte sie dennoch nicht anders ablaufen. Diese Entwicklung des Geschehens aus dem menschlichen Charakter, nicht nur aus dem übermächtigen Schicksal, deutet der Chor mit den berühmten Worten an: »Vieles Gewaltige lebt, und nichts, was gewaltiger als der Mensch.« Das bedeutet nichts anderes, als daß der Mensch auch gewaltiger sei als das Schicksal. Dieser Auffassung entspricht die vielseitige, scharfe Zeichnung der Einzelpersonen.

Die Handlung der Tragödie spielt um 1230 v. Chr. vor dem Königspalast in Theben. Die Stadt Theben ist gerettet. Die feindlichen Brüder – Eteokles, der seine Vaterstadt verteidigte, und Polyneikes, der sie belagerte – haben einander im Kampf getötet. Durch ihren Tod ist ihr Onkel Kreon Herrscher über Theben geworden. Feierlich läßt er Eteokles als Helden der Stadt begraben. Polyneikes, dem Staatsfeind, versagt er dagegen die letzte Ehre. Wer sie ihm dennoch erweise, solle es mit dem Leben bezahlen. Antigone will ihre Schwester Ismene dazu gewinnen, daß sie beide ihren Bruder Polyneikes bestatten, doch Ismene wagt es nicht und rät ab. Antigone aber bleibt fest entschlossen. Sie bedeckt den Leichnam mit Sand und vollzieht die Bestattungsbräuche. Als König Kreon dies von einem Wächter erfährt, kommt es zur Auseinandersetzung. Während Kreon auf dem Recht des Staates besteht, den toten Feind unbestattet zu lassen, vertritt Antigone das göttliche Gebot, dessen Ruf sie im Herzen vernimmt: »Nicht mitzuhassen, mitzulieben bin ich da.« Kreon aber bleibt hart und läßt Antigone in ein Felsengrab lebendig einmauern. Vergeblich versucht sein Sohn Haimon, der mit Antigone verlobt ist, ihn umzustimmen, und auch der blinde Seher Teiresias fin-

Elisabeth Trissenaar als Elektra in einer Inszenierung der Berliner Volksbühne. Im Hintergrund der Chor.

det anfangs kaum Gehör. Erst als der Greis dem König selbst Unheil für seine Freveltat weissagt, wird Kreon unsicher und befragt den Chor, der ihm rät, Polyneikes zu bestatten und Antigone freizugeben. Reuig eilt der König zum Grab, doch er kommt zu spät. Antigone hat sich erhängt. An ihrer Leiche zieht Haimon das Schwert gegen seinen Vater, doch als dieser flieht, tötet er sich selbst. Auf diese Schreckensbotschaft hin nimmt sich auch Eurydike, Kreons Gemahlin, das Leben. Kreon, dem Wahnsinn nahe, fühlt sich als Mörder der Kinder und seiner Gemahlin und bricht zusammen, als er erkennt, was seine Maßlosigkeit angerichtet hat.

Die Gestalt der Antigone ergreift den Zuschauer durch ihre liebende, fromme Hingabe an das höhere göttliche Gebot, den toten Bruder zu bestatten. Dieser Pflicht folgt sie opfermutig, gegen die menschliche Willkür. »Königs Wille, höchstes Gesetz. Nein, sagt Antigone, es gibt ein höheres: das Gesetz, das ich im Busen trage. Ich kann nicht auf Befehl hassen, was meine

Seele liebt. Und du, König, hast kein Recht, ewigem Sittengesetz deine Gelegenheitsparagraphen überzuordnen. Eine demokratische Dichtung«, urteilt der große Kritiker Alfred Polgar. Aufbau, dichterische Durchformung und innerer Gehalt habe die »Antigone« seit jeher zu dem am meisten bewunderten und gepriesenen Werk des Sophokles werden lassen.

Es würde bei weitem den Rahmen dieses Buches sprengen, wollte man den Inhalt aller hier genannten Stücke erzählen. Auskunft darüber erteilt eine ganze Reihe von Schauspielführern. Wenn dennoch hier auf zwei weitere Werke des Sophokles kurz eingegangen wird, dann deshalb, um auf zwei interessante Aspekte hinzuweisen.

Die Tragödie »Die Trachinierinnen«, um 438 v. Chr. uraufgeführt, soll als Beispiel für das immer wieder und bei allen fremdsprachigen Werken auftauchende Übersetzungsproblem dienen. So beginnt die Übersetzung von Roman Woerner (1863–1945) mit:

»Es ist ein Wort von alters her in Menschenmund. Du kannst von keines Sterblichen Los vor seinem Tod jemals erkunden, ob es günstig liegt, ob schlecht.«

In der freien Nachdichtung des Amerikaners Ezra Pound (1885–1972), »Die Frauen von Trachis«, 1959 glanzvoll ins Deutsche übertragen von Eva Hesse, heißt es schockierend lapidar, der Alltagssprache angepaßt:

»Keiner weiß, was ihm blüht, eh er tot ist. Das hör' ich dauernd.«

Indem Pound durch den Jargon Abstand von der Antike schafft, rückt er Sophokles dem heutigen Zuschauer näher.

Über »König Ödipus«, uraufgeführt um 425 v. Chr. in Athen, sollen aus einem anderen Grund noch kurz einige Worte gesagt werden. Längst kannten die Athener den grausigen Stoff dieser Tragödie aus der Sage, und auch durch die Jahrtausende hindurch haben ihn die Menschen nicht vergessen, so daß die Psychoanalyse des 20. Jahrhunderts den Begriff des Ödipuskomplexes schaffen konnte, der sogleich verstanden wurde: nämlich als die unbewußte Geschlechtsliebe des Sohnes zur Mutter. Nicht das Geschehen selbst hat seit je Hörer und Betrachter in Bann gezogen, sondern allein die Kunst des Dichters.

Der Inhalt ist kurz erzählt: König Ödipus von Theben hat seinen Schwager Kreon zum Orakel nach Delphi entsandt, um von dort Rat einzuholen, wie man der in Theben wütenden Pest Einhalt gebieten könne. Die Antwort lautet: Nur wenn man den noch lebenden und in Theben wohnenden Mörder des vorigen Königs Laios zum Tode verurteile und verbanne, werde die alte Blutschuld gesühnt und die Stadt damit zugleich von der Pest befreit. Mit großem Eifer stellt Ödipus Nachforschungen an und verflucht den Täter. Dabei enthüllt sich ihm Zug um Zug, daß er selbst unwissend Laios, seinen eigenen Vater, erschlagen und ebenso unwissend Jokaste, seine eigene Mutter, geheiratet hat. Jokaste erhängt sich, und Ödipus sticht sich die Augen aus. Er empfiehlt seine Kinder der Obhut Kreons und geht in die Verbannung. »Preiset glücklich keinen, eh denn er an des Lebens Ziel gedrungen, Elend nicht erfahren hat«, lauten in Hölderlins Übersetzung die letzten Worte des Chors.

Die Wirkung, die von dieser Tragödie auf das Theater des Abendlandes ausging, war außerordentlich. Generationen von Dichtern und Dramatikern aller Völker und Zeiten haben sich an ihr geschult und verdanken ihr die Kenntnis der dramaturgischen Grundregeln.

»Dazu kommt, daß das Geschehen, als unabänderlich, seiner Natur nach viel fürchterlicher ist und die Furcht, daß etwas geschehen sein möchte, das Gemüt ganz anders affiziert als die Furcht, daß etwas geschehen möchte«, sagt Schiller. »Der Ödipus ist gleichsam nur eine tragische Analyse. Alles ist schon da, und es wird nur herausgewickelt . . . Aber ich fürchte, der Ödipus ist seine eigene Gattung, und es gibt keine zweite Spezies davon.«

Der Mensch, der ahnungslos gerecht sein will und Schuld in seiner Umwelt sucht, entdeckt die Schuld in sich selbst. Auch als er die fürchterliche Wahrheit schon ahnt, forscht er weiter nach. Darin liegt seine eigene Größe und die unvergängliche Größe dieser Tragödie. Von den zahllosen Nachschöpfungen bis in die jüngste Vergangenheit als Drama, Oper und Oratorium hat keine das Vorbild erreicht.

Wie der Kritiker Georg Hensel mit Recht bemerkt, ist der Form nach »König Ödipus« der »genialste Reißer der Bühnenliteratur. Ein Kriminalfall ist zu lösen, und der Untersuchungsrichter, entschlossen, die Tat hart zu bestrafen, muß in Zeugenverhören und im Selbstverhör entdecken, daß er selbst der Täter ist. Je näher er der Wahrheit kommt, desto näher kommt er sich selbst, und sobald er die ganze Wahrheit entdeckt, hat er sich selbst ganz erkannt. In der Verblendung über sich selbst konnte er sehend leben – indem er sich selbst in der Wahrheit sieht, muß er sich blenden.«

Überraschend ist jedoch das Ergebnis, wenn man diese unerhört dramatische Konstruktion mit ihren tragischen Ironien und Paradoxien in einer einzigen, allerdings entscheidenden Einzelheit verändert: Die Tragik schlägt nämlich dann in Komik um, »sobald der Untersuchungsrichter von Anfang an weiß, daß er selbst der Schuldige ist, und die Verhöre, die er anstellen muß, um den Schuldigen zu finden, nur führt, um diese Wahrheit zu verbergen.« So wird durch diese eine Konstruktionsänderung aus dem Ödipus der Dorfrichter Adam und aus der Tragödie die Komödie »Der zerbrochene Krug« von Kleist.

Euripides und der Mensch als das Maß aller Dinge

»Haben denn alle Nationen seit ihm einen Dramatiker gehabt, der nur wert wäre, ihm die Pantoffeln zu reichen?« rief einst Goethe aus, der zu den herausragenden Bewunderern des griechischen Dichters Euripides zählte und ihn gegenüber abschätzigen Urteilen der Romantiker oder falsch wertender akademischer Beurteilung immer wieder verteidigte. Zu Eckermann äußerte er sich einmal: »Ich habe nichts dawider, daß Euripides seine Fehler habe; allein er war von Sophokles und Äschylus doch immerhin ein sehr ehrenwerter Mitstreiter. Wenn er nicht den hohen Ernst und die strenge Kunstvollendung seiner beiden Vorgänger besaß und dagegen als Theaterdichter die Dinge ein wenig läßlicher und menschlicher traktierte, so kannte er wahrscheinlich seine Athenienser hinreichend, um zu wissen, daß der von ihm angestimmte Ton für seine Zeitgenossen eben der rechte sei.«

Die Angaben über das Geburtsjahr des Euripides schwanken um »irgendwann vor 480« und »etwa um 484 v. Chr.«. Er war der Sohn eines wohlhabenden Gutsbesitzers auf der griechischen Insel Salamis und ein Schüler des Philosophen Anaxagoras sowie des Sophisten Protagoras. Abseits der Metropole Athen führte Euripides auf Salamis das zurückgezogene Leben eines Gelehrten und Schriftstellers. Während der berühmte Philosoph Sokrates (um 469–399) zu seinen Freunden gehörte, genoß er bei den Preisrichtern im Wettbewerb um die großen Dionysien bei weitem nicht das Ansehen, das seinem dichterischen Schaffen hätte zukommen müssen. Nur viermal, gelegentlich heißt es auch fünfmal, ging er als Sieger hervor, erstmals im Jahre 441. Euripides soll zweiundneunzig Dramen verfaßt haben, von denen – außer fünfundfünfzig Fragmenten – siebzehn Tragödien und das Satyrspiel »Der Kyklop« überliefert sind. Es ist übrigens das einzige griechische Satyrspiel, das vollständig erhalten ist und »Witze enthält, die eine Versammlung von Börsenmaklern erbleichen lassen würde«, wie es der britische Altphilologe Kitto drastisch ausdrückt.

Die Zurückhaltung der Preisrichter kam nicht von ungefähr, denn als Veranstalter der religiösen Dionysosfeiern nahmen sie Anstoß daran, daß Euripides in seinen Dramen am Wesen der Götter zweifelte. Mit dieser Einstellung knüpfte er an die Gedankengänge seiner beiden philosophischen Lehrer an. So hatte Anaxagoras in seinem Buch »Über die Natur« behauptet, die als Gottheit angebetete Sonne sei eine aus glühenden »spermata«, aus Samen verschiedener Art, gebildete Feuermasse. Der Gottlosigkeit angeklagt, floh er und wurde in Abwesenheit zum Tode verurteilt. Auch sein Freund und Schüler Protagoras wurde wegen ähnlicher Ansichten verbannt, denn er hatte in seiner Schrift »Von den Göttern« erklärt: »Von den Göttern kann man nicht wissen, weder daß sie sind, noch daß sie nicht sind.« Schon vorher war er verdächtig geworden durch eine andere Veröffentlichung, die mit dem Satz begann: »Der Mensch ist das Maß aller Dinge.«

Auch für Euripides galt der Mensch als das Maß aller Dinge, denn er war ein Schüler der Sophisten, die den Menschen und die Vernunft in den Mittelpunkt ihres Weltbildes rückten. Schon Sophokles wies mit folgenden Worten auf den wesentlichen Unterschied der künstlerischen Darstellung durch ihn selbst und durch seinen jüngeren Zeitgenossen hin: »Ich stelle die Menschen dar, wie sie sein sollten – Euripides, wie sie sind.« Die enge Bindung des Menschen an die Götter und den göttlich begründeten Staat löste sich nach den Perserkriegen in der Nachkriegsgeneration allmählich auf. In dieser Zeit der Aufklärung trat an die Stelle des heroisch-tragischen Lebensgefühls der Glaube an den Wert der Erkenntnis, des Wissens, der Bildung, der Erziehung. Die Götter hatten nicht die Menschen geschaffen, sondern die Menschen die Götter, und je mehr man sich dieser Einsicht näherte, desto stärker wuchs das Mißtrauen gegenüber dem Staat. Mit Euripides betrat der von den Göttern abgenabelte, der götterlose, gottlose Mensch, der selbständig und damit auch einsam gewordene Mensch, dieses vernunftbegabte und doch unvernünftige Wesen, die Bühne des Welttheaters. Nur Athene, die Schutzgöttin der Stadt, blieb als einziges göttliches Wesen unangetastet, allerdings wohl nur aus politischem Zweckdenken. Die kennzeichnende Neuerung des Euripides war, daß er den Menschen, unabhängig von Schicksals- und Göttervorstellungen, zum Maßstab des dramatischen Geschehens machte. Er legte die Leiden und Leidenschaften bloß, mit denen die Menschen geschlagen sind, um ihrer selbst willen.

Wenn Euripides auch keine neue Weltanschauung schuf, so war der Dichter dennoch ein Philosoph, der das Theater als Lehrkanzel benutzte und so mehr Menschen erreichte als jeder Gelehrte seiner Zeit. Dabei dienten ihm die mythischen Stoffe nur als Vorwand, um die aktuellsten Fragen der Philosophie und die unmittelbarsten Probleme des bürgerlichen Lebens zu behandeln. In den Göttern sah er nur noch Gleichnisse für diesseitige Mächte.

»Was gut ist, erkennen wir wohl«, erklärte Euripides über die Fähigkeit des Menschen zur Einsicht. »Wir wissen es, doch lassen wir es nicht zur Tat werden.« Diese Lebensauffassung war nicht verneinend, vielmehr wollte er das Gute auch im bösesten Menschen zeigen, der nur durch die Umstände zum Bösen verleitet oder gezwungen wurde. Das Ungeheuer kam für ihn nicht aus der Unterwelt der Götter, sondern aus der von ihm entdeckten Unterwelt der menschlichen Seele. Euripides liebte die Extreme und trieb die allzu menschliche Leidenschaft bis an die Grenze des Pathologischen. Indem er ihren psychologischen Voraussetzungen nachging und sie in ihrer ganzen

Blöße im Spiegelbild der Kunst zeigte, wurde er zum »tragikotatos« – zum tragischsten – unter den Dichtern, wie Aristoteles (384–322 v. Chr.) ihn nannte. Dagegen sah der deutsche Philosoph und Dichter Friedrich Nietzsche (1844–1900) in ihm den Zerstörer der griechischen Tragödie, da er den Mythos durch rationale Reflexion und Psychologie ersetzt und gleichsam den aufgeklärten sokratischen Zuschauer auf die Bühne gestellt habe.

Da Euripides als Psychologe vieles verstand, erschien ihm auch vieles verzeihlich und manches gar lächerlich – wie etwa die Schwächen der Starken. Da ihn nichts mehr fesselte als das Gefühlsleben der Frau, nahmen Frauenprobleme einen breiten Raum bei ihm ein. Wurden die Frauen vom männlichen Mythos der Vorzeit noch geringschätzig als minderwertige Wesen dargestellt, so schrieb Euripides nun die ersten erotischen Tragödien und analysierte seine Heldinnen wie ein moderner Nervenarzt. Die Liebesleidenschaft einer Frau als tragisches Problem trat in der Gestalt der Phädra im »Hippolytos« in Erscheinung, die opferbereite Frau wird in der »Alkestis« vorgeführt, die Tragik greiser Mütter in den »Troerinnen«, den »Phönizierinnen« und der »Hekabe« erschütternd dargestellt.

Nicht nur die Großen dieser Welt ließ Euripides auf der Bühne auftreten, sondern auch die Kleinen wie den armen Bauern und den getretenen Sklaven. Durch ihr Los schuf er Gegensätze und rundete durch ihr Erscheinen das Weltbild ab, das er vermitteln wollte. Er stellte jedoch nicht nur soziale Unterschiede in Frage, sondern zeigte auch Individuen in tiefer innerer Widersprüchlichkeit. Der Dichter gab mehr als nur den Umriß besonderer Einzelcharaktere, vielmehr versuchte er, das Ineinandergreifen der verschiedenen Charakterteile, das Werden dieses Charakters aus der Zusammensetzung der Einzelteile und aus den Einwirkungen von außen darzustellen. Erstaunlich, wie sicher Euripides auch in seinen Ausnahmecharakteren, vor allem in den abseitigen, krankhaft überreizten Frauenfiguren, gewisse Grenzfälle zu zeichnen wußte, die sich im Laufe der Geschichte immerfort wiederholen.

»Erfinder« des Prologs und Vater der modernen Bühnenkunst

Um zu zeigen, daß der Mensch nicht ein Spielball der Götter sei, und um ihn im Drama so vorzustellen wie er ist, veränderte Euripides den herkömmlichen szenischen Ablauf. Da er einerseits auf die Darstellung der Vorgeschichte wenig Wert legte, andererseits aber das Publikum über Ort, Zeit und Voraussetzungen unterrichten mußte, führte er den Prolog als dramaturgisches Stilmittel in das Drama ein.

Fast immer eröffnet der »Erfinder« des Prologs mit einem solchen Vorspruch oder Vorspiel auf dem Theater seine Stücke. Darin ist die Vorgeschichte der Handlung kurz zusammengefaßt, die dann in ihren entscheidenden Momenten selbst vorgeführt wird. Oft sind es bei Euripides die Götter, die den Prolog sprechen, und manchmal kommen sie auch am Ende unvermittelt als »deus ex machina« angeflogen, um eine unentwirrbar gewordene menschliche Beziehung gewaltsam zu klären. Doch das ist keineswegs eine Huldigung an die Götter, kein Glaube an jenseitige Mächte, sondern eine rein äußerliche Theatermechanik, ausgeführt von seelenlosen Wesen, manchmal wohl auch eingesetzt, um der Konvention in kritisch-ironisierender Weise Genüge zu tun. Das eigentliche Drama spielt sich in den Seelen der Menschen ab.

Als Beispiel für einen Prolog sei hier der Auftritt des griechischen Meeresgottes Poseidon wiedergegeben, mit dem das Drama »Die Troerinnen« beginnt. Der Gott, der einst der Beschützer der Stadt Troja war, nimmt jetzt, nach ihrem Fall, von ihr Abschied:

»Ich, Gott Poseidon, komme aus den Tiefen des Ägäischen Meeres. Seit Apollon und ich die felsenfesten Türme rings um dieses Land aufbauten, wich aus meinem Herzen nie die Liebe, welche mich zu Troja zog, der Stadt, die nun in Asche sinkt, vom Griechenheer zertrümmert und verwüstet.«

Poseidon erklärt, das von »Waffen schwangere Pferd«, das durch Athenes Kunst erbaut worden war, habe das Verderben in die getürmten Mauern der Stadt gebracht, und fährt dann fort:

»Tempel und Haine triefen von Blut. Sterbend fiel Priamos über die Stufen des Altars. Den Goldschatz und alles, was die Griechen sonst geraubt, schleppten sie zu ihren Schiffen.

Ungeduldig warten sie am Steuer auf frischen Wind, froh, daß sie im zehnten Jahr wieder Weib und Kinder sehen werden, so lange überzogen die Griechen diese Stadt mit Krieg. Ich verlasse nun Troja und meinen geweihten Altar, denn wenn ein Land zur grauenvollen Öde wird, dient niemand mehr den Göttern. Niemand verehrt sie.

In diesen Zelten hier warten die nicht verlosten Troerinnen, die den Besten des Heeres längst schon bestimmt waren. Auch Helena wird hier mit Recht der Beute zugezählt. Doch wer ein Bild des Jammers sehen will, der sieht hier Hekabe, wie sie vor den Zelten liegt und viele Tränen über noch mehr Leid vergießt. Noch hat man ihr verschwiegen, daß ihre Tochter Polyxena am Grab des Achilles grausam geopfert wurde. Ihr Gatte Priamos ist tot. Tot sind die Söhne. Und die Tochter Kassandra, die Apollon zur Seherin bestimmt hat, wird von Agamemnon geschändet, der gegen Götterrecht und fromme Ehrfurcht frevelt.«

Während sich Poseidon vom ehemals so glücklichen Troja und den schönen Türmen verabschiedet, erscheint Athene zu einem kurzen Gespräch mit ihm. Ihr wirft er vor, daß die Stadt noch stände, hätte die Göttin sie nicht vertilgt. Nach diesem Vorspiel ruft die greise Königin Hekabe, deren Gestalt den Mittelpunkt des Werkes bildet, den Chor der gefangenen Troerinnen herbei.

Obwohl der Chor immer mehr an Bedeutung verlor, bildete er auch jetzt noch in den Dramen des Euripides das Bindeglied im Gefüge der Handlung. In den Dialogpartien verschärfte er nicht nur das dialektische Element, sondern kam darin auch bereits zur Sentenz, das heißt zur dichterisch formulierten und philosophisch abstrahierten Lebensweisheit, was den späteren Klassikern des Theaters vielfach zum Vorbild geworden ist. »Ein Präger von Aussprüchen« hat Alfred Kerr ihn einmal prägnant charakterisiert. »Ein hoher Poet von gefälliger Alltagssprache. Dreist als Förderer der Schmutzliteratur. Der Vater jeder modernen Bühnenkunst. Ein Mensch, der Menschen seiner Gegenwart gemalt hat (nicht Mythenbolde); darum sind sie fast Menschen auch unserer Gegenwart . . . Er hat keine Angst vor dem ‚Unteren'. Mit einem Wort: er ist von den Damaligen der Größte.«

Euripides macht sich auch seine frühen Erfahrungen als Maler auf der Bühne zunutze, um die Phantasie des Publikums anzuregen. Denn indem er das Schauen erleichterte, erleichterte er das Denken. So stattete er seine Bühne mit realistischen Bemalungen und Dekorationen aus, setzte bei jeder Gelegenheit Kran und Flugmaschine ein und erhöhte die Skene durch eine Oberbühne, so daß Spannungen zwischen drei Ebenen möglich wurden.

Wie spannend er die von ihm gerade entdeckte, frei erfundene Handlung mit wirkungsvollen, manchmal fast reißerischen Verwicklungen, Überraschungen und Massenszenen ausstattete, bewiesen seine kunstvoll gebauten Stücke. Er wußte auch, wie sehr Tränen rühren, Gefühlsausbrüche packen und Leidenschaften anstecken. Seine Konfliktstellungen sind so allgemein gültig und zwingend, daß sie sich auf der Bühne immer wieder als wirkungsvoll und ergiebig erwiesen haben. Das trifft besonders zu für die von ihm erstmalig groß gestaltete Tragödie »Medea«, jedoch auch ebenso für die aus den Sagen des Trojanischen Krieges entnommenen Dramenstoffe »Iphigenie in Aulis«, »Iphigenie in Tauris«, »Helena«, »Die Troerinnen«, »Hekabe« und »Andromache«. In »Elektra« und »Orestes«, von allen griechischen Dichtern immer wieder aufgegriffene Stoffe, behandelte Euripides das Schicksal der Atridenkinder auf seine Weise in fast reißerischen Szenenfolgen. Einen besonderen Platz nehmen unter seinen Werken »Die Bakchen« ein. Die Tragödie, die mit dem ersten Preis ausgezeichnet und wahrscheinlich 406 v. Chr., im Todesjahr des Dichters, von einem Sohn des Euripides in

Mit dem Dionysoskult setzt sich Euripides in seiner Tragödie »Die Bakchen« auseinander, die, vermutlich 406 v. Chr., einen ersten Preis errang.

Athen uraufgeführt wurde, hat den Dionysoskult zum Thema, also jenen Kult, dem die Tragödie als Kunstform ihre Entstehung verdankt. Doch dies Stück verherrlicht nicht den mythischen Dionysos, es wirkt vielmehr wie eine schauerliche Parodie und erteilt dem Gott eine scharfe Absage.

Wenn Kerr von Euripides als dem Vater jeder modernen Bühnenkunst spricht und seine Menschen fast gleichsetzt mit den Menschen unserer Gegenwart, so verwundert es – wenigstens auf den ersten Blick – um so mehr, daß seine Stücke heute so wenig gespielt werden. Auf den zweiten Blick aber erkennt man den Grund: Weil seine Themen auch nach seinem Tod so modern anmuteten, sind sie seitdem immer wieder bis in unsere Gegenwart hinein von vielen Dramatikern gestaltet worden, und diese zeitgemäßeren Fassungen werden von den Theatern lieber aufgeführt als die Urfassungen des Euripides. Die Liste der Autoren, die diese Stoffe zu Dramen und Opern bearbeitet haben, ist lang, und viele berühmte Namen finden sich darunter, wie etwa Corneille und Racine, Hans Sachs und Wieland, Händel und Gluck, Tieck und Grillparzer, Schlegel und Klinger, Schiller und Goethe, Hauptmann und Werfel, Wedekind und Giraudoux, Cocteau und Sartre, Hofmannsthal und Dürrenmatt, d'Annunzio und Anouilh, O'Neill, Wilder und Eliot.

Da Euripides die Götter und Helden nicht so auf die Bühne brachte, wie es dem unantastbaren Glauben entsprach, wirkte er auf viele Zeitgenossen so schockierend modern, daß er in Athen oft harten Angriffen ausgesetzt war. Vor allem der konservative Komödiendichter Aristophanes verspottete ihn und warf ihm vor, die Existenz der Götter zu leugnen und mit dichterischer Ernsthaftigkeit in Szene zu setzen, was sie, die Berufskollegen, in Spott und Scherz kleideten. Wegen dieser vielfachen Anfeindungen folgte er im Jahre 408 v. Chr., noch in hohem Alter, der Einladung des makedonischen Königs Archelaos nach Pella, wo er zwei Jahre später, 406 v. Chr., starb. Als die Kunde von seinem Tod in Athen eintraf, legte der fast neunzigjährige Sophokles Trauerkleider an und leitete trotz aller geistigen Gegensätzlichkeit die staatliche Trauerfeier im athenischen Dionysostheater, zu der er Schauspieler und Chor schwarz gekleidet und unbekränzt auftreten ließ.

Aristophanes, der ungezogene Liebling des Amphiparketts

»Herr, soll ich einen von den gewöhnlichen Witzen jetzt loslassen, wie sie das Publikum allzeit belacht?« Diese Worte, die dem Sklaven Xanthias, dem Diener des Dionysos, in der Komödie »Die Frösche« so locker über die Lippen kommen, machen deutlich, daß er ein loses Mundwerk hat und sich darauf versteht, dem Volk aufs Maul zu schauen. Kein Wunder, denn sein geistiger Vater ist Aristophanes, der erste große Komödiendichter des Abendlandes, ein Meister des geschliffenen, stets treffenden, stechenden Wortes. »Mit Aristophanes erreichte die Dichtung der Griechen vielleicht die Gipfelhöhe des absolut Kunsthaften dank seiner geistigen Überlegenheit und Freiheit«, urteilt der Literaturhistoriker und Kritiker Erwin Laaths. »Erstaunlich, ja unfaßbar wird es immer bleiben, wie bei ihm die Sphären einer geradezu panischen Unflätigkeit und der nicht minder panischen Naturmythe mit dem Alltäglichen und Aktuellen zusammenflossen, wie demgemäß seine dichterische Sprachkraft über diese elementaren und politischen Bezirke gebieten konnte.«

Wie immer und überall gibt es natürlich auch hier andere Meinungen. »Ohne klassizistische Vorurteile betrachtet, ist Aristophanes ganz einfach der großartigste Revolverjournalist, von dem die Weltliteratur zu künden weiß«, glaubt der Kulturhistoriker Egon Friedell. »Wie so viele Satiriker war er nichts weniger als ein ‚freier Geist', sondern ein Philister mit umgekehrten Vorzeichen, ein kleinherziger Denunziant und unter der Maske des Moraltrompeters eine ganz amoralische Größe.«

Genaue Lebensdaten über Aristophanes sind uns nicht überliefert. Vermutlich wurde er um etwa 450/445 v. Chr. auf der Insel Aigina vor Athen geboren und starb dort in der griechischen Metropole etwa um das Jahr 385 v. Chr. Er gilt als der Hauptvertreter der attischen Alten Komödie, deren Komik wegen des sehr engen Zeitbezugs eher durch aktualisierende Bearbeitungen als durch Übersetzungen nachwirken konnten. Von seinen vierundvierzig Komödien sind elf erhalten.

Aristophanes ist nicht nur der bedeutendste Dichter der Alten Komödie, wie die durch ihn am wirkungsvollsten vertretene Kunstgattung in der Fachsprache genannt wird, sondern seine Stücke sind auch als einzige dieser Art überliefert. Ebenso wie die griechische Tragödie hatte auch die Komödie ihren Ursprung im Dionysoskult mit einem Chor sowie mit Spottliedern, die zum Lachen, und Fruchtbarkeitsriten, die zu obszönen Späßen Anlaß gaben. Die griechische Komödie ist also aus spöttischen Phallusprozessionen hervorgegangen und hat sich besonders bei den dorischen Megarern zu fester Form entwickelt. Sizilische Vorstufen in literarischer Prägung sind die mimischen Possenspiele des Epicharmos um 500 v. Chr. und die sogenannten Mimoi des Syrakusaners Sophron, der um 430 v. Chr. dialogisierte Charakterszenen aus dem Volksleben in Umgangssprache entwickelte, häufig von Sprichwörtern durchsetzt. Die Blüte der attischen Komödie begann erst mit ihrer Einführung in die Dionysien als Wettkampf von fünf Komödien und durch die Ausstattung mit einem Chor (486 v. Chr.) ähnlich der Tragödie. Als Teil der Dionysien wollte sie Lachlust und Heiterkeit erregen sowie Mißstände der Zeit verhöhnen. Nach anfänglich persönlichem Spott wandte sich die Komödie später der schonungslosen Kritik und Satire öffentlicher, politischer wie literarischer Verhältnisse zu, oft in ausgelassener Groteske und phantastischer Karikatur.

In der Alten Komödie entstand die szenische Gliederung in Prolog, Parodos, Episodia, Agon und Stasima analog zur literarisch früher ausgeprägten Form der Tragödie. Die Darsteller, unförmig ausgepolstert und bemalt, trugen karikierte Masken und ein kurzes Gewand, das den großen Phallus aus rotem Leder unbedeckt ließ. Frauenrollen wurden wie in der Tragödie von Männern gespielt, und die vierundzwanzig Tänzer und Sänger des Chores traten oft in Tierverkleidungen auf, was Aristophanes die Möglichkeit gab, menschliches Verhalten zu parodieren. Ein wichtiger Teil der Alten Komödie war die Parabase, was wörtlich Abschweifung heißt. Durch die Parabase, bei der Schauspieler und Chor die Masken abnahmen, wurde das Publikum gelegentlich aus der Orchestra direkt angesprochen, um so gezielt die meist kritische Meinungsäußerung des Dichters, also aktuelle Zeitkritik, unters Volk zu bringen.

Das Ende der Demokratie um 400 v. Chr. brachte neue Formen. Während bei der allgemeinen Verarmung der wesenlos gewordene Chor meist entfiel, wurden die Schauspielerrollen weiter ausgebaut. Da die aktuellen Anspielungen auf politische Persönlichkeiten aufgegeben werden mußten, wandelte sich nun die Komödie zur Parodie von Tragödien- und Mythenstoffen oder zur Typensatire mit Hetären, Parasiten, Köchen und Philosophen.

Um 336 v. Chr. begann die sogenannte Neue Komödie, die Stoffe aus dem Alltagsleben des Stadtbürgers aufnahm und in typischen Gestalten verkörperte, zu denen unter anderen der schlaue Sklave ebenso gehörte wie der Bauerntölpel, der geizige Vater wie der leichtsinnige Sohn, der Adelsstolze wie der Emporkömmling. Das glückliche Ende, also das Happy-End, und Zusammenfinden der Geliebten nach langer Trennung und gefährlicher Verwicklung bildet den stehenden Rahmen. Als Hauptvertreter der Neuen Komödie gelten Philemon, Menander und Diphilos. Stoffe und Typen der jüngeren attischen Komödie lebten seit 240 v. Chr. in der römischen Komödie des Plautus und Terenz fort und haben sich in vielen Variationen über die Jahrtausende erhalten.

Doch zurück zur Alten Komödie des Aristophanes und der Parabase, in der sich der Chor im Namen des Dichters ans Publikum wandte, um so aktuelle Zeitkritik anzubringen. Ein anschauliches Beispiel hierfür gibt die Aufführung der Komödie »Die Ritter«, in der Aristophanes wie schon zuvor in dem pazifistischen Stück »Die Acharner« scharf gegen die Kriegshetzer in Athen zu Felde zog, vor allem gegen den Demagogen Kleon, den Nachfolger des Perikles und Führer der athenischen Kriegspartei, die sich von der Fortsetzung des unglückseligen Bruderkrieges gegen Sparta Vorteile versprach. Da kein Schauspieler es wagte, den in der Rolle eines Sklaven verkörperten Staatsmann Kleon darzustellen, spielte Aristophanes den Sklaven selbst, der aus »Paphlagonien« stammte, dem von ihm erfundenen Land der schwatzhaften, aufgeblasenen Schaumschläger. Durch diese Maske gedeckt, sagte er dem mächtigen Staatsmann so unverblümt die frechsten Wahrheiten, daß es ihn Kopf und Kragen kosten konnte. Er trieb die Narrenfreiheit der Dionysien so weit, einen noch unwürdigeren Wettbewerber um die Macht, nämlich einen Wursthändler, gegenüber dem mächtigsten Mann Athens verwundert ausrufen zu lassen:

»Ei, ei, wie ist das nur möglich, daß ich, ein Blutwursthändler, zum Helden werde?«

»Du wirst zum Mann des Tages, weil du gemein, dummdreist und pöbelhaft bist«, erwiderte Aristophanes in der Maske des Sklaven, der Kleon verkörpern sollte. »Wenn du ganz und gar zum Abschaum gehörst, dann bist du zur Leitung der Staatsgeschäfte befähigt. Regieren ist kein Beruf für Leute von Charakter und Erziehung. Nichtswürdig und unwissend muß man sein, das gehört zum Beruf.«

Gelassen, als habe er nichts anderes erwartet, nahm Aristophanes den Beifallssturm des Publikums entgegen und ließ sich als Sieger im Wettbewerb um die beste Komödie feiern. Zwar hatte er in diesem Augenblick die öffentliche Meinung auf seiner Seite – doch für wie lange? Wann würde der Staatsmann Kleon gegen ihn zurückschlagen? Indem er sich mit der Maske unter dem Arm vor den Zuschauern geschmeichelt als Dichter, Spielleiter und Hauptdarsteller verbeugte, nahm er schon jetzt sein befürchtetes Schicksal vorweg, als er verkündete:

»Heute Erfolg und morgen vergessen, heute geachtet und bejubelt und morgen nicht einmal zu einem Wettbewerb zugelassen.« Weil es nämlich, wie er für sich hinzufügte, dem Demagogen nicht passe, daß er ihm so die Meinung gesagt habe, deshalb werde er bestimmt mundtot gemacht und totgeschwiegen, und das sei dann das Ende seiner Laufbahn.

Der siegbekränzte Dichter hatte jedoch zu schwarz gesehen, denn der Politiker Kleon hielt ihn und seine »Ritter« nicht für so wichtig, um aus dieser leichten Komödie eine schwerwiegende Staatsaffäre zu machen.

Aristophanes durfte auch weiterhin ungeschoren seine Komödien schreiben und darin mit überaus kühnem Freimut Kritik am öffentlichen Leben ausüben, an Staat und Justiz, Philosophie und Kunst, Krieg und Frieden. Er zeigte die großen Themen im Zerrspiegel grotesker Situationen, in denen das Erhabene und Lächerliche, das Heilige und Obszöne hart gegeneinandergestellt waren. Selbst dem schwersten und tragischsten Problem seiner Zeit, dem selbstmörderischen Bruderkampf der Athener und Spartaner im Peloponnesischen Krieg (431–404 v. Chr.), vermochte er noch die heitere Seite abzugewinnen. Aber sein Humor war von tiefem ethischem Verantwortungsbewußtsein getragen, ja von Zorn und Verachtung, denn im Grunde war es ihm heiliger Ernst. Als politischer Kopf und als Freund des Adels geißelte er den demokratischen Staat und beschwor den heroisch-aristokratischen Geist aus der Zeit der vor einem halben Jahrhundert beendeten Perserkriege und der großen Tage von Marathon und Salamis. Denn Aristophanes liebte sein Vaterland über alles und wollte es, hart am Abgrund, vor dem Untergang bewahrt wissen und wieder in alter Herrlichkeit erstarkt sehen. Deshalb galt seine Liebe dem Aischylos, sein Hohn aber dem Euripides, in dem er den allzu aufgeklärten Dichter erblickte. Als Verächter des damals

Modernen, der die neuen aufklärerischen Gedanken, die Naturphilosophie und die künstlerischen Entwicklungen seiner Zeit verspottete, war ihm der Beifall der Menge sicher, zu deren lautstärkstem Sprachrohr in jenen Tagen die Komödiendichter wurden. Was der einzelne sonst nur in seinen eigenen vier Wänden oder auf dem Marktplatz benörgelte, das posaunten jetzt die lebendigen Gestalten der Komödie lauthals und für jedermann hörbar von der Bühne herab, durch Witz gewürzt und durch anschauliche Gebärden unterstützt. Aristophanes wurde so zum »ungezogenen Liebling der Grazien«, wie Goethe ihn im Epilog seiner Bearbeitung der »Vögel« nennt, und indem er Jahr für Jahr – mal mehr mal weniger – begeisterten Beifall einheimste, bewies er durch die Dauer seiner Erfolge, daß er nicht zu den »Jahresgewächsen« gehörte. Was damals im Theater zur Aufführung kam, war das Lustspiel der Gegenwart für die Gegenwart, die folgerichtige Entwicklung des »komos«, in Wort und Gebärde gebändigt durch den Dichter.

»Aristophanes . . ., dieser (für seine Zeit) lustige, doch in der Seele klobig-beschränkte Stückmacher«, wie Alfred Kerr ihn charakterisiert, »dieser wundersame Finder voll unerhörten Theaterbluts; dieser vernagelte Gegenpart vom Kühnen, Zukunftsvollen; dieser Beißer, der nach allen leuchtenden Köpfen seiner Epoche sprang; dieser Dickfellig-Verbohrte, der ebenso dumm vor Attikas Michelangelo blieb wie vor dem großen Urheber des perikleischen Alters und dem sokratischen Menschentum; dieser Liebling des Amphiparketts (der vermutlich ein Esel war, aber voll Dichtkraft . . . es läßt sich vereinigen) – Aristophanes dankt seine Stellung in der Welt mehr dem Zeitpunkt, wo er sie betrat, als einem heute noch gültigen Werk.«

Heute sehen wir in Aristophanes den einzigen Komödiendichter des Abendlandes, der das Staatsganze zum Thema der Komödie erhob. In neuerer Zeit wäre mit ihm wohl am ehesten der Ire Bernard Shaw (1856-1950) zu vergleichen. So großartig die Komödien des Aristophanes auch sind, so störend empfinden wir in seinen Werken leider viele Zeitanspielungen, die wir heute ohne erläuternde Erklärungen nicht mehr verstehen.

»Von dem Niedrigen, Sittenlosen wendet sich der Gebildete mit Abscheu weg, aber er wird in Erstaunen gesetzt, wenn es ihm dergestalt gebracht wird, daß er es nicht abweisen kann, vielmehr solches mit Behagen aufzunehmen genötigt ist. Aristophanes gibt uns hiervon die unverwerflichsten Zeugnisse.« Diese Worte Goethes treffen auf viele Stücke des griechischen Komödiendichters zu, und ebenso auch das Urteil Schillers: »Scherze, die uns an einem Menschen von Erziehung unerträglich sein würden, belustigen uns im Mund des Pöbels. Von dieser Art sind viele Szenen des Aristophanes, die aber zuweilen auch diese Grenze überschreiten und schlechterdings verwerflich sind.«

Von den beiden frühesten der uns überlieferten Werke war schon die Rede: Während das pazifistische Stück »Die Acharner« die athenische Kriegspolitik aufs Korn nimmt, greifen »Die Ritter« den führenden Staatsmann Kleon wegen seiner Demagogie und Kriegspolitik scharf an. »Die Wolken« sind eine Verhöhnung der aufklärerischen Sophistik mit ihrer Dialektik und Wortspalterei, wobei kein Geringerer als der Philosoph Sokrates (470–399 v. Chr.) als Zielscheibe dient. Mit seiner Justizsatire »Die Wespen« macht Aristophanes nicht nur die Richter als Wespen und habsüchtige Handlanger des Kleon verächtlich, sondern prangert auch die Prozeßsucht der Athener an.

In der pazifistischen Komödie »Der Frieden« fliegt ein Weinbauer auf einem riesigen Mistkäfer zum Olymp empor und befreit die vom Dämon des Krieges gefangengehaltene Friedensgöttin Eirene. Eine besonders bühnenwirksame Bearbeitung »nach Aristophanes«, die 1962 im Ostberliner Deutschen Theater uraufgeführt wurde, stammt von dem Brecht-Schüler Peter Hacks, der dazu unter anderem anmerkt: »Wo Analogien zu heutigem Geschehen vorliegen, wird der Bearbeiter sie, mit äußerstem Zartgefühl, verdeutlichen. Wo keine sind, wird er sie nicht hineinzumanipulieren trachten. Das Unvergängliche ist der Gestus.«

»Die Vögel« sind nach Wolfgang Schadewaldt, dessen Neuübersetzung 1966 uraufgeführt wurde, »eine jener Komödien, in denen der Dichter im Wunderglas des Ridiculen die Vorstellung einer besseren Welt heraufführt«. Zwei der Prozeßwut in ihrer Heimat überdrüssige Athener gründen in einem Luftreich zwischen Menschen und Göttern ein märchenhaftes Friedensreich, das »Wolkenkuckucksheim«, gegen die Macht der Götter und Menschen. Mit den »Vögeln« schrieb Aristophanes eine Märchenkomödie, deren Fabel überzeitliche Geltung hat, denn immmer wieder sehnen sich Menschen nach einem »Wolkenkuckucksheim«.

Als 411 v. Chr. die »Lysistrata« in Athen uraufgeführt wurde, tobte schon zwanzig Jahre lang der Peloponnesische Krieg zwischen Athen und Sparta. Mitten in diesem selbstmörderischen Bruderkampf der Griechen ruft Lysistrata alle Frauen Athens zum Ehestreik auf. Sie sollen sich ihren Männern verweigern, um sie so zum Friedensschluß zu zwingen. Eher noch, polterte der erzürnte Dichter gegen seine Zeitgenossen los, seid ihr durch Ausbettung als durch Vernunft zum Frieden zu bringen! Dieser pazifistische Warnschrei des Aristophanes ist in neuerer Zeit seine volkstümlichste Komödie geworden, deren ungezählte Nachahmungen und Bearbeitungen die Urfassung nicht erreichen. Einmalig in der Theatergeschichte sind die Freiheit und Kühnheit in der ungeschminkten Darstellung derb-natürlichen Trieblebens, und selbstverständlich ist auch in diesem Stück der Witz des Dichters aggressiv und unzüchtig. Nicht zuletzt mag der deutsche Philosoph Hegel

(1770–1831) in seiner »Ästhetik« an »Lysistrata« gedacht haben, als er über Aristophanes urteilte: »Ohne ihn gelesen zu haben, läßt sich kaum wissen, wie dem Menschen sauwohl sein kann.«

Mit der im gleichen Jahr 411 v. Chr. uraufgeführten Komödie »Die Frauen am Thesmorienfest« verhöhnt Aristophanes ausgerechnet den Euripides als Weiberhasser und verspottet die Emanzipation der Frau. »Die Frösche«, kurz nach dem Tode des Euripides und des Sophokles geschrieben, ist eine Literatursatire und »Die Weibervolksversammlung« eine Satire auf eine kommunistische Weiberregierung mit Frauen-, Güter- und Männergemeinschaft. In seinem letzten Alterswerk »Plutos« läßt Aristophanes den blinden Gott des Reichtums sehend werden, so daß nun die rechtschaffenen Armen zu Geld kommen, die bösen Reichen aber verarmen.

Obwohl sich Aristophanes zeitweise politische Nachstellungen zuzog, griff er immer wieder die Mächtigen Athens an und versuchte ständig, durch seine Satiren das Vertrauen des Volkes in die Demokratie zu untergraben. Doch seine unaufhörlich zähen Bemühungen, die Politik durch Komödien zu beeinflussen, blieben erfolglos. Über ihn und seine »Zunftgenossen der heiteren Muse« schreibt der Soziologe Arnold Hauser: »Auch die Komödiendichter der Zeit sind – obgleich die Komödie eine an und für sich demokratische Gattung ist – reaktionär gesinnt, und nichts ist für die Verhältnisse in Athen bezeichnender, als daß ein Gegner der Demokratie wie Aristophanes nicht nur erste Preise gewinnen, sondern auch große Publikumserfolge erzielen kann.«

Aristoteles, der erste Theaterwissenschaftler

»Nicht der Mensch, sondern die Menschen erfinden; jeder kommt einmal dran zu seiner Stunde, bemächtigt sich der Dinge, wie es seine Väter getan haben, faßt sie durch neue Zusammenstellungen, stirbt dann, nachdem er einige Stückchen zur Summe der menschlichen Kenntnisse gefügt hat, welche er seinen Söhnen vermacht, ein Stern in der Milchstraße. Was die vollkommene Schöpfung einer Sache betrifft, glaube ich, daß sie unmöglich ist. Gott selbst, als er den Menschen schuf, konnte oder wagte nicht, ihn zu erfinden; er machte ihn nach seinem Bilde.«

Zu dieser Erkenntnis war vor einem Jahrhundert der französische Schriftsteller Alexandre Dumas (1802–1870) gelangt, nicht nur berühmt durch seine Romane »Der Graf von Monte Christo« und »Die drei Musketiere«, sondern auch durch die Unzahl von Dramen, die er mit hektischer Betriebsamkeit fast alle in Gemeinschaftsarbeit mit anderen Autoren schrieb.

In Aristophanes' »Lysistrata«, 411 v. Chr. während des Peloponnesischen Krieges in Athen uraufgeführt, beschließen die Frauen Athens, ihre Männer mit einem Liebesstreik zum Friedensschluß zu zwingen.

Verkürzt gesagt meinte Dumas, daß die formale Schöpferkraft des einzelnen Menschen sehr beschränkt sei. Anders dagegen in der Antike, in der man gerade im selbständigen Konstruieren einer Handlung die künstlerische Aufgabe sah, während die Stofferfindung nur eine untergeordnete Rolle spielte, da alle Dramatiker die gleichen Sagengestalten zum Vorwurf ihrer Bearbeitung nahmen. »Man muß eine Tragödie für identisch mit einer anderen halten, nicht wenn die Fabel beider die gleiche ist, sondern wenn sie die nämliche Schürzung und Lösung haben«, hat dazu Aristoteles, der erste Theaterwissenschaftler, gesagt, der kurz nach dem Tod des Aristophanes geboren wurde. So gibt es beispielsweise eine »Iphigenie in Tauris« von Euripides, von Racine, von Gluck und von Goethe – doch jede ist eine Dichtung für sich.

Da in früheren Zeiten der Dichter weniger gezwungen war, Originalstoffe zu erfinden, hatte er mehr Muße, sich mit der Technik des Handlungsaufbaus zu befassen. Alle französischen und deutschen Klassiker haben diese Technik der griechischen Tragödien studiert und sich durch Nachahmungen ihrer Vorbilder sowie durch Übersetzungen geschult. Nur der Dichter, der bewußt die Technik des Handlungsaufbaus beherrscht, ist in der Lage, diese übernommene Fertigkeit selbständig weiterzubilden, zu ändern und in ihr schöpferisch zu sein.

Die Technik der griechischen Tragödie wurde von Aristoteles in seiner »Poetik« behandelt, von der leider nur Bruchstücke erhalten geblieben sind. Aristoteles, neben seinem Lehrer Plato der größte griechische Philosoph, Erzieher Alexanders des Großen, Begründer der formalen Logik, Naturwissenschaftler und Gründer einer Philosophenschule, wurde 384 v. Chr. im makedonischen Stagira geboren und starb 322 v. Chr. in Chalkis auf Euböa. Für den »Meister aller Wissenden«, der wohl als der universalste und einflußreichste Denker des Abendlandes sowie als ein ebenso enzyklopädischer wie scharfsinniger Wissenschaftler gilt, war das Theater weder ein bevorzugtes Fachgebiet noch eine Liebhaberei. Vielmehr betrachtete er es als eine nicht zu übersehende Zeiterscheinung und demnach als eine »beweisbare Wahrnehmung der Sinne«. Da er festgelegt hatte, alle greifbaren Körper und alle Wahrnehmungen seien zu erklären und begrifflich zu bestimmen, fügte er die Untersuchung und Bewertung der dramatischen Dichtung seiner auf anderen Wissensgebieten erprobten »Ordnung des Denkens« ein.

Aristoteles' Theorie der Tragödie, die erste grundlegende Dramaturgie, ist nur ein Teil seiner fragmentarisch überlieferten »Poetik« und hat ein jahrtausendelanges und vermutlich auch nie endendes Kopfzerbrechen verursacht, denn immer wieder wurden und werden daraus komplizierte Theorien abgeleitet.

»Die Tragödie ist also die nachahmende Darstellung einer ernsten Handlung, die in sich abgeschlossen ist und eine bestimmte Größe hat, in verschönter Sprache . . . vorgeführt von handelnden Personen, nicht durch eine bloße Erzählung; ihre Aufgabe ist, durch Furcht und Mitleid eine Befreiung von derartigen Gemütsbewegungen zu bewirken.« Als die sechs Bestandteile der Tragödie nennt Aristoteles die Fabel, Charaktere, Reflexion, Szenerie, Sprache und musikalische Komposition.

Am wichtigsten davon hält er die Fabel, die kunstmäßige Zusammensetzung der Geschehnisse, denn die Tragödie sei die nachahmende Darstellung

Rechts: Ein Fragment von Aristoteles' »Staat der Athener« zeigt die Handschrift des griechischen Philosophen.

nicht von Personen, sondern von Handlung und Leben, in Glück und Unglück. Anders ausgedrückt: In der Tragödie wird nicht berichtet, sondern gehandelt. »Also bezwecken die tragischen Dichter durch das Vorführen der Handelnden nicht die Nachahmung der Charaktere, sondern sie bringen die Charaktere wegen der Handlungen mit zur Darstellung. Folglich sind die Geschehnisse und die Fabel Endzweck der Tragödie, der Endzweck aber ist bei allem das Wichtigste. Ferner gibt es ohne Handlung keine Tragödie, wohl aber ohne Charaktere . . . Vor allem sind die Dinge, wodurch die Tragödie am meisten auf die Gemüter wirkt, Teile der Fabel, nämlich Glücksumschlag und Erkennungsszenen. Ein weiterer Beweis ist, daß Anfänger früher in der Sprache und Charakterzeichnung eine Vollendung erreichen als in der richtigen Zusammenstellung der Handlung. Folglich darf eine gut zusammengesetzte tragische Fabel weder einen willkürlichen Anfang haben noch ein willkürliches Ende, sondern die genannten Kennzeichen müssen auf sie zutreffen.«

Die Fabel muß so einheitlich sein, daß das Ganze zerrissen und verrückt würde, wenn man einen Teil davon umstellte oder wegnähme. Denn etwas, dessen Vorhandensein oder Fehlen keinen bezeichnenden Unterschied zur Folge hat, ist kein Teil des Ganzen. Während der Geschichtsschreiber das wirklich Geschehene berichtet, gehört es nicht zu den Aufgaben des Dichters, das Geschehene zu berichten, sondern das, was geschehen kann, das heißt, was nach den Gesetzen der Wahrscheinlichkeit oder Notwendigkeit möglich ist. »Von allen Fabeln und Handlungen sind nun die episodischen die schlechtesten. Episodisch nenne ich eine Fabel, in welcher die einzelnen Handlungen nicht nach den Gesetzen der Wahrscheinlichkeit oder Notwendigkeit auseinander hervorgehen. Solche Stücke werden von schlechten Dichtern gedichtet, weil sie es nicht besser verstehen.«

Wie Aristoteles weiter ausführt, »ist die Tragödie die nachahmende Darstellung nicht nur einer in sich abgeschlossenen Handlung, sondern auch von Furcht und Mitleid erregenden Begebenheiten. Solche finden vor allem dann statt, wenn sie wider Erwarten kommen, und noch mehr, wenn eine Handlung sich wider Erwarten aus der anderen ergibt. Denn so wird es wunderbarer erscheinen, als wenn es aus reinem Zufall geschieht, da ja auch von den zufälligen Ereignissen die am wunderbarsten erscheinen, welche gleichsam absichtlich geschehen zu sein scheinen, wenn zum Beispiel die Statue des Mitys in Argos den Mann, der den Tod des Mitys verschuldet hatte, erschlug, als er sie betrachtete. Solches scheint nämlich nicht planlos gekommen zu sein. Darum sind solche Fabeln schöner.«

Aristoteles unterscheidet zwischen einfacher und verwickelter Handlung. »Einfach nenne ich eine Handlung, welche . . . stetig und einheitlich verläuft, so daß sich der Schicksalswechsel ohne Glücksumschlag und Erkennungsszenen vollzieht. Verwickelt ist die Handlung, wenn sie sich mittels Erkennung oder mittels Glücksumschlag oder mittels beider entwickelt. Beide müssen sich aber schon aus der Zusammensetzung der Fabel ergeben, das heißt, die genannten Wendungen müssen nach den Gesetzen der Notwendigkeit oder Wahrscheinlichkeit aus den vorhergehenden Ereignissen folgen. Denn es macht einen großen Unterschied, ob die Ereignisse auseinander oder nur nacheinander folgen.«

Mit vier Mitteln – Peripetie, Erkennungsszenen, Pathos und Ethos – werden Glück und Unglück erzeugt. »Peripetie ist der Umschlag der Handlung ins Gegenteil von dem, was man beabsichtigt, und zwar muß sich derselbe, wie schon wiederholt bemerkt, nach den Gesetzen der Notwendigkeit oder Wahrscheinlichkeit vollziehen. So kommt im ‚Ödipus' der Hirte, um dem Ödipus eine erfreuliche Botschaft zu bringen und ihn von seiner Furcht bezüglich der Mutter zu befreien; indem er aber die Herkunft desselben aufdeckt, bewirkt er das Gegenteil. Und im ‚Lynkeus' wird der Held des Stückes zum Tode geführt, Danaos begleitet ihn, um ihn töten zu lassen, aber es fügt sich durch die Wendung der Ereignisse, daß letzterer stirbt, Lynkeus aber gerettet wird.

Erkennung aber ist, wie schon der Name zeigt, der Umschlag von der Unkenntnis zur Kenntnis und infolge davon Freundschaft oder Feindschaft der für Glück oder Unglück bestimmten Personen. Am schönsten sind Erkennungen, wenn zugleich Peripetien eintreten, wie in dem eben angeführten Beispiel aus dem ‚Ödipus'. – Da sich also die Erkennung zwischen Personen vollzieht, so ist ein doppeltes möglich: Entweder wird nur die eine Person erkannt, indem die andere schon bekannt ist, oder es müssen beide erkannt werden.«

In der griechischen Tragödie waren die Erkennungsszenen am wichtigsten, und Aristoteles unterscheidet folgende fünf Arten der Erkennung:

– Erkennung durch äußere Zeichen, wie Muttermale, Narben, Halsketten. Die berühmtesten Erkennungsszenen sind die des Odysseus, der an seiner Narbe von seiner Amme, anders vom Hirten und von seinem Hund erkannt wird.

– Jemand kann sich selbst zu erkennen geben, wie beispielsweise Iphigenie, die sich durch den Brief verrät.

– Durch Erinnerung: Als Odysseus das Lied des Zitherspielers hört, überwältigt ihn die Erinnerung; er bricht in Tränen aus und wird so erkannt.

– Die Erkennung kann sich auch aus einer Schlußfolgerung ergeben: Der Gekommene ist der Schwester ähnlich. Da ihr aber niemand anders ähnlich sein kann als ihr Bruder Orestes, muß also Orestes gekommen sein.

– Auch ein Fehlschluß kann zur Erkennung führen: Odysseus vermutet, der andere werde den Bogen kennen, den er doch gar nicht gesehen hat, und verrät sich dadurch selbst.

Auch heute noch haben Erkennungsszenen große dramatische Bedeutung, denn dramatisch ist eine Situation vor allem dann, wenn der Zuschauer mehr weiß als die handelnden Personen, wenn also der Held unwissend ist.

Was im Sprachgebrauch »dramatisch« heißt, behandelt Aristoteles ganz untergeordnet als Pathos. Damit werden packende und ergreifende Situationen bezeichnet, die eine zerstörende und schmerzliche Wirkung auslösen, wie beispielsweise Tod auf offener Szene, körperliche Schmerzzustände, Verwundungen und anderes dieser Art. Die vierte Art der Fabelbildung, Ethos genannt, bezieht sich auf die Charakterzeichnung. Über den eigentlichen Aufbau der Handlung, die Schürzung und Lösung, ist von Aristoteles nur wenig zu erfahren.

Die Idee der Einheit von Ort, Zeit und Handlung

Spricht man von der Dramaturgie des Aristoteles, so denkt man dabei auch gleich an die Idee der Einheit von Ort, Zeit und Handlung, die bei ihm unmittelbar das Ergebnis eigener Beobachtung war – und dann später im 17. Jahrhundert vom französischen Klassizismus in verengender Interpretation zur dramatischen Norm erhoben wurde. Wenn Aristoteles in seiner »Poetik« auch festgestellt hatte, in der Tragödie werde nicht berichtet, sondern gehandelt, so entsprach diese begrenzende Begriffsbestimmung nicht ganz den Tatsachen; denn in den großen Tragödien ersetzten oder ergänzten Berichte die Handlung. Er sah jedoch darin keinen Verstoß gegen die dramaturgischen Regeln, solange die Einheit der Handlung gewahrt blieb und der Handlungsinhalt des Dramas sich im wesentlichen auf eine einzige Tat beschränkte. Gegen Berichte oder Nebenhandlungen, die das Hauptgeschehen beschleunigten oder beleuchteten, hatte er als Dramaturg und künstlerischer Beobachter nichts einzuwenden.

So gesehen ist die strenge Einhaltung dieser dramaturgischen Regel von der Einheit der Handlung erst später von Theoretikern aus Aristoteles herausgelesen worden. Das trifft auch auf die als wesentlich bezeichnete Einheit des Ortes und der Zeit zu, die – wie vielfach behauptet – eine Forderung der aristotelischen Dramaturgie gewesen sein soll. In Wirklichkeit jedoch wurde beides von Aristoteles ebensowenig gefordert wie von den antiken Tragikern eingehalten, bei denen beispielsweise während eines Chorgesanges Kriege an anderen Schauplätzen oder Reisen in fremde Länder stattfanden.

Der Holzschnitt eines unbekannten Künstlers aus der Zeit um 1480 zeigt Aristoteles, den »Meister aller Wissenden«, mit seinen Schülern.

Erst die Franzosen wendeten die drei Einheiten an. Pierre Corneille (1606–1684), der erste große Tragiker Frankreichs, gehörte zu den Mitbegründern des klassischen Dramas nach den Regeln des Aristoteles. In seiner Vorrede zu »Le Cid« (1637) sagt Corneille, »daß die Rezepte des Aristoteles für alle Zeiten und alle Völker gelten, weil er sich nach den Bewegungen der Seele richtete, deren Natur sich nicht ändert. Er hinterließ Mittel, die überall ihre Wirkung gehabt hätten, seit der Schöpfung der Welt, und welche fähig sein werden, diese noch überall zu haben, soweit es Theater und Schauspieler geben wird.« Da Corneille von den französischen Klassikern jedoch am wenigsten doktrinär war und die Regeln nicht streng befolgte, wurde er von seinen Feinden, die sich um den jüngeren Rivalen Racine scharten, heftig angegriffen.

Voltaire (1694–1778), eine der beherrschenden Figuren des 18. Jahrhunderts in Philosophie, Wissenschaft und Literatur, verschärfte noch die drei Einheiten des Aristoteles und stellte folgende Regeln auf: Eine Handlung kann nur an einem Ort spielen. Sie darf nur drei Stunden dauern, also so lange wie die Aufführungszeit der Tragödie.

Schon seit der Renaissance, der »Wiedergeburt« der Antike gegen Ende des Mittelalters, galt die »Poetik« des ersten Theaterwissenschaftlers bei vielen gewissermaßen als Gesetzbuch des Dramas. Auch noch Gotthold Ephraim Lessing (1729–1781) lehrte, das Drama könne sich keinen Schritt von der Richtschnur des Aristoteles entfernen, ohne sich ebensoweit von seiner Vollkommenheit zu entfernen. Dagegen setzte sich der Sturm und Drang, die Epoche der siebziger Jahre des 18. Jahrhunderts, gestützt auf Shakespeare, über ihn hinweg. Jakob Michael Reinhold Lenz (1751–1792), mit seiner deutschdramatischen Richtung, entrüstete sich über des Aristoteles »poetische Reitkunst«. Goethe schuf seinen »Götz« und »Egmont« und »Faust« ohne Aristoteles. Kleist, Grabbe, Büchner, Hebbel wollten nichts von ihm wissen. Wedekind und die jungen expressionistischen Dramatiker verwarfen ihn. Schiller stand ihm zwar näher und lobte ihn auch, war jedoch froh, eigene Grundbegriffe vom Dramatischen gehabt zu haben, ehe er ihn kennenlernte. Grillparzer gehörte zu seinen Anhängern, und Gustav Freytag baute sogar auf Aristoteles seine »Technik des Dramas« auf, mit der er eine Erklärung und Gebrauchsanweisung der äußeren Mittel geben wollte, also eine Anleitung zum Dramenschreiben.

Wie der Theaterwissenschaftler Artur Kutscher meint, sei sicherlich zu bestimmten Zeiten das Formale und Technische im Drama überschätzt worden, doch blieben einige Forderungen bestehen, die sich aus dem Wesen der Handlung und Charakteristik ergeben. »Das höchste Baugesetz des Dramas ist die Einheit der Handlung. Sie allein hat hier zu entscheiden. Sie dient den äußeren und inneren Anforderungen zugleich.

Die beiden anderen berühmt-berüchtigten Einheiten der französischen Dramaturgie, die Einheit des Ortes und der Zeit, sind wesentlich Ausdruck eines aus der Antike abstrahierten, in zeitstilistischem Interesse eines klassizistischen Willens zugestutzten Formalismus. Aristoteles hat eine Einheit des Ortes nicht gefordert und in betreff der Einheit der Zeit nur gesagt, die Tragödie lasse soviel als möglich ihre Handlung in einem Sonnenumlauf sich vollziehen. Die deutsche Aufklärung mit Lessing schon suchte sich der drükkenden Fesseln zu entledigen. Der Sturm und Drang verwarf mit der Heftigkeit seiner Reaktion jede örtliche Bindung und schrieb bereits szenenweise, wie der ältere Grabbe, für ein Theater der Phantasie. Shakespeares örtliche Freizügigkeit aber war nicht souveräne Verachtung der szenischen Praktik, wie der Sturm und Drang meinte, sondern im Gegenteil ihre klarbewußte technische Ausnutzung, wobei allerdings teilweise noch die ‚gesprochene' Dekoration mitwirken konnte. Über die Einheit der Zeit setzte Shakespeare sich hinweg, indem er die Einheit der Handlung energischer betonte. Das Drama, das sich zum italienischen Bühnenbilde des Barock und zur szenischen Einrichtung der Franzosen bekannte, konnte Shakespeares Technik selbstverständlich nicht gebrauchen. Das Drama von heute, dem eine vollendete Bühnenmaschinerie und eine hochentwickelte Inszenierungskunst dienen, kann sich wieder shakespearische Freiheiten herausnehmen.« Der einzig tiefere Sinn von den Einheiten des Ortes und der Zeit – nämlich die Bewegung nicht unnötig zerfahren zu lassen und allzu stark zu zerdehnen sowie den Fluß des dramatischen Erlebens nicht zu beeinträchtigen oder zu stören – könne durch die Einheit der Handlung genügend gewährleistet werden. Diese wichtigste Einheit werde gestützt durch den ausgeprägten Entwicklungswillen des Autors, durch die herrschende Tendenz nach vorwärts.

Die Hauptwirkungen der Tragödie bezeichnet Aristoteles mit den griechischen Begriffen »phobos«, »eleos« und »katharsis« – drei Wörter, die im Laufe der Geschichte immer wieder neu übersetzt oder wenigstens neu gedeutet worden sind. Nach Aristoteles soll die Tragödie »durch Erregung von Furcht (phobos) und Mitleid (eleos) eine Reinigung (katharsis) derartiger – oder von derartigen – Leidenschaften« bewirken. Für Corneille und das französische klassizistische Theater war Phobos der »Schrecken« und ein Mittel zur Katharsis, zur »Reinigung« der Leidenschaften im Zuschauer. Lessing dagegen bekämpfte in seiner »Hamburgischen Dramaturgie« (1768) diese Auffassung erbittert, denn für ihn waren Eleos das »Mitleid«, das der Zuschauer mit dem Schicksal des Tragödienhelden empfindet, und Phobos die »Furcht«, die im Zuschauer für sein eigenes Geschick erregt werde. »Sobald die Tragödie aus ist, höret unser Mitleid auf, und nichts bleibt von allen den empfundenen Regungen in uns zurück als die wahrscheinliche Furcht, die uns das bemitleidete Übel für uns selbst schöpfen läßt.« Nach seiner Ansicht verwandelten Furcht und Mitleid die Leidenschaften des Zuschauers in »tugendhafte Fertigkeiten«, und die Tragödie mache ihn so zu einem besseren Menschen. Johann Gottfried von Herder (1744–1803) sah in der Katharsis gar einen mystischen Akt, der zur Sühnung und heiligen Vollendung des Menschen führe.

Aristoteles selbst, dem Sophokles als Meister galt, fühlte sich durch die szenische Zurschaustellung tragischen Geschehens nicht nur erhoben, sondern auch geläutert. Den gefühlsbetonten Zustand – in dem er das dramatische Geschehen auf der Bühne auf sich selbst und sein eigenes Leben bezog und der ihm angesichts des mitempfundenen, ungeheuren Leides und Unglücks zur Erkenntnis verhalf, daß seine eigenen Sorgen verhältnismäßig gering seien – bezeichnete er als Katharsis, als seelischen Reinigungsvorgang, den er als die beachtlichste und wichtigste Auswirkung des Theaters betrachtete.

Goethe hatte für so abstrakte Spitzfindigkeiten, an die unter anderen Lessing oder Herder glaubten, nichts übrig und bezog die Begriffe Phobos, Eleos und Katharsis keineswegs auf die Zuschauer, sondern allein auf »die Konstruktion des Trauerspiels« (1827). »Wenn sie durch einen Verlauf von Mitleid und Furcht erregenden Mitteln durchgegangen, so müsse sie mit Ausgleichung, mit Versöhnung solcher Leidenschaft zuletzt auf dem Theater ihre Arbeit abschließen.« Für Goethe ist also die Katharsis die Ausgleichung und Versöhnung nicht im Zuschauer, sondern in der Tragödie selber. In seiner »Nachlese zu Aristoteles' Poetik« heißt es: »Hat nun der Dichter an seiner Stelle seine Pflicht erfüllt, einen Knoten bedeutend geknüpft und würdig gelöst, so wird dann dasselbe in dem Geiste des Zuschauers vorgehen: Die Verwicklung wird ihn verwirren, die Auflösung aufklären, er aber um nichts gebessert nach Hause gehen; er würde vielmehr, wenn er asketisch aufmerksam genug wäre, sich über sich selbst verwundern, daß er ebenso leichtsinnig als hartnäckig, ebenso heftig als schwach, ebenso liebevoll als lieblos sich wieder in seiner Wohnung findet, wie er hinausgegangen.«

Goethes Wort war nicht das letzte. Der schon erwähnte Altphilologe und Übersetzer Wolfgang Schadewaldt hat für das Theater unserer Zeit eine folgenreiche Neudeutung des Aristoteles gegeben: »Gehen wir heute mit den Mitteln unserer modernen Sprachbetrachtung erneut an die Sache heran, so zeigt sich freilich, daß der wahre Aristoteles überhaupt nicht von Furcht und Mitleid und irgendeiner bessernden Wirkung der Tragödie spricht ... Nicht Furcht und Mitleid, sondern Schrecken (Schauder) und Jammer erregt nach dem ursprünglichen Grundsinn des Aristoteles die Tragödie ... Auch die Tragödie wird in ihrem Wesen auf das genaueste bestimmt durch die ihr eigentümliche spezifische Lustform. Und diese spezifische Lustform des tragischen Spiels beruht nun eben auf jener kathartisch purgativen unschädlichen Freude der Befreiung und Erleichterung nach dem Durchjagtsein durch die Urempfindung des Schauders und des Jammers, des Schreckens und der Rührung.«

Wie schon eingangs gesagt, werden sich auch künftig noch Gelehrte und Theaterleute über Aristoteles und die Sache mit der Katharsis den Kopf zerbrechen. Als er im vierten vorchristlichen Jahrhundert zu seinen Erkenntnissen über das Theater kam, war es nicht mehr das Theater der drei großen Tragödiendichter Aischylos, Sophokles und Euripides. Zwar wurden ihre Tragödien immer wieder aufgeführt, aber nicht in der ursprünglichen Form und Ausstattung und nicht unter den gleichen szenischen Voraussetzungen. Die Bühnenwirksamkeit hatte sich mit den Zeiten gewandelt. »Die Schauspieler sind heutzutage wichtiger als die Dichter«, stellte Aristoteles fest und weiter: »Die Tragödie ist herangereift. Jede sich darstellende Entwicklungsstufe wurde vervollkommnet. Nachdem die Tragödie viele Wanderungen erlebt hat, kam sie zum Stillstand, da sie die ihrem Wesen und Inhalt entsprechende Gestalt erhalten hat.«

Seitdem sind fast zweieinhalbtausend Jahre vergangen, und die Welt ist nicht stehengeblieben.

Die Eroberung Roms durch das griechische Theater

Die Bedeutung des griechischen Theaters für das abendländische Theater kann man am besten daran ermessen, daß eine Beschäftigung mit ihm in späterer Zeit stets zu seiner Wiedergeburt geführt hat, wenn auch natürlich unter Verschmelzung mit den jeweils herrschenden Zeitströmungen und Kunstidealen.

Auch das Theater Roms, der anderen Großmacht der Antike, ist ohne das hellenische Vorbild undenkbar. Die Eroberung Roms durch das griechische Theater fand fast gleichzeitig statt mit der kriegerischen Eroberung des griechischen Raumes durch Rom. Wie stark das römische Theater zunächst ganz und gar unter dem Einfluß der Griechen stand, geht beispielsweise daraus hervor, daß der römische Philosoph und Dramatiker Seneca (4 v. Chr. bis 65 n. Chr.), der einzige tragische Dichter Roms von Rang und Namen, sich der Stoffe der griechischen Tragiker bediente, darunter Medea, Phädra, Ödipus und Agamemnon. In vielen Fällen wurden seine Fassungen Vorbild für spätere Neugestaltungen; ihr Wert liegt also weniger in ihrer Eigenbedeutung als in der Rolle einer Vermittlung und Überleitung.

Wesentlicher ist der Beitrag, den das römische Theater in der Komödie geleistet hat, wenngleich auch hier Griechenland Vorbild und Anreger war. Die Neue Komödie eines Menander, Philemon und Diphilos, die alle um die Wende des vierten vorchristlichen Jahrhunderts lebten, bot den römischen Komödiendichtern Plautus und Terenz sowohl die Stoffe als auch die Form der bürgerlichen Komödie, die das Alltagsleben auf die Bühne stellte und in feststehenden Typen zu charakterisieren suchte. Aber sie gingen dabei so geschickt und bühnengewandt vor, daß zahlreiche Motive ihrer Stücke für die spätere europäische Komödie fruchtbar geworden sind. Spuren von Plautus und Terenz finden sich ebenso bei Shakespeare, Molière und Holberg wie bei Hans Sachs, Reinhold Lenz und Heinrich von Kleist.

»Die Ehe ist gewiß ein Übel, doch ein notwendiges Übel«, lautet einer der Sprüche, die von dem griechischen Dichter Menander (342–291 v. Chr.), dem bedeutendsten Vertreter der Neuen Komödie, überliefert sind. Statt der üblichen Schwarzweißzeichnung, die damals zur Ausdrucksform der Komödie gehört hatte, fand und erfand er als Dichter helle Zwischentöne, die das Gute mit dem Schlechten versöhnten. Wie seine Lebensbejahung alle Schwarzseherei überwand, geht aus folgendem Ausspruch hervor: »Wer sich wirklich bemüht, muß an keiner Sache verzweifeln. Wenn man sich mit Sorgfalt und Beharrlichkeit anstrengt, ist alles erreichbar.«

Dennoch sah und zeigte der Athener Menander auch die Schattenseiten des Lebens. So spricht aus den Worten einer seiner Gestalten aus dem Fragment »Die Besessenen« seine eigene ernüchterte Enttäuschung: »Wenn einer von den Göttern zu mir käme und sagte: ,Kraton, wenn du stirbst, so mußt du noch einmal leben! Es ist deiner Wahl überlassen, ob als Hund, als Schaf, als Bock, als Mensch oder als Pferd! Zweimal mußt du leben, das steht fest! Such dir aus, als was du leben möchtest.' Dann würde ich gleich antworten: ,Mach mich zu allem lieber als zum Menschen, denn nur diesem Lebewesen geht es ohne sein Verdienst oder sein Verschulden gut oder schlecht. Das beste Pferd erhält viel bessere Wartung als die anderen Pferde, als braver Hund geht es dir weit besser als einem bösen Hund . . . Bist du aber ein Mensch von edler Abkunft, wackeren Sinnes und brav, so nützt dir das heutzutage ganz und gar nichts. Die erste Rolle spielt heute der Schmeichler, nach ihm die zweite der Angeber, die dritte der Boshafte.'«

Nicht nur viele Komödien Menanders wurden von späteren Dichtern umgeformt, sondern auch zahlreiche seiner Aussprüche, die mehr als zwei Jahrtausende nach seinem Tod in einer Sammlung erschienen. Damals äußerte sich Goethe im Gespräch mit seinem Privatsekretär Eckermann über ihn: »Nächst dem Sophokles kenne ich keinen, der mir so lieb wäre. Er ist durchaus rein, edel, groß und heiter. Seine Anmut ist unerreichbar. Daß wir so wenig von ihm besitzen, ist allerdings zu bedauern; allein auch das Wenige ist unschätzbar und für begabte Menschen viel daraus zu lernen.«

Erst 1958 hat man Menanders Komödie »Der Griesgram« gefunden, den einzigen Text, der fast vollständig erhalten geblieben ist, während uns sonst von den über hundert Komödien nur die Titel sowie einige Fragmente bekannt sind. Doch das genügte Goethe für sein Lob. »Von Menander kenne ich nur die wenigen Bruchstücke, aber diese geben mir von ihm gleichfalls eine so hohe Idee, daß ich diesen großen Griechen für den einzigen halte, der mit Molière wäre zu vergleichen gewesen.«

Für das griechische Theater war die Politik kein ergiebiger Stoff mehr. Im Gegensatz zu den politischen, lokalen Themen des Aristophanes behandelte Menander private, nicht lokal bedingte Stoffe. Der Chor entfiel, und da der verbindliche Resonanzboden der Polis fehlte, verzichtete er auf politische Polemik und gestaltete statt dessen Liebes- und Familienthemen. Das echte und falsche Spiel der Liebe stellte er in all seinen Komödien dar, die trotz ihrer nur bruchstückhaften Überlieferung seine Kunst und dramatische Gestaltung so überzeugend bewiesen, daß es von ihm hieß: »O Menandros, o Leben, wer von euch beiden hat den andern nachgeahmt?«

Wie erst Papyrusfunde in Ägypten zu Beginn unseres Jahrhunderts zuverlässig erkennen lassen, war Menanders künstlerisches Ziel das »Lustspiel der Charaktere«. Nach seinen Worten geben die Götter jedem Menschen den Charakter als Kommandanten mit auf den Lebensweg. »Der Charakter bringt den einen zu Fall, wenn er böse ist, den anderen schützt er. Der Charakter ist unser Gott. Er trägt die Schuld daran, ob es einem gutgeht oder ob es ihm schlecht ergeht.«

Nicht das Modell Aristophanes, sondern das Modell Menander wurde später von der europäischen Komödie übernommen. Das antike Theater Roms bildete dabei die Zwischenstation.

Ein Grieche aus Tarent, als Kriegsgefangener nach Rom gebracht und später von seinem Herrn freigelassen, war der Bahnbrecher bei der Eroberung Roms durch das griechische Theater: Livius Andronicus (etwa 284–204 v. Chr.), der mit der Übersetzung griechischer Bühnenwerke begann.

Natürlich waren vorher auch schon andere Szenen auf Bühnen des Römischen Reiches aufgeführt worden. »Phlyaken« nannte sich eine Truppe von Possenreißern, die mit heiteren, fröhlichen, ins Lächerliche gezogenen Umdichtungen ernster Stoffe, mit übertriebenen Prügelszenen und Ringkämpfen, mit grotesken Körperverrenkungen und dummen Ausdrücken ungeschlachter Bauern ein geistig anspruchsloses Publikum belustigten. Die Schauspieler dieser dorischen Volksposse, eben die Phlyaken, spielten mit ausgepolsterten Kostümen und grotesken Masken komische Szenen aus dem Alltag und Tragödientravestien, die sogenannten »Hilaro-Tragödien«. Von Unteritalien waren die Phlyaken mit ihren Possen allmählich nordwärts gezogen. In der Gegend um Pompeji vereinigten sie sich mit einer sehr ähnlichen Truppe von Schwankdarstellern, die sich nach dem kampanischen Städtchen Atella die »Atellaner« nannten. Der Witz der Atellaner war flach, ihr derbes, volkstümliches Stegreifspiel voller obszöner Anspielungen. Die lose geknüpfte Handlung beruhte auf plumpen Mißverständnissen und Verwechslungen, war aber manchmal nicht ohne scharfe Charakterisierung und Lebensweisheit. Die Phlyaken und Atellaner, die etwa um 300 v. Chr. gemeinsam nach Rom kamen, waren die erste der vielen Querverbindungen zu Griechenland, die das römische Theater allenfalls als einen blassen Abglanz der Theaterblüte im athenischen Reich erscheinen lassen.

Noch davor hatte sich zuallererst der Zirkus durchgesetzt. Im sechsten vorchristlichen Jahrhundert fanden dann jährlich nach der Ernte im September die »ludi romani« im römischen Circus maximus statt. Nur wenige Zuschauer konnten von Holztribünen aus die Wagenrennen und Boxkämpfe verfolgen, die meisten standen oder saßen dichtgedrängt zu ebener Erde. Etwas später traten bei diesen Erntefesten dann auch Clowns auf und rezitierten obszöne, halbdramatische Dialoge, die sogenannten »Feszenninen«, die der römische Dichter Horaz (65–8 v. Chr.) als »kecke Gesänge« bezeichnet hat. Etwa um 364 v. Chr. schlossen sie sich mit etruskischen Flötenspielern zusammen und entwarfen eine musikalische Vorführung, die sie »ludi scenici« nannten und als offiziellen Teil des Festprogramms einbauten.

Gewissermaßen im Schatten des Zirkus entwickelte sich aus diesen unscheinbaren Anfängen das römische Theater, zu dem dann, wie gesagt, um 300 v. Chr. die Atellanerspieler hinzukamen. Die nächsten beiden wichtigen Ereignisse hängen unmittelbar mit dem Ersten Punischen Krieg (264–241 v. Chr.) zusammen, bei dem es – wie auch bei den beiden folgenden Punischen Kriegen – zwischen Rom und Karthago um die Vorherrschaft im westlichen Mittelmeer ging.

Während im ersten Kriegsjahr 264 v. Chr. Gladiatorenkämpfe ins Festprogramm aufgenommen wurden, bei denen sich Kriegsgefangene gegenseitig zur allgemeinen Volksbelustigung totschlagen mußten, führte man sozusagen als Ausgleich im ersten Friedensjahr 240 v. Chr. die ersten literarischen Schauspiele ein.

Rom hatte Sizilien gewonnen. Da der Krieg gegen Karthago auch in griechisch besiedelten Gebieten ausgetragen worden war, sickerte mit den zurückkehrenden Soldaten auch hellenischer Einfluß nach Rom durch. Mit den Übersetzungen griechischer Dramen durch Livius Andronicus waren die Weichen für das römische Theater gestellt, das dann später seinen Höhepunkt in den Komödien von Plautus und Terenz fand.

Plautus und Terenz

Plautus, geboren um 250 v. Chr. in Sarsina (Umbrien) und 184 v. Chr. in Rom gestorben, stammte aus ärmlichen Verhältnissen. In jungen Jahren kam er nach Rom, wo er zunächst als Theaterdiener oder Bühnenarbeiter tätig war, dann als Händler herumreiste und dabei bald so verarmte, daß er sich wahrscheinlich als Knecht bei einem Müller verdingen mußte. In dieser mißlichen Lage verfaßte er Theaterstücke, mit denen er beim römischen Publikum einen durchschlagenden Erfolg hatte. Sein vollständiger Name Titus Maccius Plautus bedeutet wörtlich »Titus, der plattfüßige Spaßmacher«, woraus manche Forscher schließen, er sei als Maccus, das heißt als verfressener Tölpel, in der Atellane aufgetreten.

Von den angeblich 130 Stücken, die Plautus geschrieben haben soll, sind 21 erhalten. Vorwiegend handelt es sich dabei um Bearbeitungen von Werken der jüngeren attischen Komödie eines Poseidippos, Philemon und Menander, die Plautus mit außergewöhnlicher Bühnengewandtheit den römischen Verhältnissen anpaßte, sowie um Kontaminationen, das heißt um die Zusammenfassung von zwei oder mehr Stücken zu einem. Als Theaterdiener oder Bühnenarbeiter hatte Plautus erfahren, welche Art von Szenen auf die Zuschauer wirkte, sowie Einblick in das Angebot der Komödienschreiber und Übersetzer von Stücken gewonnen und ferner auf seinen erfolglosen Geschäftsreisen im griechischen Raum festgestellt, daß es Hunderte und aber Hunderte griechischer Komödien gab, die in Rom noch nicht aufgeführt worden und oft sogar unbekannt waren.

Aber die strenge Form des literarischen Dramas hatte gegen die damals bei den Römern so beliebten halsbrecherischen Wagenrennen, die menschenunwürdigen Gladiatorenkämpfe auf Leben und Tod sowie das Zerfleischen von Kriegsgefangenen, Verbrechern und Christen durch Löwen immer einen schweren Stand. Um sein Publikum nicht zu verlieren, mußte Plautus dafür sorgen, daß seine Komödien noch unterhaltender, aufregender und spannender waren als die Wettkämpfe in der Arena und die Darbietungen der Seiltänzer, Ringer oder Tierbändiger in den benachbarten Schaubuden. Kennzeichnend sind rasche Wortwechsel, Prügelszenen und eingestreute Gesänge, die der Komödie fast den Charakter von Singspielen geben. Es ist nicht mehr die große politische Komödie eines Aristophanes, die das Staatsganze zum Vorwurf hat, sondern die Komödie des Alltags mit Gestalten und Verwicklungen aus dem Leben des Bürgers im Zeitalter des Verfalls der griechischen Kultur und der Punischen Kriege. Die Handlung ist durchsichtig und theatralisch, es kommt mehr auf die einzelne Wendung an als auf die Stimmigkeit der Komposition, und die Personen sind typisiert. In diesen Stücken wimmelt es von verliebten Greisen, besorgten Vätern, leichtsinnigen Söhnen, Schmarotzern, aufschneiderischen Soldaten, Liebhabern, unschuldigen Mädchen, Dirnen, Kupplern, Betrügern und listigen Sklaven, wie sie das Alltagsleben der Großstädte jener Zeit mit sich brachte. In der Zeichnung der Figuren und ihrer Typisierung zeigt sich Plautus als Meister, der eine breite Publikumswirkung erzielte. Seine Sprache ist derb und volksnah, seine Witze sind oft obszön. Das »Beiseitesprechen« auf der Bühne sowie die Technik des Verwechslungsspiels sind in dieser Komödienart entwikkelt und virtuos gehandhabt worden. Die Stücke enthalten Typen und Situationen, die für die gesamte weitere Bühnenkunst des Abendlandes richtunggebend und anregend geworden sind. So wurde die Doppelgängerkomödie »Menaechmi« (»Die Zwillingsbrüder«) Vorbild unter anderem für Shakespeares »Komödie der Irrungen«. Der Typ des Geizhalses in »Aulularia« (»Der Goldtopf«) regte Molière zu seinem Stück »Der Geizige« an. Der »Miles gloriosus« (»Der Bramarbas« oder »Der Maulheld« oder »Der großsprecherische Soldat«), der sich in seiner Eitelkeit täuschen und ein entführtes Mädchen abjagen läßt, weist als Typ des ruhmredigen Angebers eine lange Nachkommenschaft auf der Bühne auf, die über den Capitano der Commedia dell'arte, Shakespeares Falstaff, den Horribilicribifax des Gryphius bis zu Hofmannsthals/Strauss' Ochs von Lerchenau reicht. Lessing übersetzte und bearbeitete zwei Plautus-Stücke für die deutsche Bühne, der Sturm- und Drang-Dichter Lenz sogar sechs. »Amphitruo« aber heißt die Komödie, die Plautus in seiner Zeit und über alle Zeiten hinaus berühmt gemacht hat. In der Dramatisierung der Nacht, die Jupiter-Zeus, der höchste aller griechischen und römischen Götter, mit Alkumena (Alkmene), der Gattin des Königs Amphitruo (Amphitryon), in der Gestalt des Königs Amphitruo verbrachte, sind Tragik und Komik gemischt. Als wirkungsvollstes Thema des Plautus wiederholte sich das Schicksal von Amphitryon bei Molière, Kleist, Giraudoux, Kaiser, Peter Hacks und vielen anderen. Geist und dramaturgische Technik des Plautus, dieses frühen Vertreters und Mitschöpfers einer auf breite Wirkung berechneten echten Volkskomödie, leben teils verborgen, teils offen in der Lustspielliteratur aller europäischen Völker weiter.

Der andere berühmte lateinische Komödiendichter war Terenz, ein Berbersklave, der eigentlich Publius Terentius Afer hieß und um 190 v. Chr. im afrikanischen Karthago geboren wurde, also zwei Generationen nach Plautus. Er kam als Sklave nach Rom, wo ihn der Senator Terentius Lucanus kaufte und ausbilden ließ. Da er den klugen Geist seines Sklaven schätzte, schenkte er ihm die Freiheit. Zum Dank dafür nannte sich der Freigelassene nach seinem ehemaligen Herrn Terenz. Er verkehrte in römischen Aristokratenkreisen und galt als besonderer Liebling der Scipionen. Zwischen 166 und 160 v. Chr. wurden sechs Stücke von ihm aufgeführt, die alle erhalten sind. Auf der Rückkehr von einer Reise nach Griechenland, seiner geistigen Heimat, ertrank er im Jahre 159 v. Chr. im Meer, als sein Schiff unterging.

Ebenso wie Plautus stützte sich auch Terenz in seinen Komödien auf griechische Vorbilder, in erster Linie auf Menander, weshalb Cäsar ihn als »halben Menander« rühmte. Man könnte ihn, den aus Karthago stammenden Nubier, auch als letzten griechischen Komödienschreiber bezeichnen. Während Plautus die griechische Komödie vergröbert und modernisiert hatte, indem er römische Sitten und Gebräuche einführte, zeichneten sich die Stücke des Terenz durch feinere Charakteristik und kunstvolleren Aufbau aus. Auch hielt sich Terenz enger ans Original. In den Prologen verteidigte er sich gegen literarische Angriffe und verwies auf seine Vorbilder.

Wie schon zuvor Plautus, »kontaminierte« auch Terenz. So verschmolz er beispielsweise zwei Komödien Menanders zu seinem Lustspiel »Das Mädchen von Andros«. Auf dieses heitere Stück, das 166 v. Chr. uraufgeführt wurde, geht der erste Teil von Thornton Wilders ernstem, christlich-humanistischem Kurzroman »Die Frau von Andros« zurück, der 1930 erschienen ist.

Auch bei der Komödie »Der Eunuch«, einer heiklen Geschichte mit delikatem Witz, die als Meisterwerk des Terenz gilt, hat Menander mit zwei Stükken Pate gestanden, nämlich mit dem »Eunuch« und dem »Schmeichler«.

Nach Menanders »Adelphoe« hat Terenz »Die Brüder« geschrieben, eine Komödie um zwei ungleiche Brüder, die sich um die Erziehung des jungen Aeschimus streiten. Anderthalb Jahrtausende nach der Uraufführung von 160 v. Chr. entlehnte Molière diesem Stück den Konflikt zu seinem Lustspiel »Die Schule der Männer« (1661).

Wenngleich Terenz gegen Ende des Mittelalters zum wichtigsten Vermittler zwischen dem Theater der Antike und der Renaissance wurde, so hatte er zu seinen Lebzeiten – ebenso wie schon zuvor Plautus – mit der Konkurrenz des Zirkus hart zu kämpfen. Ein gutes Beispiel hierfür liefert die bekannte Anekdote über das Verhalten des römischen Publikums während der Aufführung der Terenz-Komödie »Hecyra«, auf deutsch »Die Schwiegermutter«. Die erste Vorstellung im Jahre 165 v. Chr. fand vor leerem Haus statt, da die Zuschauer das Theater verlassen hatten, als bekannt wurde, daß zur gleichen Zeit in unmittelbarer Nähe ein Seiltänzer auftrat und ein Boxkampf stattfand. Die zweite Aufführung fünf Jahre später fing zwar gut an, doch etwa in der Mitte wurde das Publikum unruhig, weil sich das Gerücht verbreitete, in Kürze würden die Gladiatorenkämpfe beginnen.

Ähnlich wie in Griechenland war die schöpferische Phase in Rom sehr kurz; alle Stücke von Plautus und Terenz wurden in einer Zeitspanne von nur acht Jahrzehnten nach dem ersten römischen Stück im Jahre 240 v. Chr. geschrieben. Nach ihnen hat Rom keine Komödienschreiber von Rang mehr hervorgebracht. Dennoch kann man in Abwandlung des Sprichworts »Alle Wege führen nach Rom« sagen: Alle Wege des klassischen europäischen Theaters kommen von Rom. Denn wenn auch die Griechen für Europa das Theater erfunden haben, so galten sie als verschollen, als sich die europäischen Theaternationen entwickelten. Diese sahen ihr Vorbild im römischen Theater, so wie sich zuvor die Römer die Griechen zum Vorbild genommen hatten. Ohne römische Autoren und italienische Wandertruppen als Vermittler sind viele Stücke des englischen Elisabethanischen Theaters, des spanischen und französischen Barocktheaters sowie auch des deutschen klassizistischen Theaters nicht denkbar.

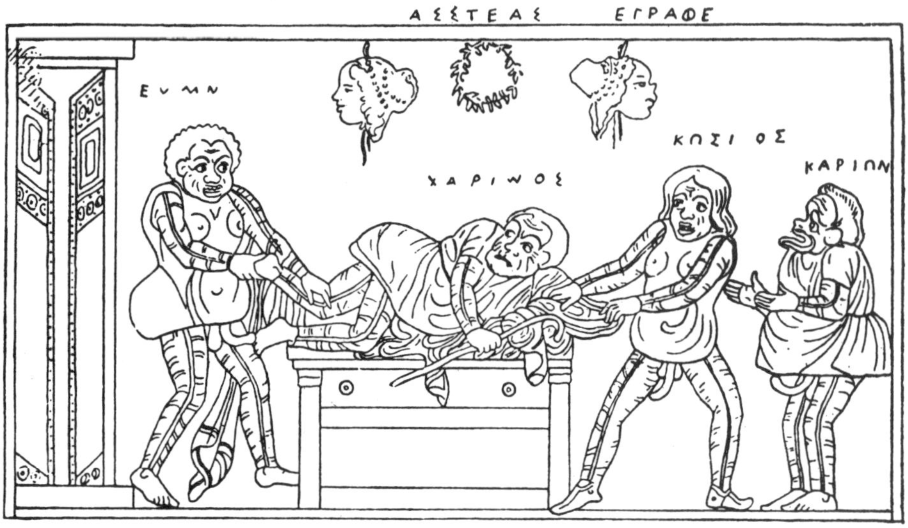

Die römische Komödie arbeitete mit karikaturhaft vergröberten Typen.

Die Bühne, auf der zur Zeit von Plautus und Terenz Tragödien und Komödien aufgeführt wurden, war eine provisorische Plattform mit einer einfachen Bretterwand als Hintergrund, in der sich drei Türen befanden. Noch hundert Jahre nach dem Tode des Terenz blieb die Bühne eine Bretterbude. Erst 55 v. Chr. begann Pompejus am südlichen Ende des Marsfeldes in Rom den Bau des ersten steinernen Amphitheaters nach griechischem Vorbild.

Von Terenz sind uns nicht nur sämtliche Komödien erhalten geblieben, sein Name taucht auch auf in der sogenannten »Terenzbühne«. Als die Humanisten im 15. Jahrhundert den römischen Komödiendichter wiederentdeckten, sahen sie sich genötigt, die vielschichtige und oft verwickelte Handlung seiner Stücke durch ein rein äußerliches Mittel zu verdeutlichen, indem man nämlich die Personen jeweils beim Auftreten und Abtreten unverwechselbar kennzeichnete. Im Bühnenhintergrund befanden sich nebeneinander mehrere durch Vorhänge abgeschlossene Türen, über denen die Namen der Einzelpersonen aufgemalt waren. Der Zuschauer wußte daher sogleich, wer die auftretende Person war, und konnte sich ständig durch Verwechslungen hindurchfinden, die – den Handelnden selbst undurchsichtig – einen Hauptreiz der Stücke ausmachten. Bis heute ist dieser äußere Trick in jedem echten Bühnenstück dramaturgisch wirksam geblieben. Es gehört nämlich zu den wesentlichen, in der Wirkung sogar entscheidenden Kunstgriffen der Theaterdichtung, daß der Zuschauer weiß, was einzelnen oder vielen Personen auf der Bühne unbekannt ist.

Verdammung und Wiederauferstehung

»Über die Schauspiele«

In der römischen Kaiserzeit war der Christ die »komischste« Figur auf der Bühne, der Sündenbock schlechthin, dessen Glaube als Unglaube galt und verspottet wurde. Sein sittlicher Anstand, der den allgemeinen Sitten und Gebräuchen widersprach, erschien den Römern als heuchlerische Unanständigkeit. Mit Spaß schauten sie zu, wenn ein Christ auf der Bühne gekreuzigt wurde, so wie man zuvor seinen Heiland, den Zimmermannssohn, ans Kreuz geschlagen hatte. Es war wirklich zum Totlachen, den Sohn eines Gottes in dieser erbärmlichen Situation zu sehen! Kein Wunder also, daß die christlichen Prediger das Theater zur Zielscheibe ihrer Angriffe machten. Dabei zogen sie nicht nur gegen die Schmähung des Christentums zu Felde, sondern verdammten auch die Gladiatorenkämpfe und Tierhetzen in der Arena sowie die derben und vielfach obszönen Szenen des Mimus und der Pantomime.

Venus war die Schutzgöttin des Theaters, seit der römische Feldherr und Staatsmann Julius Cäsar (100–44 v. Chr.) das erste Steintheater Roms durch den Anbau eines Venustempels zu einem geheiligten Bau erhoben hatte. Das römische Theater, das der Liebesgöttin geweiht war, galt als Liebestempel. Das Vorspiel der Liebe in Komödienszenen auf der Bühne für bare Münze zu sehen, erniedrigte die Schauspieler und später auch die Schauspielerinnen in der öffentlichen Meinung zu »käuflichen Dienerinnen und Dienern der Lust«.

Wie die gebildeten Römer wußten, hatte das griechische Theater seinen Ursprung im Kult des Dionysos, und dieser Gott des Weines war im »carrus navalis«, dem Schiffskarren, nach Rom gekommen und dort zu Bacchus geworden. Im Carnaval, wie man nach dem »carrus navalis« die Festlichkeiten nannte, wurden Bacchus zu Ehren feierliche Umzüge veranstaltet, übermütige Spiele ungehemmter Freude, in denen die freie Liebe erlaubt war. Für die Römer galten Bacchus und Venus als göttliche Sinnbilder des Rausches und der Liebe, die Christen aber verfluchten sie als Dämonen der Trunksucht und Wollust.

Da auf der Bühne alles so naturgetreu dargestellt werden sollte, wie es in der Wirklichkeit war, ließen sich die Veranstalter der Aufführungen und die Schauspieler keine Möglichkeit entgehen, die menschliche Unzulänglichkeit zu entlarven und den Zuschauern die Verderbtheit drastisch vor Augen zu führen, oft durch freche Improvisationen, die den vorgeschriebenen Text noch übertrafen. Das Publikum dankte es ihnen, indem es Münzen auf die Bühne warf und die Schauspieler dadurch zu noch unverschämteren Worten und Gesten anspornte. »Die Szene befleckt Seele, Auge und Ohr«, wetterten die christlichen Prediger. »Die dargestellte Unzucht ist so schändlich, daß man ohne Verletzung der Scham nicht einmal ein Wort darüber verlieren kann. Prostituierte sind nicht zügelloser als die in den Mimenspielen auftretenden Frauen.«

Bei dieser Einstellung wundert es nicht, daß Christen, die ins Theater gingen, als Sünder gebrandmarkt wurden. Wenn auch schon früher Kirchenväter die gläubigen Christen vor dem Theaterbesuch gewarnt hatten, so wurde die Verwerfung des Theaters jedoch erst wirksam, als der Rechtsgelehrte und lateinische Kirchenschriftsteller Quintus Septimius Tertullianus (um 200 n. Chr.) mit seiner Schrift »De spectaculis« offen die geltenden Lebensformen der Römer angriff. Das Theater, das aus dem heidnischen Glauben entstanden war, sollte auch mit dem heidnischen Glauben untergehen. Diese Schrift, »Über die Schauspiele«, die schon zu Tertullians Lebzeiten starke Beachtung fand, galt dann später als Vorschrift, als das Christentum Staatsreligion wurde.

Tertullian schrieb darin über die Schauspiele unter anderem: »Erfahret nun, ihr Diener Gottes, welches der Standpunkt des christlichen Glaubens ist, welches die Gründe der christlichen Wahrheit, welches die Vorschriften der Sittenlehre sind, durch die neben den übrigen Verirrungen des Heidentums auch die Ausschweifungen der Schauspiele untersagt werden müssen.

Niemand leugnet, daß Gott, wie die Natur selbst es bezeugt, der Schöpfer des Alls ist. Jedermann weiß, daß das All als solches gut ist und dem Menschen zum Dienst überlassen. Man sagt, alles, was bei den Spielen zur Schau gebracht wird, gehöre zum All, sei von Gott geschaffen, also enthielten die Schauspiele nichts Böses.

Auch das Eisen gehört zu Gott. Hat aber die schaffende Vorsehung es zum Zwecke der Ermordung der Menschen ins Dasein gerufen? Nein: Du sollst nicht töten.

Der Mensch ist nicht bloß das Geschöpf Gottes, sondern auch sein Ebenbild. Dennoch ist der Mensch der Urheber aller Schandtaten und mit Körper und Geist von seinem Schöpfer abgefallen.

Man hat uns die Augen nicht zur Befriedigung der Begierde gegeben, die Zunge nicht zum üblen Reden und zur Sünde der Schlemmerei, die Hände nicht zur Gewalttat und die Seele nicht als Werkstätte zum Aussinnen von Lug und Betrug und von Ungerechtigkeit . . .

Gehen wir zum Theater über. Es ist ein Heiligtum der Venus und des Bacchus, der bei den Griechen Dionysos genannt wurde.

Venus und Bacchus halten zusammen. Sie sind die bösen Geister der Trunksucht und Wollust. Schutzherrin und Beschützer der Schaubühne.

O Christ, verabscheue das Theater, dessen Urheber du verabscheuen mußt . . .

Kein Schauspiel wird aufgeführt, ohne das Gemüt der Zuschauer zu erregen. Jedes Vergnügen erweckt Interesse. Wo Interesse ist, da ist auch Neid und Eifersucht. Wo aber Neid und Eifersucht ist, da ist auch Wut, Ärger und Verdruß.

Seht nur die Leute, wie sie zum Theater eilen. Sie sind auf das Schauspiel gespannt. Ihr Geist ist in innerem Aufruhr. Aber Gott hat befohlen, den Geist nicht zu beunruhigen, in Stille und Seelenfrieden zu leben, in Ruhe und Milde.

Ist uns nicht befohlen worden, jegliche Schamlosigkeit zu vermeiden? Das Theater ist die Wiege und der Tummelplatz der Schamlosigkeit. Die im Theater zur Schau gestellte Unkeuschheit bezaubert die Menge. Der Unflat findet begeisterten Beifall – bei den Heiden. Den Christen aber ist das Theater verboten.

Der mimische Schauspieler tritt in Weiberkleidern auf, öffentliche Dirnen werden auf der Bühne gezeigt. Sie entkleiden sich, um das Publikum zur Sinnlichkeit anzuregen und ausgelassene Hemmungslosigkeit zu erwecken.

Das Verbot des Theaters beruht auf dem Verbot der Unkeuschheit. Sowohl die Tragödien wie auch die Komödien steigern den Trieb zum Verbrechen und zur Wollust . . .

Die Darsteller der Schauspiele, die Bühnenhelden, sind von allen bürgerlichen Rechten, von sämtlichen Ehrenstellen ausgeschlossen, aber sie werden vom Publikum verehrt und geliebt. Welche Verkehrtheit! Den Künstler brandmarkt man, seine Kunst hält man hoch. Ist das nicht eine verwunderliche Denkart? Jemand kommt in Verruf durch das, worin sein Verdienst besteht!

Und was nun gar das Maskenzeug der Schauspieler betrifft, so frage ich, ob es Gott gefallen kann, ihm, der überhaupt kein Gleichnis will, am wenigsten von seinem Ebenbild.

Der Urheber der Wahrheit liebt keine Vorspiegelung. Jede Scheingestalt gilt ihm als Fälschung. Er, der jede Verstellung verwirft, kann die Vortäuschung einer anderen Stimme, eines anderen Geschlechts, eines anderen Alters nicht billigen. Er kann auch das im Schauspiel übliche Erheucheln von Liebe, von Haß und Zorn, von Seufzen und Tränen nicht billigen . . .

Auf der Bühne des Theaters mag manches lieblich, manches auch gefällig und rein erscheinen. Aber kein Giftmischer mischt Gift in Galle, sondern nur in gewürzte und schmackhafte Gerichte. So träufelt auch der Teufel den

Todestrank des verbotenen Vergnügens, den er zur Erregung der Sinne bereitet, zwischen die angenehmsten und lieblichsten Gaben Gottes.

Alles, was im Theater mannhaft, ehrbar, wohltönend oder anmutig erscheint, ist ein vom Teufel vergiftetes Backwerk. Mit solchen Süßigkeiten mag er seine Gäste sättigen. Ihr aber vermeidet den Gaumenkitzel. Vermeidet die Versuchung durch die unheilige Lieblichkeit.

Sollte euch das Theater aber wegen der Bildung anziehen, wegen der Kenntnisse, die es vermittelt, so sage ich euch: Wir haben genug christliche Dichtung, genug Sinnsprüche, auch genug Gesänge und Lieder.

Wir wollen keine Fabeln, sondern Wahrheiten. Keine geschliffenen Redensarten und Dialoge, sondern Worte des Herzens. Wir verbieten das Theater der Heiden. Wir wollen es nicht, wir verwerfen es.

Unser Schauspiel ist die Wiederkunft des Herrn, das große endgültige Schauspiel dieser Welt: das Jüngste Gericht.«

Mit der antiken Götterwelt war auch das Theater der Antike untergegangen. Seine Wiedergeburt begann vor den Altären der christlichen Kirchen.

Von Heiligen, Teufeln und Marterungen

So wie mit den Barbareneinfällen und dem Untergang des Römischen Reiches das bürgerliche Leben an Kraft verlor, so erfuhr auch das Theater mit seinen sozial und technisch komplexen Kundgebungen einen Niedergang, ohne aber deshalb als Ausdrucksform ganz unterzugehen. Die Kirche bekämpfte zwar zunächst das heidnische Theater, dann das Theater im allgemeinen, aber sie beschränkte sich nicht auf die Ablehnung, sondern stellte dem weltlichen Theater den geistlichen und reinigenden Kirchenritus gegenüber.

Da der katholische Ritus – wie fast alle religiösen Riten – reich an spektakulären Elementen ist, wuchs im Mittelalter die Neigung, die dramatischen Akzente darin, wie sie unter anderem in den Wechselgesängen der Liturgie enthalten sind, auszuweiten und zu verstärken. Was im Alten und Neuen Testament geschrieben stand, sollte nach Meinung der Geistlichkeit über die Einbildungskraft hinaus auch körperlich greifbar, aller Welt sichtbar dargestellt werden – zunächst nur für die Priester und Mönche selbst, später auch für alle Gläubigen. So entwickelte sich, hervorgerufen durch Religion und Kunst, jene eigenartige Erscheinung der europäischen Theatergeschichte, die man als christliches Theater des Mittelalters bezeichnet. Es war kein Theater der festgefügten Handlung, dem eine bestimmte Dramaturgie zugrunde lag – wie etwa bei den Griechen. Vielmehr handelte es sich um ein ursprünglich von der Kirche geleitetes, in lateinischer Sprache verfaßtes, dann in Laienhände übergegangenes, aber immer auf das eine gleiche Ziel ausgerichtetes Volkstheater großen Stils.

Dahinter stand die Absicht, das Leben Christi in allen seinen Phasen szenisch zu verlebendigen und es durch die sinnlich wahrnehmbare Anschauung zum tiefen, religiösen Erlebnis gleichermaßen für die Spieler wie für die Zuschauer werden zu lassen. Wichtiger als das bloße Zuschauen war dabei zweifellos das Mitspielen.

Die völlig eigene Form dieser Art von Theaterspiel, die das Theater des Mittelalters dabei entwickelt hat, ist die sogenannte Simultanbühne. Man versteht darunter eine Bühne, bei der gleichzeitig mehrere Schauplätze neben- oder übereinander liegen. Bei den geistlichen Spielen waren also die zeitlich aufeinanderfolgenden Schauplätze räumlich so nebeneinander und übereinander aufgebaut, daß die Handlung nebeneinander und ineinander ablaufen konnte – anstelle des dramatisch zugespitzten Gegen- und Nacheinanders im sonst üblichen Theaterspiel. Spieler und Zuschauer bewegten sich von Ort zu Ort.

Die ersten gottesdienstlichen Spiele wurden in der Weihnachtszeit veranstaltet. Mit der theatralischen Darstellung der Krippe, in der das Jesuskind lag, und mit der Anbetung durch die Heiligen Drei Könige begann die Umsetzung der Bibeltexte in sichtbare Szenen, bei denen das Innere der Kirche als Bühne diente. Die Mönche, die sich dabei als die Heiligen Drei Könige verkleideten, waren die ersten Schauspieler der Neuzeit.

Zu den Urformen des geistlichen Spiels gehören außer dem Weihnachts- und Krippenspiel in der Kirche, das in seinen Anfängen ins 5. Jahrhundert zurückreicht und als Hirtenspiel noch heute gepflegt wird, auch die Osterspiele, die von der Szene der drei Marien ausgingen, die den Heiland am Grabe suchten und denen die Engel antworteten. Als die drei Marien dabei nur die leeren Tücher fanden, fragte sie ein Engel: »Wen suchet ihr im Grab, ihr Christinnen?«

»Jesus von Nazareth, den Gekreuzigten, ihr Himmlischen«, erwiderten die Frauen.

»Er ist nicht hier. Er ist auferstanden, wie es vorausgesagt wurde. Gehet und verkündet, daß er vom Grabe auferstanden ist.«

Von dieser Marienszene, einem der wichtigsten Ausgangspunkte der ganzen mittelalterlichen Theaterkunst, sind allein über hundert verschiedene Fassungen aus dem 12. und 13. Jahrhundert überliefert.

Die Gewänder waren dabei in der Regel einfache Abwandlungen gewöhnlicher klerikaler Kleidungsstücke, aber bald trugen die Engel bereits Flügel. Bedeutsamer war jedoch, daß sich die Zahl der Szenen vergrößerte. Im Johannes-Evangelium heißt es: »Als Petrus und Johannes die frohe Botschaft hörten, begannen sie zu laufen; der andere Jünger aber lief schneller als Petrus und war als erster am Grab.« Darstellungen dieser Szene in Deutschland sind die ersten Ergänzungen zum Besuch der Marien; die beiden Mönche, die Petrus und Johannes verkörperten, rannten tatsächlich das ganze Kirchenschiff hinunter. Da dies wohl alles andere als feierlich wirkte, wundert es nicht, »daß selbst der ernsthafteste Mensch dabei lachen mußte«, wie ein Zeitgenosse vermerkt hat.

Mit dem Wettlauf der Apostel zum Grab trat zum religiösen das komische Element hinzu, das mancherlei mimische Auflockerung gestattete, überhaupt die Verbreiterung ins Volkstümliche und vom Lateinischen in die Landessprache, die Sprache des Volkes, mit sich brachte. Solange der Text dieser Stücke nur lateinisch war, wurde er gesungen. Als man dann aber deutsche Erläuterungen in gereimten Versen hinzufügte, wurden diese Paraphrasen gesprochen, die Bibeltexte jedoch weiterhin gesungen, und zwar rezitativ, das heißt im Sprechgesang.

Zur Verdeutlichung dieser Mischung von Gesang und Rede sei hier eine kurze Szene aus einem Osterspiel wiedergegeben, bei der Jesus dem Apostel Petrus die Füße wäscht. Die vorangestellten lateinischen Spielanweisungen »cantat« und »dicat« heißen »er singt« und »er sagt«. Die Szene lautet:

Petrus.
Cantat: Non lavabis mihi pedes in aeternum.
Et dicat: Herre Meister, es soll nit sein,
daß du waschest die Füße mein.
Jesus.
Cantat: Si non lavero te, non habebis partem mecum.
Dicat: Läßest du dir die Füße nit
waschen hier zu dieser Zit,
so inhast du sicherlich
keinen Theil an meinem Rich.
Petrus.
Cantat: Domine, non tantum pedes meos, sed et manus et caput.
Dicat: Herre, die Rede soll nit sein,
wasche nit allein die Füße mein,
wasche mir das Haupt und auch die Hand,
eh ich so dure werde gebannt.

In dieser Art sind sämtliche Stücke durchgeführt. Die Kirche bezweckte damit, dem Volk eine lebendige Bibelerklärung zu geben.

Höhepunkt und eigentliches Ziel des gesamten mittelalterlichen Theaterspielens wurden jedoch die Passionsszenen, die sich zu Passionsspielen größten Ausmaßes ausweiteten, oftmals über mehrere Tage hin und unter stärkster Anteilnahme aller Bevölkerungskreise. Da die Passionsspiele die ganze Leidensgeschichte Christi umfaßten, einschließlich einiger komischer Szenen, wuchs auch die Zahl der Darsteller stark an, oft auf mehrere Hunderte. Da hierfür nicht mehr genügend Geistliche und Klosterschüler zur Verfügung standen, mußte man nun auch Laien bei den Aufführungen mitwirken lassen. Das wiederum zwang dazu, den deutschen Text noch mehr zu erweitern, was die Volkstümlichkeit der Passionsspiele immer mehr steigerte.

Da weder Darsteller noch Zuschauer länger genügend Raum im Innern der Kirche finden konnten, entschloß man sich, mit den geistlichen Spielen das Gotteshaus zu verlassen. Zunächst blieb man jedoch noch auf geweihtem Boden und schlug die vergrößerte Bühne auf Kirchhöfen oder in unmittelbarer Nähe von Kirchen oder Klöstern auf. Damit gewannen die Aufführungen noch mehr an Öffentlichkeit und Beliebtheit. In England baute man auch Wagenbühnen, die durch die ganze Stadt gezogen wurden. Es handelte sich dabei um Bretter, die den Szenenaufbau trugen und auf Rädern befestigt waren, sozusagen eine Wagenbühne auf einem Bühnenwagen. Wenn mehr als eine solche Wagenbühne zur Verfügung stand, konnte ein rascher Szenenwechsel erfolgen. Der üppigste Bühnenwagen war gewöhnlich die Arche Noah in der Form eines Schiffes.

Textbücher, Regiepläne und Dekorationsskizzen der Passionsspiele, die sich mit symbolischen Spielorten über ganze Marktplätze der mittelalterlichen Städte hin erstreckten, sind erhalten und geben Aufschluß über die höchst eigenartige Form dieser Theaterkunst. Ebenso aufschlußreich sind aber auch verschiedene Gemälde aus dem 14., 15. und 16. Jahrhundert: Sie zeigen die »Stationen« dieser Spiele in ihrer vielschichtigen Aufgliederung. Die heutigen Festspiele in Oberammergau können als ein letzter Überrest dieser alten Tradition angesehen werden.

Bei den geistlichen Spielen wurden auch maschinenähnliche Geräte benutzt: Engel schwebten herab, echte oder künstliche Tauben flogen während des Pfingstgottesdienstes vom Dach, und an Ostern fuhr Jesus durchs Dach zum Himmel empor. So enthalten beispielsweise die Pfingstabrechnungen der Dubliner St. Patricks-Kathedrale genaue Eintragungen über Schillinge (s) und Pence (d), wie: »4 s und 7 d bezahlt an diejenigen, die mit dem großen und mit dem kleinen Engel und dem Drachen spielen; 3 s bezahlt für kleine Schnüre am Heiligen Geist.«

Immer mehr setzte sich die volkstümliche Meinung durch, im Drama ein wirkliches Bild des Lebens mit all seinen bunten Gegensätzen zu zeigen.

Ernstes wie Komisches ließ sich dabei kaum trennen, da ein naiver und gesunder Humor die ernste und heitere Auffassung des Lebens nicht ängstlich voneinander schied und das Publikum im Mittelalter gern wie ein Kind unter Tränen lachte. Geradezu spaßig wirkt mitten in einem ganz ernsthaften Osterspiel die folgende Szene, als Petrus bei der Gefangennahme Christi dem Malchus das Ohr abschlägt und dieser dabei kläglich schreit:

O weh, Schanden und Schaden!
Mit denen bin ich wohl beladen,
ich han hier verloren mein Ohr,
darumb heißt man mich einen Thor.
Jhesus ad Petrum dicit (sagt zu Petrus):
Peter, thu din Schwerdt wieder in,
denn du sollst deß sicher sin,
wer Rache will erwerben
mit Schwerdten, der soll verderben.
Jhesus ad Judaeos:
Führet mir her den wunden Mann,
sin Ohr setze ich ihm wieder an.
Malchus:
Meister, ich bitten dich,
daß du wollest heilen mich.
Jhesus:
Din Ohre setzen ich dir wieder an,
als ich wol meisterliche kann.
Malchus dicit socio suo (sagt zu seinem Genossen):
Geselle, lieber Freund, nimm wahr,
wie es um min Ohr war.
Zuch (zieh) hin, merke, ob es feste steh,
denn es thut mir allzu weh.
Socius trahit aurem, dicens
(sein Genosse zieht ihn am Ohr, sprechend):
Dein Ohr steht dir fest sicherlich,
Geselle, also dunket mich.
Malchus:
Jhesus ist ein viel guder Mann,
er kann wol setzen Ohren an!

Rechts: Auf einer der in England typischen Wagenbühnen wird beim Mysterienspiel in Coventry Christus vor Pilatus geführt.

In Italien, Spanien und Frankreich, wo die Erinnerungen an die Possenspiele des römischen Theaters noch fortwirkten, lockerte man die geistlichen Spiele, die man dort Mysterien nannte, gern durch komische Einlagen auf, denn die Sucht, mit allem, sogar mit dem Heiligen, Possen zu treiben, hatte dort auch die Geistlichkeit ergriffen. Die französischen Narren- und Eselsfeste, bei denen die Geistlichen auf den Altären tafelten, Zotenlieder sangen und sich den Rauch von verbranntem Kot und brennenden Schuhsohlen aus ihren Rauchfässern unter die Nase schwenkten, belegen dies besonders deutlich. Harmloser war es dagegen, daß sie auch Markt- und Prügelszenen in die religiösen Spiele einbauten.

Der Weg, den das christliche Theater des Mittelalters vom Spiel in der Kirche, dann vor der Kirche und zuletzt auf dem Marktplatz zurückgelegt hat, ist der Weg von der kultischen Handlung zum Volkstheater großen Stils, wie ihn in dieser Form sonst keine andere Entwicklung innerhalb des europäischen Theaters aufzuweisen hat. Dabei bildeten sich in Italien, Frankreich, England, Spanien, Deutschland und in den Niederlanden Eigenformen des mittelalterlichen Theaterspielens heraus.

Neben den Weihnachts-, Oster- und Passionsspielen kennt das Theater des Mittelalters auch noch andere Formen und Bezeichnungen für geistliche Spiele, so das Dreikönigs-, das Propheten-, das Fronleichnams-, das Paradies- und das Mysterienspiel. Die als »Mysterien« bezeichneten Spiele, abgeleitet vom lateinischen Wort »ministerium« gleich Gottesdienst, waren in ihrem Inhalt der Bibel entnommen. Einzelne bestimmte Abschnitte aus der Heilsgeschichte wurden darin szenisch gestaltet. Als ältestes deutsches Beispiel dieser Art gilt das »Spiel von den klugen und törichten Jungfrauen«, das 1322 in Eisenach stattfand. Berühmt wegen seiner überaus aufwendigen Bühnentechnik ist das in französischer Sprache geschriebene »Mystère d'Adam«, das »Adamsspiel«, das vor einem Kirchenportal aufgeführt wurde. Sträucher und Blumen, die auf dem Platz vor der Kirche aufgestellt waren, bildeten das Paradies, in dem mehrere Teufel in grellrot leuchtenden Gewändern Adam den Apfel anboten. Als er die verbotene Frucht ablehnte, ließ Eva sich von den Teufeln überzeugen und überredete Adam. Das erste Menschenpaar mußte die Erbsünde auch in ihrer ersten dramatischen Gestaltung büßen. Das Stück endet damit, daß mehrere Teufel Adam und Eva mit Ketten fesseln und in die Hölle zerren, aus der schon Rauch hervorquillt und das Rasseln von Töpfen und Kesseln zu hören ist.

Die Teufel, die bei den Aufführungen immer volkstümlicher und beliebter wurden, sollten die Zuschauer zum Lachen bringen, auch durch Horrorszenen in der Art des Grand Guignol. So holen beispielsweise in einem französischen Mysterienspiel die Teufel eine Frau aus dem Kessel, beißen sie an und werfen sie wieder in den Topf hinein, weil sie noch nicht gargekocht ist. Wer den Satan spielte, der sollte nach einer Anmerkung in einem englischen Stück darauf achten, »daß er Pulverdampf und Feuer aus Händen, Ohren und Arsch speit, wenn er in die Schlacht zieht«. Die »Pforten« der Hölle, aus der die Teufel hervorschwärmten, wurden gewöhnlich dargestellt durch das Höllenmaul eines Ungeheuers. Die Hölle selbst ist im Manuskript eines Stückes, das 1547 in Valenciennes aufgeführt wurde, wie folgt beschrieben: »Wenn sie ihren Schlund öffnet, dringen Feuer und Rauch hervor und Teufel von gräßlicher Gestalt, und Luzifer fährt auf einem Drachen empor, der Feuer und Rauch aus dem Maul speit; dann sah man den kochenden Kessel, voll mit Verdammten, und andere, die aufs Rad geflochten werden.«

Folterungen von Heiligen waren ganz nach dem Geschmack des Publikums. Je länger sie dauerten, desto besser. So wurde beispielsweise in dem dänischen Spiel »Dorotheae Komedie« die Heilige ausgepeitscht, am Spieß teilweise gebraten und dann mit Zangen auseinandergezogen. Da das aber noch nicht genügte, verkündete ihr schließlich der Scharfrichter:

»Ich werde dich jetzt an den Füßen aufhängen
und mit starkem Seil
deine Arme und Beine festbinden,
dir einen Knebel in den Mund stecken
und dich foltern, bis du verreckst.«

Um die Folterungen möglichst realistisch zu gestalten, ging man äußerst raffiniert vor. Gewöhnlich schob man im letzten Augenblick eine Puppe unter. »Man braucht einen ganz oder teilweise nackten Körper für die Häutung des heiligen Bartholomäus«, heißt es in einem Regiebuch aus Bourges von 1536. »Der Heilige wird auf einen Drehtisch gelegt, der nackte Körper unter ihn; während er mit einem Leichentuch bedeckt wird, soll der Tisch heimlich weitergedreht werden«. Zu den beliebtesten Tricks primitiver Vorführungen gehörte Blut aus einer Tierblase; sie war unter dem Kostüm verborgen und wurde durchstochen, wenn man den Menschen tötete.

Eine Sonderstellung nimmt unter den überlieferten Texten das sogenannte Antichristspiel ein, dem die Überlieferung vom Auftreten des Antichrists vor der Wiederkehr Christi zugrunde liegt. Eine Aufführung des »Ludus de Antichristo« – wie der Titel des in mittelalterlichem Mönchslatein verfaßten Werkes heißt – muß etwa um 1160 stattgefunden haben. In dem gehaltvollen, ideenreichen Stück, das weit über den Rahmen des sonst üblichen Weihnachts-, Oster- und Passionsspiels hinauswächst, schwingt das Zeitalter der Kreuzzüge mit sowie das politische Bekenntnis seines Verfassers zum Kaiser- und Reichsgedanken. Das Simultanprinzip des mittelalterlichen Theaters, nämlich die dauernde Anwesenheit aller Mitspieler und Spielgruppen am Rand des Spielfelds, wird in diesem eindrucksvollen Werk besonders deutlich. Das Antichristspiel, das in einer Handschrift des Klosters Tegernsee erhalten ist, kann als frühestes deutsches Beispiel dramatischer Kunst angesehen werden.

Im Spätmittelalter entstanden dann noch die sogenannten Moralitäten mit stark didaktischem Charakter. In diesen Stücken traten nicht nur Tugend und Laster als allegorische Figuren auf, sondern auch Personifikationen allgemein sittlicher Zustände und Eigenschaften, sogar bloß abstrakter Begriffe, in wunderlicher Verbindung mit wirklichen Personen aus der biblischen Geschichte. Sie entwickelten in Gesprächen und symbolischen Darstellungen den Gedankeninhalt der Heiligen Schrift und suchten durch eine Art von Streit und Lösung teils scholastische Lehrsätze durchzuführen, teils biblische Moral in allen Beziehungen zum wirklichen Leben darzulegen. »Das Jedermann-Spiel vom Sterben des reichen Mannes«, wie es Hugo von Hofmannsthal neu gestaltet hat, gibt auch dem heutigen Leser oder Zuschauer einen lebendigen Begriff dieser aus der mittelalterlichen Theatertradition erwachsenen eigentümlichen Form des Schauspiels. Die Moralität erhielt sich über die Schulkomödie und das Jesuitentheater bis ins 17. Jahrhundert hinein und hinterließ im europäischen Theater die mannigfachsten Spuren.

Gaukler, Possenreißer und Fastnachtsspieler

Während des Mittelalters lebte das Theater gewissermaßen unterirdisch weiter als Sehnsucht und Leidenschaft von Nonnen und Mönchen, die in ihren klösterlichen Studierstuben die verbotenen Theaterstücke der Antike lasen, um dadurch ihr Küchenlatein zu verbessern. Auf der Bühne aufgeführt wurden diese Dramen jedoch damals nie.

Das gilt auch für die Stücke der Nonne Hrosvitha (Roswitha) von Gandersheim, einer Adligen aus niedersächsischem Geschlecht, die im 10. Jahrhundert die Komödien des Terenz wieder aufgriff und in freier Form sechs ähnliche Komödien in lateinischer Sprache schrieb, wobei sie die »Unmoral der Antike« durch christlich erlösende Erläuterungen zu entwirren und zu ersetzen suchte. »Freilich beschämt es mich oft und macht mich erröten, daß ich durch eine solche Art von Darstellung gezwungen bin, die verabscheuungswürdige Torheit unerlaubter Liebe und verfänglicher Zwiegespräche über Dinge, denen wir kein Ohr schenken sollten, zu behandeln — und daß ich sie

Rechts: Der »Jedermann« wird in Hugo von Hofmannsthals Fassung heute noch aufgeführt, 1975 in Salzburg z. B. mit Curd Jürgens und Senta Berger.

im Geiste durcharbeiten und stilistisch ausführen muß. Wenn ich dies indes aus Scham vernachlässigte, so würde ich weder mein Vorhaben erreichen noch das Lob der Unschuldigen nach meinen Kräften zur Darstellung bringen können.« So entschuldigte sich die fromme Nonne mit der Neigung zu schlüpfrig verwickelten Themen vor sich selbst und ihren Lesern. Denn Aufführungsabsichten verfolgte sie mit ihren Stücken nie, sie waren nur als Lektüre gedacht. Vom Theater besaß sie keine rechte Vorstellung, und ihre eigentlich dialogisierten Erzählungen haben daher auch mit dem Theater nichts zu tun. Im wesentlichen ergebnislos blieben ebenso die mühsamen Ansätze anderer Klosterdichter, die aufgefundene Fragmente antiker Dramen neu zu gestalten versuchten, ohne dabei jedoch aus dem Alten etwas Neues zu schaffen. Aber indem sie diese Bruchstücke sorgfältig kopierten und für spätere Zeiten aufbewahrten, bahnten sie der Wiedergeburt der Antike, dem Theater der Renaissance, den Weg.

In den Kirchendramen, den geistlichen Spielen, die im Mittelalter noch die Bühne beherrschten, behielten die menschlichen Gestalten immer nur symbolische Bedeutung. Sie waren sozusagen der Leib der Kirche, und deren Leben allein sollte das Mysterium spiegeln. Die Menschen sprachen und handelten nur so, wie es ihnen Heilige, Engel und Teufel eingaben, nicht aber als Individuen mit freier Selbstbestimmung. Da die Handlung noch nicht unmittelbar den Leidenschaften und Charakteren der Personen entsprach, konnte es auch noch keine selbständige Schauspielkunst geben.

Daran änderte auch die Schulkomödie nichts, die sich aus dem Humanismus heraus entwickelte. Der Eifer, mit dem man sich in dieser Epoche dem Studium der neubelebten griechischen und römischen Klassiker widmete, führte dazu, diese antiken Stücke, vor allem die des Terenz, von den Schülern auswendig lernen und zur Fastnacht oder zu Johanni in Schulen und Universitäten aufführen zu lassen. Auch Stoffe aus der Bibel und Moralitäten wurden in den Schulkomödien behandelt. Die Lehrer verfolgten damit den Zweck, die Schüler zur Gewandtheit im Lateinischen, in Rhetorik und sicherem Auftreten zu schulen sowie zur Moral und Humanität zu erziehen. Da die Humanisten sich als Träger einer neuen gelehrten Geistigkeit fühlten, benutzten sie bald auch in den Auseinandersetzungen der Reformation das Schuldrama als Austragungsort für ihre dogmatischen Streitigkeiten. Bei so viel Meinungsstreit und Gelehrsamkeit auf der Bühne aber langweilte sich das einfache Volk, und das änderte sich auch nicht, als man den lateinischen Text ins Deutsche umschrieb.

Die Grundlagen für ein volkstümliches Theater, nämlich die Möglichkeit einer großartigen Verbindung zwischen Sakralem und Populärem, wie sie in den Mysterienspielen gelegt worden waren, erhielten nun durch die Schulkomödie und die Reformation den Todesstoß. Zwar war Martin Luther kein Gegner des religiösen Theaters, aber er duldete darin keine Spaßmacher und Teufel, und außerdem erschien ihm die Passion zu heilig für eine zweifelhafte schauspielerische Darstellung.

All dies brachte einen gewaltigen Aufschwung für das Fastnachtsspiel, das als weltliches Spiel auf einer ganz anderen Basis neben dem geistlichen Spiel entstand. Während sich das geistliche Spiel auf die Bibel stützte, kam das weltliche Spiel vom heidnischen Kult und von heidnischen Gebräuchen her, wie beispielsweise von der Zeit der Frühlingswende, bei der vermummte Tier- und Teufelsgestalten Grauen und Belustigung erregten. Zwar bemühte sich die Kirche durch immer wiederkehrende Verbote, solche ausgelassenen Bräuche aus der Heidenzeit auszurotten, doch gelang es ihr nicht ganz.

Heidnischen Ursprungs ist auch der Fastnachtsbrauch, das Fest der Reinigung, der Vertreibung böser Geister, überhaupt alles dessen, was im Winter an Belastung, Spuk, Krankheit und sonstigen Verderblichkeiten angehäuft war. Das geschah etwa dadurch, daß man eine Figur, z. B. eine Strohpuppe, als Symbol für das Böse verbrannte oder ins Wasser warf, ein Brauch, der auch heute noch manchenorts gepflegt wird.

Da die Kirche solche Fastnachtsfeiern verständlicherweise nicht während der Passionszeit duldete, mußten sie vor dem Beginn der Fastenzeit stattfinden, damit sich alle noch einmal vor der pflichtgemäßen Einkehr richtig austoben konnten. Diese Karnevalswochen boten natürlich auch den berufsmäßigen Gauklern und Possenreißern die günstige Gelegenheit, sich als Spaßmacher hervorzutun.

Schon in früheren Zeiten waren bei Hofe außer den Spielleuten auch Gaukler, Possenreißer und Tänzer aufgetreten. Die wandernden Sänger, die Nachfolger der Barden, ließen gern ihre Lieder durch Pantomimendarsteller lebendig verdeutlichen. Wenn auch der Sachsenspiegel, das umfassende Rechtsbuch des 13. Jahrhunderts, die »fahrenden Leute« für unehrlich erklärte, so waren dennoch die Sänger, Spruchsprecher, Spielleute und Gaukler beim Volk und Adel, ja sogar in den Klöstern beliebt.

Sie waren es auch, die in den Karnevalswochen die Maskensprüche, mit denen man von Haus zu Haus zu ziehen pflegte, zu kleinen Gesprächen und possenhaften Auftritten ausdehnten, die den Fastnachtsspielen zugrunde liegen. Mitten aus dem Volksleben griffen sie ihre Stoffe auf, von der Straße, von Marktszenen, von Zank und Schlägerei, von Ehestreit und Gerichtshändel, und improvisierten drauflos — je toller, desto besser und erfolgreicher.

Im Zusammenhang mit dem Fastnachtsspiel steht der Nürnberger »Schembartlauf«. In diesem nächtlichen Geisterzug bekämpften die Schembartläufer — in grüne Kostüme gekleidete Burschen mit Speerstangen, an deren

Spitze ein Kreuz angebracht war — den Winter, einen wilden Mann im rauhen Gewand von Moos und Stroh, um den »Teuflischen« sowie böse Dämonen und den Tod zu vertreiben. Vermutlich leitet sich das Wort »Schembart« von »schenebart« gleich »bärtige Maske« ab, denn bei diesen Umzügen trug man Masken oder »larfen«.

In ähnlicher Form wie in den komischen Umzügen der Antike wurden auch in den frühen deutschen Fastnachtsspielen alte Legenden derb und heiter dramatisiert, anfangs wohl auch teils aus dem Stegreif gehalten. Oft artete das Spiel in Prügeleien und deftige Gespräche aus, in denen sich die schauspielernden Männer gern und ergiebig über Stuhlgang, Harnentleerung und Unzucht ausließen. In Frankreich lebte sich die Narrenfreiheit der Fastnachtsspiele in den »Farcen« aus, in Stegreifszenen, in denen man sich beispielsweise über gehörnte Ehemänner, leichtsinnige Frauen, zudringliche Liebhaber, übermäßige Fresser, ertappte Betrüger und Heuchler lustig machte.

Da die Fastnachtsspieler in den Häusern, die sie besuchten, gut aufgenommen, bewirtet und beschenkt wurden, fühlten sie sich dadurch zu noch geschickterer Darstellung angespornt. Vor allem in Nürnberg, das im 15. Jahrhundert durch die Bedeutung seines Handels und den Wohlstand seiner Bürger als Sitz der Künste galt, erhielt das Fastnachtsspiel eine vollständige Organisation: Mitglieder der verschiedensten Gewerbe schlossen sich zu einer förmlichen Zunft zusammen. So wurde das Bürgertum, besonders in den Zünften, Träger der neuen volkstümlichen Dichtung. Schon die Zeremonien in den Zunftstuben enthielten Theatralisches, und bei den Trinkereien gab es stets scherzhafte Auftritte, in denen komische Dialoge aus dem Umkreis, in dem man lebte, nicht fehlen durften. Es ging dabei um den Streit des Gesellen mit dem Meister, um die böse Meisterin, die mit dem Essen sparte, oder um die verlockende Meisterin, in die der Geselle hoffnungslos verliebt war, ferner um den dummdreisten Lehrjungen oder den tölpelhaften Bauern, der etwas kaufen kam. Sauferei und Rauferei durften natürlich nicht fehlen.

Anfangs waren wohl auch diese Fastnachtsspiele der Handwerker nur aus dem Stegreif gehalten worden, bei denen die erfindungsreichsten Köpfe unter ihnen den Plan entwarfen und dann jeder einzelne das sprach, was Lust und Laune ihm eingaben. Bald aber mußte auch auf diese Spiele das Gespür für geschliffenen Ausdruck wirken, das in der zweiten Hälfte des 14. Jahrhunderts mit der Entstehung der ehrbaren Zunft der Meistersänger oder Meistersinger immer stärker ins Bewußtsein rückte. Meistersinger gehörten nun auch der lustigen Zunft der Fastnachtsbrüder an und machten für sich und ihre Zunftgenossen gereimte Verse.

Zur Fastnachtszeit bekämpften die Schembartläufer mit ihren Speerstangen den Winter, der in einem Gewand aus Moos und Stroh daherkam.

»Schuhmacher und Poet dazu«

Einer der ersten dieser Fastnachtsspieler, der mit einem Schlage der unbezähmbaren Spiellust Form und Würde gab und dem Fastnachtsspiel literarische Stoffe zuführte, war um die Mitte des fünfzehnten Jahrhunderts der Meistersinger Hans Rosenplüt, von Beruf zunächst Gelbgießer und später Büchsenmacher. Der wirkungsvollste und volkstümlichste Fastnachtsspieldichter war jedoch Hans Sachs, der 1494 als Sohn eines Schneidermeisters in Nürnberg geboren wurde und dort auch 1576 starb. Er war der Vollender, der große Reiniger, der dichterische Gestalter dessen, was seine Vorgänger auf dem Gebiet der Fastnachtsspiele geschaffen hatten.

Nach dem Besuch der Lateinschule hatte er das Handwerk eines Schuhmachers erlernt und war von dem Webermeister Nunenbeck in die Kunst der Meistersänger eingeführt worden. Später sollte er dann das Oberhaupt der Meistersingerschule werden. Nach einigen Wanderjahren von 1511 bis 1516, die den Gesellen in viele Städte führten und ihn auch die Kunstpflege am Hofe Kaiser Maximilians kennenlernen ließen, kehrte er nach Nürnberg zurück, wo er sich 1520 als Meister selbständig machte. Hans Sachs war »Schuhmacher und Poet dazu«, doch keineswegs nur ein kleiner Flickschuster, sondern vielmehr so etwas wie ein Schustereibesitzer mit einem eigenen »Betrieb«.

Im Jahre 1517 begann er mit dem Stück »Hofgesind Veneris«, das noch ganz in der reinen Revueform der alten Fastnachtsspiele geschrieben war. Zwischen 1533 und 1540 hatte der Dichter nach langem Stillstand eine schöpferische Epoche, doch seine ergiebigste Schaffensperiode war das Jahrzehnt von 1550 bis 1560, in dem er in manchem Jahr acht bis dreizehn Stükke schrieb. Diese enorme Produktivität erklärt auch sein Riesenwerk, das über 4 000 Meisterlieder und Spruchgedichte, etwa 87 Fastnachtsspiele, 63 »Tragedien« und 65 »Komedien« umfaßt. Damit wandte er sich, teils in gedruckter Form, teils in von ihm selbst geleiteten Aufführungen, an ein bereits bürgerliches Publikum.

Die Stoffe zu den »Tragedien« und »Komedien«, wie er seine umfangreichen Stücke nannte, entnahm er der Bibel, der Geschichte, den Sagen des klassischen Altertums sowie deutschen Märchen- und Volksbüchern, vielfach aber auch neueren Novellensammlungen, so bei Boccaccio, wobei er jedoch alles Erotisch-Schlüpfrige mied. Die Tragödien, traurige, dramatisierte Geschichten, waren harmlos, die Komödien boten arglose Verwicklungen und Verwirrungen mit glücklichem Ausgang dar. Die große Kunst des Hans Sachs war seine Kleinkunst: die volkstümlichen Schwänke und Spiele, die zum Besten seiner umfangreichen Produktion gehörten. Zwar blieb er vielfach im rein Dialogischen stecken, doch gelang es ihm auch, genügend an Plautus und Terenz geschult, zu echter Bühnenwirkung vorzustoßen. Das gilt vor allem für seine Fastnachtsspiele, in denen der Schuster bei seinem Leisten blieb und mit seinen »schönen, lustigen, kurzweiligen Possen« seine Zeit überlebte. Hans Sachs ist der erste deutsche Dichter gewesen, der sich in beachtlicher Weise mit der dramatischen Kunstform beschäftigt und in ihr, wenn auch keine großen Meisterwerke, so doch gute Handwerksarbeit geliefert hat. Seine Kunst hat etwas ungemein Biederes, Gesund-Derbes an sich.

Rechts: Nicht bei Hofe, wie im Mittelalter, sondern bei internationalen Theaterfestivals treten die Gaukler und Komödianten unserer Zeit auf.

Sie ist ein Beispiel echter Volkskunst, gleich wertvoll im handwerklichen Können wie im holzschnittartigen Zuschnitt.

So schildert etwa »Das Narrenschneiden« die Heilung eines Kranken von seinen Leiden, die der Arzt als allgemein menschliche Laster erkennt und nacheinander aus dem Bauch schneidet: den Narren der Hoffahrt, des Geizes, des Neides, der Unkeuschheit, der Völlerei, des Zorns und der Faulheit. Schließlich wird auch noch das Narrennest herausgeholt, damit keine neuen Narren ausgebrütet werden. Das Stück endet mit der moralischen Nutzanwendung.

»Der fahrend Schüler im Paradeis« zeigt, wie ein schlauer Scholar erst die dumme Bäuerin übertölpelt und dann den Bauer, der sich für klüger hält.

Auf ein Motiv des »Decamerone« geht »Der schwangere Pauer« zurück. Ein geiziger und hypochondrischer Bauer – also ein wehleidiger Mensch, ein eingebildeter Kranker – will seine drei Freunde nicht an einer Erbschaft teilhaben lassen. Sie reden ihm eine Krankheit ein, die der ins Komplott gezogene Arzt als Schwangerschaft diagnostiziert. Für einen angeblichen Heiltrunk opfert der Geizige einen Teil seines Geldes, das Arzt und Freunde verfressen. Die Moral schließt mit den Worten: »Der mittel weg noch ist der best.«

Als Textbeispiel sei hier die Szene zitiert, in der dem Bauern Karges, der hundeelend mit seiner angeblichen Krankheit im Bett liegt, vom herbeigerufenen Arzt die »Diagnose« gestellt wird:

Der Arzt
Wenn ich die Wahrheit sagen soll,
So gehst du schwanger mit einem Kind.

Der Kranke
(schlägt seine Hände ob dem Kopf zusammen und spricht)
Ach weh! Ach weh! Potz Laus! Potz Grind!
O ich der unglückhaftigst' Mann,
Der ich mit einem Kind tu gahn.
An dem ist nur schuldig mein Weib.
Darum so will ich ihren Leib,
Komm' ich vom Kind, so rein zerbläuen,
Daß sie's ihr Leben soll gereuen.
Ach, wie soll ich das Kind gebären?
Ich werd' ohn' Zweifel sterben weren;
Ich muß mich vor all'n Männern schämen,
Wo soll ich nur ein'n G'vatter nehmen?

Es wird es keiner gerne tan,
Ich werd' der hartseligste Mann,
Mich dünket schon, mir g'schwell' der Leib,
Ich bin schon ein großbauchig Weib.
Wo soll ich nehm'n ein' Kellnerin,
Weil sie also betrügrisch sin,
Wie alle Weiber von ihn'n zeugen.
Ach, wie soll ich mein Kind denn säugen?
So hab' ich ja dazu kein' Brüst';
Ein' Säugamme ich haben müßt'.
Ach, meines Leids! Ach, meiner Not!
Nützer wär' mir, daß ich läg' tot.
Wie steck' ich Herzenleids so voll!

Der Arzt
Ach, mein Karges, gehab dich wohl;
Ich trug dir all'mal sondre Gunst,
Zu Hilf' ich nehmen will mein' Kunst
Und will des Kinds abhelfen dir
Ohn' all's Gebär'n; vertrau doch mir,
Daß du dazu seist nimmer krank.
Ich will dir machen einen Trank,
Damit so will ich dich wohl laben,
Dazu müss'n wir gut'n Reinfal haben
Und andre köstlich' Spezerei,
Dazu feister Kapaunen drei,
Dran müßt etlich Unkost wenden.

Wie nicht anders zu erwarten, gibt der unglückliche Bauer dem Arzt fünf Gulden, um das Kind abtreiben zu lassen. Mit dem Geld geht einer der listigen Nachbarn gleich drei Kapaune, Hühner, Fische und Wein für ein Gelage im Haus des Arztes einkaufen. Der hereingelegte Bauer aber fühlt sich nach einem Trank sofort wohler, und als der Arzt nach einer weiteren Untersuchung seine Genesung feststellt, lädt der glückliche Geheilte die Nachbarn zu einem Schmaus ein.

Aufführungen der Stücke von Hans Sachs fanden sowohl in Kirchen, den ständigen Versammlungsorten der Meistersänger, statt, als auch auf öffentlichen Plätzen, in Privathäusern und Schenken. Die meisten Schauspieler waren dabei Handwerker und Bürgerssöhne, die Frauenrollen wurden durch ältere Knaben dargestellt. Aber auch Hans Sachs ist selbst häufig als Schauspieler aufgetreten. Er hat, wie er im dritten Band seiner Werke berichtet, »den meisten Teil selbst agiren und spielen helfen«.

Wenn auch die oft wiederkehrenden Typen – wie der tolpatschige Bauer, das buhlerische Eheweib, die zänkische Alte, der großmäulige Landsknecht, der betrügerische Wirt und andere – aus älteren Vorlagen stammen, etwa der römischen Komödie, so haben sie dennoch ihrerseits durch ihr Auftreten in den Stücken von Hans Sachs dazu beigetragen, eine deutsche Tradition von feststehenden Theatertypen zu begründen. Mit seiner lebendigen Kunstfertigkeit vervollkommnete der »Schuhmacher und Poet« das Spiel der mittelalterlichen Gaukler und Possenreißer und versorgte durch seine künstlerische Fruchtbarkeit die deutschen Fastnachtsspieler über die Jahrhunderte hinaus mit Textbüchern für ihre Vorstellungen. Nachdem seine Stücke noch bis in die Mitte des 17. Jahrhunderts hinein aufgeführt wurden, wie etwa am Hofe zu Dresden, verblaßte ihr Ruhm allmählich. Doch schon im folgenden Jahrhundert erstrahlte er erneut, nachdem Gottsched, Lessing, Herder und Wieland lobend für Hans Sachs eingetreten waren und vor allem Goethe durch sein Gedicht »Hans Sachsens poetische Sendung« nachdrücklichst auf ihn hingewiesen hatte. Eine ganz besondere Ehre aber wurde ihm zuteil, als sich Goethe im »Faust« und Schiller in »Wallensteins Lager« der Reimform Hans Sachsens, des sogenannten Knittelverses, bedienten und ihn als eine typisch deutsche Versform zu klassischer Vollendung führten. Nachdem Lortzing den Menschen Hans Sachs 1840 in seiner gleichnamigen Oper als Bühnenfigur verwendet hatte, setzte Richard Wagner ihm in der 1868 uraufgeführten Oper »Die Meistersinger von Nürnberg« ein unvergängliches Denkmal.

Blütezeit in Spanien und England

Mit Mantel und Degen

Mit dem 16. Jahrhundert trat das europäische Theater in eine besonders bedeutsame Epoche ein, denn damals spaltete es sich in die verschiedensten Kulturkreise auf, in denen es zu verschiedenen Zeitpunkten und in verschiedenen Formen beachtliche Gipfel erreichte. Grundlage waren die Überreste des mittelalterlichen Theaters mit seinen Mysterienspielen und Moralitäten sowie das überall wache Treiben des Mimus, der als Clown das englische Drama, als Gracioso das spanische, als Hanswurst das deutsche, als Arlecchino das italienische, als Harlequin das französische Theater beherrschte. Aus der christlichen Welt- und Gottesanschauung geboren, vom antikisierenden Geist des Humanismus befruchtet und mit dem komödiantischen Urtrieb des Menschen durchsetzt, entfaltete sich nun das Theater im abendländischen Raum zur höchsten Blüte in Spanien, England, Frankreich, Italien und Deutschland als seinen hauptsächlichen Stützpunkten und hinterließ dabei überall Marksteine der Entwicklung.

Sowohl in Spanien als auch in England wuchs das Theater ungefähr gleichzeitig zur höchsten nationalen Blüte heran. Lope de Vega wurde 1562 geboren, Shakespeare 1564. In beiden Ländern gab es die Form des sogenannten Wirtshaushoftheaters mit einer primitiven Bühne, die sich mit einer »über Bohlen und Fässern geschichteten Plattform« als szenischem Raum begnügte. Da dem Auge dabei dekorativ wenig geboten wurde, fielen die Kostüme um so abwechslungsreicher aus.

In der Frühzeit des spanischen Volkstheaters hat Cervantes (1547–1616) als Kind noch Aufführungen der wichtigsten Wandertruppe, nämlich der des Dramatikers und Schauspielers Lope de Rueda, gesehen und im Alter wie folgt beschrieben: »Das Theater bestand nur aus vier im Quadrat aufgestellten Bänken, über die fünf bis sechs Bretter gelegt waren, so daß die Spielfläche sich etwa vier Spannen hoch über dem Erdboden abhob. Den hinteren Abschluß der Bühne bildete ein altes wollenes Tuch, das an einem Strick von einer Seite zur anderen gespannt war. Dahinter war die Garderobe und der Platz für die Musikanten.«

Allerdings verrät Cervantes in einem Atem, daß er das neue Theater gleichfalls kenne, also das seine, das er in Gegensatz zu Rueda stellt, mit Maschinerien, einem Loch in der Mitte, aus dem Figuren »aus dem Mittelpunkt der Erde« hervorkommen, und besonders mit »Wolken mit Engeln oder Seligen«, die sich vom Himmel herabsenken.

In Spanien entwickelte sich daneben noch das höfische Theater mit barokker Prunkentfaltung und Kulissenbühne. Teils fanden die Vorstellungen in einem Theatersaal statt, in Jagd- und Lustschlössern, teils aber auch im Freien. Die Seitenkulissen und der abschließende Hintergrundprospekt, beide aus Italien übernommen, gaben in den Theatersälen durch ihre perspektivischen Wirkungen der Bühne eine sich scheinbar im Unendlichen verlaufende Tiefe. Da kein Zuschauer erkennen konnte, wo die Kulissen aufhörten und der Prospekt anfing, schien die Grenze zwischen Schein und Wirklichkeit aufgehoben. Besonders in den Freilichtaufführungen in Aranjuez und vor allem in Buen Retiro überschlug sich die Phantasie der Architekten und Bühnenbildner in der Ausstattung, den komplizierten Maschinerien und optischen Tricks. Bei seinem Versuch, die Aufführung von Calderóns »Über allen Zauber Liebe« (1635) in Buen Retiro beschreibend zu rekonstruieren, ist der Theaterhistoriker Joseph Gregor zu der Überzeugung gelangt, daß damals unter anderem aufgewendet wurden: auf dem Teich ein Inselchen, umgeben von Flachkähnen; farbige Korallenriffe und Wasserfälle; Galathea erscheint zwischen Fontänen; Schaufelräder peitschen den See auf, das Schiff des Ulysses wird vom Sturm gepackt; unter Donner und Blitz verschwindet der Berg; Circes Palast taucht auf, Marmorstatuen, kristallene Säulen, goldene Kapitelle; ein Wasserfestzug mit Sirenen und Tritonen; Fische erheben sich aus dem Wasser und sprühen Parfüm über das Publikum; Circes Palast versinkt, es erscheint der Ätna und speit Flammen – dies alles im Schein von mehr als tausend Glaslaternen und unzähligen Kerzen. Außerdem gab es in Buen Retiro noch einen Theatersaal, dessen Bühnenrückwand sich zum Garten hin öffnen ließ.

Das große Theatererlebnis vermittelte in beiden Ländern das kunstvoll gearbeitete, den Schauspieler als gewandten Mimen fordernde Stück.

In England gab es eine ganze Reihe begabter Theaterautoren, die jedoch alle überragt wurden vom Genie des Schauspielerdichters William Shakespeare. Für ihn wurde der Bühnenboden zum Schauplatz des gesamten menschlichen Treibens und Irrens im Spiegel der dramatischen Kunst. Sein universales Werk umfaßt ebenso die große Tragödie wie die echte Komödie.

In Spanien war es vor allem das leuchtende Dreigestirn Lope de Vega, Tirso de Molina und Calderón de la Barca, die der spanischen Bühnenkunst den Glanz ewiger Schönheit und die magische Gewalt stets sich erneuernder Anziehungskraft verliehen. Sie hatten – genau wie Shakespeare in England –

Rechts: Die großen Drei des spanischen Theaters: Lope de Vega (oben), Tirso de Molina und Calderón de la Barca. Ihre Stücke sind kunstvoll gearbeitet und fordern den Schauspieler als gewandten Mimen.

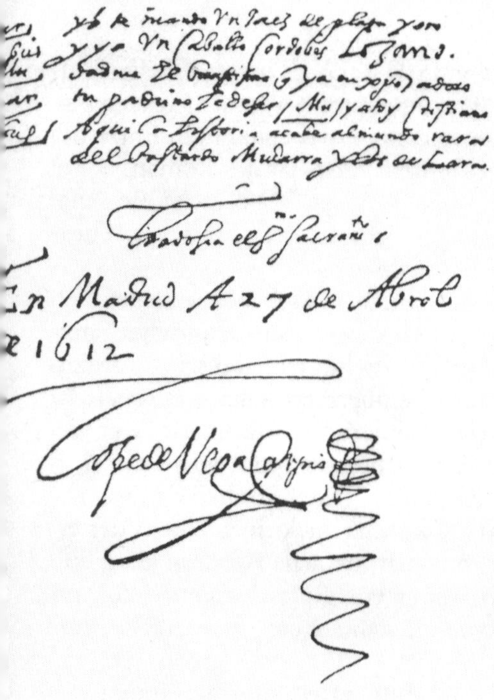
En Madrid A 27 de Abril
1612
Lope de Vega Carpio

D. PETRVS CALDERON
DE LABARCA.
Ætat suæ 81

ihre Vorläufer, darunter vor allem Fernando de Rojas als mutmaßlichen Autor der eigenartigen »Celestina«, den Portugiesen Gil Vicente, Torres Naharro, Lope de Rueda und mit Zwischenspielen, den sogenannten Entremeses, auch Miguel de Cervantes, den berühmten Verfasser des Romans »Don Quijote«. Die großen Drei – nämlich Lope de Vega, Tirso de Molina und Calderón de la Barca – waren also nicht die Erfinder des spanischen Theaters, sondern die Vollender.

»La Celestina«, auch »Tragicomedia de Calisto y Melibea« genannt, erschien 1499 anonym als erstes bedeutendes Theaterstück in spanischer Sprache im Druck und wurde anschließend ins Deutsche, Holländische, Lateinische, Italienische, Französische und Englische übersetzt. Dieser europäische Bestseller, der das Barocktheater in vielen Ländern beeinflußt hat, war wegen der außerordentlichen Länge und der Derbheiten wohl nicht zur Aufführung bestimmt, sondern mehr ein Lesedrama. Die Schönheit der Sprache und der kräftige Realismus machten »La Celestina« jedoch zu einem der erfolgreichsten Werke der Weltliteratur, aus dem manche Autoren geschöpft haben. Schon Cervantes, der ein Nachahmer von Rojas werden sollte, erklärte, daß das Buch »Celestina göttlich wäre, wenn es das Menschliche nicht zu sehr enthüllte«.

Prozessionen, die noch heute wie vor Jahrhunderten aus allen möglichen Anlässen durch spanische Dörfer und Städte ziehen, haben in früheren Zeiten den Anstoß zu einer der drei Gattungen von Schauspielen in Spanien gegeben: den »Autos sacramentales«, den kirchlichen Fronleichnamsspielen. Nachdem Papst Urban IV. im Jahre 1264 die Fronleichnamsfeier angeordnet hatte, fanden überall an diesem Kirchenfeiertag theaterhafte Umzüge statt, aus denen sich dann diese eine Hauptgruppe des klassischen spanischen Theaters entwickelte. Bei den »Autos sacramentales« wurden die Schauwagen der Prozession an die unter freiem Himmel aufgeschlagene Bühne herangefahren und bildeten so einen Teil davon. Obwohl die Fronleichnamsspiele dem katholischen Dogma der Eucharistie dienten und über die Bedeutung des Abendmahls belehrten, waren auch sie durchsetzt von possenhaften Zwischenspielen, um das Publikum zu unterhalten und die Schaulust anzuregen.

Als zweite Hauptgattung sind die »Comedias de teatro« zu nennen, bei denen Geschichte und Heilsgeschichte unlösbar miteinander verbunden waren. In diesen Stücken hatten sich die Menschen, umgeben von allegorischen Figuren, zwischen Himmel und Hölle, zwischen Engeln und Teufeln, in den Wechselfällen des Lebens zu bewähren.

Die dritte Hauptgattung war die weltlichste Gruppe im spanischen Barocktheater, nämlich die sogenannten »Comedias de capa y espada«, die Mantel-

und Degenkomödien, in denen die ernsten Probleme der Aristokratie – Liebe, Ehre und Rache – auf der Ebene der Dienerschaft ins Komische gewendet wurden. In diesen Konversationslustspielen zogen edle Ritter für ihre Auserwählte den Degen und hüllten sich zum Stelldichein in große, vermummende Mäntel, während sich ihre Diener mit ausgelassenen Mädchen herumtrieben und nebenher Zuhälter, Diebe und Meuchelmörder waren.

Ein kurzer geschichtlicher Rückblick auf die Iberische Halbinsel im 16. Jahrhundert läßt die Entwicklung des spanischen Theaters besser verstehen. Mit der Entdeckung der Neuen Welt durch Kolumbus im Jahre 1492 begann auch ein neues Zeitalter. Es war aber noch in zweiter Hinsicht ein Jahr des Triumphes, denn 1492 endete auch mit der Eroberung Granadas der mehr als siebenhundertjährige Krieg des christlichen Spanien gegen die muslemischen Mauren. Beide Ereignisse, die Niederlage Mohammeds und der Sieg des Kolumbus, hat rund ein Jahrhundert später Lope de Vega in seinem Schauspiel »Die Neue Welt« auf die Bühne gebracht. In diesem Jahrhundert war Spanien zur Weltmacht aufgestiegen. Der Zerfall begann im Jahre 1588, als die für unbesiegbar gehaltene Armada, die spanische Flotte, im Kampf gegen die Engländer unterging.

Erst nachdem durch blutige Kämpfe die beiden Teile der ehemaligen römischen Provinz Hispania wiedervereint worden waren, entwickelte sich das Theater in Spanien zu eigener Bedeutung. Denn im Süden der Iberischen Halbinsel, wo die muslemischen Sultane vom beginnenden 8. bis zum ausgehenden 15. Jahrhundert geherrscht hatten, gab es kein mohammedanisches Theater. Der Koran wurde nie dramatisiert. Das muslemische Zeremoniell der Glaubensausübung ließ keine theatralische Ausweitung der Zerstreuung und des Vergnügens zu, und die noch unter römischer Herrschaft in Spanien erbauten Amphitheater verfielen.

Doch die Spaßmacher und Jahrmarktsgaukler, die das Spiel des Komos im angrenzenden Frankreich fortgesetzt hatten, fanden ihren Weg zu den aufstrebenden Fürstenhöfen von Katalonien, Aragon, Kastilien und Portugal. Was sie dort vor den Großen sangen und spielten, erfreute auch in den spanischen Dörfern und Städten das Volk.

Volkstheater im spanischen Hinterhof

Ähnlich wie in England wurden in den Höfen von Gasthäusern Bühnen improvisiert, wo man die frechen Gelegenheitsstücke, die »Farsas«, aufführte: Einakter, die sich durch realistisch gesehene komische Figuren auszeichneten. Mit beißendem Spott versuchten sich darin komische Alltagsmenschen übereinander lustig zu machen. So wurde ein tölpelhaftes Bauernmädchen belehrt, wie sich eine vornehme Dame benimmt und bewegt; ein Neger plagte sich vergeblich ab, seine Haut weiß zu färben; mit allen Mitteln bemühte sich ein Bauer, aus seinem schwachköpfigen Sohn einen Gelehrten zu machen; ein Ritter legte seine Rüstung ab, da es ihm ungefährlicher erschien, Schafe zu hüten als Soldaten zu befehligen. Erfunden hatte die Gattung der »Farsa« Juan del Encina (um 1469–1529) und Gil Vicente hatte sie im benachbarten Portugal volkstümlich gemacht.

»Corrales« nannte man die offenen Spielhöfe von Häusern und Gaststätten mit einfachen Podiumsbühnen und leichten Galerien für Turm- und Fensterszenen. Die ersten Corrales wurden 1565 in Madrid gegründet. An der einen Hauswand war die Bühne aufgeschlagen, vor der einige Bänke für die angesehenen Bürger standen, sowie weitere Bänke an den Wänden der Häuser, die den Hof, den »Corral« , seitlich begrenzten. Aufsteigende Sitzgerüste für die Frauen aus dem Volke waren an der Hauswand gegenüber der Bühne aufgebaut, während an die vornehmen Damen die Fenster der Häuser vermietet wurden, von wo aus sie hinter Gittern und Rolläden der Aufführung zuschauten, ohne selbst gesehen zu werden. Männer und Frauen saßen also getrennt. Der größte Teil des Hofes, der »Patio«, war für die Masse der Zuschauer bestimmt, die »Mosqueteros«, die dort die ganze Zeit über stehen mußten und rasch mit Lärminstrumenten und Wurfgeschossen ihrem Unmut und den Schmerzen in den müden Beinen Ausdruck gaben, wenn ihnen das Stück mißfiel. Gefiel ihnen jedoch die Szene, dann sparten sie auch nicht mit begeisterten Hochrufen wie »Victor!« oder »Viva!«. Unklar ist, was dieses seltsame Wort Mosquetero eigentlich bedeuten soll: entweder die Wildheit der Ausrufe, die wie Musketenschüsse dröhnten, oder einen allgemeinen Bezug darauf, daß man hier stand wie Fußsoldaten, wie Musketiere. Für kühlenden Schatten sorgte in den besseren Corrales ein Sonnensegel, das von einem Hausdach zum anderen gespannt wurde. Denn die Wandertruppen, die in diesen Theaterhöfen gastierten, spielten dort nachmittags unter freiem Himmel.

Über die soziale Lage des Schauspielers in dieser Frühzeit des spanischen Theaters hat uns Augustin de Rojas einen trotz überschäumender Phantasie dennoch aufschlußreichen Bericht hinterlassen, die 1602 geschriebene »Unterhaltende Reise«. Im folgenden Ausschnitt schildert er zwei recht bescheidene Komödianten, die soeben das Publikum des Dorfes und ihren Wirt geprellt haben und nun weiterziehen:

»Diese Nacht marschierten wir nur wenig und auf Seitenwegen; am Morgen untersuchten wir unsere Börse und fanden drei und einen halben Realen darin. Alles in kleiner Münze. Ihr seht, wir waren nun zwar reich, aber voll

Angst. Eine Meile weiter entdeckten wir eine Hütte, wo wir einkehrten und Wein aus einer Kürbisflasche, Milch aus einem Troge und Brot aus einem Quersack bekamen. Nach beendigtem Frühstück brachen wir auf und langten gegen Abend in einem anderen Orte an, wo wir gleich darauf sannen, einen Gewinn zu machen. Ich holte uns Erlaubnis zum Spielen, trieb zwei Laken auf, rief die Ekloge auf der Straße aus, verschaffte mir eine Gitarre, wußte die Wirtin zu gewinnen und sagte zu Solano, er solle sich an die Kasse setzen. Als das Haus voll war, trat ich auf und sang die Romanze: Afuera Afuera, aparta aparta, blieb aber nach der ersten Strophe stecken, wobei mich die Zuschauer verblüfft ansahen. Dann sagte Solano eine Loa« (ein »Lob«, einen komischen Prolog) »her und machte damit die Fehler der Musik wieder gut. Ich mumme mich in ein Laken und fange an, meine Rolle zu spielen; als aber Solano als Gott Vater auftritt – ein Licht in der Hand und in ein Laken gehüllt, das in der Mitte ein großes Loch hat – und rings um den Bart herum ganz mit Weintrestern verschmutzt ist, glaube ich vor Lachen vergehen zu müssen; das arme Publikum wußte nicht, was mit ihm vorgegangen sei. Da das vorüber war, erschien ich als Lustigmacher und führte mein Zwischenspiel auf. Nachher, in der Szene, wo ich als Kain den Brudermord begehen muß, habe ich das Messer vergessen; ich bin nicht faul, nehme mir den Bart vom Kinn und schneide damit dem armen Abel die Kehle ab; da werden die Zuschauer wild; man fängt an, uns zu schimpfen; ich bitte um Nachsicht für unsere Fehler, die übrige Truppe sei noch nicht angekommen; aber es will nichts fruchten. Zuletzt, als alle in Aufruhr sind, kommt der Wirt herbei und sagt uns, wir möchten uns aus dem Staube machen, sonst werde es Prügel auf uns regnen.«

Endlich in einer »Compañia« haben sie dieses Erlebnis:

»Während wir so von Ort zu Ort zogen, sagte uns der Direktor eines Tages, als es viel geregnet hatte, es sei nur noch eine kleine Stunde bis ins Nachtquartier, wir möchten doch zu zweien seine Frau tragen; er und zwei andere wollten die Garderobe allein übernehmen, und das Tamburin und übrige Gerät könne der Knabe schleppen. Was war da zu tun? Der Frau gefiel der Vorschlag sehr, und wir mußten uns schon bequemen, unsere Hände zum Tragsessel für sie herzugeben. Dergestalt als Packesel dienend, kamen wir mehr tot als lebendig, ganz beschmutzt und mit wunden Füßen ins Nachtquartier. Der Direktor kam gleich um Erlaubnis zum Spielen ein, und wir mußten nach allen unseren Strapazen noch den Lazarus aufführen. Mein Freund und ich zogen unsere geliehenen Kleider an; als aber die Auferweckungsszene kam und der Direktor, welcher den Christus spielte, wiederholt zu Lazarus sagte: Steh auf, Lazarus! Surge! Surge! so erwartete man vergebens, daß Lazarus auferstehen werde. Man ging ans Grabmal, indem man glaubte, er sei eingeschlafen, fand aber, daß er schon geistig und körperlich auferstanden war, ohne eine Spur von seinen Kleidern zurückzulassen. Die Zuschauer und der Direktor gerieten in starres Erstaunen und hielten das Verschwinden des Heiligen für ein Wunder, ich aber, der wohl merkte, was es damit für eine Bewandtnis habe und daß Solano durchgegangen sei, machte mich flugs auf, ihn einzuholen, und schlug, so wie ich ging und stand, den Weg nach Zaragoza ein, ohne jedoch eine Spur von Solano aufzufinden. Auch der Direktor hat gewiß nie wieder etwas von seinen Kleidern gesehen, noch die Zuhörerschaft etwas von Lazarus, den sie ohne Zweifel gen Himmel gefahren glaubte.«

Nach dem Beispiel des ehemaligen Goldschmieds Lope de Rueda (1510–1565) aus Sevilla, der eine Gruppe von Schauspielern um sich sammelte und von Ort zu Ort zog, stellten bald auch andere Spielleiter von Jahrmarktsinszenierungen Truppen zusammen, und geschickte Übersetzer und Bearbeiter antiker Komödien verfertigten Theaterstücke durch szenische Umstellungen und erfinderische Einflechtung von wirkungsvollen Dialogen. Im 16. Jahrhundert gab es nach Rojas Bericht acht Arten solcher umherziehender Schauspielertruppen:

Der »Bululu« war ein einzelreisender Schauspieler, der den Pfarrer beredete, alle Rollen seiner Komödie hersagen zu dürfen, wobei manchmal auch der Barbier und der Küster mitmachten. Der Bululu stieg auf einen Kasten und rezitierte, indem er die Auftritte der Personen erzählend hinzufügte. Nach der Vorstellung sammelte der Pfarrer in seinem Hut einige Kupfermünzen für den Komödianten, der noch eine Suppe und ein Stück Brot erhielt und dann weiterzog.

Als »Naque« bezeichnete man zwei Männer, die einen Bart aus Pelz trugen und ein paar Vorspiele, bestenfalls ein Auto sacramental aufzusagen verstanden. Sie schliefen in ihren Kleidern, aßen sich selten satt und spürten wegen der Kälte das Ungeziefer nicht.

Eine »Gangarilla« war bereits eine kleine Truppe von drei oder vier Männern, einen für die Narren und einen jungen Menschen, der die Frauenrollen spielte. Sie führten Bärte und Perücken mit sich, während sie die Frauenkleider ausliehen, was für die Besitzer nicht ungefährlich war. Außer Münzen wurden auch Brot, Eier und ähnliches als Eintrittsgeld angenommen. Sie gingen mit untergeschlagenen Armen, da sie keinen Mantel besaßen.

»Cambaleo« nannte man eine Gruppe aus einer Frau, die sang, und fünf Männern, die heulten. Die Frau wurde auf einem Tragsessel getragen. Während man für die Frau ein Bett mietete, schliefen die Männer auf der Streu. Die Frau verteilte auch das Essen. Alle fünf besaßen nur eine einzige Serviette.

»Garnacha« war eine Gesellschaft von fünf oder sechs Männern, einer Frau, welche die erste Dame spielte, und einem Knaben für die zweite. Die Garderobe war bereits in einer Kiste verstaut, die von einem Esel getragen wurde, auf dem rückwärts die Frau saß. Zu viert schliefen sie in einem Bett und blieben acht Tage im Ort. Privatvorstellungen gaben sie für ein Huhn oder vier Realen.

Unter »Boxiganga« verstand man eine Wandertruppe, die zwei Frauen, einen Knaben sowie sechs oder sieben Männer umfaßte. Was sie aus ihrem Repertoire zu bieten hatten, waren sechs Komödien und drei oder vier Autos sacramentales. Sie führten eine Kiste für die Bühnenmaschinerie mit sich sowie eine zweite für die Kostüme. Von ihren vier Lasttieren war eines allein für die Frau bestimmt, zwei weitere trugen die beiden Kisten, während auf dem vierten abwechselnd die ganze Truppe ritt. Wie der Chronist berichtet, schliefen sie gern bei Schornsteinen – aus Interesse für die darin aufgehängten Würste.

Eine »Farandula« führte drei Frauen, achtzehn Komödien und zwei Koffer mit sich. Die Schauspieler aßen gut und zeigten sich nur in größeren Ortschaften. Unter ihnen befanden sich viele Galane und Verführer, die den Mantel umschwangen, Blicke schleuderten und Zeichen machten.

»Compañia« hieß die große Gesellschaft, zu der wohlerzogene und gebildete Männer sowie auch sehr anständige Frauenzimmer gehörten, »denn wo sich alle Klassen von Menschen treffen, kann das nicht fehlen«. Fünfzig Komödien, dreihundert Arroben (zu etwa 25 Pfund) Gepäck, sie reisten nur zu Maultier, zu Pferde, zu Wagen, in Sänften; niemand wollte sich mehr mit dem Karren begnügen. Sechzehn Personen, die spielten, dreißig, die aßen, »und Gott weiß wie viele, die stahlen«.

Wenn man an Rojas' Bericht auch einige Abstriche machen muß, so blicken wir darin dennoch »wie in die Urzeit des Theaters hinab und erkennen die ganze Abfolge vom Jongleur angefangen, aber auch sehr deutlich die plötzliche, steile Aufwärtsbewegung der Karriere, sowie der Erfolg da ist: Von Menschen, die keinen Mantel besitzen, zu solchen, die nur in der Kutsche oder Sänfte reisen wollen. Auch dieses Detail ist ein ewiges Gesetz des Theaters«, wie der Theaterwissenschaftler Joseph Gregor dazu anmerkt.

So also entstand in Spanien das praktische Theater, dem die Dramendichter, darunter auch Cervantes, ihre Stücke anvertrauten. Er schrieb für Wandertruppen, um damit Geld zu verdienen, das er dringend brauchte. In algerische Gefangenschaft geraten, hatte er in den fünf Jahren von 1575 bis 1580 als Sklave der Mauren ein elendes Leben in Kerkern und auf Galeeren führen müssen. Seine Familie hatte ihn losgekauft und war dadurch verarmt. Das Schicksal der etwa 25 000 Christen, die von den Mauren als Sklaven gefangengehalten wurden, hat Cervantes in seinem ersten Stück »Leben in Algier« dargestellt und damit das spanische Theater um ein Zeitstück erweitert, das, aus dem Erleben des Autors geschrieben, an die Menschheit appellierte, die Sklaven von der Folter und aus der Gefangenschaft zu befreien.

Wie alle spanischen Autoren damals hat auch Cervantes, der im übrigen mehr von seiner Epik als von der Dramatik hielt, bewußt nicht für eine Intelligenzelite Stücke geschrieben, sondern handfestes Theater gemacht, das unmittelbar zünden mußte. In bezug auf die Mosqueteros, die sich mit Schlüsseln, Pfeifen, Glöckchen, Klappern, Apfelsinen und Gurken im Patio aufhielten und unterhalten sein wollten, statt sich gelangweilt die Beine in den Bauch zu stehen, hat Cervantes stolz bekannt, er habe zwanzig bis dreißig Schauspiele geschrieben, »die alle aufgeführt wurden, ohne daß man ihnen Gurken oder andere Wurfgeschosse gewidmet hätte. Sie machten ihren Weg ohne Pfeifen, Radau und Krawall.«

Die Beteiligung eines breiten Publikums im Volkstheater im Hinterhof war eine unerläßliche Voraussetzung für die Hochblüte des spanischen Barocktheaters. Das Vergnügen kostete nicht viel, auch wenn die Besucher gleich zweimal zahlen mußten. Denn zum einen erhoben die Wandertruppen, die dort gastierten und Miete zahlten, Eintrittsgeld, und zum anderen kassierten auch die geistlichen Bruderschaften, die wiederum die Spielhöfe gemietet, für das Theater eingerichtet und die Spielerlaubnis erwirkt hatten. Mit dem Gewinn ihrer Einnahmen unterhielten die Bruderschaften Kranken- und Armenhäuser.

»Alles Wissen ist Leben – alles Leben ist Theater«

Diesen Standpunkt vertrat der spanische Dichter Lope de Vega, über den der österreichische Dichter Franz Grillparzer zweieinhalb Jahrhunderte später urteilte: »Lope de Vega ist ein vortrefflicher Charaktermaler. In seinen ernsthaft gemeinten Stücken ist nichts konsequenter und wahrer als die Haltung seiner Personen. Wie es aber einmal zum Spaß kommt, hört alles Recht der Folgerichtigkeit auf. Der Zweck ist nur, den Zuseher zu unterhalten, und je toller, desto besser. Mit Würde und Empfindung angelegte Charaktere stürzen sich mit einem Sprung in den tollen Sabbath und gebärden sich so närrisch als der Narr . . . Bei Shakespeare hat die Darstellung des Gefühls und der Leidenschaft häufig etwas Symbolisches; er gibt eine Metaphysik der Leidenschaft, ein précis, ein abrégé des Gefühls. Bei Lope de Vega ist die Darstellung immer rein der Natur abgesehen . . . Calderón, der Schiller der spanischen Literatur, Lope de Vega ihr Goethe.«

Jahrzehntelang hat sich Grillparzer mit Lope beschäftigt und sich die größten Verdienste um den spanischen Dramatiker für den deutschen Sprachraum erworben. Wenn er unter anderem anmerkt, bei den Komödien sei der Zweck nur, den Zuschauer zu unterhalten, und je toller, desto besser, so kann er sich dabei auch auf Lope de Vegas eigene Worte berufen, der 1609 in seinem Lehrgedicht »Neue Kunst, Schauspiele in dieser Zeit zu verfassen« die Auffassung äußerte:

»Wenn ich eine Komödie schreiben will, verschließe ich die Regeln mit sechs Schlüsseln und werfe Terenz und Plautus aus meinem Studierzimmer, damit sie kein Geschrei erheben (denn die Wahrheit pflegt selbst in stummen Büchern laut zu werden), und schreibe nach dem Vorbild derjenigen, die den Beifall des Volkes wollten; denn da das Volk die Stücke bezahlt, so ist es billig, ihm Albernheiten zu bieten, wenn man ihm gefallen will.« Damit gab er den Anhängern des Aristoteles zu verstehen, er kenne sehr wohl ihre ästhetischen Prinzipien, wolle aber lieber seinem Publikum zu Gefallen schreiben, also Tragisches und Komisches mischen und von den drei Einheiten nur noch die Einheit der Handlung anerkennen. Der wahre Zweck der Comedia sei, »die Handlungen der Menschen nachzuahmen und die Sitten der jeweiligen Zeit zu malen«.

Lope de Vega schuf eine Dramaturgie der Verwicklungen und Verwechslungen, der Kontrastierung und Doppelung. Der Gracioso, der Spaßmacher, verhindert dabei die allzu dramatische Zuspitzung der Handlung: Der Herr erhält als Pendant einen Diener, der dessen Reden und Tun parodiert. Lopes Stücke sind oftmals nur Improvisationen eines einzigartigen produktiven Geistes, wozu Grillparzer feststellt: »In hastiger Eilfertigkeit schrieb er zusammen, was er wußte, daß es sein Publikum begehrt, wo aber eine Situation vorkam, die ihn als eigentlichen Dichter interessierte, legte er sein ganzes unvergleichliches Talent hinein. War der ganze Stoff von einer solchen Art, so war die ganze Handlung meisterhaft.«

Noch bevor Lope de Vega am 25. November 1562 in Madrid geboren wurde, war Spanien bereits seit Jahrzehnten zur Weltmacht aufgestiegen – doch als er am 27. August 1635 in Madrid starb, hatte schon seit Jahrzehnten der politische Abstieg begonnen. Die Entdeckung der Neuen Welt und die Vertreibung der Mauren im Jahre 1492 war der Auftakt der gewaltigen Machtentfaltung gewesen, bis dann 1588 durch die Vernichtung der Armada, der spanischen Kriegsflotte Philipps II., die, von dem Engländer Drake zerstreut, im Nordseesturm unterging, der politische Niedergang einsetzte und Spanien nicht nur seine Großmachtstellung verlor, sondern auch auf den wirtschaftlichen Ruin zusteuerte. Bezeichnend ist, daß die Spanier unter ihrem »goldenen Jahrhundert« nicht die Epoche ihrer politischen Glanzzeit, also nicht das 16. Jahrhundert verstehen, sondern das 17. Jahrhundert des goldenen Scheins, in dem etwa zwanzigtausend weltliche und geistliche Stücke geschrieben und aufgeführt worden sind. Da für Spanien die Welt politisch und wirtschaftlich zerfiel, flüchtete es sich ins Theater, wo die Welt als nichtiger Schein dargestellt wurde.

Lope de Vega hat beides erlebt: das Ende des Aufstiegs und den Anfang des Abstiegs. So gegensätzlich wie die politische Bedeutung Spaniens in dieser Zeit war auch sein eigenes Leben. Was hat man ihm nicht alles zur Last gelegt: Flucht aus der Jesuitenanstalt, in die sein Onkel den früh verwaisten Jungen geschickt hatte; Verdacht des Diebstahls, erotische Skandale, Verurteilung zu zwei Jahren Verbannung aus Kastilien und vier Jahren Verbannung aus Madrid; Erpressung seiner Geliebten; Verlängerung der Verbannung auf zehn Jahre, Bruch der Verbannung; Entführung Isabels aus Madrid, die er heiratete; ein Jahr nach ihrem Tod im Kindbett Anklage wegen Konkubinats.

Doch gegen diese Anklage- und Strafregister lassen sich aufrechnen: Als Fünfzehnjähriger kämpfte er gegen die Portugiesen; studierte zwei Jahre später Theologie an der Universität Alcalá und erwarb das Bakkalaureat. Kaum drei Wochen nach der Heirat mit Isabel trat er als Freiwilliger in die spanische Kriegsflotte ein und nahm auf einem Admiralsschiff der Armada an der berühmten Seeschlacht gegen England teil. Danach hielt sich der Jungverheiratete zwei Jahre in Valencia auf, wo er Theatererfolge errang. Etwa 1590 trat er in Toledo als Sekretär in die Dienste des Herzogs von Alba. Dann lebte er wiederum in Madrid, von 1596 an als Sekretär des Herzogs von Sessa, dem er sowohl in seinen höfischen als auch in intimen privaten Angelegenheiten zu Diensten war. Im Jahre 1613 trat er, zum zweitenmal Witwer geworden, in den geistlichen Stand. Papst Urban VIII. verlieh ihm 1627 den theologischen Doktorgrad. Als erfolgreicher Bühnendichter beim Volk beliebt, wurde er bei Hofe wegen seines freien Lebenswandels kritisch betrachtet. Im Alter von fast dreiundsiebzig Jahren kasteite und geißelte er sich zu Tode. Drei Bischöfe nahmen an seinem Leichenbegängnis teil. Lope de Vega war alles in einem: Patriot, Priester und Poet, ein Soldat und Sänger für den König, ein verwegener Liebhaber der Frauen, genußsüchtiger Lebemann, strenggläubiger Verfechter der Kirche und Lobdichter Gottes. Während Cervantes ihn nicht ohne Neid als »Alleinbeherrscher der Bühne« bezeichnete, kritisierte ihn ein zeitgenössischer Berichterstatter als »Beherrscher der Madrider Betten«.

Lope de Vegas abenteuerliches Doppelspiel, die vielfältige Wandelbarkeit der Lebensführung, seine schillernden Erlebnisse waren im Grunde eine Spiegelung und Summe des spanischen Alltags seiner Zeit und zugleich kennzeichnend für sein Werk. »Sein Quell ist spanisch, sein Ziel überirdisch, und die rasche, phantasievolle Verbindung zwischen diesem und jenem, das ist die eigentliche Lopesche Aufgabe und Methode, seine hundertfältig variierte, immer neue, drangvolle dichterische Arbeitsweise, in der für Zweifel, Bedenken und Unsicherheit kein Raum und keine Zeit bleibt«, wie Karl Voßler meint. »Wollte man Lopes Genialität auf eine Formel bringen, so könnte man sagen: sie verneint alles Ausschließliche und schließt alles wirklich Verneinende aus, denn sie geht ganz und gar in der Hinnahme des Lebens auf . . . Lope erzieht nicht, er beflügelt.«

Lope de Vega, der vier Jahrzehnte lang die Bühnen seines Heimatlandes beherrschte, war der Schöpfer des nationalen spanischen Theaters und zugleich der fruchtbarste Bühnenschriftsteller, den die Weltliteratur kennt. Wie er selbst in einem Gedicht behauptet, hat er 1 500 Stücke für das Volkstheater und für das Hoftheater geschrieben, von denen 470 erhalten und weitere 300 dem Titel nach überliefert sind. Außerdem verfaßte er noch 400 Autos sacramentales, also Fronleichnamsspiele. Für mehr als hundert Stücke will Lope nur je vierundzwanzig Stunden gebraucht haben, wie er in dem gleichen Gedicht mit dem Vers behauptet: »Und mehr als hundert hab' ich über Nacht – vom Schreibtisch auf die Bretter gleich gebracht.« Alle seine Bühnenwerke sind in Versen geschrieben. Mit dem Vers und den drei »Jornadas«, den drei Akten, die sich um die Einheit des Ortes und der Zeit nicht kümmern, gab er dem spanischen Theaterstück für die nächsten anderthalb Jahrhunderte die Form.

Die staunenswerte Zahl seiner dramatischen Arbeiten erklärt sich zum Teil aus der übersprudelnden Phantasie des Dichters und der Einmaligkeit seiner Persönlichkeit, zum Teil aber auch aus den Zeitverhältnissen. Wie Karl Voßler hierzu anmerkt, waren Lopes Zuschauer »keine Proletarier, sondern echtes Volk. Er beherrschte, beglückte und begeisterte es, wie es seinerseits ihn als seinen großen Meister und Liebling vergötterte, ihn beflügelte und trug. Freilich, es hetzte ihn auch und zwang ihn zur Improvisation. Es wollte keine Wiederholungen, sondern jedesmal neue und wieder neue Stücke.« So eignete sich Lope de Vega mit einer gewissen Sorglosigkeit Stoffe vieler Zeiten und Länder an, gleichviel ob aus Sagen oder Legenden, aus Antike oder Gegenwart, aus italienischer Novellistik oder altspanischen Romanzen, aus der deutschen, russischen, ungarischen oder natürlich vor allem aus der spanischen Geschichte. »Er konnte anklingen, was er wollte, er war des Widerhalls in jedem spanischem Gemüt gewiß.«

Lope de Vega war ein Genie der Volkstümlichkeit und wurde von seinen Zeitgenossen und dem Theaterpublikum so geliebt und geachtet, daß noch zu seinen Lebzeiten der Spruch die Runde machte: »Ich glaube an Lope, den allmächtigen Diener des Himmels und der Erden.« Dieses Credo war natürlich nicht ernst gemeint, sondern viel eher eine liebevolle Verspottung des Dichters, der Himmel und Erde in seine Fronleichnamsspiele und Komödien einbezog, um genau die Wirkungen zu erzielen, die ihm am Herzen lagen und ihm Geld und Ehre brachten. Überschäumende Lebensfreude und Daseinsbejahung sind die Elemente seiner Kunst, in der man problematische Figuren vergeblich suchen wird. Auch wich er nach Möglichkeit dem Tragischen aus. Das Religiöse beherrschte sein Denken, wie das aller spanischer Dichter jener Zeit, jedoch ohne die Tiefe und Bedeutung wie bei Calderón. Der Ort seiner größten Triumphe war das Volkstheater in den »Corrales« mit seiner einfachen Bühne. »Lope spielte mit der Neugier des Publikums«, wie der Theaterwissenschaftler Heinz Kindermann schreibt. »Er rechnete aber auch mit dessen artistischem Interesse. In dieser Kunst war ihm wohl nur noch Shakespeare ebenbürtig. Nur geht bei Lope alles viel stärker als bei Shakespeare scheinbar vom bunten Zufall des Lebens aus. Keine Szene soll dabei zu lang sein; kein Gefühl soll zu kontinuierlich werden – es ginge sonst schmerzlich in die Tiefe –, und hier wurde doch virtuoses Theater gespielt.«

Wenn auch das Leben unberechenbar war, so sollte und mußte dagegen auf der Bühne alles mathematisch errechnet verlaufen, wie Lope de Vega in seinem Lehrgedicht ausführte: »Die Lösung jeder Handlung soll man so lange zurückhalten, bis die letzte Szene kommt. Denn wenn die Zuschauer wissen, wie das Stück ausgeht, schauen sie schon am Anfang nach dem Ausgang und verlieren ihre Zeit nicht mit einer dreistündigen Erwartung.«

Bedeutsam für die Struktur des spanischen Theaters wurde die Einführung des Gracioso, der heiteren Figur, als ständigem Begleiter des Caballero, und der Graciosa als Begleiterin der Dame. Dem ritterlichen Pathos der Ehre, der Liebe und des Stolzes stellte Lope die saftige Alltäglichkeit des Mannes aus dem Volke gegenüber, der immer für Essen, Trinken und Geld zu sorgen hatte und jederzeit bereit war, die Moral für die irdischen Genüsse aufzugeben. Wenn auch Lope de Vega sich die Einführung des Gracioso als die Parodie des Caballero selbst zuschreibt, und zwar erstmals in seiner Komödie »La Francesilla« (1598), so dürfte sie in Wirklichkeit jedoch älteren Ursprungs sein. Der berühmteste Gracioso, allerdings der spanischen Romanliteratur, ist Cervantes' unsterblicher Sancho Pansa: Mit materialistischem Weltverstand parodiert dieser dicke Diener den idealen Höhenflug seines spindeldürren Herrn Don Quijote, des Ritters von der traurigen Gestalt.

Für das Theater Lopes ist die geringe Ausstattung charakteristisch, die es erfordert. Wie er selbst in seiner Schrift von der »Neuen Kunst« meinte, brauche er nur »vier Böcke, zwei Bretter, zwei Schauspieler und eine Leidenschaft«, um Konflikte auf die Bühne zu stellen. Was in vielen anderen Formen des dekorationsarmen Theaters üblich war – so in den Moralitäten, bei Fastnachtsspielen und im Schultheater –, wandte auch Lope de Vega an: die Umdeutung der rasch wechselnden Bühnenschauplätze überließ er den einleitenden Worten des Schauspielers. Als seine weniger wortgewandten Wettbewerber um die Gunst des Publikums seine gesprochenen Dekorationen nach der in Spanien beliebt gewordenen Art der phantastischen italienischen Bühnenausschmückung zu ersetzen begannen, lehnte er sich dagegen auf: »Unser Theater hat sich aufgelöst in Rahmenwerk für Tücher und für Nägel.« Doch benutzte er nach der Sitte seiner Zeit auf seiner kargen Bühne die prunkvollsten Kostüme, wobei allerdings auch historische Gestalten und antike Götter nach der neuesten Mode gekleidet waren.

Bei der Vielfalt seiner Produktion läßt sich eine chronologische Ordnung der Stücke ebensowenig angeben wie ihre gattungsmäßige Einteilung. In buntem Wechsel stehen neben Schäferspielen und mythologischen Komödien Stücke mit Stoffen aus der spanischen und der übrigen europäischen Geschichte und Sage. Bezeichnenderweise hat er auch die Entdeckung Amerikas durch Kolumbus dramatisiert, wie er überhaupt in seinen historischen Volksschauspielen als Patriot und Priester unermüdlich die Größe Spaniens und seines katholischen Herrscherhauses gefeiert hat.

Einen breiten Raum nehmen Ehebruchs- und Intrigenstücke ein, ferner die sogenannten Mantel- und Degenkomödien, in denen Edelleute mit Mantel und Degen die Hauptrollen spielen und die das gesellschaftliche Leben der Spanier im 16. und 17. Jahrhundert in immer neuen Varianten spiegeln.

Mehrfach berührt Lope sich stofflich mit Shakespeare, ohne sich jedoch mit dem Briten in der Tiefe der Behandlung messen zu können. Liebe, Eifersucht und Ehre, Verkleidung und Verstellung, Verwandlung und Enthüllung sind die Spannung schaffenden und lösenden Motive, wobei weniger das einzelne Stück als die Summe aller das entscheidende Faktum bedeutet. »Lope hat nicht ein einziges Stück geschrieben, das vortrefflich zu nennen wäre«, sagt Grillparzer, »aber er hat auch vielleicht nicht ein einziges, worin nicht zugleich eine Szene dem Besten im Shakespeare gleichkäme.« Rechnet man zu Lopes weltlichen Schauspielen noch die große Zahl seiner biblischen Stücke hinzu, ferner die sogenannten »comedias de santos«, also die Heiligenkomödien, und die Fronleichnamsspiele sowie die lyrischen Arbeiten und das umfangreiche epische Schaffen, so ersteht in der Tat ein Lebenswerk von einer kaum faßlichen Fülle, was Cervantes dazu veranlaßte, ihn für ein »Wunder der Natur« zu halten.

Einige der bekanntesten Titel seiner Stücke, die auch heute noch gespielt werden, sind: »Der Ritter vom Mirakel«, »Was kam denn da ins Haus?«,

»Die Sklavin ihres Geliebten«, »Die kluge Närrin«, »Die Jüdin von Toledo«, »Fuente Ovejuna« oder »Das brennende Dorf« sowie »Tumult im Narrenhaus«. Nicht schon bei der Lektüre blühen Lope de Vegas Stücke auf, sondern erst durch das Spiel auf der Bühne. Sie sind Partituren für phantasievolle Regisseure.

Der Don Juan des Mönchs

»War Lopes Komödie Fluchtraum – Tirso de Molinas Komödien sind Spiel an sich«, schreibt Heinz Kindermann über den Ordensbruder Gabriel Tellez, der sich als Dramatiker Tirso de Molina nannte und nächst Lope de Vega und Calderón der bedeutendste spanische Bühnenschriftsteller gewesen ist. Nach seinen eigenen Angaben hat er drei- bis vierhundert Stücke geschrieben, von denen sechsundachtzig erhalten sind.

Über das Leben des Dichters wissen wir wenig, noch nicht einmal, ob er 1571 oder 1572 oder gar erst 1583 in Madrid geboren wurde. Fest steht nur, daß er um 1600 in den Orden der Mercedarier eintrat, die sich zur Augustiner-Regel bekannten und die Aufgabe übernommen hatten, in aller Welt zu missionieren und die Christen aus der heidnischen Sklaverei zu befreien. Von 1616 bis 1618 wirkte er im Auftrag seines Ordens als Missionar in Santo Domingo auf Haiti. Nach seiner Rückkehr in die spanische Heimat knüpfte er enge Beziehungen zu Schauspieltruppen und wurde Lope de Vegas vertrauter Freund. Die letzten zweieinhalb Jahre seines Lebens verbrachte er als Prior im Mercedarierkloster der altkastilischen Stadt Soria, wo er am 12. März 1648 starb.

Der Schwerpunkt seines Schaffens fiel in die Zeit von 1600 bis 1626, während er in den letzten zwanzig Jahren seines Lebens nichts Nennenswertes mehr für die Bühne schrieb. Bei der Konstruktion seiner Stücke ging er mit der Wahrscheinlichkeit der Handlung sehr großzügig um und vertraute dem Witz, der guten Laune und dem spaßigen Charme seiner Dialoge sowie dem Glanz seiner Sprache.

Von Lope übernahm er die Form der Mantel- und Degenstücke, deren berühmtestes und bis heute meistgespieltes sein »Don Gil von den grünen Hosen« wurde. Darin hat er Lope de Vegas Dramaturgie der spannenden Verwicklungen ins Burleske gesteigert. Tirso erweist sich hier als Virtuose der Szene und trotz Ungereimtheiten in der Handlung »des allgemeinen Beifalls sicher, auch heute noch bei uns, wenn Doña Juana als Don Gil verkleidet in ihren weltberühmten Hosen über die Bretter huscht und ihren treulos entlaufenen Bräutigam wieder einfängt«, wie Karl Voßler schreibt.

»Don Gil von den grünen Hosen« ist bis heute das meistgespielte Stück Tirso de Molinas. Unser Bild zeigt eine Aufführung des Berliner Schloßparktheaters von 1963. In der Mitte Doña Juana, als Don Gil verkleidet.

Sein ungewöhnliches Einfühlungsvermögen in die weibliche Psyche führen manche Forscher darauf zurück, daß der Bruder Gabriel Tellez im Beichtstuhl manches gehört hat, was dem Dramatiker Tirso de Molina zugute gekommen ist. »Tirsos Dichtung ist voll vom Widerhall zwischen sinnlicher und mystischer Erotik«, heißt es dazu bei Voßler. »Ich kenne keinen zweiten spanischen Bühnendichter, den der Untergrund der menschlichen Seele, das, was wir heute das Unbewußte oder Unterbewußte oder Verdrängte, vom Tageslicht Verscheuchte nennen, so anhaltend beschäftigt, so unwiderstehlich anzieht.« Und an anderer Stelle: »Über alles liebt Tirso die außergewöhnlichen Kerle, die Käuze und Sonderlinge, Pechvögel und Glückskinder, Außenseiter und Einzelgänger, die Unentwegten und Hintergründigen und, was er am besten kennt, das hintergründige Wesen der Mädchen und Frauen. Neben diesem Sinn für den Einzelmenschen tritt das, was bei Lope de

Vega so bunt und lebendig war, einigermaßen zurück: das Nationale und Landschaftliche, die Umwelt und Gemeinschaft.«

Eine Genietat ersten Ranges war der Griff nach dem Don-Juan-Stoff, mit dem Tirso in seinem Drama »Der Verführer von Sevilla oder Der steinerne Gast« erstmals die Figur des Don Juan, die zu einem späten europäischen Mythos geworden ist, auf die Bühne brachte. Den Stoff entnahm er alten spanischen Chroniken. Sie berichteten von einem Mitglied der berühmten Familie der Tenorios in Sevilla, der den Komtur Ulloa, einen geistlichen Ordensritter, umbrachte, nachdem er dessen Tochter gewaltsam entführt hatte. Der Komtur wurde im Kloster der Franziskaner in einer Familiengruft beigesetzt. Die Mönche, die Don Juans schamloses Treiben schon längere Zeit beobachtet hatten, sollen ihn eines Tages zu sich ins Kloster gelockt, ihn getötet und das Gerücht verbreitet haben, Don Juan habe in der Kapelle die Statue des Komturs beleidigt und sei von ihr zur Strafe in die Hölle gezogen worden.

Die große dichterische Tat Tirsos in der Behandlung des Stoffes zeigt sich in der genialen Fixierung des Charakters von Don Juan, der wie von Dämonen getrieben in unersättlicher Lebensgier von einem Liebesabenteuer zum nächsten eilt.

»Im Vorübergehen, im Nu beleidigt, betrügt, verführt und verlacht er seine Opfer. Das Improvisierte gehört hier zu der Natur der dichterischen Vision«, wie Voßler feststellt. Von Tirsos Don-Juan-Stück führt eine direkte Linie zu zahlreichen Neufassungen, wozu unter anderen gehören: Molières »Don Juan oder Der steinerne Gast«, Mozarts »Don Giovanni«, Grabbes »Don Juan und Faust«, Shaws »Mensch und Übermensch«, Max Frischs »Don Juan oder Die Liebe zur Geometrie«, Anouilhs »Ornifle« und Montherlants »Don Juan«.

Calderóns »Großes Welttheater«

Dreitausend Personen sollen, mit Kerzen in der Hand, seinem Sarg gefolgt sein. Gemeint ist Don Pedro Calderón de la Barca Barreda Gonzalez de Henao Ruiz de Blasco y Riano, wie sein vollständiger Name lautet, eine Prozession von Vokalen, so klangvoll wie seine Verse. Calderón de la Barca oder noch kürzer Calderón ist nicht nur Spaniens größter Dichter, sondern auch einer der größten, die der Katholizismus bisher hervorgebracht hat.

»Wie manchen Fehlgriff hätten Goethe und ich uns ersparen können, wenn wir den Calderón früher gekannt hätten«, hat Schiller einmal dem Calderón-Übersetzer J. D. Gries gegenüber bekannt.

In alten spanischen Chroniken fand Tirso de Molina den Don-Juan-Stoff. Sein Drama »Der Verführer von Sevilla oder Der steinerne Gast« zog zahlreiche Neufassungen nach sich, unter anderem Mozarts Oper »Don Giovanni«.

Auch Goethe schätzte den spanischen Dichter eine Zeitlang hoch ein, wie er unter anderem Eckermann gegenüber geäußert hat: »Seine Stücke sind durchaus brettergerecht; es ist in ihnen kein Zug, der nicht für die beabsichtigte Wirkung kalkuliert wäre. Calderón ist dasjenige Genie, was zugleich den größten Verstand hatte.« Später allerdings stand er dem von den deutschen Romantikern über alle Maßen gefeierten Dichter kritischer gegenüber.

Calderón, der einer alten Adelsfamilie entstammte, wurde am 17. Januar 1600 in Madrid geboren und im dortigen Jesuitenkollegium erzogen. Nach dem Studium der Rechtswissenschaften, Philosophie und Geschichte in Salamanca, wo er sich schon in der dramatischen Dichtung versuchte, nahm er als Soldat der spanischen Armeen an den Kämpfen in Italien und Flandern teil. Durch seine Bühnenerfolge auf ihn aufmerksam geworden, übertrug

1635 König Philipp IV. dem Fünfunddreißigjährigen die Leitung des Hoftheaters in Buen Retiro und nahm ihn zwei Jahre später in den Ritterorden Santiago auf. Nach schwerer Krankheit wurde Calderón 1651 Priester und schließlich 1663 in Madrid Hofkaplan – ehrenhalber, ohne seelsorgerische Pflichten, aber mit dem Auftrag, jedes Jahr ein Fronleichnamsspiel für die spanische Hauptstadt zu schreiben. Siebenunddreißig Jahre lang wurde das Fronleichnamsfest in Madrid nur mit den »Autos« von Calderón gefeiert, wovon 73 erhalten sind. Das bedeutendste von ihnen, »Das große Welttheater«, erlebte 1675 seine Uraufführung. Nachdem Calderón die letzten Lebensjahrzehnte in stiller Zurückgezogenheit verbracht hatte, starb er als Einundachtzigjähriger am 25. Mai 1681 in Madrid. Sein Grab und Monument befinden sich jetzt in der Madrider Kongregationskirche.

Außer den 73 Fronleichnamsspielen sind uns noch 108 andere Stücke für die weltliche Bühne überliefert. Allgemein wird angenommen, daß er über vierhundert Bühnenwerke verfaßt hat. Ihre genaue Datierung stößt ebenso auf Schwierigkeiten wie die Einteilung in verschiedene Gruppen nach dem Gattungscharakter, da die Stile und Formen, die er anwandte, sich vielfach überschneiden. In Calderón, dem Genie des Barocktheaters, waren alle großen Eigenschaften seines Zeitalters vereinigt. Die Chronisten berichten ebenso von seinen hemmungslosen Liebesgeschichten wie von seiner tiefen Frömmigkeit.

Als junger Mann erprobte Calderón seine Begabung in der üblichen Mantel- und Degenkomödie, deren Form er von Lope de Vega und Tirso de Molina übernahm. Er hat uns darin ein anschauliches Kulturbild von dem »verwegenen Liebestreiben« in der Hauptstadt Madrid vermittelt, indem er bewährten Komödienstoffen eigene Erfahrungen hinzumischte, sie neu bearbeitete und in den Glanz seiner Sprache kleidete. Die Technik dieser Komödien hat er selbst einmal spöttisch so charakterisiert, daß darin »ein Bruder oder Vater stets zu ungelegener Zeit komme« und es dabei »notwendig immer einen versteckten Liebhaber und eine verschleierte Frau« geben müsse. Als Typ dieser Art lebt heute noch die Komödie »Dame Kobold« (1629) auf unseren Bühnen, die der Neunundzwanzigjährige schrieb und die als Muster und Beispiel der Mantel- und Degenkomödie über die Jahrhunderte hinaus bis in unsere Gegenwart gilt.

Neben Komödien verfaßte Calderón auch Schauspiele, die in bürgerlichen Kreisen spielen und als zeitgenössische Lehrstücke zu werten sind. Es sind Stücke, in denen Männer als Rächer der verletzten Ehre des Hauses auftreten und worin die Probleme des Ehebruchs vielfältig abgehandelt werden. Als Beispiel hierfür kann »Der Arzt seiner Ehre« (1637) gelten, vor allem aber auch »Der Richter von Zalamea« (1643), in dem ein Vater als Rächer der Ehre seiner Tochter auftritt. Die Schandtaten der bei den Bauern einquartierten Soldaten und der Racheakt des Vaters eines geschändeten Mädchens beruhen auf authentischen Vorfällen im Spanien des 16. Jahrhunderts. Damals galten Bürger und Bauern als Menschen zweiten Ranges, die nur allzuoft hilflose Opfer der launischen Überheblichkeit der adligen Herren und der von hemmungslosen Edelleuten befehligten Soldateska wurden. An diesen kläglichen Zuständen, die von den Zeitgenossen als unheilbares Übel geduldet wurden, übte Calderón Kritik und legte dar, daß man sie so ändern könne, wie es recht und billig wäre. »Dem König muß man Vermögen und Leben geben; aber die Ehre ist Eigentum der Seele, und die Seele gehört nur Gott«, sagt er in seinem »Richter von Zalamea«. Da dieses Schauspiel auf einem älteren gleichnamigen Stück von Lope de Vega beruht, hat man gelegentlich Calderóns Anteil an dem Werk herabzusetzen versucht. Bis auf einige übernommene Grundzüge der Handlung steht jedoch Lopes Werk weit hinter Calderón zurück. In diesem Wettstreit zweier Genies ist der Meister zwar vorausgegangen, aber sein Schüler hat ihn klar übertroffen.

Worin sich diese beiden großen Dichter in ihrem Gesamtwerk wesentlich unterschieden, hat Grillparzer einmal wie folgt dargelegt: »Calderón und Lope de Vega sprechen in Bildern. Aber Calderón ist bilderreich, und Lope de Vega ist bildlich. Calderón schmückt seinen Dialog mit ausgesponnenen und prächtigen Vergleichen. Lope de Vega vergleicht nichts, sondern beinahe jeder seiner Ausdrücke hat eine sinnliche Gewalt, und das Bild ist nicht eine Ausschmückung, sondern die Sache selbst. Lope de Vega geht aber von der natürlichen Empfindungsweise des Spaniers zu jeder Zeit aus; Calderón nimmt die künstliche Verbildung seiner Zeit zum Ausgangspunkte. – Calderón großartiger Manierist, Lope Naturmaler.«

Vielfach bezog sich Calderón auf historische Stoffe, wie etwa in »Eifersucht das größte Scheusal« (1635) auf das schicksalhaft gesehene Ehedrama von Herodes und Mariamne. Ein zeitgeschichtliches Ereignis von damals aktueller politischer Bedeutung spiegelt »Das Schisma von England« (etwa 1637), in dem Calderón den gleichen Stoff aufgriff wie Shakespeare in »Heinrich VIII.«, nämlich den Glaubenswechsel in England – der Spanier von der katholischen Seite aus gesehen, der Brite von der entgegengesetzten. Ein Thema aus der Geschichte der Kämpfe mit den Mauren in Nordafrika behandelt »Der standhafte Prinz«, ein Stück, geschrieben zwischen 1629 und 1636, das sich zur Märtyrertragödie ausweitet.

Einen besonderen Platz nehmen in Calderóns Schaffen auch die philosophisch orientierten Werke ein, in denen er Antwort auf letzte Lebensfragen erteilt. Hierzu zählen etwa »Der wundertätige Magier« (1637), den man als

»spanischen Faust« bezeichnet hat, sowie vor allem »Das Leben ein Traum« (1635), ein Werk, das in tiefer dichterischer Schau die Eitelkeit alles Irdischen erleben und das ganze Leben einem Traum gleichen läßt. Aus seiner Einsicht in die Scheinhaftigkeit der Welt kommt Prinz Sigismund darin zu der Erkenntnis: »Was ist Leben? Raserei! Was ist Leben? Hohler Schaum! Ein Gedicht, ein Schatten kaum! Wenig kann das Glück uns geben: Denn ein Traum ist alles Leben und die Träume selbst ein Traum.« Unzählige Bearbeitungen und Nachdichtungen folgten, auch als Opern, darunter »Sigismondo« von Rossini. Grillparzers »Der Traum ein Leben« (1840) wurde unmittelbar durch Calderóns Dichtung angeregt; ebenso auch in neuerer Zeit Hugo von Hofmannsthal, der unter dem Titel »Der Turm« (1924) eine freie Nachdichtung schuf. Auch Ferdinand Raimunds »Verschwender« (1834) ist ohne Calderóns »Das Leben ein Traum« nicht zu denken.

Zu den für uns heute interessantesten Stücken der zahlreichen geistlichen Festspiele Calderóns, der Autos sacramentales, gehört »Das große Welttheater«, das der Fünfundsiebzigjährige, längst schon zum Priester geweiht, an Fronleichnam 1675 in Sevilla zur Uraufführung brachte. In diesem Werk, in dem das ganze Leben der Menschen als Schauspiel aufgefaßt wird, läßt sich der »göttliche Meister«, der Herr des Alls, von der im Kostüm auftretenden »Welt« das Spiel des Lebens vorführen. Die darin vorkommenden allegorischen Figuren – der Meister, das Gesetz der Gnade, die Welt, die Weisheit, die Schönheit, der König, der Reiche, der Landmann, der Bettler, das Kind, eine Stimme – verkörpern bestimmte moralische oder theologische Begriffe. Jeder der Spieler und Spielerinnen begeht die ihm eigene Sünde, doch wer seine Schuld vor dem Gericht des »göttlichen Meisters« bereut, muß durch das Fegefeuer gehen, ehe er zur ewigen Seligkeit gelangt. Nur die Weisheit, die als christliche Kämpferin das Wort für das Schöne und Gute führte, und der Bettler, der sein Elend als von Gott gegeben geduldig ertrug, werden vom »göttlichen Meister« zum Tisch seines heiligen Brotes eingeladen. Der Reiche aber, den der Bettler vergebens um Almosen gebeten hatte und der seine Härte nicht bereut, wird für immer verworfen und verdammt. Das Schlußwort, das die Welt spricht, betont noch einmal den Grundgedanken des ganzen Spiels: Vor dem höchsten Richterstuhl ist das Menschenleben nur ein Schauspiel. Das tiefsinnige Werk von der Welt als Bühne überlebte das Barock und erhielt sich über die Zeiten hinaus als Sinnbild des Glaubens, als magische Weltschau. In Hugo von Hofmannsthals Nachdichtung, gekleidet in prachtvolle Verse, wird es als »Salzburger Großes Welttheater« (1922) auch in unseren Tagen immer wieder aufgeführt.

Rechts: Eine Szene aus Calderóns »Das Leben ein Traum«.

»Marlowe ist Übergang, Shakespeare ist Ewigkeit«

Obwohl Marlowe und Shakespeare im gleichen Jahr, nämlich 1564, geboren sind, ist Marlowe dennoch zum bedeutendsten Vorläufer Shakespeares auf der Elisabethanischen Bühne geworden, ein Dichter von ausschweifender, aber grandioser szenischer Phantasie. »Unser reines Gefühl wird, dort wo unsere historische Bildung nichts dazwischenredet, bei Marlowe nimmer ergriffen, Shakespeare hat dessen geschichtliche Verdienste aufgehoben und in einen übergeschichtlichen Bereich mit emporgenommen.« So hat der Literaturwissenschaftler und Shakespeare-Übersetzer Friedrich Gundolf über beide englischen Bühnendichter geurteilt. Der Theaterkritiker Herbert Jhering sieht die Unterschiede zwischen beiden so: »Shakespeare erst schafft die heilige Harmonie. Hinter Blut und Mord geht die neue Ordnung auf. Und zwischen Lärm und Kampf bettet sich die Stille. Marlowe hat nur die Affekte, Shakespeare die Totalität. Marlowe hat das Theater der Zeit, Shakespeare die Welt. Vor Marlowe sieht man heute noch nur sein Publikum sitzen, roh, genußfreudig, den Menschen des Dramas verwandt. Bei Shakespeare sehen wir allein das in sich ruhende Kunstwerk. Marlowe ist Übergang, Shakespeare ist Ewigkeit.«

Wenn Marlowes Bühnendichtungen auch nicht die ausgeglichene Reife und künstlerische Formvollendung wie Shakespeares Werke besitzen, so zeigen sie dennoch, daß dieser frühvollendete Titan in Form und Werk mehr als nur ein Bahnbrecher für einen Größeren war. Von den rund fünfzig Stückeschreibern des Elisabethanischen Theaters, also des englischen Renaissancetheaters, interessieren uns heute – außer dem »Zentralmassiv Shakespeare« – vor allem nur noch zwei: Christopher Marlowe und der neun Jahre jüngere Ben Jonson.

Christopher Marlowe, der Sohn eines Schuhmachers in Canterbury, hatte in Cambridge studiert und es dort zum Magister der freien Künste gebracht. Als Soldat hatte er in den Niederlanden gekämpft und war um 1585 nach London gekommen, wo er in enge Verbindung zum Theater trat und als Schauspieler und Stückeschreiber, wahrscheinlich in der Truppe des Earl von Nottingham, tätig wurde. Marlowe, eine monströse Renaissancegestalt, trieb sich in den Kneipen und Bordellen des Theaterviertels herum, hielt lästerliche Reden, wie es in der Anklageschrift der Behörden heißt, und führte ein wüstes Leben, das schon früh, am 30. Mai 1593, endete: Bei einem Wirtshausstreit in Deptford bei London wurde dem erst Neunundzwanzigjährigen sein eigener Dolch durchs Auge ins Gehirn gestoßen. Ob das Motiv zum Mord ein Liebeshandel war oder ob die Geheimpolizei dahinterstand, das weiß niemand. Der frühe Tod Marlowes war, wie Joseph Gregor meint,

»vielleicht der größte Verlust, den das Theater überhaupt jemals erlitten hat; er vereinigte die großartigen mittelalterlichen Visionen mit den ungeheuren szenischen Möglichkeiten der Barockbühne, die Shakespeare nicht zugänglich waren oder die er mit Absicht mied. Sehr deutlich wird dies durch die Unterschiede seines ,Juden von Malta' gegenüber den verwandten Gestaltungen Shakespeares im ,Kaufmann von Venedig' und im ,Romeo'.«

Barabbas, die Hauptfigur in »Der Jude von Malta«, ist eine dämonische Persönlichkeit von größten tragischen Ausmaßen, die zu Shakespeares Shylock überleitet. Vor dieser Tragikomödie hatte Marlowe das weit ausgreifende Erobererdrama »Tamerlan der Große« geschrieben, die Tragödie des asiatischen Weltherrschers.

So wie sein Königsdrama »Eduard II.« nachhaltig auf Shakespeares »Richard II.« eingewirkt hat, so ist auch sein Stück »Die tragische Geschichte von Doctor Faustus« – entstanden nach dem deutschen Volksbuch »Historia von Dr. Johann Fausten, dem weitbeschreyten Zauberer und Schwartzkünstler« – nicht ohne Einfluß auf Goethes »Faust« geblieben. Marlowes »Doktor Faustus«, der Theologe, Philosoph, Jurist, Rhetoriker und Mediziner, will sich, von Wissensdrang und Macht getrieben, die Welt des Übersinnlichen gefügig machen und schließt deshalb mit dem Teufel einen Pakt, der Mephistopheles, einen Knecht des großen Lucifer, verpflichtet, ihm vierundzwanzig Jahre lang zu dienen. Nach Ablauf dieser Frist soll Faust mit Leib und Seele dem Teufel verfallen sein. Als die letzte Nacht naht, bittet er in reuiger Selbstanklage vergebens den Himmel um Aufschub oder Begrenzung seiner Verdammnis:

»O Faust!
Jetzt nur ein Stündlein noch hast du zu leben,
Um dann verdammt zu sein auf immerdar!
Steht still, ihr ewig rollenden Himmelssphären,
Und hemmt die Zeit, daß Mitternacht nie komme!
Erwache, schönres Auge der Natur,
Zu ew'gem Tag! Dehn aus zum Jahr die Stunde,
Zum Mond, zur Woche, sei's auch nur zum Tage,
Daß ich bereu und meine Seele rette!
Oplentem lente currite, noctis equi!
Die Sterne kreisen fort, nichts hemmt die Zeit
In ihrem Lauf, gleich wird die Glocke schlagen,
Der Teufel nahn und mit ihm die Verdammnis.
Ich will zum Himmel auf! Wer reißt mich nieder?
Sieh, wie am Firmament das Blut des Heilands
So reichlich strömt: ein Tropfen kann mich retten!

. . . ihr Sterne, die regierten,
Als ich geboren ward, durch deren Einfluß
Ich ward dem Tod, der Hölle preisgegeben:
Jetzt zieht mich auf gleich einem Nebeldunst
In jener Wolke wetterschwang'ren Schoß.
Daß, wenn ihr öffnet eure rauch'gen Schlünde,
Im Sturm auch mein Gebein in Nichts zerstiebe,
Doch meine Seele laßt zum Himmel schweben!«

Aber die Teufel zerreißen ihn mit ihren Krallen und verschwinden. Der moralisierende Chorus warnt davor, »verbotnen Dingen nachzuspüren«.

Marlowe, der insgesamt sechs dramatische Werke hinterließ, führte auch als erster gegen das Reim- und Wortspielgeklingel seiner Zeitgenossen den wuchtigen Blankvers ein, den fünffüßigen, reimlosen Jambus. Das gleiche Versmaß nach dem Schema dida-dida-dida-dida-dida (di = unbetonte, da = betonte Silbe), das Versmaß Shakespeares, hat später Lessing durch seinen »Nathan der Weise« für die deutsche Klassik erschlossen. Die Bewunderung für Marlowe, für die Kühnheit seiner poetischen Konstruktion, für die Kraft und Originalität seiner Verse und seiner Erfindung überhaupt spiegelt sich in der merkwürdigen Spekulation einiger besonders phantasievoller Leute, der Dichter sei damals bei dem Wirtshausstreit nicht ermordet, sondern nur verwundet worden und entkommen und habe an einem geheimen Ort seine späteren Stücke geschrieben und unter dem Namen seines Alterskollegen Shakespeare veröffentlicht.

»Penny-stinker« und die Masken der ehrbaren Damen

»Die gewaltige Bekrönung, die das englische Theater, ja das Theater der ganzen Welt gegen Ende des 16. Jahrhunderts in der Gestalt einer einzigen Persönlichkeit finden sollte, ist oft und aus vielen Wurzeln erklärt worden«, wie Joseph Gregor in seiner »Weltgeschichte des Theaters« darlegt. »Zeitliche und persönliche Gründe scheinen sich da ganz gleichmäßig zu verteilen, auch dem größten Genie wäre es unmöglich gewesen, eine solche Blüte aus sich selbst heraufzuführen, wären nicht die Umstände der Zeit so unendlich günstige gewesen. Das England der Königin Elisabeth ist tatsächlich ein neugegründeter, nach jahrhundertelangem Unfrieden phönixhaft neugefügter Staat; mehr, eine Welt, denn durch die beiden Seewege, den ostindischen und den nach dem neuen Kontinente, hatte das Inselreich plötzlich ungemessene Grenzen erhalten. Staat, Kirche, öffentlicher und privater Reichtum hatten einen Impuls erfahren, wie ihn keiner der europäischen Staaten um diese Zeit auch nur entfernt aufzuweisen hat. Der Kampf mit dem Erbfeinde zur See war durch den Untergang der Armada (1588) endgültig zugunsten Englands entschieden, seine führende Stellung in Europa hat England diesem Augenblick zu danken. Elisabeth, frohen Festen nicht eben zugeneigt, wie die dürre Lage der Mysterien und Passionen gezeigt hat, setzte jetzt ihren Ehrgeiz darein, auch auf der Bühne ‚Old merry England' wieder erstehen zu lassen.

Es ist aber als erstes zu bemerken, daß die Blütezeit des Elisabethanischen Theaters eine Blüte des Volkstheaters war. Richtiger: der Sieg des neuzeitlichen Berufstheatersystems, das in einem theaterfreudigen, aber auch wohlhabenden Volke seinen vollen Widerhall fand. Mittelpunkt des Theaters war nicht mehr diese oder jene Grafschaft, dahin eben die Mysterien zogen, sondern die Hauptstadt, die übrigens in den letzten Passionen und Moralitäten immer mehr in den Vordergrund tritt, Stätte des Theaters nicht mehr der freie Platz und dieser oder jener Wagen, sondern ein für allemal das Theater. Auch hatte man nicht zu warten, bis den Gilden die Aufführung an diesem oder jenem Festtage gefiel, das Theater spielte regelmäßig, und jedermann, der bezahlte, konnte an dem Tage, der ihm genehm war, Zuseher sein.«

Auch in England – genau wie in Deutschland, Frankreich, Italien und Spanien – hatte das Theater in der Kirche mit den Wechselgesängen der Liturgie angefangen. Als dann außerhalb der Kirche der Vorplatz den Spielraum bildete, wurde die der Bibel entnommene Spielhandlung mit weltlichen Späßen angereichert. Aus den Fronleichnamsspielen, bestritten und finanziert von den Zünften der Handwerker, wurden in England Volksfeste. Während in Spanien das Theater im Schutz und Dienst der Kirche blieb, verweltlichte es in England vollkommen. Heinrich VIII. löste aus persönlichen Gründen, nämlich als der Papst ihm die Scheidung von Katharina von Aragon verweigerte, die englische Kirche von Rom. Seine Tochter Elisabeth, die ihm 1558 auf den Thron folgte, ließ die schottische Königin Maria Stuart, eine Parteigängerin Spaniens und des Katholizismus, hinrichten, beendete das Wirken der Gegenreformation und begründete Englands Großmachtstellung durch die Vernichtung der spanischen Armada. Während die Niederlage dieser Kriegsflotte Spaniens Theater in den Glanz vergangener Größe flüchten ließ, machte Englands Sieg das englische Theater stolz auf die Gegenwart und zeigte das ins Überlebensgroße gesteigerte Leben und den ins Übermenschliche gesteigerten Menschen.

Die öffentlichen Theater in London unter der Königin Elisabeth I. (1558–1603) und ihrem Nachfolger Jakob I. waren die erfolgreichsten Spielstätten der ganzen Theatergeschichte. Zu einer Zeit, da Shakespeare, Marlowe, Ben Jonson und andere Dramatiker ihre Stücke schrieben, gingen von den 160 000 Einwohnern Londons wöchentlich 21 000 ins Theater, das heißt, jeder achte Londoner besuchte jede Woche einmal das Theater.

Doch schon vorher war leidenschaftlich Theater gespielt worden. Während das englische Volk noch unter den Launen König Heinrichs VIII. (1509–1547), eines skrupellosen Renaissancefürsten und rücksichtslosen Absolutisten, litt, hatten die hochadeligen Lords auf ihren Schlössern und in ihren weiträumigen Londoner Häusern Aufführungen veranstaltet. Was an den italienischen Fürstenhöfen große Mode geworden war, konnten die englischen Adligen nur beschränkt verwirklichen. Weder verfügten sie über so viel Geld noch über solche Theaterdichter wie die Päpste und italienischen Herzöge. Sie mußten sich damit begnügen, Schauspielertruppen einzuladen. In der Mitte des 16. Jahrhunderts gab es in England über hundertfünfzig solcher Schauspielergesellschaften, die meistens nur aus vier Männern und einem Knaben für die Frauenrollen bestanden. Jeder Schauspieler mußte also mehrere Rollen übernehmen können. Die Lords bezahlten die nach ihrem Adelsnamen benannten Schauspielertruppen nicht mit Geld, sondern lediglich mit ihrer Protektion, das heißt mit ihrer gnädigen Erlaubnis, in den Gasthöfen der Städte und Dörfer ihrer Grafschaften vor den Bürgern und Bauern gegen Bezahlung spielen zu dürfen.

Zum erstenmal »erkennen wir die Wichtigkeit des sozialen Aufbaues im Ganzen des Theaters«, wie Gregor hierzu ausführt. »Auch hierin war das Zeitalter Shakespeares glücklich zu preisen: Dem glühenden Interesse des Publikums entsprach auf der anderen Seite das Schauspielerprotektorat, das seitens des Adels gerne und generös ausgeübt wurde. Außer anderen Benefizien bedeutete dies die Ausnahme vom Vagantengesetz, die die Schauspieler längere Zeit, leider nicht dauernd, genossen. Es ist zunächst kaum denkbar, daß Vaganten, die im Wirtshause spielen und denen die Behörden und Puritaner stets hart auf den Fersen sind, sich zu irgendeiner gesellschaftlichen Bedeutung in dem immer mächtiger werdenden Staatswesen aufgeschwungen hätten. Die Vorwürfe gegen diese Institution: Begünstigung der Unzucht, Verführung der Jugend, Verbreitung der Pest, Möglichkeit von Unglücksfällen durch Gedränge und Einsturz von Gerüsten, Taschendiebstähle, die hartnäckige Tendenz, auch an Sonn- und Feiertagen zu spielen und diese so zu entheiligen, Staatsgefahr, ja sogar Religionsstörung, waren schon mehr als hinreichend, das Theater unmöglich zu machen, und Zensur, Verbote, Geld- und Gefängnisstrafen taten ein übriges, um den Stadtbehörden und Puritanern wirksam zur Seite zu stehen. Es war also das Bestreben der Schauspielergesellschaften, das Vagantengesetz irgendwie zu umgehen und selbst Hofschauspieler zu werden. Der Verfolg dieses ersten Weges zum praktischen Aufbau der Weltbedeutung des englischen Theaters hieß das

Protektorat. Es ist schwer anzugeben, wo diese Welterscheinung zum ersten Male aufgetaucht ist, vermutlich dürfte Frankreich die Priorität besitzen. Wenn die Behörde gerade im besten Zuge ist, die Schaustellungen der Vaganten zu verhindern, zücken diese plötzlich einen Freibrief, der ihnen den Schutz irgendeines bei derselben Behörde gefürchteten Aristokraten zusichert. Leicester hat 1559 an Shrewsbury einen Brief gerichtet, um für seine Leute um Spielerlaubnis in Yorkshire zu bitten. Auch die Schauspieler petierten selbst. Sie wollten keinerlei Lohn, nur Dienerlivreen. Der Wunsch wurde erfüllt, und es ist somit diesen Leuten zu danken, daß später in Frankreich ein Molière noch den Titel eines Kammerdieners führte und daß in England der bedeutendste Mann des Zeitalters, William Shakespeare, beim Einzuge Jakobs I., 1604, den scharlachroten Mantel eines königlichen Dieners trug. Immerhin war der soziale Erfolg zunächst beispiellos, und nur ein Lord Leicester hätte ihn erzielen können. Denn gerade in dem so kritischen Jahre 1574 erhielten die ‚Earl of Leicester's Men' die geradezu unglaubliche Vergünstigung, die ihnen das Spielen jeder Art von Stücken erlaubte, vorausgesetzt, daß diese zensuriert waren, was auch als Befehl an alle Gerichte und Bürgermeister weitergegeben wurde. Bis zur Bildung der eigenen Truppe der Königin blieben diese Schauspieler Hofakteure. Die Truppe, die in der Folgezeit verschiedene Namen trug, war jene, der auch Shakespeare angehörte.«

Erläuternd zu diesen Ausführungen sei hier noch hinzugefügt, daß das zunächst ausreichende Protektorat, also die Schutzherrschaft der Lords, nicht mehr genügte, als das puritanische, gegen jedes Vergnügen gerichtete Bekenntnis der Reformation immer mehr Einfluß gewann. Jede einzelne Aufführung der englischen Berufsschauspieler mußte jetzt besonders genehmigt werden. In dieser schwierigen Lage erwirkte jedoch Lord Leicester, der Günstling Elisabeths I., für seine Schauspielertruppe ein königliches Patent, das alle Behörden anwies, seinen »Earl of Leicester's Men« alle Aufführungen zu gestatten, sofern der Zensor des Anstands und der guten Sitten nichts dagegen einzuwenden hatte. Das bedeutete allerdings, daß vorher alle Stükke schriftlich vorliegen mußten – und damit zugleich auch das Ende der Stegreifkomödie, der Improvisation der Commedia dell'arte in England. Damit gewannen die Stückeschreiber, die ihre Dramen an die Schauspieler verkauften wie die Altwarenhändler ihre Kostüme, ein neues Arbeitsfeld.

Vorstellungen vor dem Volk fanden genau wie in Spanien in Höfen zwischen drei Häusern statt. Was man in Spanien »Corrales« nannte, hieß in England »Innyards«, da es sich um Kneipenhöfe handelte. Während in Spanien geistliche Bruderschaften als Veranstalter die Corrales mieteten und den Reinertrag für karitative Zwecke verwendeten, traten in England die

Adligen nur als Protektoren auf, den Reinerlös behielt die Schauspieltruppe. In den Londoner Innyards oder Gasthaustheatern war die Bühne an die Hausmauer gebaut, und die Galerien zu den Gastzimmern wurden zu hochbezahlten Zuschauerplätzen. Die Menge der Zuschauer stand jedoch im Hof, und wenn es diesen »Gründlingen« zu langweilig wurde, dann machten sie Radau wie ihre spanischen Leidensgenossen, die »Mosqueteros«.

Als der Gemeinderat der Londoner City 1574 die Gasthoftheater verbot, bauten die Schauspielertruppen selbst feste Theater vor den Toren der Stadt, in den sogenannten »Freiheiten« von London. So entstanden 1576 »The Theatre«, wo vermutlich der junge Shakespeare spielte und seine ersten Stücke aufführte, und 1577 »The Curtain Theatre«, beide im Norden, sowie danach die beiden jüngeren »Rose« und »Swan« auf dem südlichen Ufer der Themse.

Nach dem Bericht eines holländischen Reisenden namens Johannes de Witt, der um 1596 London besuchte, war das berühmte Swan-Theater, nach dem gleichnamigen Freudenhaus genannt, »das größte und großartigste« von diesen vier Theatern. Es hatte prächtig marmorierte Holzpfeiler und faßte dreitausend Besucher. Zwar ist diese hohe Zahl oft als wilde Übertreibung zurückgewiesen worden, sie stimmt jedoch sehr gut überein mit anderen zeitgenössischen Angaben. Der Holländer de Witt hat nicht nur seine Eindrücke niedergeschrieben, sondern auch eine Innenzeichnung des Swan-Theaters angefertigt, die zahlreiche, auch durch andere Quellen bestätigte Einzelheiten enthält. Allmorgendlich wehte dort die Fahne, wenn am Nachmittag eine Vorstellung stattfand, und der Trompeter auf dem Dach blies – in einer uhrenlosen Zeit – ein dreifaches Signal, sobald die Aufführungszeit nahte. Die lautstarke Eigenwerbung beleidigte die Puritaner ganz besonders, wie de Witt zu berichten weiß: »Diese Fahnen des gegen Gott gerichteten Trotzes, diese Trompeten, die eine solche Gesellschaft zusammenblasen, schaffen es eher, derartige Plätze wie die Theater zu füllen, als die Predigt von Gottes heiligem Wort die Kirchen zu füllen vermag.« Sobald sich die Zuschauer im Theater versammelt hatten, genossen sie – statt eine erbauliche Predigt über sich ergehen lassen zu müssen – »schändliche und unerhörte Obszönitäten, gesaugt aus den vergifteten Zitzen des sündegeschwollenen Theaters«.

Rechts: Dieses Bild eines typischen englischen Gasthofes stammt zwar aus dem 19. Jahrhundert, vermittelt aber dennoch einen Eindruck von der ähnlichen Anlage dieser Häuser zur Zeit Shakespeares. Hier im Hof führten die fahrenden Schauspieler ihre Stücke auf. Die vornehmeren Zuschauer saßen auf den Galerien, während das einfache Volk im Hofe stand.

THE WHITE
HART

Die Zuschauer betraten das Theater durch den einzigen öffentlichen Eingang gegenüber der Bühne, wo sie dem »Sammler« als Eintrittsgeld einen Penny in die Büchse steckten. Oft trat dieser »Sammler« später noch als Statist im zweiten Teil des Stückes auf. Nach der Bezahlung durfte der Besucher dann ins Parkett gehen und dort stehenbleiben, wenn er sich aus der Bezeichnung »penny-stinker« nichts machte. Für mehr Bequemlichkeit und bessere Sicht mußte man einen weiteren Penny am Fuß der Treppen links und rechts opfern und durfte dann den obersten Rang betreten. Ein dritter Penny öffnete den Zugang zum ersten und zweiten Rang. Genau beschrieben hat dies 1599 ein anderer Besucher aus Basel: »Wem es nichts ausmacht, im Parkett zu stehen, der zahlt einen englischen Penny. Wer sitzen will, geht durch eine andere Tür und zahlt noch einen Penny. Wer besonders bequem auf Kissen sitzen will, wo er nicht nur sehen kann, sondern auch gesehen wird, der zahlt an einer anderen Tür noch einen Penny.«

Wer jedoch als ehrbare Dame nicht gern gesehen werden wollte, verbarg das Gesicht hinter einer Maske, sofern sie sich überhaupt ins Theater wagte zu so seichten und leichten Vergnügungen. Da alle Schichten des Volkes, auch Frauen ohne Begleitung, Zutritt hatten, wurde das Theater von gewerbsmäßigen Liebeshändlerinnen als Treff- und Anknüpfungspunkt für andere Lustbarkeiten gern besucht.

Normalerweise wohnten die obersten Hofkreise den Aufführungen in den öffentlichen Theatern nicht bei. Es gab jedoch auch Ausnahmen, wie de Witt beobachtet hat. Die wenigen Adligen, denen es erlaubt war, durch den Eingang für die Schauspieler hinter der Bühne hereinzukommen und dann im »gentlemen's room« zu sitzen, links und rechts von der Bühne, mußten dafür zwölf Pennies zahlen. So hoch wie der Eintrittspreis, so schlecht war die Sicht, doch dafür vermied man die unmittelbare Berührung mit dem übrigen Publikum. Aus eben diesem Grunde zahlten die wenigen Reichen im viktorianischen Theater – wie auch noch in diesem Jahrhundert – die höchsten Preise für die schlechtesten Plätze in den Logen, die zu nahe an der Bühne liegen. Doch die Anwesenheit dieser Gentlemen übte einen wichtigen Einfluß auf die Qualität der Stücke aus, die auf so geniale Weise das Geistreiche und das Volkstümliche vereinen. In etwas duldsamerer Haltung als gemeinhin üblich hat damals ein Puritaner die Universalität des Shakespeareschen Publikums wie folgt charakterisiert: »In der Tat, ich muß zugeben, zu den Stücken kommen alt und jung; es ist schwer vorherzusagen, ob sich alle vernünftig betragen, doch eins kann ich Ihnen sagen, meine Hand lege ich für keinen einzigen Zuschauer ins Feuer.«

Rechts: Das Londoner Swan-Theater.

tectum
porticus
sedilia
orchestra
ingressus
mimorum
ædes
proscænium
planities siue arena
quantum sed dispari et structura, bestiarum concertationi destinatum, in quo multi ursi, tauri, et stupendæ
magnitudinis canes, discretis caveis & septis aluntur, qui
ad

»Wir sind aus gleichem Stoff gemacht wie Träume«

William Shakespeare, der Dichter des Elisabethanischen Zeitalters, des »merry old England«, ist das größte dramatische Genie des Abendlandes. Die Gestalten seiner sechsunddreißig Stücke stellen in ihrem Streben nach grenzenloser Entfaltung des Individuums zugleich den vollkommensten Ausdruck der Renaissance dar. Shakespeare, der zum Ausgangspunkt der dichterischen Schau den einzelnen Charakter nahm, begann als Schöpfer ausgelassener Komödien und mit tragischen Motiven überhäufter Trauerspiele, um nach einer Wanderung durch alle Himmel und Höllen der Menschenseele und ihrer Leidenschaften als weiser Prospero mit tiefsinnigen Märchenspielen von Gut und Böse zu schließen. Sein Gesamtwerk, das tief in der Weltanschauung der Renaissance wurzelt und die letzte moralische Instanz im Gewissen des einzelnen Menschen erblickt, der sonst keinem anderen Gesetz unterworfen ist, wurde als Typ des Charakterdramas in Tragödie und Komödie zum großen Gegenstück der im Mythos verhafteten Bühnenkunst der Griechen und ihrer schicksalsbedingten Tragik. Sein Einfluß auf die weitere europäische Dramatik war außerordentlich, und noch heute beherrschen viele seiner Werke die Spielpläne der Theater.

»Shakespeares Dramen sind wirkliche Spiele: das macht sie so amüsant«, urteilt der Kulturhistoriker Egon Friedell. »In ihnen ist das ganze Dasein als Traum, als Maskerade oder, bitterer ausgedrückt, als Narrenhaus konzipiert. Taten sind Tollheit: dies ist die Kernweisheit aller seiner Dichtungen, nicht bloß des ‚Hamlet'. Er hat einen ganzen Kosmos von Tatmenschen, eine komplette Zoologie dieser so varietätenreichen Spezies geschaffen; aber er belächelte und verachtete sie alle. Sein ganzes Leben war dem Drama, der Darstellung von Handlungen gewidmet: Abbilder menschlicher Taten zu malen war der Sinn seiner Erdenmission; und er selbst fand alles Handeln sinnlos. Darin, daß er sich auf diese Weise über seine eigene Tätigkeit erhob, zeigt sich seine höchste Genialität. Seine ganze Weltanschauung ist in seiner Grabschrift enthalten: ‚We are such stuff as dreams are made of' – ‚Wir sind aus gleichem Stoff gemacht wie Träume.' Dies scheint mir auch der Sinn des ‚Hamlet' zu sein: Hamlet ist ein so intensiver Phantasiemensch, daß er alles, was erst noch geschehen soll, in seinen Träumen vorwegnimmt, durchdenkt, zu Ende denkt und schließlich zerdenkt; man kann aber eine Sache nur einmal voll erleben: in der Vorstellung oder in der Realität; Hamlet

Rechts: »Hamlet«, Shakespeares berühmteste und tiefsinnigste Tragödie, steht immer wieder auf den Spielplänen der großen Theater, 1963 zum Beispiel im Hamburger Schauspielhaus mit Maximilian Schell in der Titelrolle.

hat ohne seine Schuld und vielleicht sogar gegen seinen Willen das erstere gewählt: er träumt die Welt so stark, daß er sie nicht mehr erleben kann.

Und was war denn dieser Shakespeare selber anderes als ein luftiges Traumgebilde oder flackerndes Lichtspiel, ein zitternder Spuk und Alpdruck, der durch die Welt fuhr, unheimlich und unwirklich, alle bunten Geschehnisse der Wirklichkeit widerspiegelnd und vorüberhuschend wie eine gigantische Sinnestäuschung? Wie ein riesiges Brillantfeuerwerk ging er nieder, den Himmel mit Flammengarben der Leidenschaft und Leuchtkugeln des Witzes färbend und eine unendliche Schleppe von prasselndem Gelächter und glitzernden Tränen hinter sich herziehend.

Die Welt als Traum, die Welt als Mysterium, die Welt als Chaos: dies ist eine Apperzeptionsform, die der Renaissance völlig entgegengesetzt ist. Und Shakespeare bedeutete denn auch in der Tat nicht etwa den Höhepunkt, sondern das Ende und die definitive Auflösung der Renaissance. In den Zeitraum von der Mitte des 16. Jahrhunderts bis zum Ausbruch des Dreißigjährigen Kriegs fällt die Agonie der Renaissance.«

Wie die Eintragung im Kirchenbuch der Dreifaltigkeitskirche zu Stratford, einem ländlichen Städtchen am Avon, bezeugt, wurde William Shakespeare dort am 26. April 1564 getauft. Da damals die Taufe üblicherweise wenige Tage nach der Geburt stattfand, könnte er vielleicht am 23. April 1564 geboren sein, ein nicht verbürgtes Datum, auf das man sich aber allgemein geeinigt hat.

Sein Vater, zeitweilig nicht unbegütert, gehörte zur Zunft der Handschuhmacher und bekleidete später verschiedene Ämter der Gemeinde, während seine Mutter aus einer angesehenen Familie des Landadels der benachbarten Grafschaft Warwickshire stammte. Der junge Shakespeare besuchte die Lateinschule seines Heimatortes, wo er auch schon früh mit dem Theater in Verbindung kam, da fahrende Komödianten regelmäßig in Stratford-on-Avon, einem typischen Marktflecken mit etwa zweitausend Einwohnern, Gastspiele gaben.

Am 27. November heiratete der frühreife Achtzehnjährige die um acht Jahre ältere Anne Hathaway, die ein Kind von ihm erwartete. Der Geburt ihrer ersten Tochter im Mai 1583 folgte im Februar 1585 ein Zwillingspärchen. Durch Ehe und Familie gebunden, schien Shakespeare dazu verurteilt zu sein, als kleiner Gewerbetreibender sein ganzes Leben in seinem heimatlichen Provinznest verbringen zu müssen. So wie es dem jungen Ehemann immer schwerer fiel, dieses eintönige Dasein zu ertragen, so unwiderstehlicher wurden die Verlockungen der Großstadt an der Themse mit ihrem aufblühenden Theaterleben, das er bisher nur von den gastierenden Schauspielertruppen in Stratford kannte.

Das Zusammentreffen mit den Komödianten mag wohl den letzten entscheidenden Anstoß gegeben haben, Frau und Kinder in der Obhut seiner Eltern zurückzulassen und sein Glück in London zu versuchen. Wann er dorthin aufbrach, ist unbekannt, wahrscheinlich irgendwann im Jahre 1587, die Vermutungen darüber schwanken. Wenig wissen wir auch über Shakespeares private Lebensumstände in der frühen Zeit seines Aufenthalts und auch späterhin. Sicherlich hat er schon bald nach seiner Ankunft in London gehörig »Theaterluft geschnuppert« und sich wohl berufen gefühlt, selbst Dramen zu schreiben. Da er dazu erst einmal den Theaterbetrieb näher kennenlernen mußte, dürfte er sich wohl einer Schauspielertruppe angeschlossen haben, die damals normalerweise aus acht Darstellern bestand und sich jeweils nach ihrem adligen Gönner nannte: »Pembroke's Men«, »Queen Anne's Men« oder »Admiral's Men«, um nur einige zu erwähnen.

Leider sind Shakespeares Anfängerjahre in Dunkel gehüllt, so daß wir nicht wissen, welcher Theatertruppe er sich angeschlossen hat, doch spricht vieles für »Lord Strange's Men«, die ab 1594, nach dem Tod ihres alten Gönners, von Lord Hunsdon übernommen wurde. Da er als Lord Chamberlain am Hof ein Amt bekleidete, trat die Truppe schon bald unter dem Namen »Lord Chamberlain's Men« auf. Nach einer Weihnachtsaufführung von zwei Stücken vor der Königin gehörte Shakespeare bereits zu den drei Ensembleleitern, die im März 1595 das Honorar entgegennahmen. Er zählte also damals nicht mehr zu den angestellten Schauspielern mit Wochenlohn, sondern war bereits zu den Teilhabern der Gesellschaft aufgestiegen, die persönlich Kapital beigesteuert hatten, um einen gemeinsamen Fundus an Stücken, Kostümen und Requisiten anzuschaffen; entsprechend ihren Anteilen waren sie dafür aber auch an den Einnahmen beteiligt.

In den Jahren davor dürfte es dem jungen Shakespeare, der sich noch keinen Namen gemacht hatte, wohl so ergangen sein wie den meisten anderen gutaussehenden jungen Burschen, die über schauspielerische Begabung verfügten und zum Theater drängten. Fanden sie einen Spielleiter, der sie begünstigte, so konnten sie, wie zeitgenössischen Berichten zu entnehmen ist, für die Darstellung von Frauenrollen angeworben werden, denn weibliche Komödianten durften erst hundert Jahre später auf der Bühne auftreten. Zwei oder drei dieser sogenannten »hired men« oder Mietlinge gehörten zu jedem Ensemble.

Die Annahme ist berechtigt, daß der noch unbekannte Shakespeare zunächst in Nebenrollen auftrat, als Inspizient den Schauspielern das Zeichen zum Auftritt gab und wohl auch Bühnentexte umschreiben mußte. Täglich wechselte das Programm, und etwa alle zwei Wochen stand ein neues Stück auf dem Spielplan.

Shakespeare aber begnügte sich nicht mit dem bloßen Umschreiben von Texten, sondern ging nach seinen ersten Bühnenerfahrungen in London schon sehr rasch dazu über, eigene Stücke zu verfassen, die allerdings deutlich erkennbar noch unter dem Einfluß seiner unmittelbaren Vorgänger standen. So ist sein Erstlingswerk, die Schauertragödie »Titus Andronicus« (etwa um 1590), mit der der angehende Dichter sogleich einen beachtlichen Bühnenerfolg errang, noch ganz erfüllt vom Geist Marlowes und seiner aufschneiderischen Helden. Möglicherweise eine Gemeinschaftsarbeit mit Christopher Marlowe soll der erste Teil des dreiteiligen »König Heinrich VI.« sein, der ebenfalls aus dieser Zeit stammt und unter Shakespeares Namen kursierte. Das zwischen 1589 und 1591 geschriebene Lustspiel »Komödie der Irrungen« stützt sich auf die »Menächmen« des Plautus, verdoppelt aber das Verwechslungsspiel durch ein zweites Zwillingspaar. In den lyrischen Partien übertraf Shakespeare bereits sein Vorbild John Lyly (1554–1606), einen Zeitgenossen, bei dem er auch Anregung für sein zweites Werk der heiteren Gattung fand, »Verlorene Liebesmüh« (etwa 1592), einem Spiel um eine Akademie von Männern, die reine Platoniker sein wollen und sich von den Frauen eines besseren belehren lassen müssen. Immerhin konnte das junge Genie hier seine Sprachgewandtheit beweisen und schulen.

Dennoch erkannte ein anderer Zeitgenosse, Robert Greene (1558–1592), Verfasser von Romanen, Pamphleten und Bühnenstücken, sofort, was mit dem aufkeimenden Genie William Shakespeare auf ihn und seine fürs Theater schreibende Zunft zukam. Der überraschende Aufstieg des unerfahrenen Anfängers, der bereits zwei bis drei Jahre nach der Ankunft in London sein erstes Stück erfolgreich zur Aufführung bringen konnte, veranlaßte den erbitterten Angriff des neidischen Greene gegen diesen jungen Schauspieler, der es gewagt hatte, »playwright«, das heißt Stückeschreiber, zu werden. Seine »gelehrten Kollegen dieser Stadt« beschwor er, allen Schauspielern zu mißtrauen und ihnen ihre Stücke nur vorsichtig anzubieten, »denn da ist jetzt so eine diebische Krähe von einem Neuling hochgekommen, einer, der sich mit unseren Federn schmückt und glaubt, er könne ebenso gut schreiben wie die Besten von uns. Er hält sich für den einzigen ‚shakescene' im Lande, den einzigen ‚Szenenbeweger' und Publikumserschütterer. Laßt diesen Affen das nachahmen, womit ihr selbst schon unermeßlichen Ruhm erworben habt, doch macht solche Leute wie ihn nicht mehr mit neuen Dichtungen bekannt.«

Tatsächlich stößt man in Shakespeares Jugendwerken auf Spuren seiner zeitgenössischen Rivalen, zu denen außer seinen bereits erwähnten Lands-

Shakespeares zwischen 1589 und 1591 geschriebenes Lustspiel »Komödie der Irrungen« geht auf eine Komödie des Plautus zurück.

leuten noch die englischen Dramatiker Thomas Lodge, Thomas Nashe, George Peele und Thomas Kyd gehörten, doch stellt man erstaunt fest, wie rasch er es in seinem Handwerk zum Meister gebracht und mit welcher Selbstsicherheit er die verschiedenen Arten des Dramas – Historie, Tragödie, Komödie – nebeneinander beherrscht hat. Bereits nach wenigen Jahren hatte er seine Wegbereiter überholt. Doch nicht nur an ihnen konnte sich ein junger englischer Dichter damals schulen, sondern auch an den antiken Klassikern, die ebenso in Übersetzungen vorlagen wie viele Werke der französischen, spanischen, portugiesischen und italienischen Literatur.

Zahlreiche fremde Druckwerke dürften Shakespeare bekannt gewesen sein, wie die literarische Untersuchung seiner dramatischen Dichtungen zeigt. Wie ein Schwamm das Wasser, so muß sein Genie alles Wissen und alle Weisheit seiner Zeit in sich aufgesogen und geradezu besessen für seinen Lebenszweck, das Theater, verarbeitet haben. »Wollte man den Versuch wagen, das Wesen dieses unfaßbaren Menschen in einem einzigen Wort auszudrücken, so könnte man vielleicht sagen: Er war der vollkommenste Schauspieler, der je gelebt hat. Er war der leidenschaftlichste und objektivste, hingegebenste und souveränste Charakterdarsteller der menschlichen Natur, aller ihrer Höhen und Niederungen, Flachheiten und Abgründe, Zartheiten und Bestialitäten, Träume, Taten und Widersprüche. Er ist der roheste Schlächter und femininste Gefühlsmensch, der feinste Artist und der geschmackloseste Barbar, der, gleich den Edelleuten seiner Zeit, mit einer Überfülle von Juwelen prunkt, er schreckt vor nichts zurück und bevorzugt nichts: Denn alles ist ja nur eine Rolle, die möglichst glaubhaft und möglichst einprägsam vorgetäuscht werden will.« Wenn Egon Friedell hier von einem »unfaßbaren Menschen« spricht, so steht er mit dieser Ansicht nicht allein da. Denn die Gedankentiefe, der unermeßliche Wortschatz, die Vielseitigkeit des Inhalts und der Gestaltungsformen der Stücke, die unter dem Namen William Shakespeare gespielt und gedruckt wurden, haben immer wieder die törichte Spekulation aufleben lassen, daß hinter diesem Namen andere Persönlichkeiten als Verfasser von Shakespeares Werken ständen. Der Schauspieler William Shakespeare aus dem Provinznest Stratford könne nicht zugleich auch der Dichter jener unsterblichen Dramen der Weltliteratur sein. Bis heute hat man in teils unsinnigen Theorien schon etwa sechzig Kandidaten als vermeintliche Verfasser von Shakespeares Werken nachzuweisen versucht – vergebens, denn alle diese phantastischen Behauptungen und unwahrscheinlichen Vermutungen lassen sich widerlegen, auch wenn die zahlreichen Shakespeare-Forscher viel Mühe hatten, aus wertvollen Anhaltspunkten in verstaubten Archiven immer wieder neue Rückschlüsse auf sein Leben zu ziehen. Das Einmalige in der Kunst Shakespeares ist unter anderem das Ergebnis aus der Doppelbegabung von Schauspieler und Dichter, was der Erzähler und Dramatiker Otto Ludwig (1813–1865) einmal wie folgt ausgedrückt hat: »Shakespeare hat seine Stücke aus dem Herzen der Schauspielkunst heraus geschrieben, der Dichter gefällt darin in demselben Grade, als er dem Schauspieler Gelegenheit bietet zu gefallen.« Ebenso sah auch Grillparzer das »Eigentlichste« von Shakespeares Geist darin, »daß der Schauspieler in ihm so tätig war als der Dichter«. Ohne Bühne sind Shakespeares Dichtungen nicht denkbar, und auch der Leser muß, wie Herder es formuliert hat, »eine Bühne in sich tragen«, um Wesen und Eigenart der Stücke richtig zu erfassen.

Nach den Zeugnissen seiner Kollegen über Shakespeares Darstellungskunst »spielte er außerordentlich gut« und war »exzellent in seinem Beruf«. Der Dichter John Davis lobte ihn sogar in einer Ansprache: »Du hast die Rollen der Könige so gespielt, daß du jedem König als König gleichzustellen bist.«

Wieviel der Dichter von der Schauspielkunst verstand, geht auch aus Hamlets Worten an die Schauspieler hervor, denen er – in der Übersetzung A. W. Schlegels – nahelegt: »Seid so gut und haltet die Rede, wie ich sie Euch vorsagte, leicht von der Zunge weg . . . Paßt die Gebärde dem Wort, das Wort der Gebärde an; wobei ihr sonderlich darauf achten müßt, niemals die Bescheidenheit der Natur zu überschreiten. Denn alles, was so übertrieben wird, ist dem Vorhaben des Schauspiels entgegen, dessen Zweck sowohl anfangs als jetzt war und ist, der Natur gleichsam den Spiegel vorzuhalten: der Tugend ihre eignen Züge, der Schmach ihr eignes Bild und dem Jahrhundert und Körper der Zeit den Abdruck seiner Gestalt zu zeigen.«

Diese Anweisung Shakespeares – über Hamlet – an die Schauspieler hat einen besonderen Grund: Shakespeares Szene war »ein Ort sehr feiner und komplizierter Abgrenzungen der Phantasie«, wie Gregor es formuliert. »Es handelt sich um Symbolörter, die nicht illusionistisch vorgetäuscht werden, darin folgt Shakespeare dem Mittelalter und steht an der Wende zum Illusionstheater des Barockzeitalters.« Wenn auch nicht anzunehmen sei, daß jede Bühnendekoration gefehlt habe, so mußte der Schauspieler, auf der Shakespearebühne nur auf sich selbst gestellt, »die größtmögliche Wirkung in der Mimik suchen, die dann natürlich in Theatralik mündete. Es entspricht dem Publikum, dem so starke Phantasiehandlungen zugemutet werden, daß es auch auf diesem Gebiet mächtig ausschweift. Je furchtbarer das Blut fließt, je gewaltiger die Sprünge des Clowns sind, desto leichter ist es auch für den Minderbegabten, in jene Phantasiesphäre zu gelangen, die hier gefordert wird.« Da Shakespeare selbst diese Verhältnisse zuviel geworden waren, wandte er sich, auf der Höhe seines Schaffens, im »Hamlet«, gegen die Übertreibungen der Mimik und gegen das Extempore, also gegen die Commedia dell'arte, aus der er vielfach hervorgegangen war. Wie jeder Reformer der Schauspielkunst sah er das Heil darin, niemals das Maß, »die Bescheidenheit der Natur zu überschreiten«, wie er Hamlet sagen läßt.

Die Wirkung von Shakespeares Stücken auf seine Zeitgenossen erscheint um so erstaunlicher, als dem Verständnis und der Einbildungskraft der Zuschauer weder durch Kulissen noch durch Beleuchtungseffekte nachgeholfen wurde. Die Schauplätze entstanden durch die Sprache in der Phantasie des Publikums. Durch ein paar atmosphärestarke Verse ließ sich der Schauplatz ebenso leicht wechseln wie Tag und Nacht. Denn Podium und Parkett lagen unter freiem Himmel, überdacht waren höchstens die Hinterbühne und die Galerien, wie etwa im neuen Globe-Theater, dessen Mitbesitzer Shakespeare um die Wende des ausgehenden Jahrhunderts wurde. Eine künstliche Beleuchtung gab es also nicht, da nachmittags bei vollem Tageslicht gespielt wurde. In einer Szene bei Nacht traten Diener mit brennenden Fackeln auf, um »Nacht« zu bezeichnen. Im »Julius Cäsar« näherte sich Brutus einem solchen Fackelträger, um den Brief in finsterer Nacht lesen zu können – obwohl vielleicht gerade die Bühne in der prallen Sonne lag. Dieses technisch so primitiv erscheinende Verfahren erzwang vom Dramatiker eine besonders bildkräftige Poesie, mit der er das Publikum in Windeseile durch Tages- und Jahreszeiten, in ferne Länder und über weite Meere führte.

Das Können der damaligen englischen Schauspieler kam nicht aus heiterem Himmel, sondern war das Ergebnis harter Arbeit. Über die Proben vor den Aufführungen berichtete der Kasseler Arzt Rhenanus nach einem Besuch in London: »Die Schauspieler werden gleichsam in einer Schule täglich instruiert. Auch die vornehmsten actores müssen sich von den Poeten unterweisen lassen. Das gibt den wohlgeschriebenen Komödien Leben und Zierde ... Kein Wunder, daß die geübten englischen Komödianten besser sind als alle anderen.« Da Shakespeare selbst auch Schauspieler war, und zwar mit Leib und Seele, wußte er seinen Kollegen zu helfen, wenn sie nicht zurechtkamen mit dieser oder jener von mehreren Rollen, die sie in einem Stück zu spielen hatten. Die Mängel, die er als Spielleiter bei den Proben erkannte, behob er als Dichter, indem er die Mitspielenden die Mimik, die der Darsteller nicht ausdrücken konnte, auf offener Szene als Textstellen schildern ließ: »Sieh doch, wie sie die Augenbrauen zusammenzieht und sich in die Lippen beißt, wie sie mit dem Fuß aufstampft.« Die Wirkung solcher Texteinschaltungen war oft stärker, als die Geste oder Mimik des Darstellers gewesen wäre.

Zwei Jahrzehnte für die Ewigkeit

Die beiden folgenreichsten Jahrzehnte der Theatergeschichte, zwei Jahrzehnte für die Ewigkeit, umfaßt die Zeitspanne zwischen 1590 und 1610, in der Shakespeares geniales Werk entstand. Von den ersten frühen Stücken, noch ganz unter dem Einfluß seiner Vorgänger, war schon die Rede, ausgenommen »Die beiden Veroneser«, eine Komödie, in der erstmals Ansätze zu feinerer Charakteristik erkennbar sind. Ende 1592 hatte er bereits die drei Teile von »Heinrich VI.« vollendet. Die Pest, die im Sommer dieses Jahres in London ausbrach, kam den puritanischen Stadtvätern wie gerufen, um die verhaßten und nach ihrer Ansicht zur Sünde verleitenden Theater zu schließen. Erst zwei Jahre später, im Sommer 1594, wurden sie wieder geöffnet. Vermutlich ist Shakespeare in dieser Zeit nicht durchs Land gezogen wie die

Rechts: Eine der berühmtesten Figuren des Theaters: der Jude Shylock aus Shakespeares »Kaufmann von Venedig«.

übrigen Komödianten, sondern hat bei seiner Familie in Stratford gelebt und die unfreiwillige Spielpause zum Schreiben genutzt.

Wieder nach London zurückgekehrt, bezog er eine Wohnung unweit vom »Theatre«, doch als im Sommer 1596 sein elfjähriger Sohn Hamnet starb, hielt er sich vorübergehend in Stratford auf. Im folgenden Jahr reiste er erneut von London in seine Heimatstadt, um das Geld, das er inzwischen verdient hatte, in Grundbesitz anzulegen. Ein wichtiges Datum ist der Herbst 1599, in dem die »Chamberlain's Men«, die Lordkämmerer-Truppe, der Shakespeare als Teilhaber angehörte, am Themseufer das Globe-Theater als eigene Spielstätte erhielt. Im »Globus« sollte nicht nur das Publikum es so bequem wie möglich haben, sondern mit seinen drei Bühnen, zwei Stockwerken und nötigenfalls der Verwendung des Hofes ließen sich dort auch solche szenenreichen Stücke bestens inszenieren, wie Shakespeare sie schrieb. Versenkungen an der Bühne wurden ebenso gern benützt wie Geräuschmaschinen und die unsichtbar eingebauten Vorrichtungen, um Geister herabschweben zu lassen. Zu den Mitgliedern, die am Bau finanziell beteiligt waren, gehörte der mittlerweile fünfunddreißigjährige Dichter, der schon so sehr von sich reden gemacht hatte, daß man den »Globus« bald das »Schauspielhaus des William Shakespeare und anderer« nannte. Es war ein Traumtheater – ein Theater zur Aufführung von Träumen – das ihm endlich die Möglichkeit bot, die Magie seiner Worte und Szenenführung durch die theatralische Illusion zu ergänzen. Da jetzt zu seinen Einnahmen als Autor und Schauspieler auch ein Zehntel des Reingewinns aus dem Theaterbetrieb kam, verfügte er über ein stattliches Einkommen und besaß bald als vermögender Mann das schönste Haus in Stratford.

Zwei Monate nach seiner Thronbesteigung im Jahre 1603 stellte der englische König, Jakob I., die Schauspielertruppe des Lordkämmerers unter sein eigenes Mäzenatentum. Damit waren aus den Komödianten Hofbedienstete geworden, die nun als königliche Truppe noch öfter die Vorstellungen bei Hof bestritten, was ihre Einnahmen bedeutend erhöhte.

Sieben Teilhaber, darunter Shakespeare, schlossen sich 1608 zusammen, um als zweites Theater für die königliche Truppe am anderen Themseufer das Blackfriars-Theater zu erwerben, im Gegensatz zum nicht überdachten »Globus« ein geschlossener Raum mit Sitzplätzen für alle Zuschauer.

Zwei oder drei Jahre später scheint sich der Dichter ganz zu seiner Familie nach Stratford zurückgezogen zu haben, wo er am 23. April 1616, seinem zweiundfünfzigsten Geburtstag, starb und vor dem Altar der Holy Trinity Church, der Dreifaltigkeitskirche, seine letzte Ruhestätte fand.

Unsere Kenntnis der 36 Bühnenwerke Shakespeares stützt sich auf die erste Gesamtausgabe, die seine Freunde John Heminge und Harry Condell 1623, also sieben Jahre nach seinem Tod, in einem einzigen Band veröffentlicht haben. Nach dem Folioformat wird sie Folioausgabe genannt. Teils sollen ihr Originale zugrunde liegen, teils Reinschriften, doch dürften wohl die einst vom Autor gelieferten Manuskripte zu verschiedenen Zwecken für die Bühne bearbeitet worden sein. Größtenteils basieren die Texte der Folio auf den Souffleurtexten. Um das besser zu verstehen, muß man wissen, daß ein Autor sein Stück an eine Schauspielertruppe verkaufte, wodurch es in deren Eigentum überging und für deren Zwecke geändert werden konnte. Einzeldrucke, nach ihrem Quartformat Quartausgaben oder Quartos genannt, waren bereits früher erschienen. Doch sind diese unscheinbaren kleinen Heftchen, die unbefugt in Druck gegeben und durch schreiende Hausierer vor den Theatern feilgeboten wurden, bereits damals durch gewissenlose Geschäftemacher gefälscht, entstellt und verstümmelt worden. In einem Fall standen auf einem dieser Quartos schamhaft die Initialen W. S. und in einem anderen sogar der ganze Name, obwohl Shakespeare mit keinem der darin gedruckten Stücke etwas zu tun hatte.

Von den sechsunddreißig Stücken der Folioausgabe von 1623 sind die ersten Werke des jungen Shakespeare, die sich noch eng auf Vorbilder stützten, bereits erwähnt worden. Nach der Komödie »Die beiden Veroneser« scheint dann die Beschäftigung mit der Historie seinem Schaffen den entscheidenden Anstoß gegeben zu haben. Denn die nächste dichterische Tat waren – soweit es die unsicheren Datierungen überhaupt feststellen lassen – die sogenannten Königsdramen, jene lange Reihe von Stücken, die sich mit dem Krieg der Häuser Lancaster und York befassen. Zeitlich am frühesten dürften wohl jene Historien entstanden sein, die sich mit den letzten rivalisierenden Persönlichkeiten der »weißen« und der »roten« Rose befassen: das dreiteilige Werk »Heinrich VI.« und »Richard III.«. Besonders diese Tragödie, die sich inhaltlich an den dritten Teil von »Heinrich VI.« anschließt und die beherrscht wird von der Gestalt Richards III., des größten und in seiner Dämonie einmaligen Bösewichts der dramatischen Weltliteratur, zeigt Shakespeare bereits auf der vollen Höhe seiner dichterischen und theatralischen Meisterschaft. Trotz aller Schrecknisse sichert er Richard die Anteilnahme des Zuschauers, da er ihn mit großer geistiger Überlegenheit handeln läßt. »Kein Shakespearesches Stück hat mich so sehr an die griechische Tragödie erinnert«, gestand Schiller; er sah in dem Werk »die reine Form des tragisch Furchtbaren, was man genießt«.

Zu seinen frühen Meisterwerken zählt auch die etwa gleichzeitig entstandene Liebestragödie »Romeo und Julia«, deren Namensträger zum Symbol der Liebe überhaupt geworden sind. Der heiße Atem echter Liebesleidenschaft durchweht diese Dichtung, »an der die Liebe selbst hat arbeiten helfen«, wie Lessing sagt. Aus dem italienischen Stoffkreis, dem dieses Werk zugehört, stammen auch das übermütige Lustspiel »Der Widerspenstigen Zähmung« und das Schauspiel »Der Kaufmann von Venedig«.

Eines der poesievollsten Stücke des Dichters ist der »Sommernachtstraum«, eine Auftragsarbeit, die Shakespeare mit großer Wahrscheinlichkeit für die Hochzeit eines Adligen am Hof der Königin Elisabeth geschrieben hat: eine der genialsten Komödien der Weltliteratur, in der sich Romantik und Realismus, die Welt der Menschen und der Geister zu einem wunderbaren Ganzen verbinden.

Danach wandte sich Shakespeare erneut der Historie zu, zunächst mit dem nur noch selten gespielten »König Johann«, dann mit den bis auf den heutigen Tag immer wieder aufgeführten Dramen »König Richard II.«, »Heinrich IV.« (in zwei Teilen) und »Heinrich V.«. Eingestreut in die Darstellung der politischen und kriegerischen Ereignisse in »Heinrich IV.«, nehmen die Szenen um die weltberühmt gewordene Gestalt des Sir John Falstaff einen breiten Raum ein, Shakespeares größter und bedeutendster Komödienfigur: ein feister, trinkfester Ritter, ein Angsthase und Aufschneider, der von sich selbst sagt, er sei nicht bloß witzig, sondern auch die Ursache dafür, daß andere Witz haben. Seine volkstümlichste Meistergestalt hat Shakespeare später zum Mittelpunkt der Komödie »Die lustigen Weiber von Windsor« gemacht, wo er Falstaff als strauchelnden und gefoppten Liebesritter zeigt.

Auf »Ende gut alles gut« folgten »Viel Lärm um nichts«, »Wie es euch gefällt« und »Was ihr wollt«. Nach Gregors Ansicht scheinen sie »unendlich idealisierten Fastnachtsspielen nahezustehen – als sie geschrieben wurden, war noch kein volles Menschenalter nach dem Tode des Hans Sachs verstrichen, und allenthalben auf dem Kontinente blühte das Spiel noch in seiner derben, ursprünglichen Form«.

Nach einer kurzen Schaffenspause entstanden dann die sogenannten schweren Tragödien Shakespeares, in denen tragische Menschheitsprobleme erster Ordnung – wie Ehrgeiz, Machtstreben, Weltpessimismus, Eifersucht, Liebesleidenschaft bei reifen Persönlichkeiten, Stolz und Undank – in grandioser Tiefenschau auf der Bühne Gestalt gewinnen: »Julius Cäsar«, das Trauerspiel, das sich auf die Lebensbeschreibungen des Plutarch stützt; »Hamlet«, Shakespeares tiefsinnigste und zugleich berühmteste Tragödie um den ewig zögernden Prinzen von Dänemark; die erschütternde Eifersuchtstragödie »Othello«, des Mohren von Venedig; »Macbeth«, die geschlossenste und kürzeste, in der geballten Grundstimmung nahezu balladenhaft wirkende Tragödie Shakespeares, die Goethe für »sein bestes Theaterstück« hielt, da »darin der meiste Verstand in bezug auf die Bühne« sei. Fast ein Übermaß an tragischem Geschehen offenbart »König Lear«, eine ge-

Für Shakespeares »bestes Theaterstück« hielt Goethe den »Macbeth«. 1957 in Stuttgart spielte Elisabeth Flickenschildt die Lady Macbeth.

nial konzipierte Gestalt, »jeder Zoll ein König«, für seine Charakterfehler schwer und erschütternd büßend, eine der dankbarsten Rollen, die das Theater Shakespeares kennt. Zu seinen reifsten Schöpfungen gehören auch das Trauerspiel »Antonius und Cleopatra« sowie »Coriolan«, die Tragödie des aristokratischen Hochmuts.

Mit seiner weltverachtenden Stimmung in »Timon von Athen« dürften ebenso Tiefpunkt wie Wende der Krise gekennzeichnet sein, in der sich der

Dichter nach der langen Reihe der »schweren« Tragödien befand und die sich dann später in der verklärenden Märchenpoesie der drei letzten Werke, der sogenannten Romanzen, lösen sollte, die Shakespeare nach seiner Heimkehr aufs Land, dem berühmten »Ritt nach Stratford«, in seiner Heimatstadt schrieb: »Cymbeline«, »Das Wintermärchen« und das dramatische Testament »Der Sturm«, das tiefsinnige Märchendrama, mit dem Shakespeare seine Laufbahn als Bühnendichter abschloß. Mit dem großen Spanier Calderón berührt sich der große Engländer, wenn er als Quintessenz »dies kleine Leben« von einem Schlaf umfaßt sein läßt und visionär »die wolkenhohen Türme, die Paläste, die hehren Tempel, den Erdball selbst und alles, was daran nur teilhat, untergehn« und wie Träume vorüberziehen sieht.

So wenig hier alle Stücke Shakespeares genannt sind, so wenig kann hier darauf hingewiesen werden, welche Werke später als Vorlage für Opern, Ballette und Filme gedient haben. Der Blick, den sie in die Höhen und Tiefen des menschlichen Daseins eröffnen, hat unzählige Dichter und Denker späterer Zeiten veranlaßt, sich mit ihnen auseinanderzusetzen.

Zu den zeitgenössischen Verehrern Shakespeares gehörte unter anderen Ben Jonson (1573–1637), auch ein Schauspieler und Bühnendichter, der in seinen Komödien »das Bild der Zeit« zeigen und »menschliche Narreteien, nicht Verbrecher verspotten« wollte. Während Shakespeare die Welt darstellt, wie sie ist, geht es Jonson darum, sie zu verbessern. Shakespeares Dichtung ist unsterblich geblieben, von den Theaterstücken Ben Jonsons hat sich dagegen nur eines in der freien Bearbeitung Stefan Zweigs, des österreichischen Dichters unseres Jahrhunderts, auf unseren Bühnen halten können: »Volpone«. In dieser »lieblosen Komödie« scheint Molières »Der Geizige« ebenso vorgebildet wie entsprechende Figuren bei Holberg und Goldoni. Bewunderung verdient vor allem die dramaturgische Meisterschaft, die den Zuschauer zum Mitwisser macht und dadurch starke Wirkungen erzielt. Die heute meistzitierten Verse von Ben Jonson stammen jedoch nicht aus seinen Komödien, sondern aus einem Widmungsgedicht für Shakespeare in der Folioausgabe von 1623, worin er dem toten Freund zuruft:

»Steh auf, mein Shakespeare! Ich will dich nicht sehn
Bei Chaucer oder Spensers Gruft, nicht flehn
Zu Beaumont, daß er Raum dir trete ab:
Du bist ein Monument auch ohne Grab
Und lebst, solange deine Werke leben
Und unser Geist, dir Lob und Preis zu geben.«

Die letzten Zeilen, mit denen er den Genius rühmt, lauten:

»Voll Stolz war Rom, voll Übermut Athen:
Sie haben deinesgleichen nie gesehn!«

Italienische Typen und französische Charaktere

Das Dreigestirn aus der Blütezeit des französischen Theaters

In Frankreich fiel die Blütezeit des Theaters, dem aus der späteren Rückschau die Bedeutung des »klassischen« Zeitalters französischer Bühnenkunst beigemessen wird, ins 17. Jahrhundert. Corneille, Racine und Molière bilden das Dreigestirn, das auf der Bühne die Epoche des Sonnenkönigs Ludwig XIV. widerspiegelt. Corneille und Racine sind in die Theatergeschichte eingegangen als Schöpfer der klassizistischen Tragödie, Molière als Schöpfer der großen Form der französischen Charakterkomödie.

»Wollte man die drei großen Dramatiker jenes Zeitalters mit den drei großen griechischen Tragikern vergleichen, wobei natürlich nicht die dichterische Qualität, sondern nur das gegenseitige Verhältnis in Parallele gestellt werden soll, so würde dem in mancher Beziehung noch archaischen Corneille Aischylos entsprechen, dem weiblicheren und differenzierteren Racine Sophokles, dem problematischen und seelenkundigen Molière aber Euripides, der fast ebenfalls ein Komödiendichter war und einen ebenso zähen und vergeblichen Kampf gegen die ihm aufgezwungene Theaterform geführt hat«, wie Egon Friedell ausführt. »Denn die demokratischen und skeptischen Griechen um Perikles waren in Fragen der äußeren Form ebenso unerbittlich konservativ wie die aristokratischen und dogmatischen Franzosen um Ludwig XIV. Euripides, der reiche, müde Erbe einer Kultur, die in Lebensweisheit, Ausdruckstechnik, Kunst des Sehens und Hörens nahezu bis an die letzten Grenzen gelangt war, sah sich genötigt, seine psychologischen Differentialkalküle mit äußeren Mitteln zur Darstellung zu bringen, die für einen Indianertanz oder einen Dorfzirkus gerade noch fein genug gewesen wären; und Molières zappelnde Lebendigkeit, misanthropische Zerrissenheit und opalisierende Laune wurde in einen langweiligen vergoldeten Salon gesperrt, unter Menschen, deren höchster Ehrgeiz es war, das Aussehen und Gefühlsleben einer Drahtpuppe zu erlangen. Darum ist Molière, obgleich scheinbar der Lustigmacher unter den Dreien, in Wahrheit die tragische Figur unter ihnen. Daß er auch der Größte war, hatten schon einige seiner urteilsfähigen Zeitgenossen erkannt. Als Boileau von Ludwig XIV. gefragt wurde, wer der wertvollste Dichter des Zeitalters sei, antwortete er:

‚Majestät, das ist Monsieur Molière.'

‚Das hätte ich nicht gedacht', erwiderte der König, ‚aber Sie müssen es ja besser wissen.'«

Der Kritikerpapst Boileau scheint ein weitschauender Mann gewesen zu sein, denn er hielt Molière für den wertvollsten Dichter, obwohl er Racine sehr hochschätzte und seinem Freund Molière keineswegs unkritisch gegenüberstand.

Schwungvolle Rhetorik, verbunden mit meisterhafter Kunst der Handlungsführung, charakterisiert das Wesen der tragischen Werke von Corneille und Racine, geniale Satire ewig menschlicher Schwächen in allgemeinverbindlicher Form die Komödien Molières.

Nicht anders als an allen Fürstenhöfen Europas war auch in den Prunksälen der französischen Königspaläste Theater gespielt worden, allerdings fast nur nach italienischer Art. Italienische Wandertruppen wechselten mit französischen Schauspielertruppen ab, die trotz ihrer Muttersprache »Comédiens Italiens« genannt wurden. Die von der Laune König Heinrichs IV. (1553–1610) dann und wann begünstigten Komödianten fanden in Kardinal Richelieu, seit 1624 als führender Minister Ludwigs XIII. der allmächtige Leiter des französischen Staates, einen zielbewußten Schutzherrn. Nicht nur stellte er der von ihm im Januar 1635 gegründeten Académie Française die Aufgabe, »unserer Sprache bestimmte Regeln zu geben, sie rein, beredt und fähig zu machen, die Künste und Wissenschaften zu behandeln«, sondern er wollte auch als unvergleichliche Lehrkanzel der Sprache ein vorbildliches französisches Theater schaffen, wozu jedoch nicht nur Schauspieler nötig waren, sondern auch Dichter.

In Paris richtete Richelieu ein Dramatikerkollegium aus fünf Autoren ein, die gemeinsam nach Anregungen des Kardinals Dramen ausarbeiteten. In dieses Gremium wurde 1634 auch der junge Pierre Corneille (1606–1684) berufen, der nach dem Besuch der Jesuitenschule in Rouen wie sein Vater Advokat geworden war und 1629 mit dem erstaunlich weltgewandten Erstlingswerk »Mélite« als Lustspieldichter seine literarische Laufbahn begonnen hatte. Doch schon bald zog sich Corneille von dieser Arbeit zurück, da er sich nicht einordnen konnte, wie der Kardinal bemerkte, dessen strengem Ordnungssinn die Regeln des antiken Theaters zusagten, die starre aristotelische Auffassung von der theatralischen Einheit.

Zwei Jahre später, 1636, errang Corneille mit seiner Tragödie »Der Cid« einen vielbejubelten Erfolg beim Publikum, während die Académie Française das Stück um den spanischen Nationalhelden scharf kritisierte, weil es gegen die Wahrscheinlichkeit verstoße. Um der »dramatischen Einheit« zu genügen, habe er durch die Raffung des Geschehens eine unwahrscheinliche Ansammlung von Begebenheiten in den Rahmen von vierundzwanzig Stunden eingezwängt. Aber die Pracht und Wendigkeit seiner Worte und Verse hinterließen bei seinen Zeitgenossen einen so überwältigenden Eindruck, daß sie ihm noch zu Lebzeiten den Ehrentitel »Le Grand« verliehen. Die Römerdramen, die er nun nach dem Muster Senecas schrieb, waren strenger nach den »großen Regeln der großen Antike« gebaut, und 1647 wurde er in die Akademie gewählt. Durch Mißerfolge verärgert, wandte er sich 1652 für sieben Jahre von der Bühne ab. Ermutigt vom Finanzminister Fouquet, verfaßte er dann jedoch noch bis 1674 zehn weitere Dramen, ehe er sich endgültig vom Theater zurückzog, als er erleben mußte, wie ihn der um eine Generation jüngere Racine überflügelte. Verarmt und fast vergessen starb er am 1. Oktober 1684 in Paris.

Pierre Corneille gilt als Schöpfer des klassischen französischen Dramas, eines ausgeprägten Stiltheaters, das von Formenstrenge beherrscht, zugleich aber von echter Theatralik erfüllt ist und das in pathetischen Gesten und Reden vor allem den Ideen von Ruhm und Ehre das Wort redet. Ihm war die äußere Form wichtiger als der Inhalt. Die Gefühle, die auf der Bühne zum Ausdruck kamen, waren nicht echt, sie sollten nur so wirken. Das Leid griff nicht ans Herz, und der Schwung des Pathos blieb gekünstelt. Dennoch waren seine Stücke zu seiner Zeit erfolgreich, denn sie boten den Darstellern die Möglichkeit, durch die Kunst der Sprache zu wirken, die fehlende Aktion durch Gebärden zumindest anzudeuten und die hohlen Redensarten durch ihre schauspielerischen Persönlichkeiten lebendig zu machen.

»Corneillen gut zu übersetzen, muß man bessere Verse machen können als er selbst«, wie schon Lessing feststellte. Da die Größe dieses Franzosen unlösbar mit seiner Sprache verbunden ist, wird man ihn in Deutschland nie ganz begreifen oder gar unmittelbar empfinden. Seine Beurteilung durch die Nachwelt ist sehr unterschiedlich gewesen. So tadelte beispielsweise 1799 Schiller Goethe gegenüber an mehreren damals gerühmten Werken von Corneille »die Armut der Erfindung, die Magerkeit und Trockenheit der Behandlung der Charaktere, die Kälte in den Leidenschaften, die Lahmheit und Steifigkeit im Gang der Handlung«. Dagegen sagte Goethe 1827 zu Eckermann: »Von Corneille ging eine Wirkung aus, die fähig war, Heldenseelen zu bilden. Das war etwas für Napoleon, der ein Heldenvolk nötig hatte; weshalb er denn von Corneille sagte, daß, wenn er noch lebte, er ihn zum Fürsten machen würde.«

Das von Richelieu so entscheidend beeinflußte Theater des »Grand Siècle«, des »Großen Jahrhunderts«, überlebte den Kardinal, ebenso auch der von ihm geschaffene Staatsgedanke, der von Kardinal Mazarin und ab 1661 von Ludwig XIV. bis zu dem Höhepunkt weiterentwickelt wurde, als der junge Sonnenkönig selbstbewußt erklärte: »Der Staat bin ich.« Die typischen Erfindungen und Erscheinungen jenes Jahrhunderts waren der zentral organisierte Staat; die neu entwickelte Strategie und die Uniformierung der auf

Exaktheit gedrillten Armee; die geometrische Regelmäßigkeit der königlichen Bauten und der Gartenstil Lenôtres; das marionettenhafte, doch anmutige Menuett; das reglementierte Leben in den Salons und am Hofe; die von Jean Baptiste Lully geschaffene Große Oper mit ihrer strengen Ordnung und Klangreinheit; die »Allonge«, die große Staatsperücke, die den Kopf des Menschen stilisiert wie einst die künstlichen Bärte der Pharaonen, und schließlich der Siegeszug des Kaffees, das den Verstand schärfende Lieblingsgetränk der Rationalisten. Die Schlüsselfigur dieses 17. Jahrhunderts sieht Egon Friedell in seiner »Kulturgeschichte der Neuzeit« in dem Philosophen Descartes (Cartesius, 1596–1650), weshalb er es das cartesianische Zeitalter nennt. »Cogito, ergo sum« – »Ich denke, also bin ich«, folgerte Descartes, der die analytische Geometrie begründete, den Versuch, »die Realität in ein feststehendes Liniennetz einzufangen, an dem sie sich zu orientieren hat und von dem aus sie durch den souveränen Verstand jederzeit bestimmt und vorausbestimmt werden kann: ein höchster Sieg des Rationalismus über die Materie, wenn auch nur ein Scheinsieg«, wie Friedell schreibt. »Der Staat, die Wirtschaft, das Drama, die Architektur, die Geselligkeit, die Strategie, die Gartenkunst: alles wird cartesianisch. In der Tragödie, wo die Begriffe der Leidenschaften miteinander kämpfen; in der Komödie, wo die algebraischen Formeln der menschlichen Charaktere entwickelt werden; in den Anlagen von Versailles, die abstrakte Gliederungen von Gärten sind; in der analytischen Methode der Kriegführung und der Volkswirtschaft; in dem sozusagen deduktiven Zeremoniell der Gebärden und Manieren, des Tanzes und der Konversation: Überall herrscht als unumschränkter Gebieter Descartes.«

Die »drei Einheiten« des Ortes, der Zeit und der Handlung, die Corneille so viele Schwierigkeiten gemacht hatten, beherrschte sein um eine Generation jüngerer Kollege Racine vollendet. Makellos ist die Architektur seiner Dramen, und meist benötigt er nur eine Palastdekoration: Verwandlungen durch Stühle und Hocker geschehen vor den Augen der Zuschauer, gespielt wird ohne Pause und Zwischenvorhänge.

Wie Corneille kam auch Jean Baptiste Racine aus der Provinz, und zwar aus der Champagne, wo er 1639 in La Ferté-Milon geboren wurde. Nachdem er vier Jahre lang das Kolleg von Beauvais besucht hatte, trat der Sechzehnjährige in die Schule der »Messieurs de Port Royal« ein, dem Hauptquartier der jesuitenfeindlichen Jansenisten, die sich mit ihrer Lehre von der göttlichen Gnade und Vorherbestimmung auf Augustin beriefen. Oden auf die Hochzeit des Königs und auf die Akademien verschafften ihm Verbindungen zum Hof, zum Fabeldichter La Fontaine, zu Nicolas Boileau, dessen normsetzendes Lehrgedicht »Die Dichtkunst« von Racine entscheidend geprägt war, sowie zu Molière, der 1664 die erste Tragödie des fünfundzwanzigjährigen Racine zur Uraufführung brachte.

Mit »Andromaque« (1667), dem ersten Meisterwerk nach dem gleichnamigen Stück seines Lieblingsdichters Euripides, begann Racines große Zeit. Der Erfolg dieser ersten bedeutenden französischen Charaktertragödie entfachte nach zeitgenössischem Urteil die gleiche Begeisterung wie ein Menschenalter zuvor Corneilles »Cid«. Weitere Dramen folgten, darunter auch das lyrisch gehaltene dramatische Gedicht »Bérénice« (1670): ein Trauerspiel ohne tatsächliche Trauer, aber es handelte von Herrschern, von gekrönten Häuptern – dem Kaiser Titus von Rom und Bérénice, der Königin von Palästina, die einander liebten und sich trennen mußten. Ihre Herrscherpflichten gestatteten ihnen nicht, ihrer Liebe zu leben. Entsagen mußte auch der Dritte im Bund der Herzen, der König von Commagene und Freund des Kaisers, den die schöne Bérénice gleichfalls liebte. »Doch leben gilt es nicht, regieren gilt's fortan«, so lautet der Grundsatz, nach dem die drei gekrönten Häupter auf ihre Liebe verzichteten und um höherer Pflichten willen litten. So viel Seelengröße und Adel bei Herrschern der Antike war ganz nach dem Geschmack des allerchristlichen Sonnenkönigs Ludwig XIV. und des erlauchten Publikums am königlichen Hofe.

In der Vorrede zu »Bérénice« äußerte sich Racine über die Tragödie, wie er sie sah: »In einer Tragödie muß es durchaus nicht immer Blut und Tod geben: Es genügt, wenn die Handlung Größe hat, wenn die Handelnden heldisch sind, wenn die Leidenschaften entfacht werden und alles jene erhabene Trauer atmet, auf der die Freude an der Tragödie beruht.

Die oberste Regel ist, zu gefallen und zu ergreifen. Alle andren sind nur dazu da, zu dieser ersten zu führen.«

Gefallen wollte auch Racine, der als untertäniger Diener dem König durch seine Dramen zu schmeicheln verstand. Er lobte und pries seine Gönner bei Hofe und vor allem Ludwig XIV. und wurde dafür gleichfalls gelobt und gepriesen. Während sie glaubten, ihn nach ihrem Belieben gängeln zu können, sah er seine Lage anders, wie er seinem Sohn einmal bekannte. »Glaub nicht, daß ich meinen Theaterstücken die Gunst der Großen verdanke . . . Mein Talent im Umgang mit ihnen bestand darin, sie nicht glauben zu machen, daß ich Verstand und Geist habe, aber sie davon zu überzeugen, daß sie Verstand und Geist hätten.«

Noch im tiefsten Schmerz und in der zartesten Empfindung hält Racine auf Maß und Manieren, und am Ende der Tragödie bleibt »majestätische Trauer«. Gegenüber Corneille stellt Racine das seelenvollere Element der französischen Klassik dar. Kurz vor der Katastrophe setzen seine Handlungen ein, aus denen sich konzentrierte, unerhört subtile Seelendramen entwickeln, in der Durchleuchtung der Motive ebenso raffiniert wie in der Erforschung des Gewissens. Zwar sind auch bei ihm der formstrenge Bau der Handlung, das Pathos des Gefühls und die Gestik der Sprache vorherrschend, aber neben den Staats- und Ehrbegriffen gibt er den menschlichen Leidenschaften Raum und verleiht insbesondere den Frauengestalten seiner Werke Beseelung und Tiefe.

»In tausend Jahren wird er Tränen entlocken, er wird in allen Ländern der Erde bewundert werden, Menschlichkeit wird er einflößen, Mitleiden, Zärtlichkeit«, meinte Goethe – und irrte. Denn während in Frankreich Racines sieben große Tragödien lebendiger Besitz des Theaters, der Comédie Française, sind, sieht man auf deutschen Bühnen nur gelegentlich seine »Phädra«, die auf dem »Hippolytos« des Euripides aufbaut.

Eine Frau liebt ihren Stiefsohn, wird zurückgewiesen und verleumdet ihn bei ihrem Mann: das klassische Modell für diesen Fall ist Phädra. Der Hauptunterschied zwischen der griechischen und der französischen Fassung liegt in der Charakterisierung des Hippolyt, König Theseus' Sohn aus erster Ehe, der nicht – wie im antiken Vorbild – der Frauenliebe ganz entsagt hat, sondern in Aricia das Ziel seiner Wünsche erblickt. Im Gegensatz zu Euripides' Tragödie, in der die Amme das Geheimnis der Liebe von Phädra, der zweiten Gemahlin des Theseus, zu ihrem Stiefsohn Hippolyt an diesen verrät, gesteht Phädra hier selbst ihre Liebe. Und schließlich ist Phädra bei dem französischen Dichter nur mittelbar schuld an der Verleumdung des Hippolyt. »Ich habe versucht, Phädra etwas weniger hassenswert erscheinen zu lassen als bei den Alten, wo sie selbst sich entschließt, den Hippolyt anzuklagen«, schreibt Racine in der Vorrede zu seinem Stück. »Ich habe geglaubt, Verleumdung sei etwas zu Unwürdiges, zu Gemeines, um einer Fürstin in den Mund gelegt zu werden, die sonst so vornehm und tugendhaft empfindet. Eine so niedrige Handlung schien mir eher zur Dienerin zu passen, der man solche Gesinnung wohl zutrauen könnte und die trotzdem die falsche Anklage nur vorbringt, um Leben und Ehre ihrer Herrin zu retten. Phädra läßt sie gewähren, weil sie sich in einer Geistesverfassung befindet, die sie völlig aus dem inneren Gleichgewicht bringt, und sie erscheint ja auch gleich darauf in der Absicht, die Unschuld zu rechtfertigen und die Wahrheit zu bekennen.«

Mit der »Phädra«, 1677 in Paris uraufgeführt, erreichte Racines Genie seinen Höhepunkt. Allerdings wurde gerade dieses Werk von den Zeitgenossen angegriffen, was den leicht verletzlichen Dichter tief kränkte und veranlaß-

Rechts: Molière im Kreis seiner Zeitgenossen des »Grand Siècle«: René Descartes, Kardinal Richelieu, Molière selbst, Jean Baptiste Lully.

te, sich vom Theater zurückzuziehen. Zwölf Jahre lang war er nun als Vorleser und Hofhistoriograph des Königs tätig, den er auch oft auf Feldzügen und Reisen begleitete. Später schrieb er noch zwei biblische Stücke für das Mädchenpensionat von Saint Cyr. Nach einer zu spät durchgeführten Operation starb er 1699 sechzigjährig an einem Leberabszeß in Paris.

Racines Verse sind außerordentlich elegant, natürlich im Fluß und selbstverständlich in den Reimen, was eine Übersetzung sehr erschwert. Dennoch gelang es Schiller 1804, die »Phädra«, die zu den Spitzenwerken der französischen klassischen Dichtung gehört, glanzvoll ins Deutsche zu übertragen. Dabei ist diese Übersetzung voller Schönheiten durch ihr anderes Versmaß, nämlich fünffüßige Jamben, dem Atem des Originals in gereimten Alexandrinern fremd. Auch andere Übersetzungen, vor allem die vorzügliche Arbeit in gereimten Alexandrinern von Rudolf Alexander Schröder (1957), haben bisher Racine auf deutschen Bühnen nicht heimisch werden lassen. »Keiner von den berühmtesten unter den berühmten Versen Racines ist in einer anderen Sprache wiederzugeben«, bekannte Schröder, der es dennoch versucht hat, um »zu einer erstmaligen oder erneuten Lektüre eines der größten Dichter der Welt zu verführen«.

Molières schwärzestes Theater aller Zeiten

Neben Shakespeare stellt Molière den seltenen Fall dar, daß sich in einer Person der Berufsschauspieler und das dichterische Genie vereinen. Mit den Tragödien Corneilles und Racines verkörpern seine Werke, von denen zweiunddreißig erhalten sind, das klassische französische Theater. Von diesem leuchtenden Dreigestirn wurde Molière zum Schöpfer der französischen Komödienkunst, ja zum Begründer der neueren Charakterkomödie überhaupt. Als das Ziel seiner Kunst hat er selbst angegeben, »sich mit den lächerlichen Zügen der Menschheit zu befassen und die Gebrechen, die alle Welt hat, auf dem Theater angenehm zu machen«.

Wenn also jemand die lächerlichen Züge der Menschheit in Komödien bloßstellt, wieso kann er dann das schwärzeste Theater aller Zeiten geschaffen haben, wie es Jean Anouilh, ein gefeierter Dramatiker unserer Tage, behauptet? Seine Begründung lautet: »Molière hat in Form der von der Vernunft her entworfenen Komödie das schwärzeste Theater der Literatur aller Zeiten geschrieben . . . Molière hat den Menschen wie ein Insekt auf eine Nadel gesteckt und mit einer feinen Pinzette das Spiel seiner Reflexe gereizt. Und der Insekten-Mensch zeigt nur einen, immer denselben Reflex, den, der bei der geringsten Berührung seine Scheren zusammenzucken läßt: den

Egoismus . . . Wer ist gut bei Molière? Wer liebt? Wer kümmert sich um einen anderen außer um sich selbst? Es gibt keine Antwort auf diese Frage. Die Personen Molières schauen sich verlegen an und schweigen . . . Dank Molière ist das wahre französische Theater das einzige, wo man nicht die Messe liest, sondern wo man lacht wie die Männer im Krieg – die Füße im Schmutz, die warme Suppe im Bauch und die Waffe in der Hand – über unser Elend und über unser Entsetzen.«

Mit nahezu programmatischer Konsequenz nahm sich Molière der Reihe nach die verschiedenen Laster seiner Zeit und Schwächen der Gesellschaft, in der er lebte – ja der Menschheit überhaupt – vor: Heuchelei und Lüge, Geiz und Scheinheiligkeit, Schöngeisterei und Großmäuligkeit, Scharlatanerie und Kurpfuscherei, Erbschleicherei mit schönen Worten und bösen Taten, Hochnäsigkeit und Protzertum der Neureichen, Einbildung und Beschränktheit der großen Herren und vieles andere mehr. Mit scharfem Verstand rückte er diesen Lastern zu Leibe und deckte sie schonungslos auf. Was er beschrieb, hatte er selbst erlebt und beobachtet. Wenn er auch die wenigsten Stoffe seiner Theaterstücke selbst erfunden hat, so wurden sie dennoch durch seine Dichtung zu eigenen Komödien Molièrescher Prägung. Nichts Menschliches war ihm fremd, und alles Unnatürliche erschien ihm komisch. Er wollte das Publikum zum Lachen bringen, auch wenn ihm selbst tieftraurig und ernst zumute war. In seinem »Stegreifspiel von Versailles« (1663) hat der Dichter selbst sein »Programm« so vorgestellt:

Brécourt: Schon seit Tagen höre ich Molière darüber klagen, nichts kränke ihn so wie die Anschuldigungen, jemand Bestimmtes gemeint zu haben mit den von ihm gezeichneten Figuren. Seine Absicht ist, die öffentlichen Sitten zu schildern, ohne jemand persönlich anzugreifen. Alle Gestalten, die er vorführt, sind freie Schöpfungen seiner Phantasie, durch die er die Zuschauer erheitern will. Da es die Aufgabe der Komödie ist, alle Schwächen der Menschen im allgemeinen, vor allem aber der Menschen unseres Jahrhunderts, darzustellen, so ist es für Molière unmöglich, einen Charakter zu zeichnen, der nicht seinesgleichen im wirklichen Leben fände.

Molière: Du willst bloß Molière rechtfertigen.

Brécourt: Keineswegs!

Molière: Schön, aber sag mir, meinst du, daß dein Molière nun befriedigt ist und keinen Anlaß mehr findet . . .

Brécourt: Keinen Anlaß? Ach, wir bieten ihm immer noch genug Anlaß und wollen trotz allem, was er tut und sagt, nicht gescheiter werden.

Wenn Molière in diesem Stegreifspiel zunächst auch listig erklären läßt, alle Gestalten, die er vorführe, seien freie Schöpfungen seiner Phantasie, so heißt es schon im folgenden Satz, es sei für ihn unmöglich, einen Charakter zu zeichnen, der nicht seinesgleichen im wirklichen Leben finde. Und was für eine Fülle verschiedenartigster Charaktere hatte bereits der einundzwanzigjährige Jean-Baptiste Poquelin, der sich später als Schauspieler Molière nannte, kennengelernt: als Pariser Straßenjunge das Volk, darunter Käufer und Verkäufer auf den Märkten und in den Läden, ferner die Handwerker und Finanzleute aus dem Elternhaus; als Schüler die Jesuitenpriester; als Student an der Universität die Rechtsprecher und Rechtsverdreher; als königlicher Kammerdiener erhielt er schließlich noch Einblick in das Leben und Treiben am Hof des Sonnenkönigs.

Am 15. Januar 1622 war Jean-Baptiste in Paris als ältester Sohn des Hoftapezierers und königlichen Kammerdieners Poquelin geboren worden, der ihn zunächst einmal für alle Fälle zum Tapezierer ausbilden ließ, ehe er den Vierzehnjährigen ins Jesuitenkollegium von Clermont schickte. Anschließend durfte Jean-Baptiste auch noch an der Universität von Orléans studieren, wo er eine juristische Prüfung ablegte. An seiner eigenen Stelle brachte der Vater ihn 1637 als Hofbeamten im Gefolge Ludwigs XIII. unter. Um 1642 machte der königliche Kammerdiener Jean-Baptiste Poquelin die Bekanntschaft der rothaarigen Schauspielerin Madeleine Béjart und verliebte sich Hals über Kopf in sie. Um sich nie mehr von ihr trennen zu müssen, gründete der Einundzwanzigjährige 1643 mit Madeleine Béjart das »Illustre Théâtre«, verzichtete ausdrücklich auf seine Hoftapeziererstelle und wurde zum Schauspieler, der sich den Künstlernamen Molière zulegte. Zwei Jahre später war ihr gemeinsames Theater bankrott, und die Gläubiger ließen Molière in den Schuldturm werfen. Das Geld, mit dem der Vater ihn auslöste, zahlte er später auf Heller und Pfennig zurück.

Gemeinsam mit Madeleine, mit der er auch weiterhin zusammenlebte, ohne sie je zu heiraten, verließ Molière Paris. Mit Unterstützung seiner Freunde gelang es, eine neue Wandertruppe zusammenzustellen, die in Buden, Gasthäusern sowie auf Schlössern spielte. So zogen sie von 1645 bis 1658 noch dreizehn Jahre lang durch die französische Provinz, vorwiegend im Süden Frankreichs. Das Repertoire bestand aus Tragödien und Komödien in der Tradition der Commedia dell'arte. An Publikum fehlte es nicht, wohl aber an Stücken, was Molière veranlaßte, aus der Not eine Tugend zu machen. Mit den frechen Possen, die er nach derb-komischen Szenen aus Boccaccios »Decamerone« für die Aufführungen seiner Wandertruppe vor den Bürgern der Stadt Toulouse verfaßte, strebte er nicht nach literarischem Ruhm, er wollte damit vielmehr sich und Madeleine die Möglichkeit verschaffen, in zugkräftigen Rollen aufzutreten. War Shakespeare Schauspieler geworden, um Dichter zu werden – so wurde Molière Dichter, um Schauspieler bleiben zu können: ein Motiv, das seine ganze dichterische Laufbahn bestimmte. Denn nicht nur als Anfänger, sondern auch als Meister in seiner großen Zeit schrieb er Komödien mit wirksamen Rollen, die er selbst und seine jeweilige Partnerin darstellen wollten. Während Molière schrieb, lernte er schreiben und wurde dabei immer sicherer. Im Laufe der Jahre verstand er es, die Komödienrollen aus der Improvisation der Commedia dell'arte heraus zur gültigen Charaktergestaltung zu steigern. Den schauspielerischen Ausdrucksmöglichkeiten, die er als Vollblutkomödiant bestens kannte, verdankten auch seine Bühnengestalten ihre Vollkommenheit.

Während der dreizehnjährigen Wanderzeit durch die französische Provinz verbesserte seine Truppe ihr Ensemble und gewann einen gewissen Ruf. Molière selbst gehörte ihr nicht nur als Schauspieler an, sondern war zugleich auch Theaterdirektor, Regisseur und Stückeschreiber. Trotz der Wechselfälle des Wanderlebens war die Truppe stabil und durchaus angesehen, als sie den Sprung nach Paris wagte und an jenem denkwürdigen Nachmittag des 24. Oktober 1658 zum erstenmal im Louvre vor dem zwanzigjährigen Ludwig XIV. spielen durfte. Corneilles Trauerspiel »Nicomède«, das Molière zunächst aufführte, langweilte Seine Majestät. Als Molière dann aber als Nachspiel seine eigene Komödie »Der verliebte Doktor« in Szene setzte, wurde der Sonnenkönig so guter Laune, daß er die Schauspieler, die ihn so amüsierten, jederzeit und ohne Verzug für sich spielen lassen wollte. Er stellte daher die ganze Truppe an und überließ ihr den Theatersaal im Hôtel du Petit-Bourbon, das an den Louvre grenzte. Ferner verlieh er ihr den Titel »Truppe des einzigen Bruders des Königs« und sieben Jahre später den Titel »Truppe des Königs«. Ab 1660 wurde Molière das »Théâtre du Palais Royal« übertragen, damals der größte Theatersaal Europas, aus dem seine Komödianten erst nach seinem Tode vertrieben wurden. Aus Molières Truppe ist dann später die Comédie Française hervorgegangen, die sich noch heute »Das Haus Molières« nennt.

Durch jene Aufführung im Oktober 1658 im Louvre war Molière sozusagen über Nacht zum Hofdichter des Sonnenkönigs geworden, und schon im folgenden Jahr begann mit dem einaktigen Lustspiel »Die lächerlichen Preziösen« die eigentliche Erfolgsserie seiner Stücke. Mit dieser Satire auf das überspannte Literatentum in den Salons der vornehmen Damen, die »alles wissen, ohne etwas gelernt zu haben« und »nur den falschen Schein lieben, ohne die nackte Wahrheit überhaupt anzusehen«, machte er sich auch seine ersten ernsthaften Feinde. Trotzdem blieb er bei seinem unerbittlich-graziösen Spott in »Die Schule der Männer« und »Die Schule der Frauen«, zwei

Lustspielen, in denen Ehemänner, die allzu klug handeln möchten, von weniger klugen Frauen hinters Licht geführt werden.

Im »Tartuffe«, seinem Meisterwerk, das 1664 im Schloß von Versailles uraufgeführt wurde, spielt ein Betrüger den Frommen. Obwohl Tartuffe ein Schurke ist, der sich der frommen Maske nur bedient, glaubten klerikale Kreise darin nicht nur einen Angriff gegen den Mißbrauch der Religion, sondern gegen die Religion überhaupt zu sehen – und erreichten gleich nach der ersten Vorstellung ein Aufführungsverbot. Erst fünf Jahre später gab Ludwig XIV. eine gemilderte Fassung gegen den Willen des Pariser Erzbischofs frei. Der langjährige Streit um dieses Stück hat wesentlich dazu beigetragen, die soziale Stellung der Schauspieler gegen Ende des Jahrhunderts sehr zu verschlechtern: Entgegen der Verordnung von 1641, nach der sie im öffentlichen Leben nicht mehr benachteiligt werden durften, wurden ihnen nun wieder die Sakramente entzogen. Molière hatte sich mit dieser meisterhaften Kampfansage gegen Heuchelei, Frömmelei und Scheinheiligkeit seiner Zeit die Feindschaft der Geistlichkeit zugezogen, die noch über seine Zeit hinaus anhalten sollte und nur durch die schützende Hand des Königs beschwichtigt wurde.

Rasch verboten wurde auch der »Don Juan oder Der steinerne Gast«, bei dem Molière mitten im Streit um den »Tartuffe« noch einmal die frömmelnde Heuchelei neben der zynischen Herzenskälte anprangerte.

In dem Stück »Der Misanthrop« (1666), das, obwohl von Molière selbst als Komödie bezeichnet, hart an der Grenze zum Tragischen steht, glaubt man die eigenen Seelenqualen des Dichters zu erkennen. Als Vierzigjähriger hatte er die erst neunzehnjährige Armande geheiratet, eine angebliche Schwester, vermutlich aber uneheliche Tochter seiner einstigen Geliebten Madeleine Béjart. »Ihre Augen sind klein, aber sie sind voll Humor, sie glänzen und funkeln wie keine anderen. Ihr Mund ist groß, aber er hat eine Grazie, die jedem anderen Mund fehlt. Er flößt, wenn man ihn nur ansieht, glühendes Verlangen ein. Sie hat eine gewisse Nachlässigkeit in ihrem Benehmen, aber sie ist anmutig. Ihr ganzes Wesen hat etwas Verführerisches. Ihre Unterhaltung entzückt. Gewiß, sie hat Launen, aber an schönen Frauen ist alles schön.« So hat Molière seine Armande selbst im Dialog seiner berühmten Komödie »Der Bürger als Edelmann« (1670) geschildert. Von ihrer ehelichen Untreue schon in der ersten Nacht nach der Hochzeit und ihren zahlreichen Liebesbeziehungen, die sie unterhielt, ist darin nicht die Rede. Dennoch wußte er Bescheid und wurde ihr trotzdem hörig. Er blieb an die junge Frau, eine talentierte Schauspielerin, gebunden, obwohl er schwer unter dieser Ehe litt. »Der Misanthrop« – »Der Menschenfeind« – muß als erschütterndes Selbstbekenntnis angesehen werden. »Man frage sich«, sagt Goethe, »ob jemals ein Dichter sein Inneres vollkommener dargestellt habe.« Rechnet man hinzu, daß Molière die Titelrolle selbst gespielt hat und seine leichtsinnige Gattin Armande die Célimène, so wird das Besondere der Situation augenscheinlich.

Eine einzigartige Glanzrolle, die Molière ebenfalls selbst dargestellt hat, ist der Harpagon in »Der Geizige«, eine Komödie, die auf die »Aulularia« – den »Goldtopf« – des römischen Dichters Plautus zurückgeht. Einen Höhepunkt im Komödientheater Molières bildet der monologische Ausbruch Harpagons im tragikomischen Jammer um den Verlust des Geldes am Schluß des vierten Aktes: »Wozu bin ich jetzt noch auf der Welt?« Wenn sich der Geizige wegen des verlorenen Geldes sogar aufhängen will, dann empfindet man tatsächlich Mitleid mit ihm.

Im gleichen Jahr, in dem »Der Geizige« uraufgeführt wurde, nämlich 1668, wurden auch »Amphitryon« und »George Dandin« erstmals in Szene gesetzt. Gemeinsam mit dem Komponisten Lully schrieb Molière auch mehrere Ballettkomödien, darunter die bekannteste: »Der Bürger als Edelmann« (1670). Mit der Komödie »Die gelehrten Frauen«, eine neuerliche Verspottung weiblicher Blaustrümpfe, knüpfte er an »Die lächerlichen Preziösen« an und schilderte noch einmal den Unfug eitler, selbstgefälliger Schöngeisterei.

Am Schluß seiner ruhmreichen Dichterlaufbahn steht dann noch »Der eingebildete Kranke«, eine glänzende Charakterstudie, mit der Molière die menschliche Schwäche geißelt, sich allzuleicht und allzusehr der Sorge um das eigene Wohlbefinden hinzugeben. Gleichzeitig teilt er darin gegen die medizinischen Künste der quacksalbernden Ärzte kräftige Hiebe aus. Der bereits schwer lungenkranke Dichter, der im Palais Royal den eingebildeten Kranken selbst spielte, rief im dritten Akt von der Bühne herab:

»Ach was, Molière! Das ist ein unverschämter Bursche . . . Wenn ich Arzt wäre, dann ließe ich ihn ohne Hilfe sterben.«

Es war derselbe Akt, in dem der Todkranke bei der vierten Vorstellung am 17. Februar 1673 von einem Krampf gepackt wurde und auf der Bühne zusammenbrach. Man brachte ihn in sein Haus in der Rue Richelieu, wo er nur wenige Stunden später nach einem Blutsturz starb, noch im Kostüm des eingebildeten Kranken.

Der Erzbischof von Paris wollte ein christliches Begräbnis verhindern, und Ludwig XIV., der ihm so oft gegen seine Widersacher geholfen hatte, mußte ein Machtwort sprechen. Die Beerdigung fand bei Nacht statt in Anwesenheit zweier Priester, die keinen Trauergesang anstimmten. Zweihundert Menschen folgten mit Fackeln dem Sarg, nachdem zuvor fanatisierte Gegner Molières, die sich um sein Sterbehaus zusammengerottet hatten, durch Geld zerstreut worden waren.

Die Wirkung von Molières Komödien war ebenso groß auf die Mitwelt wie auf die Nachwelt. Doch erst hundertfünf Jahre nach seinem Tode stellte die Académie Française seine Büste mit der Inschrift auf: »Seinem Ruhm fehlte nichts – er fehlte dem unsern.« Zu seinen besonderen Verehrern gehörte Goethe, der immer wieder sein Genie rühmte, vor allem als echter Theaterdichter, und der Eckermann bekannte: »Ich kenne und liebe Molière seit meiner Jugend und habe während meines ganzen Lebens von ihm gelernt. Ich unterlasse nicht, jährlich von ihm einige Stücke zu lesen, um mich immer im Verkehr des Vortrefflichen zu erhalten . . . Molière züchtigte die Menschen, indem er sie in ihrer Wahrheit zeichnete.«

Der Mann, der sich selbst auf der Bühne sah

Hatte Corneille noch die großen Themen wie Staat, Krieg und Heldentum behandelt, Molière sich dagegen bereits auf die Konflikte in der Gesellschaft beschränkt, so entdeckte Pierre Marivaux (1688–1763) die Probleme im einzelnen Menschen. In Marivaux, einem Weltmann und freien Schriftsteller, der nicht wie Molière als Hofdichter gebunden war, entstand dem französischen Schauspiel ein Komödiendichter von spielerischer Anmut, der vom Barock zum Rokoko überleitete – vom Zeitalter, in dem man repräsentieren, zum Zeitalter, in dem man genießen wollte. Durch einen Finanzkrach, bei dem er sein Vermögen verlor, war er zum Schreiben als Broterwerb gezwungen und verfaßte von 1720 bis 1757 dreißig Stücke, hauptsächlich für die Comédie Italienne. Während Molière zitierfähige Charaktere geschaffen hatte, löste Marivaux die Charaktere in Psychologie auf und erfand mit der »Marivaudage« eine neue, zitierfähige, graziös verspielte, komödienhafte Rede, die sich selbst nicht ernst nimmt.

Ein Nachglanz der klassischen Periode fällt auf das dramatische Schaffen Voltaires (1694–1778), der mit seinem »Ödipus« Corneille nacheiferte, mit »Zaire« und »Tankred« Racine. Seinen »Mahomet«, den Goethe übersetzt und in Weimar aufgeführt hat, nannte er selbst einen »Tartuffe mit dem Schwert in der Hand«. Shakespeare jedoch war für Voltaire nicht mehr als ein »betrunkener Wilder« und »Seiltänzer«.

In der weiteren Entwicklung der französischen Bühnenkunst, der man das Vorherrschen des Rationalen vor dem Gefühlsmäßigen nachsagt, fällt auf, wie stark sie die Musik, die am stärksten gefühlsbetonte aller Künste, angezogen hat. Die Meisterlustspiele des Pierre Augustin Caron de Beaumarchais (1732–1799) – nämlich »Der Barbier von Sevilla« und »Die Hochzeit des Figaro« – wurden durch Vertonungen Rossinis und Mozarts unsterblich.

In »Der eingebildete Kranke« – hier eine Inszenierung des Hamburger Thalia Theaters von 1984 – verspottet Molière Ärzte und Hypochonder gleichermaßen.

Nach ihm befruchtete der kühl berechnende Theaterpraktiker Augustin Eugène Scribe (1791–1861) nachdrücklichst das Opernlibretto von Auber, Meyerbeer und Halévy. Während »Die Kameliendame« von Alexandre Dumas (1824–1895) als Schauspiel heute nur noch selten auf der Bühne erscheint, ist sie um so häufiger als »La Traviata« Verdis zu sehen. Ähnliches gilt von dem einst so gefeierten Bühnenroutinier Victorien Sardou (1831–1908); denn trotz der Erfolge seines historischen Lustspiels »Madame sans Gêne« und der Salonkomödie »Cyprienne« wurde doch erst seine »Tosca« in der Vertonung Puccinis zu seinem meistaufgeführten Stück.

Caron hieß der 1732 in Paris geborene Mann, der unter dem später gekauften Adelstitel »de Beaumarchais« in die Theatergeschichte eingegangen ist. Doch auch anderweitig hat er von sich reden gemacht, denn sein phantastischer Lebenslauf liest sich wie ein Abenteuerroman: Er war Uhrmacher, Erfinder, Harfenlehrer, Geschäftsagent, königlicher Sekretär, vielbegehrter

Liebhaber, Geheimagent Ludwigs XVI., Schwindler, Hochstapler, Verleumder, Spekulant, Waffenschieber, Finanzgenie und Besitzer eines Schlosses, das er sich als Neureicher in der Nähe der Bastille erbauen ließ.

Aus rhetorischer Leidenschaft führte er zahlreiche Prozesse, und wenn er sie verlor, schrieb er Pamphlete, durch die er die öffentliche Meinung für sich gewann. Eines davon, frech und mit unwiderstehlichem Schwung verfaßt, trägt den Titel: »Fragment meiner Reise nach Spanien«. Darin berichtete er über sein Duell mit dem spanischen Schriftsteller Clavijo, der seine Schwester verführt hatte. Als der junge Goethe 1774 diesen Bericht zu seinem fünfaktigen Trauerspiel »Clavigo« dramatisierte, verwendete er einen großen Teil daraus fast wörtlich. Später sah Beaumarchais, der von der literarischen Verwertung seiner Person nichts wußte, ganz zufällig auf der Durchreise in Augsburg eine Aufführung des »Clavigo« – und damit sich selbst auf der Bühne. »Der Deutsche hat meine Geschichte mit einem Zweikampf und einem Begräbnis überladen, Zusätze, die weniger von Talent zeugen als von Hohlköpfigkeit«, meinte er dazu. Er spielte damit auf den tragischen Schluß an, der von den tatsächlichen Begebenheiten abwich: In Wirklichkeit verheiratete sich Marie, die Schwester des Beaumarchais, in Paris, und der historische Verführer Don Clavijo hatte noch jahrzehntelang Gelegenheit, sich über seinen Bühnentod zu amüsieren.

Beaumarchais selbst hatte schon einige Rührstücke geschrieben, ehe dann die beiden Werke um den schlauen Figaro erschienen, die zu Marksteinen in der Entwicklung des Dichters wie in der Geschichte des Theaters wurden: »Der Barbier von Sevilla« (1775) und vor allem »Ein toller Tag oder Figaros Hochzeit« (1784). Obgleich heute in erster Linie als Opern weltberühmt, waren beide Stücke aber auch damals und später auf der Sprechbühne äußerst erfolgreich. Während im »Barbier« der Geist der älteren französischen Komödie vorherrscht, spricht aus dem »Figaro« deutlich die gesellschaftliche Einstellung des Autors, der den Adel vor dem dritten Stand bloßstellt und damit zum Verkünder der Revolution des Volkes gegen die Feudalherrschaft wird. Napoleon sagte, mit dieser politischen Komödie im leichten Konversationston sei die Revolution anmarschiert, die dann auch tatsächlich 1789, fünf Jahre nach der Uraufführung, ausgebrochen war.

Kein Wunder, daß der Monarch die Aufführung eines Stückes mit solch umstürzlerischen Ansichten zu verhindern suchte, was Beaumarchais um so mehr reizte, alle Phasen seines Kampfes gegen den Hof von Versailles in Paris bekannt zu machen.

Rechts: Berühmter als die Komödie von Beaumarchais wurde die Mozart-Oper »Figaros Hochzeit« – hier die Stuttgarter Inszenierung von Peter Zadek.

Viva Almaviva!

»Ihr Stück wird nicht gespielt, weil der König es nicht will«, teilte ihm der Premierminister mit.

»Wenn kein anderes Hindernis im Wege steht«, erwiderte Beaumarchais gelassen, »wird mein Stück gespielt werden.«

Als Ludwig XVI. den Dichter warnen ließ, von der Aufführung freiwillig abzusehen, da sein Stück durchfallen werde, antwortete Beaumarchais: »Durchfallen ja, aber fünfzigmal hintereinander.«

Er behielt recht, es wurde ein Triumph.

»Es gibt nur etwas, das toller ist als ‚Der tolle Tag': das ist der Erfolg«, erklärte Beaumarchais, der den König besiegt und den »Zufall der Geburt« auf offener Szene lächerlich gemacht hatte.

Was Figaro, dieser geschickteste aller heimlichen Drahtzieher, der verkappte Revolutionär und frühe Verkünder der Menschenrechte, voll munterer Laune zu Beginn des fünften Aktes über sich selbst sagt, dürfte zugleich ein Selbstbekenntnis des Dichters sein: »Herr da und Knecht dort, wie es dem Glück gefällt; ehrgeizig aus Eitelkeit, fleißig aus Notwendigkeit, aber faul mit Entzücken; ein Redner je nach der Gefahr; Poet zu meiner Erholung, Musiker aus Liebhaberei, galant in jähen Anwandlungen, habe ich alles gekostet, alles getan und bin mit allem zu Ende.«

Die gesellschaftlichen Zustände seiner Zeit – am Vorabend der Großen Französischen Revolution – spiegeln sich in Beaumarchais' Leben und Werk und lassen schon das kommende Jahrhundert der Bourgeoisie mit ihrer neuen Rangordnung nach Geld und Besitz anklingen.

Von Arlecchino, Colombina und anderen Typen

An der Entwicklung des europäischen Theaters um und nach 1600 besteht der Anteil Italiens vor allem in der Schöpfung der neuen Perspektivbühne, die das theatralische Geschehen in den festen Rahmen eines nach der Tiefe zu plastisch geformten Bühnenbildes setzt, den Vorhang einführt und die Herstellung einer vollkommenen Illusion als letztes Ziel anstrebt. Diese Tiefenbühne, die Anfang des 16. Jahrhunderts von Bramante und Peruzzi erstmalig entworfen, später auch praktisch ausgeführt wurde, läßt das Bühnenbild so in Erscheinung treten, wie das menschliche Auge zu sehen gewohnt ist. Der Kunstgriff dabei besteht in der Verkleinerung nach der Tiefe zu. Die plastisch durchgeführte Perspektive auf der Bühne zeigte erstmalig 1584 das Teatro Olimpico in Vicenza.

Hand in Hand damit ging die Entwicklung der neuen Kunstform der Oper, die zeitweilig beherrschend in den Vordergrund trat. Ganz zurückdrängen ließ sich aber das Schauspiel nicht. Es schöpfte seine Kräfte vor allem aus der Commedia dell'arte, der Stegreifkomödie mit feststehenden Masken, die in den verschiedenen italienischen Landschaften zu verschiedenen Typen führte, als Ganzes aber sich ähnelte und einen ungeheuren Einfluß auf die gesamte europäische Komödienkunst ausgeübt hat. Vermutlich waren es die satirisch-komischen Solodarbietungen der venezianischen Zanni, der beiden Dienerfiguren, die sich ausweiteten und um die sich im Laufe eines Jahrhunderts eine ganze Typologie bürgerlichen Lebens entwickelte. Dazu gehörten unter anderen die Innamorati, die Verliebten, deren Zwist mit den Eltern als dramaturgischer Antrieb wirkte, und die Dienerfiguren, die als Anstifter, Zwischenträger und Nutznießer, aber auch als Ausgebeutete sowie Hinundhergehetzte eine wichtige Handlungsfunktion hatten.

Ursprünglich war »commedia« ein Wort für alles, was ein gutes Ende nimmt, und »arte« kennzeichnete die Fähigkeit, dramatische Charaktere darzustellen, das besondere Talent, aus dem Stegreif zu dichten und zu spielen. Commedia dell'arte ist die italienische Volks- und Stegreifkomödie, die zweihundert Jahre lang – von 1545 bis zur Mitte des 18. Jahrhunderts – die Bühnen Italiens und einen großen Teil der anderen europäischen Bühnen beherrscht hat. So hat sie unter anderem die deutschen und englischen Lustspiele durchdrungen, die Rüpel Shakespeares genährt, die französische Komödie bereichert, vor allem die Stücke Molières und des Rokokodichters Marivaux sowie das Wiener Volkstheater Stranitzkys, Raimunds und Nestroys mitgeprägt.

Es wäre jedoch falsch, anzunehmen, daß die Commedia dell'arte als Stegreifkomödie nur aus der reinen Improvisation, also als ein aus dem Augenblick geborenes Spiel, zustandegekommen sei. In Wirklichkeit gab es vorher gewisse Abmachungen. So waren hauptsächlich Szenarien oder Kanevas – das heißt Fabel- und Handlungsmuster, in denen die wichtigsten Dreh- und Wendepunkte des Spiels festgelegt sind – überliefert, und weil offenbar die Aufführungen so unmittelbar wirkten, als improvisierten die Darsteller aus dem Stegreif, bezeichnet man die Commedia dell'arte gemeinhin als Stegreiftheater.

Tatsächlich jedoch beruhte die Spielkonvention auf kunstvoll aufeinander abgestimmten Absprachen, und selbst die nicht ausgeschriebenen Textstellen bestanden weitgehend aus feststehenden Formeln der Rhetorik, die auch ein Lernfach in der Ausbildung der Berufsschauspieler der Commedia dell'arte war. Gewöhnlich bestand eine italienische Stegreiftruppe aus sechs männlichen und sechs weiblichen Schauspielern, von denen jeder immer die gleiche Rolle spielte – und mitsamt Kostüm, Requisiten und Witzen innerhalb seiner Familie vererbte.

Typisiert waren das Thema – etwa die Liebe zweier junger Leute, die von den Vätern zunächst verhindert und schließlich doch gestattet wird – sowie die Spielfiguren. Im Mittelpunkt von Spiel und Komik standen die Zanni, die beiden Diener, aus denen dann der Arlecchino – der Harlekin – hervorgegangen ist. Dieser eigentliche Spaßmacher und Narr war ursprünglich der Kleinstädter aus Bergamo, der in der Weltstadt Venedig als Diener arbeitete und alles verspottete und heruntermachte. Er trug ein rhombisch-gescheckttes Kostüm, einen breitkrempigen Hut mit Hasen- oder Fuchsschwanz, eine schwarze Halbmaske aus Leder und einen Holzprügel. Ins Tölpelhafte und Bäuerliche abgewandelt hieß er Truffaldino.

Weiter gehörten zum feststehenden Figurenarsenal der Commedia dell'arte: der Pantalone, der geizige, mißtrauische alte Kaufmann aus Venedig; der Dottore, der belesene, gern mit gelehrten Brocken um sich werfende Rechtsgelehrte, Arzt oder Philosoph aus Bologna; der Capitano, der bramarbasierende, aufschneiderische Soldat; der schurkisch-schlaue Brighella, eine Abwandlung des Harlekins ins Intrigante, doch in der Maske des Biedermannes; der boshafte, schadenfrohe, anzügliche Pulcinella mit weißer Pluderhose, weißem Käppchen unter einem Hut mit Hahnenfeder, mit Holzdegen und Schnurrbartmaske, immer auf der Jagd nach Geld, Wein und Liebe, der in Frankreich zum Polichinelle, in England zum Jack Pudding und in Deutschland zum Hanswurst wurde. Ruffiana, auch Rosetta, hieß die komische Alte. Die weibliche Hauptrolle jedoch spielte die Colombina, die gewitzte Dienerin und Partnerin des Arlecchino. Noch zahlreiche weitere Figuren und Masken der Commedia dell'arte, die alle nicht von Schriftstellern, sondern von Schauspielern ausgeprägt wurden, entwickelten sich in den verschiedenen Landschaften Italiens.

Als eine Verschmelzungsform artistischer und literarischer Traditionen ist die Commedia dell'arte, bei der sich Einflüsse der Komödie aus Antike und Renaissance mit Akrobatik und Pantomime der Gaukler verbinden, ohne das Spieltemperament der Italiener, ihr mitreißendes Sprechtempo und die Ausdruckskraft ihrer Gebärden undenkbar. In dieser »skurrilen Kreuzung von abstrakter Geometrie und animalischer Ausgelassenheit«, wie der Literaturhistoriker Richard Alewyn den Doppelcharakter der Commedia dell'arte kennzeichnet, trugen die Komiker – jedoch nicht die Liebhaber – Halbmasken, die zwar den Typ unterstrichen, das Gesicht aber, anders als die antiken Masken, nicht auf einen bestimmten Ausdruck festlegten. Nicht auf die Originalität des Stoffes kam es an, sondern auf die formale Variation des schon Bekannten. Alles mußte dem Anspruch größtmöglicher Perfektion und Geschicklichkeit gerecht werden – sowohl rhetorisch-intellektuell in geistreichen Einfällen und schlagfertigen Antworten als auch in den körperlich-mimischen Zwischennummern, den Pointierungen, Effekten und Kommentierungen, die von den Schauspielern dem im Szenarium festgelegten Hauptstrang der Handlung als artistische Glanzlichter aufgesetzt wurden, um das Spielgeschehen überraschend zu beleben und komisch zu vertiefen. Was man damals »lazzi« nannte, heißt in der heutigen Filmsprache »Gags«.

Die Wandertruppen der Commedia dell'arte reisten durch ganz Europa, wo ihre Bühnenfiguren überall Spuren hinterließen, die dann dem jeweiligen Lande angepaßt und weiterentwickelt wurden. Doch indem die Commedia dell'arte den Charakter des Gastlandes annahm, entfremdete sie sich ihrer ursprünglichen Kraftquelle, dem italienischen Volk und seinen Sprachen. Mit dem Ende des Ancien régime, der »alten Regierung« vor der Französischen Revolution, war auch die Commedia dell'arte tot; Autoren und Publikum fingen an, sich für kompliziertere Charaktere zu interessieren.

Doch auch heute noch dienen die Commedia dell'arte und ihre Typen als Schnittmuster für so manche Unterhaltungsfilme und Fernsehstücke. So erkennt man beispielsweise in einem billigen Hollywood-Western die Typen schon an ihrem Kostüm: den Sheriff, den Banditen, den »Doc«, das Mädchen aus dem Tingeltangel, das zwar zunächst böse und verdorben erscheint, sich dann aber als gut und unverdorben entpuppt, und dazu noch ein paar komische Nebenfiguren, sozusagen Harlekine mit Colt. Typisch ist auch das Szenarium mit der in groben Zügen festgelegten Handlung: dem Pistolenduell auf der leeren Hauptstraße, der Knallerei und Schlägerei im Saloon, dem Überfall auf die Postkutsche oder die Bank.

Zweihundert Jahre lang hatte die Commedia dell'arte als längste Serie der Welt das Publikum unterhalten – und noch immer ist ihre Typisierung erkennbar.

Goldoni, Gozzi und die Commedia dell'arte

»Die Maske wird das Spiel des Darstellers immer beeinträchtigen. Will er nun Freude oder Schmerz ausdrücken, ob er nun verliebt ist, in Zorn gerät oder scherzt, stets zeigt sich das gleiche bemalte Leder . . . Er mag gestikulieren und den Ton seiner Stimme wechseln, wie er will, nie wird er durch seine Gesichtszüge, die wahren Dolmetscher des Herzens, die verschiedenen Leidenschaften erkennen lassen, von denen seine Seele bewegt ist . . . Heute verlangt man von dem Schauspieler Seele, und Seele unter der Maske ist wie Feuer unter der Asche.«

Diese Worte Goldonis machen seine Mission deutlich, die er schon früh erkannte und zielbewußt verfolgte: die Überwindung der Commedia dell'arte und ihre Umformung in die dichterische Komödien- und Lustspielkunst auf nationaler Grundlage. Er nahm den Schauspielern die Maske ab und löste die Charaktereigenschaften der Bühnenfiguren aus ihrer starren Typisierung. In den Charakterkomödien Molières sah er das Vorbild für seine Werke, doch schuf er sich seinen eigenen, aus der Tradition des italienischen Volkstheaters gewachsenen Stil.

Als Sohn eines Arztes am 25. Februar 1707 in Venedig geboren, studierte Carlo Goldoni Rechtswissenschaft, wurde Advokat und kurzzeitig auch Konsul der Republik Genua in seiner Vaterstadt. Die Theaterleidenschaft war schon früh in ihm erwacht. Als zehnjähriger Schüler riß er einmal aus der Dominikanerpension in Rimini aus und schloß sich einer Schauspieltruppe an. Und gerade erst sechzehn Jahre alt geworden, faßte er den Entschluß, Italien ein Theater zu schenken, das mit den Bühnen der Spanier, Franzosen und Engländer wetteifern konnte.

Die Freude am Theater und der Spaß daran, auch selbst in den vielfältigsten Possenrollen auf der Bühne zu stehen, spornten ihn an, neben seiner Tätigkeit als Rechtsanwalt auch immer wieder Theaterstücke zu schreiben. »Bei Tag arbeite ich für das Gericht, bei Nacht für das Theater«, wie Goldoni über sein damaliges Leben selbst berichtet.

Mit seiner Umarbeitung einer Commedia dell'arte zu dem Lustspiel »Der Diener zweier Herren« errang er einen großen Erfolg. Für das Teatro Sant'Angelo in Venedig, dessen Direktor Medebac ihn 1748 als Hausdichter verpflichtete, verfaßte er unter anderem in einem Jahr sechzehn Stücke. Nach einem typischen Theaterkrach wechselte Goldoni zum Teatro San Luca, dessen Besitzer der venezianische Nobile Vendramini war. Jährlich mußte Goldoni dort als Hausdichter acht neue Stücke abliefern.

Nach eigenen Angaben im Vorwort zu seinen Lebenserinnerungen hat Goldoni hundertfünfzig Stücke geschrieben: Stegreifkomödien, Lustspiele aller Art, auch Tragödien, Schauspiele und Operntexte. Bleibende Bedeutung haben jedoch nur seine Charakterkomödien gewonnen, in denen er ein ungemein vielseitiges dichterisches Talent entfaltete, den Blick stets auf die Bühne und ihre Voraussetzungen gerichtet. Er wollte Charaktere zeigen, wie sie waren und wie er sie aus dem Leben kannte: Männer und Frauen, die sich Glück im Leben wünschten und denen jedes Mittel recht war, es zu erreichen. Gebildet und belesen wie er war, scheute er nicht davor zurück, auch bewährte fremdsprachige Vorbilder in seine Muttersprache zu übersetzen, doch keineswegs Wort für Wort und Szene für Szene. Er schuf zwar

Rechts: Auf die Bitte des berühmtesten Arlecchino-Darstellers seiner Zeit hin schrieb Carlo Goldoni die Komödie »Der Diener zweier Herren«.

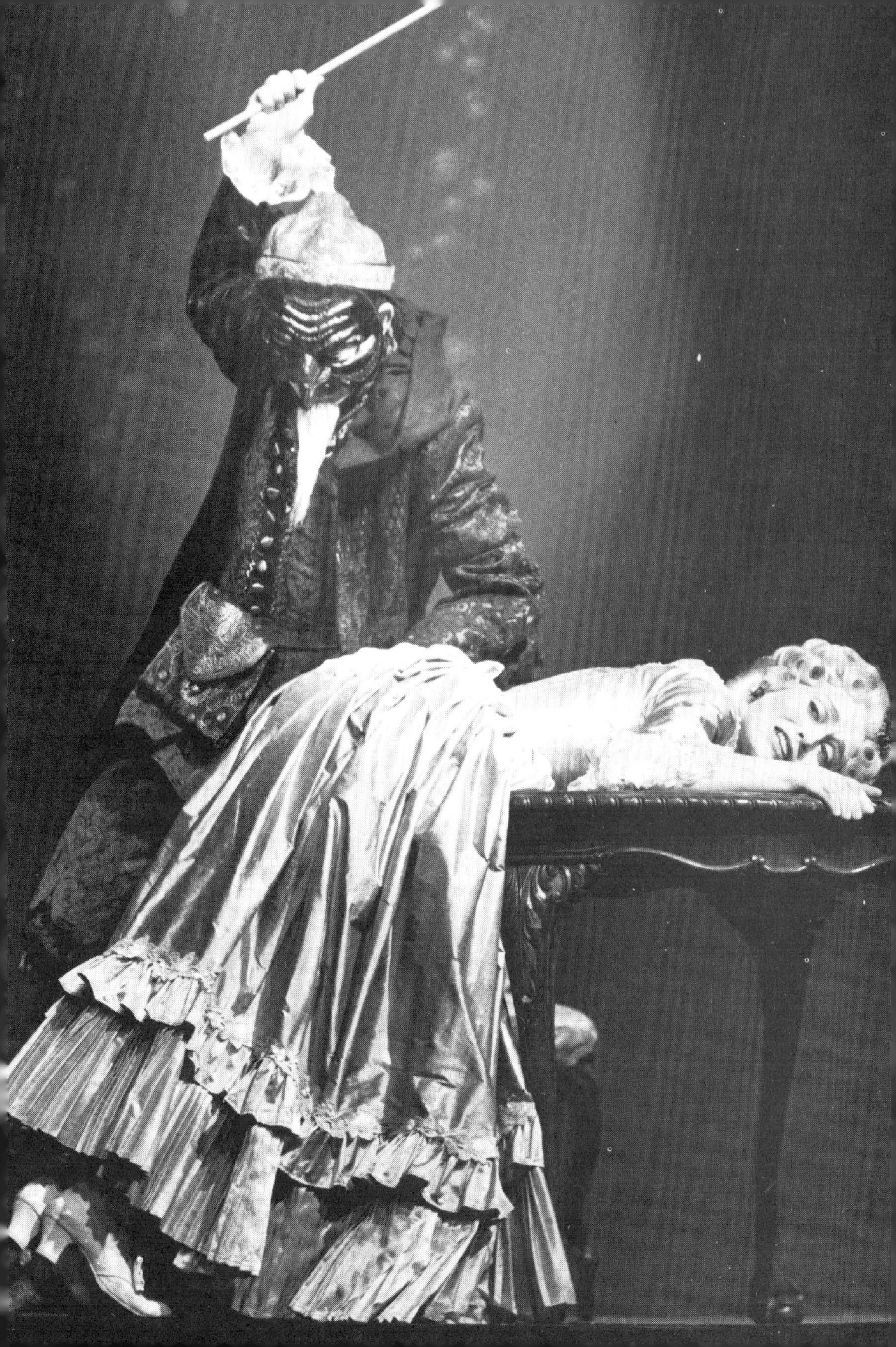

nach, aber er schuf auch neu. Obwohl er Kompromisse schließen mußte, konnte er dennoch, nicht ohne Stolz, feststellen:

»Ich füge mich darein, einige Stegreifkomödien zu schreiben, ohne auf meine Charakterlustspiele zu verzichten. In den ersteren beschäftigte ich die Masken und brachte in den letzteren interessante und vornehme Komik zum Ausdruck. Jeder hatte seinen Anteil am Vergnügen, und mit der Zeit und durch Geduld gelang es mir, zwischen ihnen volles Einvernehmen herzustellen. Nun hatte ich die Genugtuung, meinem Geschmack folgen zu dürfen, der nach Verlauf weniger Jahre der allgemeine und am meisten anerkannte Geschmack in ganz Italien geworden.«

In der Kunst, aus oftmals nur geringfügigen Konflikten bühnengerechte Handlungen zu formen, steht Goldoni in der ersten Reihe der großen Bühnendichter der Weltliteratur. Noch ganz in die Tradition der Stegreifkomödie gehört »Der Diener zweier Herren«. Während seiner Advokatenzeit schrieb Goldoni das Stück, das um die Glanzrolle des Truffaldino kreist, auf Bitten des venezianischen Schauspielers Sacchi, des berühmtesten Arlecchino-Darstellers seiner Zeit, der ihm auch den Stoff lieferte. Es ist heute noch auf unseren Bühnen heimisch.

Ein echter Goldoni in der meisterhaften Charakter- und Milieuschilderung ist »Das Kaffeehaus«, das dritte in der Reihe der sechzehn Stücke, die der Dichter in einem Jahr zu schreiben versprochen hatte. Es zeigt Goldoni auf dem Weg von der alten Form der Commedia dell'arte zu einem eigenen Stil, dem des Charakterlustspiels auf der Basis realistischer Zeit- und Menschenbeobachtung. »Es sind darin ebenso viele Charaktere als Personen«, wie er selbst stolz festgestellt hat. Bei der Gestaltung des Don Marzio scheint ihm eine bestimmte Person im damaligen Venedig vorgeschwebt zu haben, die ihm dann auch »mit Degen, Dolch und Pistole« drohte, ohne daß es jedoch zum Duell kam.

In die Reihe der sechzehn Werke gehört auch »Der Lügner«, ein Mischstück, das sich noch der Masken der Commedia dell'arte bedient. Goldoni schrieb es nach Corneilles Lustspiel »Le Menteur«. Um der Titelfigur willen, einer virtuosen Aufgabe für einen virtuosen Darsteller, erscheint das Stück immer wieder auf der Bühne.

Aus der gleichen Reihe stammt auch »Mirandolina«, damals wie heute eines seiner besten und wirksamsten Stücke, mit dem sich Goldoni völlig von der Tradition der Commedia dell'arte gelöst und eine wirkliche Charakterkomödie geschaffen hat. Ihr Reiz liegt in dem vorzüglich herausgearbeiteten Charakter der Mirandolina, einer jungen Wirtin, die mit den Männern spielt, ohne sich etwas zu vergeben, und die klug genug ist, auf der Höhe ihrer Triumphe das Spiel »zur Schande der hochmütigen Männer und zur Ehre

Im Hamburger Ernst-Deutsch-Theater spielte 1980 Silvana Sansoni die »Mirandolina«. Claus Wilcke stellte den Cavaliere von Ripafratta dar.

unseres vielgelästerten Geschlechtes« abzubrechen und sich dem redlichsten Bewerber anzuvertrauen, der zugleich auch am meisten ihren Interessen dient: dem Kellner Fabrizio.

Vier Werke Goldonis sind von dem italienischen Komponisten deutscher Abstammung Ermanno Wolf-Ferrari (1876–1948) vertont worden: »Die neugierigen Frauen«, »Die vier Grobiane«, »Die schalkhafte Witwe« und »Il Campiello«.

Seine Erfolge auf dem venezianischen Theater in den Jahren von 1751 bis 1761 brachten Goldoni jedoch nicht nur Beifall, sondern zogen ihm auch den unversöhnlichen Haß von literarischen Gegnern zu, die gegenüber seinen Reformen die Traditionen der Commedia dell'arte hochzuhalten suchten. Gern folgte er deshalb einem Ruf des französischen Königs nach Paris, wo er als Direktor den Zerfall der »Comédie Italienne« verhindern sollte, was jedoch mißlang. Zunächst schrieb er auch weiterhin Stücke und war dann bei

Hofe als Vorleser und Sprachlehrer der Prinzessinnen tätig. Durch die Französische Revolution verlor er seine Pension, er verarmte und erblindete. Als ihm schließlich die Nationalversammlung am 6. Februar 1793 seine Jahresrente wieder gewährte, lag Carlo Goldoni schon auf dem Totenbett.

Einer der großen Widersacher Goldonis war sein Landsmann Graf Carlo Gozzi (1720–1806), der aus einer alten venezianischen Adelsfamilie stammte und schon als sechzehnjähriger Soldat an Kämpfen in Dalmatien teilnahm. Als ein führendes Mitglied der konservativen Akademie der Granelleschi, die sich um die Reinerhaltung der Sprache, des Toskanischen, bemühte, setzte er sich für die italienischen Theatertraditionen ein, besonders der Commedia dell'arte. Weil Goldoni die von der Überlieferung geheiligten Gestalten der Commedia dell'arte auf die wesentlichen beschränkt hatte, bekämpfte Gozzi ihn mit allen Mitteln und erklärte, er seinerseits wolle das Theater wieder bereichern, das Goldoni beraubt habe.

So schrieb Gozzi von 1761 an vier Jahre lang für die Truppe des Arlecchino-Darstellers Sacchi seine später berühmt gewordenen zehn phantastischen Märchenstücke, die nachhaltig auf die deutsche Romantik einwirken sollten, so auf Ludwig Tieck und E. Th. A. Hoffmann. Die Motive entnahm er italienischen Novellensammlungen sowie den »Märchen aus Tausendundeiner Nacht«. Es sind Spiele mit Hexen und Magiern, mit Ungeheuern und Narren, mit verzauberten Menschen und beseelten Tieren, mit Verwandlungen und Wundern. Tragisches mischte er mit Komischem, Geschichtliches mit Zauberei, Fabelhaftes mit gewöhnlichen Gemeinplätzen, Mögliches mit Unmöglichem. Statt das bürgerliche Schauspiel und Rührstück der Franzosen nachzuahmen, brachte Gozzi Originalität und die glänzenden komischen Masken in neuem Gewand. Seine Bedeutung für die Theatergeschichte besteht in seinem energischen Eintreten für die Bewahrung und Erneuerung der venezianischen Commedia dell'arte, deren Grundtypen er beibehielt und mit phantastischen und märchenhaften Zutaten ausstattete. So purzeln die vier Masken des Truffaldino, des Tartaglia, des Brighella und des Pantalone munter durch dieses effektvolle Zaubertheater.

Wenngleich Gozzi durch Goldonis Übersiedlung nach Paris auch vorläufig in Venedig gesiegt hatte, so war dennoch das Ende der Stegreifkomödie auch durch seine Stücke nicht mehr aufzuhalten. Von seinen Werken blieben nur Motive erhalten, die sich zur Vertonung eigneten. So wurden beispielsweise sein erstes dramatisches Märchen »Die Liebe zu den drei Orangen« 1921 von Serge Prokofieff, »König Hirsch« 1956 von Werner Henze und »Turandot« 1918 von Busoni sowie 1926 von Puccini zu Opern verarbeitet. Als Schauspiel ist Gozzis »Turandot, Prinzessin von China« auf deutschen Bühnen nur noch äußerst selten in Schillers Bearbeitung zu sehen.

Als Theoretiker hat Gozzi seine Ansichten über das Theater in den Vorreden zu seinen Stücken sowie in einer dramaturgischen Schrift geäußert. Aus den zahlreichen Gesprächen, die Goethe und Schiller über ihn führten, hat uns Eckermann die Bemerkung Goethes hinterlassen: »Gozzi habe die Meinung gehabt, es gebe nur sechsunddreißig tragische Situationen; Schiller habe geglaubt, es gebe mehr, allein, es sei ihm nicht einmal gelungen, nur so viele zu finden.«

Der politische Kannegießer des »dänischen Molière«

»In meinen Schauspielen habe ich es mir besonders angelegen sein lassen, die Laster anzugreifen, zu denen die dänische Nation neigt und die von anderen noch nicht behandelt worden sind«, lautet ein Ausspruch von Ludvig Holberg, dem dänischen Lustspieldichter, der 1684 im norwegischen Bergen, einer freien Hansestadt, als Sohn eines dänischen Offiziers geboren wurde und 1754, also im Alter von siebzig Jahren, reich gesegnet mit Ehrungen und Vermögen, in Kopenhagen starb. In der ersten Hälfte seines Lebens deutete noch nichts darauf hin, daß Holberg der Schöpfer des nationalen dänischen Theaters werden sollte. Denn nach dem Besuch der Lateinschule in Bergen und der Universität in Kopenhagen, wo er zunächst Theologie, dann Rechtswissenschaft und Geschichte studierte, führten ihn in den Jahren von 1704 bis 1716 mehrere große Reisen nach Holland, Deutschland, England, Frankreich und Italien, ehe er sich dann endgültig in Kopenhagen niederließ und an der dortigen Universität Professor der Metaphysik, später auch der Rhetorik und Geschichte wurde.

Seine so erfolgreiche Laufbahn als Komödiendichter begann 1722 mit der Eröffnung des ersten dänischen Nationaltheaters in Kopenhagen. Zwei Tage nach der Vorstellung des »Geizigen« von Molière in dänischer Sprache wurde die erste dänische Komödie aufgeführt: »Der politische Kannegießer« von Ludvig Holberg, nach seinen eigenen Worten eine Satire auf »gewisse Prahler unter den gemeinen Leuten in Freistädten, die in den Wirtshäusern Obrigkeit und Rat tadeln und doch nichts wissen«. Gleich sein Bühnenerstling um den politisierenden Spießbürger wurde ein Meisterwerk, das viele bis auf den heutigen Tag für sein bestes Stück halten. Der »politische Kannegießer« ist sprichwörtlich geworden für den zeitlosen Typ des Wirtshausstrategen, dessen praktisches Können seinem Wollen und seiner Angeberei nicht gewachsen ist.

Der achtunddreißigjährige Professor wurde so zum Hausdichter des dänischen Nationaltheaters, für das er in den folgenden sechs Jahren bis zur

Schließung 26 Komödien schrieb. Erst nach der Regierungszeit des pietistischen, theaterfeindlichen Königs Christian VI. (1730–1746) erwachte das Theaterleben unter Frederik V. (1746–1766) neu. Als 1748 ein dänisches Ensemble das Theater an Kongens Nytorv bezog, wurde Holberg Leiter dieser neugegründeten Schauspielbühne und verfaßte noch sechs weitere Komödien.

»Meine Gemütsart bringt es mit sich, daß ich immer im Scherze die Wahrheit sage«, hat Holberg einmal bekannt. Da er als Aufklärer an die Erziehbarkeit des Menschen durch Vernunft, Beispiel und Einsicht glaubte, baute er seine Komödien oft als Lehrstücke auf, bei denen einem Menschen mit einer schlechten Eigenschaft ein Streich gespielt wird, der alle üblen Folgen seiner Untugend offenbart. So prangert der Dichter in »Jeppe vom Berge« die Faulheit und Versoffenheit des Bauern an, der sich zum Clown des Adels erniedrigen läßt. In »Jean de France« verspottet er einen jungen Dänen, der in Paris gewesen ist und von dort eine unheilbare Schwärmerei für alles Französische mitgebracht hat. In »Jacob von Tyboe« wird der militärische Prahlhans aufs Korn genommen, in »Don Ranudo de Colibrados« der dummstolze Adelsdünkel, in »Erasmus Montanus« die selbstgefällige scholastische Gelehrsamkeit.

»Die Wochenstube« geißelt nach Holbergs eigenen Worten, »alle die unverständlichen Gebräuche, die in Wochenstuben üblich sind«, vor allem die »Torheiten der Frauenzimmer«, die ständig die arme Wöchnerin plagen. Die Schwatzhaftigkeit des Mannes wird in »Meister Gert Westphalen« lächerlich gemacht. »Viel Geschrei um wenig Wolle« ist die Komödie um den geschäftigen »Herrn Vielgeschrei«, den »Mann ohne Zeit«, der deswegen von seiner Umgebung gefoppt wird.

Obwohl sich Ludvig Holberg stark an europäische Vorbilder anlehnte – an Vorformen des Fastnachtsspiels, an Plautus, Molière und die Comédie Italienne –, besitzen seine technisch perfekt und bühnensicher gebauten Komödien dennoch eigene Züge. Sein offener Blick für die Schwächen des menschlichen Geschlechts haben ihm den Ehrentitel eines »dänischen Molière« eingebracht, doch wird er auch zuweilen wegen seines klaren Verstandes und seiner kritischen Feder mit Lessing verglichen. Seine volkstümlichen Komödien, in denen er die Gebrechen seiner Zeit zur Zielscheibe seines Spottes und geistvollen Humors machte, stellen ihn neben die großen Komödiendichter des 17. und 18. Jahrhunderts. Wie sein dreiundzwanzig Jahre jüngerer Kollege Goldoni versuchte Holberg, von der Typenposse, der Commedia dell'arte, zur Charakterkomödie zu gelangen, was dem Italiener etwas besser geglückt ist. Beide jedoch haben ihr großes Vorbild Molière nicht ganz erreicht.

Vorhang auf für das deutsche Theater

Der Hanswurst wird verbannt

Sein Kostüm war die parodierte Tracht eines Salzburger Bauern, grüne Joppe mit Bundhose, mit H. W. bestickte Hosenträger, roter Brustfleck und spitzer grüner Hut. Dazu trug er eine kleine Halskrause und in der Hand die Holzpritsche. Mit seinen Stegreifkomödien und den sogenannten »Lazzi«, den Extempores, die in die Haupt- und Staatsaktionen eingebaut wurden, eroberte er das Kärntnertortheater in Wien. Noch heute kann man ihn in den Nischen an der Fassade des Wiener Burgtheaters sehen, wo berühmte Figuren der Theatergeschichte stehen: Josef Anton Stranitzky (1676–1726), den Erfinder und ersten Darsteller des Wiener Hanswurstes, von dem auch folgende »Hanswurst-Quittung« erhalten ist:

Diese Woche

”	”	6 Arien gesungen	6 fl
”	”	einmal in die Luft geflogen	1 fl
”	”	ins Wasser gesprungen	1 fl
”	”	begossen worden	– fl 34 kr
”	”	2 Ohrfeigen bekommen	1 fl 8 kr
”	”	1 Fußtritt bekommen	– fl 34 kr
			9 fl 76 kr

worüber dankbarlich quittiere

Stranitzky

Auch Prügel hatten also ihren festen Tarif, nur wenn der Hanswurst selber prügelte, erhielt er keine Extravergütung.

Was sich damals auf deutschsprachigen Bühnen abspielte, ist unter anderem in dem Brief der englischen Schriftstellerin Lady Mary Worsley-Montagu zu lesen, die im Winter 1716 ein Wiener Theater besuchte:

»Ich hatte die Neugier, dahin in eine deutsche Komödie zu gehen, und war recht froh, als ich eben die Geschichte Amphitryons traf. In meinem Leben habe ich nicht so viel noch gelacht. Es fing damit an, daß der verliebte Jupiter aus einem Guckloch in den Wolken fiel, und endete mit der Geburt des Herkules. Doch das Allerlustigste war der Gebrauch, den Jupiter von seiner Verwandlung machte. Er betrügt seinen Bankier um einen Beutel mit Geld, einen Juden um einen Diamantring und bestellt ein großes Abendessen in Amphitryons Namen.

Aber ich kann es dem Dichter schwerlich verzeihen, daß er sich die Freiheit genommen hat, sein Stück nicht nur mit unanständigen Ausdrücken, sondern mit so groben Worten zu spicken, die, wie mir deucht, unser Pöbel nicht einmal einem Marktschreier vergeben würde. Überdies ließen die beiden Sosias ihre Hosen den Logen gegenüber, die voll von Leuten von erstem Range waren, recht treuherzig nieder, und diese schienen mit dem Zeitvertreib so wohl zufrieden, daß sie mir versicherten, es wäre ein Meisterstück . . .«

Noch rechtzeitig sah sich Stranitzky, der erste Wiener Hanswurst, nach einem würdigen Nachfolger um. Unter den Bewerbern war auch der junge Schauspieler Prehauser, den sich der alte Hanswurst prüfend ansah:

»Werden ja hören, ob sie über dich lachen!« meinte er und stieß den überraschten jungen Mann auf die Bühne.

Kein Beifall schlug ihm entgegen, stumm und erstaunt empfing ihn das Publikum. Doch schon bei diesem ersten unverhofften Auftritt zeigte der Hanswurst-Kandidat seine Klasse. Mit dem dümmsten Gesicht von der Welt fiel er auf die Knie, faltete die Hände und flehte: »Meine Damen und Herren, ich bitt' Ihnen, um Himmels willen, lachen S' über mich!« Die erwartete Wirkung blieb nicht aus: Prehauser wurde Stranitzkys Nachfolger.

Auf allen deutschsprachigen Bühnen war damals der Hanswurst zu Hause, und seine Spezialität, die handfesten Obszönitäten, wurden vom breiten Publikum dankbar belacht. Doch hatte er, ein echtes Kind des Barocks, nicht nur Freunde, denn mit dem Wandel der Mode verloren im Laufe der Zeit auch seine Stegreifkomödien an Zugkraft. Die empfindsamer gewordenen Zuschauer beklatschten zwar immer noch laut seine derben und dreisten Lazzi, aber sozusagen hinter vorgehaltener Hand. Als sein Großinquisitor trat der deutsche Literaturpapst Gottsched auf, der nach Vernunft, Ordnung und Klarheit – auch auf der Bühne – suchte und in seiner Schrift »Versuch einer kritischen Dichtkunst vor die Deutschen« (1730) über das barocke Theater, den Haupttummelplatz des Hanswurst, wetterte: »Schwülstige und mit Harlekinlustbarkeiten untermengte Haupt- und Staatsaktionen, lauter unnatürliche Romanstreiche und Liebesverwirrungen, lauter pöbelhafte Fratzen und Zoten.«

Gottsched, der Professor, brachte dann 1737 die »Neuberin«, die berühmte Theaterprinzipalin, dazu, den Hanswurst genannten Harlekin in einem von ihr verfaßten Vorspiel symbolisch von der Bühne zu verbannen. Wenn es auch immer wieder als Tatsache hingestellt wird, so ist es dennoch nur eine Legende, nämlich daß sie nach dem »Prozeß« gegen den Hanswurst in ihrer Theaterbude vor dem Grimmaischen Tor in Leipzig eine Puppe im buntscheckigen Harlekinsgewand auf offener Bühne verbrannt habe.

Als »größte Harlekinade« bezeichnet Lessing in seinem 17. Literaturbrief diesen Vorgang, denn er sah sehr wohl, daß diese komische Gestalt eine ewige Figur des Theaters war, die immer wieder durch die Hintertür hereinkommen würde, sooft man sie auch von der Bühne jagte. Tatsächlich hat der Hanswurst seine »Verbrennung« auch gut überlebt und ist seither unzählige Male wiederauferstanden. So klangen beispielsweise die Lazzi des unsterblichen Hanswurst in Max Pallenbergs (1877–1934) genialen Wortverdrehungen und Extempores wieder auf. In diesem schöpferischen Schauspieler, der belanglose Rollen durch Mimik, Extempores und Nuancenreichtum ausbaute, lebte die Commedia dell'arte nicht nur im komödiantischen Talent nach, sondern auch in der Lust an der Kritik, der Aggressivität und der Respektlosigkeit wahrhaften Volkstheaters. Nach der Generalprobe von Gerhart Hauptmanns Diebskomödie »Der Biberpelz«, in der Pallenberg nach Herzenslust den Text verdrehte, zerriß und zu den komischsten Wortbrocken zusammensetzte, sagte Hauptmann mit olympischer Würde zu ihm:

»Was Sie da reden, ist sehr komisch, aber nicht von mir. Ich muß Sie denn doch bitten, mein Stück zu spielen.«

Pallenberg verneigte sich mit einem Lächeln, das nichts Gutes ahnen ließ.

Bei der Premiere hatte Pallenberg zwei Mäntel übereinander angezogen, einen Hut auf dem Kopf, eine Pelzmütze in der einen Tasche, zwei Paar Handschuhe in der anderen, drei Schals um den Hals gewickelt und Gummischuhe an den Füßen. Kaum stand er auf der Bühne, als er auch schon loslegte!

Diesmal sprach er tatsächlich Hauptmanns Text ohne die geringste Veränderung, aber während er sprach, zog er den einen Mantel aus, hängte ihn an den Garderobenständer, zog den anderen aus, hängte diesen hin, zog den ersten wieder an, setzte Hut und Pelzmütze hintereinander immer wieder auf und ab, streifte die Gummischuhe ab und wieder über, wechselte ein Paar Handschuhe, wickelte Schals auf und zu, bis das Publikum einen Lachsturm mit prasselndem Beifall krönte!

Hinter der Bühne wischte sich Gerhart Hauptmann Tränen aus den Augen, als Pallenberg abging und zu ihm sagte: »Na, war das Ihr Text?«

Darauf erwiderte der Dichter nur ein einziges Wort: »Hanswurst!«

Der ewige, nicht umzubringende Hanswurst hatte, wie seine Verdammung durch Gottsched und seine Verbannung durch die »Neuberin« zeigt, eine wichtige Rolle in Deutschland gespielt, das sich im 18. und 19. Jahrhundert als letztes Land in Europa seinen Platz auf dem großen Rund der europäischen Bühnenkunst eroberte. Dem Höhenflug in dieser Zeit war jedoch eine lange bodenständige Entwicklung vorausgegangen. Als einem der frühesten Dokumente szenischen Charakters kommt dem Dialog »Der Ackermann aus Böhmen« von Johannes von Saaz (um 1400) eine besondere Bedeutung zu, ein Werk, das Elemente der Totentanzdichtung mit denen der Moralität verbindet. Als eindrucksvollste Vertreter des deutschen Humanisten- und Schuldramas seien hier Johannes Reuchlin (1455–1522) mit der »Henno«-Komödie genannt und der vielseitige Conrad Celtis (1459–1508) mit seinen Neuausgaben von Tragödien des Seneca und Komödien des Terenz. Über das Riesenwerk von Schwänken und Dramen des Nürnbergers Hans Sachs (1494–1576) im Zeitalter der Reformation war schon ausführlich die Rede. Mit seinen zahlreichen allegorischen Figuren knüpfte dann an den Geist der Moralitätendichtung Jakob Bidermanns (1578–1639) »Cenodoxus, Doktor von Paris« an, das größte Drama des Frühbarocks in Deutschland, ein vielschichtiges und vielgesichtiges Werk, das im Zeitalter Shakespeares der deutschen Bühnenkunst alle Ehre machte. Sein Zeitgenosse, der Schlesier Martin Opitz (1597–1639), forderte in seinem »Buch von der Deutschen Poeterey« die damaligen deutschen Dichter auf, ihre Sprache zu säubern, um sie für geschliffene Verse und reine Reime geeignet zu machen. Da es schon vor Jahrhunderten deutsche Gedichte gegeben hatte, die »schön in der Sprache und doch volkstümlich« waren, wunderte er sich, daß dies nicht auch für das Drama zutraf: »Die herrliche Kunst des Dramatikers ist auß Nachlässigkeit und Unverstande der Leut' so gar verloschen, daß in der lateinischen Sprach' wenig Tüchtiges, in der teutschen aber durchaus nichts dergleichen an den Tag gebracht worden.« Opitz, der die Komödie verwarf, weil sie von »Hochzeiten, Gelagen, Spielen, Betrug, Schalkheit und Knechte, Geiz, Kuppelei und solchen Sachen handle, die täglich unter gemeinen Leuten vorlaufen«, setzte durch seine eigene Tragödie »Judith« ein Beispiel, das die Geschmacksrichtung der im deutschen Sprachraum lebenden Menschen entscheidend beeinflußte.

Um diese Zeit, etwa seit 1592, machten wandernde Berufsschauspieler aus England die Stücke Shakespeares, Marlowes und Kyds sowie Moralitäten wie beispielsweise das englische Jedermann-Spiel in Deutschland bekannt. Allmählich gingen diese englischen Komödianten in den deutschen Wandertruppen auf, die für beschränkte Zeit an den verschiedensten Fürstenhöfen bis hin nach Süddeutschland und Wien wirkten. Der namhafteste deutsche Dramatiker im Zeitalter des Hochbarocks aber war Andreas Gryphius (1616–1664), der sich zwischen Sachs und Lessing um die Entwicklung einer deutschen dramatischen Kunst bemühte und sich sowohl in der Tragödie wie in der Komödie versucht hat. Hervorgehoben seien hier seine beiden Lustspiele »Herr Peter Squentz« und »Horribilicribrifax«, sein bestes Stück, das auch heute noch auf der Bühne ankommt.

Den nächsten entscheidenden Versuch, die deutsche Dichtung zu reformieren, unternahm der bereits erwähnte Johann Christoph Gottsched

(1700–1766), von Beruf und aus Berufung Philosoph, der die griechischen Dramatiker der Antike bewunderte und von Corneille fasziniert war. Durch die Orientierung am französischen Geschmack bemühte sich dieser bedeutendste Schriftsteller der deutschen Aufklärung vor Lessing, in Theorie und Praxis das Niveau des deutschen Theaters zu heben. Doch wie sollte es gelingen, die dramatische Kunst der Franzosen in deutscher Sprache nachzuahmen, solange es im ganzen deutschen Reich kein richtiges Theater und keine ausgebildeten Schauspieler gab? Um seine Theaterreformpläne zu verwirklichen, freundete sich der damals siebenundzwanzigjährige Leipziger Universitätslehrer Gottsched mit dem Komödianten Johann Neuber und dessen Frau Caroline an, die als Schauspielerin einen sensationellen Erfolg errungen hatte, als sie ungeniert in Hosenrollen aufgetreten war.

Die »Neuberin«, 1697 geboren als Friederike Caroline Weißenborn, war von ihrem Vater, einem Advokaten, derart tyrannisiert worden, daß sie als zwanzigjähriges Mädchen mit dem Studenten Neuber durchbrannte. Sie heirateten und traten in die Spiegelbergsche Schauspieltruppe ein, von der sie später zu anderen Truppen überwechselten. Nach zehn Jahren Wanderleben übernahm die Neuberin 1727 die Prinzipalschaft über die Haak-Hoffmannsche Gesellschaft und bezog nach Erhalt des »königlich-sächsischen Privilegs der Schauspielerei« für das nächste Jahrzehnt Standquartier in Leipzig; daneben gab die Truppe Gastspiele in Dresden, Hamburg, Hannover, Braunschweig und Nürnberg.

Gottsched, der Aufklärer, glaubte an die Erziehbarkeit des Menschen durch die Vernunft, durch das belehrende Beispiel, und die Neuberin, die Vollblutkomödiantin, sah im Drama gleichfalls die Illustration eines moralischen Lehrsatzes zur Erbauung, Belehrung und Besserung. Hatten die Schauspieltruppen bisher nur »Ergötzlichkeiten« versprochen, so wollten die Neubers damals etwas völlig Neues: »Unsre Bemühung ist überhaupt jederzeit dahin gegangen, in unsern Vorstellungen die strengste Moral beizubehalten, alle leeren Possen und unehrbare Zweideutigkeiten zu vermeiden und welches der eigentliche und vernünftige Endzweck des Schau-Platzes sein soll, die Zuschauern nicht sowohl zum Lachen zu reizen als solche zu verbessern.«

Aufgeschlossen für Gottscheds Anregungen war die Neuberin bestrebt, das deutsche Theater zu reformieren, denn auch sie hatte die albernen Rüpelhaftigkeiten und ungeschlachten Gemeinheiten in Wort und Gebärde satt, die der Hanswurst von den »Brettern, die die Welt bedeuten«, dem Publikum darbot. So kam es dann schließlich ein Jahrzehnt später, 1737, in ihrer Leipziger Theaterbude zu der symbolischen Verbannung des Hanswurst.

Zur Reform des deutschen Theaters brauchte die Neuberin außer guten Schauspielern aber auch noch gute Stücke. Dem Mangel an gehobenen Dramen versuchte Gottsched mit seinen Übersetzungen klassizistischer französischer Werke abzuhelfen, darunter Corneille und Racine, sowie mit seiner eigenen Tragödie »Der sterbende Cato«. Durch die Aufführung dieser Stükke bemühte sich die kluge und ehrgeizige Neuberin, den klassischen Geschmack nach französischem Vorbild auf der »verwilderten« deutschen Bühne einzuführen. Gleichzeitig gelang es ihr damit, talentierte Darsteller heranzuziehen. Bald ging die Neubersche Truppe mit acht »regelmäßigen Tragödien« auf die Wanderschaft von Stadt zu Stadt, gastierte 1740 auf Einladung der russischen Zarin Anna sogar in St. Petersburg und 1753 in Wien, wo ihr jedoch kein besonderer Erfolg beschieden war. Mehr als dreißig Jahre lang war die Neuberin mit ihrer Truppe durch die Lande gezogen, doch zuletzt hatte sie kein Glück mehr auf ihren Reisen gehabt, ihr Stil galt als überholt. Der Siebenjährige Krieg (1756–1763) erwies sich für das Theater als größtes Hemmnis. Völlig verarmt und vereinsamt starb die große Schauspielerin 1760 in Laubegast bei Dresden.

Mehr als jede andere hatte sie für die moralische Hebung ihres Standes getan, bis hin zu ihren wichtigen Bemühungen um das sorgfältige private Verhalten ihrer weiblichen Mitglieder, bei denen sie keinerlei Schlamperei und lose Liebschaften duldete und die sie mit allen möglichen Arbeiten für das Theater beschäftigte. Einige Tage, bevor sie starb, verlangte der Wirt, sie müsse sein Haus verlassen, das er nicht durch den Tod einer Komödiantin, also eines ehrlosen und ausgestoßenen Menschen, mit Schande befleckt sehen wollte. Ihr Sarg durfte nicht »ehrlich« beigesetzt werden. Da das Tor des Kirchhofs verschlossen blieb, mußte er nachts über die Mauer gehoben werden. Bei ausgestoßenen Menschen, bei Verbrechern wurde die Schauspielerin dann unter die Erde gebracht! Doch immerhin schon siebzehn Jahre später hat man ihr dann in Laubegast ein Denkmal gesetzt.

Wie die Neuberin mit ihrer Reform des deutschen Theaters hatte auch Gottsched mit seinen Bemühungen Erfolg gehabt. Mit einemmal gab es deutsche Theaterdichter, wenngleich das »Grand Siècle« des deutschen Theaters noch nicht angebrochen, sondern erst in Ansätzen erkennbar war.

Lessing, der Reformator der deutschen Literatur

Die große Epoche des deutschen Schauspiels im 18. und 19. Jahrhundert wurde zum einen durch die starke Persönlichkeit Gotthold Ephraim Lessings eingeleitet und zum anderen durch die etwa um 1770 einsetzende literarische Bewegung des sogenannten »Sturm und Drang«. Der am 27. Januar 1729 in Kamenz (Oberlausitz) geborene und am 15. Februar 1781 in Braun-

schweig gestorbene Lessing war der Vollender der Aufklärung in der deutschen Literatur, der erste bedeutende deutsche Kritiker und Dramaturg sowie der erste deutsche Autor, dessen Werke bis heute ununterbrochen zum Repertoire des Theaters gehören. Zeitlebens fühlte sich dieser Reformator der deutschen Literatur aufs engste mit dem Theater verbunden und widmete ihm seine beste Schaffenskraft.

Schon während der junge Pfarrerssohn in Leipzig erst Theologie, dann Philosophie und Medizin studierte, kam er 1747 mit der Schauspielertruppe der Neuberin in Berührung, und nur ein Jahr später saß der erst neunzehnjährige Student bei den Proben zu seinem Lustspiel »Der junge Gelehrte«, das die Neubersche Truppe im Januar 1748 in Leipzig uraufführte. Dieses Jugendwerk, eine spaßige Verspottung seiner eigenen Gelehrsamkeit, stand noch ganz in der Tradition der französischen Komödie, aber die Zeichnung der Charaktere, der rasche und witzige Dialog gefiel den Neubers.

Noch im gleichen Jahr setzte er seine Studien an der Wittenberger Universität fort, wo er 1752 zum Magister der freien Künste promovierte. Bereits vorher wie auch nachher hatte er als freier Journalist in Berlin Kritiken geschrieben. In der mit anderen gegründeten Zeitschrift »Briefe, die neueste Literatur betreffend«, kanzelte der Dreißigjährige in seinem siebzehnten Literaturbrief Gottsched regelrecht ab: »Er hätte aus unsern alten dramatischen Stücken, welche er vertrieb, hinlänglich abmerken können, daß wir mehr in den Geschmack der Engländer als der Franzosen einschlagen; daß wir in unsern Trauerspielen mehr sehen und denken wollen, als uns das furchtsame französische Trauerspiel zu sehen und denken gibt; daß das Große, das Schreckliche, das Melancholische besser auf uns wirkt als das Artige, das Zärtliche, das Verliebte; daß uns die zu große Einfalt mehr ermüde als die zu große Verwickelung.« Mit dem Hinweis auf »die Meisterwerke des Shakespeare« und auf die alten deutschen Stücke schrieb er dann weiter: »,Doktor Faust' hat eine Menge Szenen, die nur ein Shakespearisches Genie zu denken vermögend gewesen.«

Nach einigen weiteren Lustspielen entstand dann unter dem Einfluß englischer Vorbilder das erste »bürgerliche Trauerspiel« für die deutsche Bühne: »Miß Sara Sampson«. Über die Uraufführung am 10. Juli 1755 in Frankfurt an der Oder berichtet Lessing, daß »die Zuschauer vier Stunden wie Statuen saßen und in Thränen zerflossen«. In dem folgenden Einakter »Philotas« (1759) kündete sich in einem ersten Beispiel der jugendliche Held des deutschen klassischen Dramas an.

Als Lessing während des Siebenjährigen Krieges einige Jahre Gouvernementssekretär des Generals von Tauentzien in Breslau war, hatte er aus eigener Anschauung Schicksale der verschiedensten Stände seiner Zeit beobachten können. Aus solchen Erfahrungen formte er dann das Lustspiel »Minna von Barnhelm oder Das Soldatenglück«, das 1767 mit großem Erfolg am Hamburgischen Nationaltheater uraufgeführt wurde. Die Durchformung der Charaktere, der köstlich zugespitzte Dialog, der straffe Aufbau der Handlung und der poetische Reiz der Liebesgeschichte haben dieses Lustspiel zu einem der besten seiner Gattung werden lassen, das Goethe »ein glänzendes Meteor« nannte.

Als Dramaturg mit einem ansehnlichen Gehalt ans Nationaltheater berufen, schrieb Lessing seine »Hamburgische Dramaturgie«, das erste deutsche theoretische Werk zur Kunst des Dramas. Es ist keine systematisch aufgebaute Formenlehre, sondern eine lose Sammlung von Kritiken und Betrachtungen, die Summe seiner Beobachtungen und Erfahrungen, seiner grundsätzlichen Erkenntnisse und Aussagen über das Wesen des Theaters. Was er zu Stücken und Autoren zu sagen hatte, ging so weit über den Anlaß des jeweiligen Theaterabends hinaus, daß beiläufig eine aphoristische Theorie des zu schaffenden deutschen Dramas und eine praktische Anleitung zu ihrer Verwirklichung entstand. Seine Anschauungen wurden zu gültigen Vor-

Szenenbilder von Daniel Chodowiecki zu Lessings »Minna von Barnhelm«.

schriften, an die sich sowohl Dichter als auch Schauspieler hielten. »Der Schauspieler muß überall mit dem Dichter denken«, lautet eines seiner Postulate. »Er muß da, wo dem Dichter etwas Menschliches widerfahren ist, für ihn denken.« Er beklagte die Darstellungskunst, deren Entwicklung er fördern wollte: »Wir haben Schauspieler, aber keine Schauspielkunst . . . sie ist verloren . . . sie muß ganz von neuem wieder erfunden werden.« Nicht nur die großen, genialen Dramen sollten zur Aufführung gelangen, sondern »gewisse mittelmäßige Stücke müssen auch schon darum beibehalten werden, weil sie gewisse vorzügliche Rollen haben, in welchen der oder jener Akteur seine ganze Stärke zeigen kann.« Wie er richtig erkannte, dürfe man den Wert eines Dramas nicht nur nach dem Text beurteilen, sondern auch nach der Bühnenwirkung. »Ich traue weder meiner Empfindung noch meiner Kritik, anders als vor dem Theater.« Lessings noch heute äußerst lesenswerte »Hamburgische Dramaturgie«, die sich zu einer eingehenden kritischen Auseinandersetzung mit Aristoteles und den Franzosen ausweitete, ist das grundlegende Werk für das neue deutsche Theater geworden.

Nach dem Scheitern des Nationaltheaters in Hamburg fand er 1770 in Wolfenbüttel wieder eine feste Stellung als Bibliothekar des Herzogs von Braunschweig. Damals entstand das Trauerspiel »Emilia Galotti«, in dem Lessing mit großer Kühnheit dem schamlosen Treiben absolutistischer Fürsten und ihrer Kreaturen den Spiegel vorhielt. Der kunstvolle Aufbau der Handlung, die meisterhafte Zeichnung kontrastreicher Charaktere und die »lakonische« Sprache – wie Goethe bemerkte – geben dem 1772 in Braunschweig uraufgeführten Werk seine Eigenart. Die Wirkung dieser Dichtung auf Mit- und Nachwelt war unvergleichlich. Das Trauerspiel »Emilia Galotti« und das 1767 in Hamburg herausgekommene Lustspiel »Minna von Barnhelm« sind die ersten Meisterwerke deutscher dramatischer Dichtkunst, die bis auf den heutigen Tag nichts an Frische und Wirkungskraft eingebüßt haben und zum ständigen Repertoire unserer Bühnen gehören.

Am 14. April 1783, zwei Jahre nach dem Tode Lessings, fand dann in Berlin die Uraufführung des dramatischen Gedichts »Nathan der Weise« statt, mit dem er seinen Ruhm als Theaterdichter krönte: Der Jude Nathan, dessen Familie einem Pogrom zum Opfer gefallen ist, verweigert dem nicht untückischen Sultan die Antwort auf die Frage, welche Religion die allein richtige sei, indem er die Ring-Parabel erzählt; jeder solle seiner von Vorurteilen freien Menschenliebe nacheifernd handeln, an diesen Handlungen allein entscheide es sich.

Rechts: Lessings Lustspiel »Minna von Barnhelm« zählt zu den ersten Meisterwerken deutscher dramatischer Dichtkunst.

Dieses letzte dramatische Werk Lessings, das sowohl in seiner geistigen Haltung als auch in der Form bahnbrechend für das Drama der deutschen Klassik werden sollte, entstand, als ihm seine Streitschriften gegen den orthodoxen Hauptpastor Goeze verboten wurden. In leidenschaftlichen Aufsätzen hatte sich Lessing gegen die »neumodische Gottesgelehrtheit« gewandt, die Gottes Wirklichkeit auf das »Nur-Menschliche und Natürliche« zurückzuführen wünschte. Er nahm auch Stellung gegen die rechthaberisch-strenggläubigen Pastoren, weil sie die Aufklärung, den klaren Glauben an die Vernunft, blind verdammten. Sein Hauptgegner in diesem theologischen Streit war dabei der Hamburger Hauptpastor Goeze. Obwohl Lessing schließlich weitere Veröffentlichungen in dieser Auseinandersetzung untersagt wurden, wollte er dennoch nicht darauf verzichten, der Welt seine Überzeugung mitzuteilen: »Ich muß versuchen, ob man mich auf meiner alten Kanzel, dem Theater, wenigstens noch ungestört will predigen lassen.« Um gegen die Unduldsamkeit in religiösen Fragen zu Felde zu ziehen, schuf Lessing so sein Toleranzdrama »Nathan der Weise«. Der Intoleranz seiner Gegner stellte er das Humanitätsideal der »von Vorurteilen freien Liebe« entgegen und legte damit das Fundament, auf dem die kommende deutsche klassische Dichtung stehen sollte.

Formal gesehen führte er mit diesem Werk den fünffüßigen Jambus in das deutsche Drama ein. »Ohne die Sprache und das Versmaß des dramatischen Gedichts ‚Nathan der Weise' keine Sprache der großen Bühnendichtungen Schillers, Goethes, Kleists und Hebbels«, merkt der Kritiker, Regisseur und Theaterleiter Gerhard F. Hering hierzu an. »Ja, die Sprachfügungen Kleists besonders, die Stauungen, die Stockungen im Strom und Fluß des Redens, die scheinbaren Verriegelungen, die die Verse dann erst recht fließend machen, die knappen Ausrufe, Fragen, Einschübe —: all das ist in der Sprache des ‚Nathan' nach unergründlichen Gesetzen schon vorweggenommen.«

Die Donnerschläge des »Sturm und Drang«

»Unser Jahrhundert hat sich so tief in die dunklen Werkstätten des Kunst- und Verstandesmäßigen verloren, daß es das weite, helle Licht der ursprünglichen Natur in früheren Jahrhunderten nicht mehr zu erkennen vermag.« Mit diesen Worten gegen den Verstand und für die Natur kämpfte Johann Gottfried Herder (1744—1803) nicht allein gegen das Jahrhundert, das

Rechts: Das Trauerspiel »Emilia Galotti«, 1772 in Braunschweig uraufgeführt, gehört auch zweihundert Jahre später zum ständigen Repertoire der Bühnen.

man das »aufgeklärte« nannte. Johann Georg Hamann (1730–1788), der »Magus des Nordens«, wie Herder ein Verehrer Rousseaus, erklärte in einer Kampfschrift: »Was ersetzt bei Homer die Unwissenheit der Kunstregeln, die ein Aristoteles nach ihm erdacht, und was bei einem Shakespeare die Übertretung der kritischen Gesetze? Das Genie! Unser eigenes Dasein und die Existenz der Dinge außer uns muß geglaubt und kann auf keine andere Weise ausgemacht werden. Was man glaubt, hat daher nicht nötig, bewiesen zu werden, und ein Satz kann noch so unumstößlich bewiesen sein, ohne deshalb geglaubt zu werden!« Kurz angebunden befahl Hamann, der sich als Kreuzzügler »gegen die Lügen-, Schau- und Maulpropheten der Aufklärung« betrachtete, seinen Zeitgenossen: »Denken Sie weniger und leben Sie mehr!«

Das waren kräftige Worte gegen die Auswüchse der Aufklärung, die zwar die Hexenverbrennungen abgeschafft und den religiösen Verfolgungen ein Ende gemacht hatte, aber einseitig die Vernunft als alleinige, berechtigte Herrscherin in allem Tun und Denken gelten ließ, der Phantasie und Mystik dagegen keinen Raum gönnte. »Der Mensch, der denkt, ist ein entartetes Tier«, behauptete der französische Philosoph und Schriftsteller Jean-Jacques Rousseau (1712–1778), der den Fortschritt der erhellenden Vernunft verdammte und zur Ursache des sittlichen Verfalls erklärte: »Der Mensch ist gut, aber durch Kultur verdorben.« Auf ihn berief man sich und machte seine Forderung »Zurück zur Natur!« zum Schlachtruf einer neuen Epoche.

Zwar sind Herder, der Theologe und Schriftsteller, sowie Hamann, der schriftstellernde Philosoph, nicht mit eigenen dichterisch-dramatischen Werken, sondern durch ihre entschiedene Stellungnahme zu den geistig-revolutionären Stimmungen ihrer Zeit zu Bahnbrechern dieses neuen Lebensgefühls geworden. Zu diesen großen Namen der um die geistige Ordnung im deutschen Sprachraum besorgten Kulturphilosophen und Dichter gehörten auch noch Friedrich Gottlieb Klopstock (1724–1803) und Christoph Martin Wieland (1733–1813). Sie unterhielten nicht nur persönliche Beziehungen zu den vom Zeitgeist erregten und bewegten »Stürmern und Drängern«, sondern beeinflußten sie auch durch ihre Schriften, zogen sie an und stießen sie ab.

Die Sturm-und-Drang-Bewegung hat ihren Namen erst später erhalten, als das 1776 entstandene Drama des Dichters Friedrich Maximilian Klinger (1752–1831), das ursprünglich »Wirrwarr« hieß, von einem heute vergessenen Propagandisten der neuen Genies in »Sturm und Drang« umbenannt wurde. Shakespeare, in dem man das dramatische Genie schlechthin sah, wurde zum Abgott einer Generation zorniger junger Männer, die in den siebziger und achtziger Jahren des 18. Jahrhunderts mit ihren Dramen, mit

»Nathan der Weise«, das letzte dramatische Werk Lessings, krönte seinen Ruhm als Theaterdichter und wurde bahnbrechend für das Drama der deutschen Klassik.

ihrem Lärm, mit ihrem neuen Pathos der Maßlosigkeit, doch auch mit ihrem Genie aufhorchen ließen.

»Kerls, die in Ohnmacht fallen, wenn sie einen Buben gemacht haben«, höhnte Schillers Räuber Moor, »kritteln über die Taktik des Hannibal . . . Mir ekelt vor diesem tintenklecksenden Säkulum . . . Pfui! pfui! über das schlappe Kastraten-Jahrhundert, zu nichts nütze, als die Taten der Vorzeit wiederzukäuen und die Helden des Altertums mit Kommentationen zu schinden und zu verhunzen mit Trauerspielen.«

Nicht nur Schiller, sondern auch Goethe war der Sturm-und-Drang-Bewegung verhaftet, besonders in den Jugendwerken. Doch verbinden sich mit diesem so handlichen literarischen Schlagwort in erster Linie andere Namen. Außer Klinger sind hier vor allem zu nennen: Heinrich Wilhelm Gerstenberg (1737–1823), mit dessen Tragödie »Ugolino« diese Bewegung im Drama einsetzte. In Heinrich Leopold Wagner (1747–1779) fand sie mit der

»Kindsmörderin« einen typischen Vertreter. Mit zwei großartigen Stücken – »Der Hofmeister«, der ersten sozialen Komödie in deutscher Sprache, und »Die Soldaten« – führte der geniale J. M. Reinhold Lenz (1751–1792) die Linie in bedeutsamen Werken fort, und Johann Anton Leisewitz (1752–1806) brachte sie mit dem Trauerspiel »Julius von Tarent« zu großem Bühnenerfolg.

In seinen »Anmerkungen übers Theater« (1774) warf Lenz die Einheiten von Zeit, Ort und Handlung über Bord und ließ nur die Einheit der »Charaktere« gelten, »die sich ihre Begebenheiten erschaffen, die selbsttätig und unveränderlich die ganze große Maschine drehen, ohne die Gottheit in den Wolken . . . nötig zu haben«. Das Drama, das seine geschlossene Form verlor, lieferte eine Unzahl kleiner Szenen, in denen Tragisches und Komisches zur Tragikomödie gemischt war und grelle Farben sowie groteske Übertreibungen als stilistische Lieblingsmittel bevorzugt wurden: »Das Schauspiel ist nur eine Reihe von Handlungen, die wie Donnerschläge aufeinanderfolgen, eine die andere stützend und hebend.«

Von den Sturm-und-Drang-Dramen sind die meisten vergessen, geblieben sind außer den Frühwerken Goethes und Schillers – nämlich »Götz von Berlichingen« und »Die Räuber« – mit einigem Abstand nur die beiden bereits erwähnten Komödien von Lenz. Die Folgen dieses rebellischen Anstoßes jedoch wirkten noch nach im Werk von Büchner, Grabbe und Wedekind, in den expressionistischen Stücken des 20. Jahrhunderts sowie auf der sozialkritischen Linie im Schaffen von Gerhart Hauptmann und Bertolt Brecht.

Goethes »abscheuliche Nachahmung«

Schon von früher Jugend an stand Goethe dem Theater nahe, das dann sein ganzes Leben lang einen wesentlichen Bestandteil seines Schaffens und Wirkens bilden sollte. Wie er selbst in »Dichtung und Wahrheit« über seine Kindheit berichtet, hat das Puppenspiel im Elternhaus damals auf ihn einen starken Eindruck gemacht, »der in eine große, langdauernde Wirkung nachklang«. Noch heute ist die kleine Bühne im Frankfurter Goethehaus zu sehen, wo der Dichter am 28. August 1749 als Sohn eines kaiserlichen Rates geboren wurde. Die ersten wirklichen Theatererlebnisse vermittelte dem

Rechts: Vier »Köpfe«, die für die Bewegung des Sturm und Drang von großer Bedeutung waren: Johann Gottfried Herder, Johann Wolfgang von Goethe, Friedrich Gottlieb Klopstock und Christoph Martin Wieland.

jungen Johann Wolfgang jedoch das alte Frankfurter Komödienhaus, als mit der Besetzung der Mainstadt durch die Franzosen eine französische Schauspielertruppe dort einzog.

Nach der Schulausbildung trug sich der Sechzehnjährige an der Leipziger Universität als Student der Rechte ein, doch die Literatur und die Freude am Leben in »Klein-Paris« sagten ihm mehr zu als die Rechtswissenschaft. In dieser Stimmung schrieb er in anmutigen deutschen Alexandrinern das Schäferspiel »Die Laune des Verliebten«, eine Dichtungsart, die im Europa des 17. und 18. Jahrhunderts sehr beliebt war. Im gleichen Stil des gereimten Alexandriners, ganz im französischen Geschmack, verfaßte er ein Jahr später »Die Mitschuldigen«, ein Lustspiel, das bereits große Bühnensicherheit und Sprachgewandtheit verriet. Dieses Stück war im Frankfurter Elternhaus entstanden, wohin der junge Student 1768 nach drei Jahren Leipzig krank und niedergeschlagen zurückgekehrt war.

Um sein juristisches Studium zum Abschluß zu bringen, ging er 1770 nach Straßburg, wo er die für ihn so bedeutungsvolle Bekanntschaft mit Herder machte, der den jungen Goethe als »etwas leicht und spatzenmäßig«, aber doch »vielversprechend« kennzeichnete. Geradezu in Erregung versetzte ihn Herders kritische Analyse Shakespeares. »Ich fühlte aufs lebhafteste meine Existenz um eine Unendlichkeit erweitert – alles war mir neu, unbekannt, und das ungewohnte Licht machte mir Augenschmerzen.« Den überwältigenden Eindruck, den der Straßburger Student durch die gründliche Beschäftigung mit Shakespeare empfing, spiegelt seine hymnische »Rede zum Shäkespears Tag« am 14. Oktober 1771, in der er feststellte: »Shäkespears Theater ist ein schöner Raritäten-Kasten, in dem die Geschichte der Welt vor unsern Augen an dem unsichtbaren Faden der Zeit vorbeiwallt. Seine Plane sind, nach dem gemeinen Stil zu reden, keine Plane, aber seine Stücke drehen sich alle um den geheimen Punkt, den noch kein Philosoph gesehen und bestimmt hat, in dem das Eigentümliche unseres Ichs, die prätendierte Freiheit unsres Wollens mit dem notwendigen Gang des Ganzen zusammenstößt.«

Als Goethe in dieser Stimmung auf den Bericht über das Leben des Ritters Götz von Berlichingen stieß, wollte er diesen Stoff aus der deutschen Geschichte als Drama gestalten – genau wie Shakespeare Themen aus der englischen Geschichte dramatisiert hatte. So entstand das Schauspiel »Götz von Berlichingen mit der eisernen Hand«, das die große Epoche deutscher historischer Dramatik einleitete. Dem Werk, das in drei Fassungen – der sogenannte »Urgötz« von 1771, die zweite Fassung von 1773 und die dritte von 1804 – vorliegt, gab Goethe eine zeitgeschichtliche Wende, da nach seinen Worten damals ein unbestimmtes Freiheitsverlangen geherrscht habe, das

Die 1771 entstandene Urfassung des »Götz von Berlichingen« wurde 1961 im Düsseldorfer Schauspielhaus von Karl-Heinz Stroux inszeniert.

gegen die korrupte Despotie aufbegehrte. »Der einzelne kämpft verzweifelt gegen die dunklen Mächte einsam und aufrecht für das gute Recht, wenn er auch schuldig wird, ist er es nicht, denn seine Tragödie ist unvermeidlich.«

Die ungeheure Wirkung, die das Werk in seiner Zeit auslöste, hat bis heute angehalten. »Daß das Stück dennoch lebt, während die tausend Ritterstücke, die es heraufbeschworen hat, vermodert sind – verdankt es dem Tod des Götz«, urteilt der Kritiker Siegfried Melchinger. »Goethe hat seinem Ritter die Tragik der Vergeblichkeit hinzugedichtet: Götz stand, zuletzt fast allein, gegen eine ‚verderbte Welt'. Der Sterbende flüstert: ‚Schließt euere Herzen sorgfältiger als eure Tore. Es kommen die Zeiten des Betrugs. Die Nichtswürdigen werden regieren mit List, und der Edle wird in ihre Netze fallen.'«

Ganz anderer Ansicht war jedoch damals der Preußenkönig Friedrich der Große, der Goethe in seinem Pamphlet »De la littérature allemande« abkanzelte: »Eine abscheuliche Nachahmung dieser schlechten englischen Stücke von Shakespeare . . . Das Publikum klatschte und verlangte begeistert die Wiederholung dieser geschmacklosen Plattheiten.«

Irren ist menschlich!

Goethe war erst fünfundzwanzig Jahre alt, als er in einer Woche das Trauerspiel »Clavigo« niederschrieb, das noch im gleichen Jahr 1774 in Hamburg uraufgeführt wurde. Das Werk, das sich, wie bereits früher dargelegt, auf einen Reisebericht seines Zeitgenossen Beaumarchais stützt, gehört vom dramaturgischen Standpunkt aus betrachtet in seinem geschlossenen Aufbau, seiner stürmisch vorwärtsdrängenden Handlung und seiner feinen Charakteristik zu Goethes besten Theaterstücken.

Nur ein Jahr später entstand »Stella«, das »Schauspiel für Liebende«, das in Goethes Gegenwart spielt und dessen Reiz nicht so sehr in der überaus dramatischen Konfliktstellung liegt, als vielmehr in der Zeichnung der Frauencharaktere. Ebenfalls 1775 folgte Goethe einer Einladung des Herzogs Carl August nach Weimar, das für das kommende halbe Jahrhundert bis zu seinem Tode am 22. März 1832 sein Wohnsitz blieb. In der Residenzstadt wurde Goethe das, was man in den Schulbüchern einen Klassiker nennt, wenngleich er in den ersten fünf Jahren vor allem Staatspolitik betrieb, sich mit botanischen sowie geologischen Studien beschäftigte und die Direktion der weimarischen Kriegs- und Wegebaukommission übernahm. Rasch machte der junge Goethe politische Karriere. Bereits 1776 zum Legationsrat mit Sitz und Stimme im Staatsrat ernannt, wurde er bald darauf als Geheimrat Minister des Herzogs Carl August von Sachsen Weimar-Eisenach.

Um diese Zeit vollendete der zehn Jahre jüngere Medizinstudent Schiller »Die Räuber«, das unfaßlich frühreife Geniewerk eines Zwanzigjährigen, der mit diesem Schauspiel nicht nur dem eigenen Schaffensdrang zum Durchbruch verhalf, sondern der deutschen Bühnendichtung überhaupt zu einem ihrer größten Triumphe.

»Das Theater glich einem Irrenhause«

»Aus der ganzen Umgegend, von Heidelberg, Darmstadt, Frankfurt, Mainz, Worms, Speier usw. waren die Leute zu Roß und zu Wagen herbeigeströmt, um dieses berüchtigte Stück . . . zu sehen«, erinnerte sich Schillers Freund Andreas Streicher über »Die Räuber«, die bereits ein Jahr zuvor im Druck erschienen waren, ehe sie am 13. Januar 1782 in Mannheim bei der Uraufführung die Erregung des Premierenpublikums noch mehr steigerten: »Das Theater glich einem Irrenhause, rollende Augen, geballte Fäuste, heisere Aufschreie im Zuschauerraum. Fremde Menschen fielen einander

1984 wurde der »Götz von Berlichingen« bei den Burgfestspielen in Jagsthausen zum erstenmal unter der Regie einer Frau gespielt: Ellen Schwiers (vorne links), die hier während der letzten Proben Regieanweisungen gibt.

schluchzend in die Arme, Frauen wankten, einer Ohnmacht nahe, zur Tür. Es war eine allgemeine Auflösung wie ein Chaos, aus dessen Nebeln eine neue Schöpfung hervorbricht.«

Wie der etwa ein Jahrzehnt zuvor geschriebene »Götz von Berlichingen« des jungen Goethe redete auch dieses Drama dem Begriff der »Freiheit« das Wort, allerdings noch um einige Temperamentsgrade erhöht. Trotz der vielfach überhitzten, schrillen Sprache und pubertär radikalen Übertreibungen bleibt bei diesem raffiniert effektvollen Frühwerk der klare Blick in den »Bau der sittlichen Weltordnung« bewundernswert. In späteren Jahren hat Schiller klar die Schwächen in seinem Stück erkannt. »Wenn man es dem Verfasser nicht an den Schönheiten anmerkt, daß er sich in seinen Shakespeare vergafft hat, so merkt man es desto gewisser an den Ausschweifungen«, wie er in einer Selbstrezension bekennt. Goethe nannte »Die Räuber« sogar eine

»rohe Großheit, gezeugt im widernatürlichen Beischlaf der Subordination mit dem Genie«.

Als Sohn eines württembergischen Feldschers und Werbeoffiziers wurde Friedrich Schiller am 10. November 1759 in Marbach am Neckar geboren. 1773 trat der Vierzehnjährige auf Befehl des Herzogs Karl Eugen in die Herzogliche Militärakademie ein, die »Karlsschule« bei Stuttgart, wo er zunächst Rechtswissenschaft und später Medizin studierte. Seine Auflehnung gegen den Geist und die Zwänge dieser »militärischen Pflanzschule«, der Aufruhr des jungen Menschen gegen eine in alten Gesetzen befangene Welt, die vernichtet werden müsse, und ein explosives Freiheitsbedürfnis waren der Anlaß zu dem Stück »Die Räuber«, das Schiller 1780 beendete, im gleichen Jahr, in dem er nach seiner Entlassung aus der Akademie Regimentsmedikus wurde. Zwei Jahre später, 1782, fand dann im Mannheimer Nationaltheater die stürmisch gefeierte Uraufführung statt, über die sich sein württembergischer Landesherr Herzog Karl Eugen empörte, als er davon erfuhr. Er hielt »Die Räuber« für eine »zu starke Dosis« und erklärte: »Ich sage, bei Strafe der Kassation, schreibt er keine Komödien mehr.«

Schiller alias Dr. Ritter floh von Stuttgart nach Mannheim, im Fluchtgepäck das noch nicht ganz vollendete republikanische Trauerspiel »Die Verschwörung des Fiesco zu Genua«, das bei der Uraufführung am 11. Januar 1784 in Mannheim nur einen mäßigen Erfolg erzielte, während drei Monate später sein bürgerliches Trauerspiel »Kabale und Liebe« in Frankfurt am Main herauskam und zwei Tage darauf auch in Mannheim gegeben und begeistert aufgenommen wurde. Ursprünglich hatte Schiller dieses revolutionäre Tendenzdrama »Luise Millerin« genannt, dann aber auf Vorschlag Ifflands, des berühmten Schauspielers und späteren Theaterdirektors in Mannheim, in »Kabale und Liebe« abgewandelt. Mit sicherem Instinkt hatte Iffland erkannt, daß es hier nicht um Personen, sondern um eine geistige Auseinandersetzung zwischen Klassen ging – dem aufbegehrenden, wenn auch noch zu schwachen Bürgertum und dem verderbten, aber noch mächtigen Fürstenstand.

Hatte sich in »Kabale und Liebe« das noch ungezügelte Genie in wuchtigem Angriff auf Lasterhaftigkeit, Tyrannenwillkür und höfische Korruption ausgetobt, so brachte »Don Carlos, Infant von Spanien« die große Abklärung, zugleich die Verkündung der allgemeinen Menschenrechte von der Bühne herab durch den Mund des Malteserritters Marquis von Posa, der »nicht Fürstendiener sein kann« und in kühner Rede vom spanischen König Philipp fordert: »Geben Sie Gedankenfreiheit«, Freiheit für die Bürger des Staates. »Der Bürger sei wiederum, was er zuvor gewesen, der Krone Zweck – ihn binde keine Pflicht als seiner Brüder gleich ehrwürdge Rechte.«

Mit fünfundzwanzig Jahren schrieb Goethe in nur einer Woche das Trauerspiel »Clavigo«, das zu seinen besten Theaterstücken zählt.

Als Dreiundzwanzigjähriger hatte Schiller 1782 seine Arbeit am »Carlos« begonnen und auch nach der Uraufführung 1787 in Hamburg legte er noch 1805, in seinem Todesjahr, die letzte Hand an das umfangreiche Werk, das mit seinen 5 370 Versen in fünffüßigen Jamben als eines der längsten Dramen der deutschen Bühnenliteratur gilt. Es bildete den Übergang von Schillers revolutionären Jugendwerken zu den ausgereiften historischen Dramen der späteren Zeit.

Für Schiller galt damals dasselbe wie für Goethe: Ihre besten Jahre lagen noch vor ihnen.

Mit seinem »Don Carlos« wollte Schiller ein Beispiel für seine Forderung setzen, daß Theaterdichter auch »Lehrer des Volks« seien. Doch begnügte er sich nicht allein mit Beispielen auf der Bühne, sondern schrieb auch Aufsätze über »das gegenwärtige teutsche Theater«. Sein großes und bedeutendes Programm, in dem der Bühne die hohe Mission zugeteilt wurde, die Religion und die Gesetze zu unterstützen, hatte er bereits 1784 in einer frühen Vorlesung mit dem Titel »Die Schaubühne als eine moralische Anstalt betrachtet« verkündet: »So gewiß sichtbare Darstellung mächtiger wirkt als toter Buchstabe und kalte Erzählung, so gewiß wirkt die Schaubühne tiefer und dauernder als Moral und Gesetze . . . Die Gerichtsbarkeit der Bühne fängt da an, wo das Gebiet der weltlichen Gesetze endigt . . .« Sie übernimmt »Schwert und Waage und reißt die Laster vor einen schrecklichen Richterstuhl«, worunter er die öffentliche Meinung verstand, das Urteil des Publikums zu seiner Zeit sowie im Ablauf der Geschichte. Das Theater sollte ein wesentliches Mittel zur Aufklärung des Menschen werden, den Verstand zur Duldung und Menschlichkeit erziehen und als ein »unfehlbarer Schlüssel« zu den geheimsten Zugängen der menschlichen Seele wirken. Auf der Bühne müßten die gesellschaftlichen Zustände beleuchtet werden, damit man sie klar erkenne und verbessern könne. »Wenn jeder Mensch alle Menschen liebte, so besäße jeder die Welt.« Das Leitmotiv nahezu aller Dramen Schillers ist die Idee der Freiheit, die immer wieder anklingt und vielfach zum Hauptthema erhoben wird, jedoch nicht als Willkür des Individuums verstanden, sondern als sittliches Postulat der Menschenwürde, das Schiller auch in der Philosophie Kants lebendig ansprach.

In Mannheim durch geringe Einkünfte darüber belehrt, daß ein deutscher Dichter nicht einmal soviel verdienen könne, »als einem fleißigen Handwerksmanne mit mäßigen Fähigkeiten gelingen müsse«, gab der junge Schiller 1785 den Beruf des Bühnenautors auf und verließ Mannheim, um sich als Wissenschaftler, Jurist oder Minister eine Existenz zu schaffen. Er brauchte eine feste Anstellung, die er schließlich durch Goethes Vermittlung erhielt: 1789 wurde er Geschichtsprofessor in Jena. Aus seinen Geschichtsstudien gingen die Abhandlungen »Geschichte des Abfalls der Vereinigten Niederlande« und »Geschichte des Dreißigjährigen Krieges« hervor, woraus unter anderem die Idee zu einem Wallenstein-Drama entstand.

Um diese Zeit war Goethe von seiner Italienreise, die er von 1786 bis 1788 unternommen hatte, mit nachhaltigen Eindrücken nach Weimar zurückgekehrt, wo er 1791 die Leitung des Hoftheaters übernahm. Im kommenden Vierteljahrhundert — bis zur Niederlegung dieses Amtes im Jahre 1817 —

In großer Starbesetzung, mit Krista Keller als Elisabeth von Valois (links), wurde Schillers »Don Carlos« 1969 am Deutschen Theater in München gespielt.

machte Goethe die Weimarer Bühne zur Stätte fast aller Uraufführungen von Schillers Dramen aus dessen reifster Zeit wie auch der eigenen bedeutendsten Werke. Das Weimarer Hoftheater wurde das Vorbild aller deutschen Bühnen.

Die Freundschaft zwischen diesen beiden Dichtern begann 1794 mit einem Briefwechsel, der die vorsätzliche, die programmatische Herstellung der deutschen Klassik erörterte, förderte und vorantrieb. Gemeinsam erstiegen sie, von Liebe und Haß, von Abneigung und Zuneigung füreinander geleitet, den deutschen Olymp. Als am 12. Oktober 1798 das neuausgestattete Weimarer Theater mit Schillers »Wallensteins Lager« unter Goethes Regie eröffnet wurde, begann das, was man »die klassische Epoche« im engeren Sinn nennt. Ein Jahr später siedelte Schiller, nunmehr neununddreißig Jahre alt, von Jena nach Weimar über, wo er Goethe gelegentlich auch in der Leitung des Hoftheaters vertrat, dessen Blütezeit um die Jahrhundertwende eng mit dem Zusammenwirken der beiden Dichter verbunden war. Auch inszenierten sie dort gegenseitig ihre Stücke.

Beiden »Olympiern« gingen die Schauspieler auf die Nerven. »Ich will mit dem Schauspielervolk nichts mehr zu tun haben«, klagte einmal Schiller seinem Freund Goethe, »denn durch Vernunft und Gefälligkeit ist nichts auszurichten, es gibt nur ein einziges Verhältnis zu ihnen: den kurzen Imperativ, den ich nicht auszuüben habe.«

Dennoch stand Schiller den Mimen gelassener gegenüber als Goethe, der als Theaterdirektor ein strenges Regiment führte. Mehr als einmal kam es vor, daß er widerspenstige Darsteller auf die Wache schickte, und bei Schauspielerinnen, bei denen das nicht gut möglich war, stellte er Schildwachen vor die Tür und hielt sie unter Hausarrest. Wie er verfuhr, zeigt auch die Ergänzung im Vertrag für die Schauspielerin Burgdorf, mit der die Rechte ihres Mannes folgendermaßen beschnitten wurden:

»Herr Burgdorf geht ohne Reservation die Bedingung ein, daß er es sich gefallen lassen wolle, daß, im Fall es zur Kenntnis der Direktion kommen werde, er mit seiner Frau in Uneinigkeit lebe und sie dadurch an Bearbeitung und Einstudierung der ihr zugeteilten Rollen behindert werden sollte, seine Frau von ihm genommen, in ein anderes Quartier gebracht, die Gage unter beide geteilt und ihm aller weiterer Umgang mit derselben sogleich untersagt werden solle.«

Eine besonders amüsante Geschichte hat uns Eduard Genast hinterlassen, dessen Vater Anton Genast von 1793 bis 1817 Regisseur unter Goethes Leitung war. Als am 13. Mai 1800 am Weimarer Hoftheater die Generalprobe für Schillers Bearbeitung von Shakespeares »Macbeth« stattfand, beherrschte Heinrich Voß, der die Titelrolle spielte, den Text nur unzulänglich, was Goethe aufs höchste erregte. Er ließ den Regisseur in seine Loge rufen und fuhr ihn an:

»Was ist denn mit diesem Herrn Voß? Der Mann kann ja kein Wort von seiner Rolle, wie soll er den Macbeth spielen? Sollen wir uns vor den höchsten Herrschaften und dem Publikum blamieren? Man sistiere das Stück für morgen« (setze es also ab), »und Sie brauchen das Warum weder vor Herrn Voß noch dem Personal zu verschweigen!«

Schiller, der neben Goethe saß und sich Sorgen um seine Premiere machte, griff beschwichtigend ein. Endlich wurde weiterprobiert, und die Aufführung am nächsten Tag entwickelte sich zu einem großen Erfolg. In der Pause eilte Schiller auf die Bühne und fragte erregt schwäbelnd: »Wo ischt der Voß?«

Nach Goethes nun auch Schillers Unmut erwartend, trat der Titelheld gesenkten Hauptes vor.

Doch Schiller umarmte ihn. »Nein, Voß! Ich muß Ihne' sage': Meischterhaft, meischterhaft. Aber nun ziehe' Sie sich zum dritte' Akt um!«

Als Voß in seiner Garderobe verschwunden war, bemerkte Schiller zum Regisseur Genast: »Sehe' Sie, Genascht, wir habbe recht gehabt! Er hat zwar ganz andere Verse gesproche', als ich sie geschriebe' hab', aber er ischt trefflich!«

Caroline von Wolzogen, die Verfasserin von »Schillers Leben«, berichtete als Augenzeugin über die schöpferische Arbeit der beiden großen Dichter auf der Weimarer Bühne: »Schiller wirkte auf das Fühlen und innige Verstehen der Rollen, Goethe auf die Erscheinung im Leben. Wir sahen oft, daß er in vier Wochen verstehen, sprechen, sich stellen, sich betragen lehrte; seine klare Einsicht setzte versteinte Massen in anmutige Bewegung.«

Während in Frankreich die große Französische Revolution ihren Lauf nahm und die Massenaushebung des Volkes das blutige Zeitalter der napoleonischen Eroberungskriege grausam vorbereitete, machten in Weimar, einem Nebenschauplatz der Geschichte, Johann Wolfgang von Goethe und Friedrich Schiller deutsche und europäische Theatergeschichte.

Es wäre jedoch falsch anzunehmen, Goethe habe im Weimarer Hoftheater nur einen Spielplan von höchsten geistigen Ansprüchen gepflegt, er ließ auch die Gebrauchsstücke der Erfolgsautoren seiner Zeit aufführen, soweit sie gute Rollen schreiben konnten. So gab es in diesem theatergeschichtlich so bedeutsamen Vierteljahrhundert von den 2 797 Schauspielaufführungen 638mal Kotzebue, 354mal Iffland, immerhin 331mal Schiller, nur 259mal Goethe, 64mal Lessing und 59mal Shakespeare. Von den großen ausländischen Dramatikern sind ferner zu nennen Calderón, Molière, Marivaux, Beaumarchais, Goldoni, Gozzi, Holberg, die ebenso für ein »Repertorium« gewonnen wurden wie Opern von Gluck, Mozart und anderen.

Nach Goethes und Schillers Jugendwerken, über die bereits berichtet worden ist, sollen nun die Dramen aus ihren besten Jahren gewürdigt werden.

Die fünf Bücher von Schillers »Geschichte des Dreißigjährigen Krieges« spiegeln die umfangreichen historischen Studien wider, die den Stoff für seine Trilogie »Wallenstein« lieferten, ein dramatisches Gedicht in einem Vorspiel und zwei Teilen, die 1798 und 1799 in Weimar uraufgeführt wurden. Nach Goethe ist »Wallenstein so groß, daß in seiner Art zum zweitenmal nichts Ähnliches vorhanden ist«. Alle Vorzüge der Schillerschen Denk- und Arbeitsweise sind hierin vereint: die mitreißende Sprache, der dynamisch gesteigerte Aufbau der Handlung, der Reichtum an Männergestalten und männlichen Konflikten und — als einmalige Genietat — die Verlebendigung des weltgeschichtlichen Hintergrundes einer bedeutsamen Epoche der abendländischen Geschichte.

Das bald danach vollendete Trauerspiel »Maria Stuart« ist das dramaturgisch effektvollste, am raffiniertesten kalkulierte Stück, das in der Gegenüberstellung der rivalisierenden, mit allen Eigenschaften des Herzens und der Politik ausgestatteten Königinnen Maria und Elisabeth gipfelt. Wie ein opernhafter Bilderbogen wirkt auf uns heute die romantische Tragödie »Die Jungfrau von Orleans«. Sie ist nur noch schwer aufführbar, was auch für »Die Braut von Messina« gilt, den einmaligen kühnen Versuch, Form und Wesenselemente der griechischen Tragödie in neuzeitlicher Form erstehen zu lassen, wobei neben der Handlung die Chöre breiten Raum einnehmen.

Schillers letztes vollendetes Schauspiel »Wilhelm Tell« ist auch sein volkstümlichstes geworden. Ursprünglich hatte Goethe ein episches Tell-Gedicht im Stil von »Hermann und Dorothea« geplant, trat dann jedoch den Stoff an Schiller ab und half ihm bei der Herausarbeitung des Milieus: ein letztes Zeugnis für das fruchtbare Zusammenwirken Goethes und Schillers. Geschichtlich wahr ist an dieser Bühnendichtung eigentlich nur eines: der Kampf des schweizerischen Volkes um seine Reichsunmittelbarkeit gegen die Unterdrückung durch die Landvögte. Alles andere ist Sage und stammt teilweise – wie Tells Apfelschuß – aus viel älteren Zeiten oder ist von Schiller frei erfunden. Im »Tell« sind das Einzelschicksal und das des ganzen Volkes aufs engste miteinander verwoben: Der Kampf der Schweizer wird zum Gleichnis für den Freiheitskampf eines unterdrückten Volkes und der wahren Demokratie.

Friedrich Schiller, in dessen Nachlaß sich noch das Fragment »Demetrius« fand, ist einer der kraftvollsten und zugleich »künstlichsten« Theatraliker in der Geschichte des Dramas. Seine besondere Gabe der großen, pathetischen Bühnensprache, sein instinkthaftes Wissen um den echten Theatereffekt und sein allzeit wacher Blick für die »großen Gegenstände der Menschheit« haben sein Werk, zu dem auch zahlreiche Übersetzungen und Bearbeitungen gehören, zu einem der eigenwüchsigsten und wichtigsten der dramatischen Weltliteratur werden lassen. In grandioser Weise entwickelte und steigerte er sein künstlerisches Schaffen vom revolutionären Zeitstück der Sturm-und-Drang-Epoche der Jugendjahre bis zum ausgereiften, klassisch-vollendeten Versdrama der letzten Weimarer Jahre.

Am 9. Mai 1805 starb Schiller auf der Höhe seines dichterischen Schaffens im Alter von sechsundvierzig Jahren an Lungentuberkulose. »Immer besser, immer heiterer«, waren seine letzten Worte.

Rechts: In der Inszenierung von Intendant Boy Gobert hatte »Maria Stuart« am 9. November 1974 im Hamburger Thalia Theater Premiere. Unser Bild zeigt Nicole Heesters (rechts) in der Titelrolle.

»Ich kann, ich kann den Menschen nicht vergessen«, sagte Goethe, dem man den Tod Schillers bis nach der Beerdigung verheimlicht hatte. Sein Freund war ihm jedoch erst endgültig gestorben, als es ihm nicht gelang, Schillers »Demetrius« zu vollenden. »Nun war mir Schiller eigentlich erst entrissen, sein Umgang erst versagt . . . nun fing er mir erst an, zu verwesen; unleidlicher Schmerz ergriff mich . . .«

Der zehn Jahre ältere Goethe überlebte Schiller um mehr als ein Vierteljahrhundert. Ein Jahr nach dem Tod des Freundes hatte er den ersten Teil des »Faust« beendet. Darüber sowie von den Bühnenwerken davor – kurz: aus Goethes besten Jahren – soll im folgenden die Rede sein.

Mit dem »Egmont«, in den Frankfurter Jahren des Sturm und Drang begonnen und erst zwölf Jahre später auf der Italienreise 1787 in Prosa beendet, setzte Goethe die Linie des historisch-politischen Trauerspiels fort, die mit dem »Götz von Berlichingen« ihren Anfang genommen hatte. Hier wie dort nehmen die Volksszenen einen breiten Raum ein. Schiller, der in seiner Rezension von 1788 die Schwächen der Tragödie aufdeckte – ihre ungenutzten Motive, die bloße Aneinanderstellung einzelner Handlungen und Gemälde, in der das ursprünglich geplante Freiheitsdrama untergeht –, schuf 1796 für Ifflands Gastspiel in Weimar eine Bearbeitung, die dem Werk den Weg über die Bühnen ebnen half.

Ebenfalls auf der Italienreise vollendete Goethe das Schauspiel »Iphigenie auf Tauris«. In der ersten Prosafassung dieses Stoffes, den er der Tragödie des Euripides entnahm und 1779 in Weimar schrieb, spielte Goethe selbst auf der dortigen Liebhaberbühne die Rolle des Orest. Die spätere in Rom beendete Versfassung wurde 1800 durch das Wiener Burgtheater uraufgeführt. Die »Iphigenie« ist eines jener wahrhaft edlen, sprachlich vollklingenden und inhaltlich reichen Werke, in denen das griechisch-klassische Altertum wieder aufklingt. Hatte Euripides den Rohstoff der Sage zum Drama geformt, so verlegte Goethe die Konflikte ganz ins Seelische. Sowohl der »Egmont« als auch die »Iphigenie« sind hohe dichterische Kunstwerke echter, verinnerlichter dramatischer Poesie, die in Form und Gehalt nachhaltig auf die deutsche Dichtung des 19. Jahrhunderts gewirkt haben.

Goethes persönlichstes Schauspiel ist »Torquato Tasso«, ein Künstlerdrama auf der Höhe klassischer Vollendung, das zum porträtartigen Spiegelbild des Dichters wie der Atmosphäre des Weimarer Hofes wurde. »Ich hatte das Leben Tassos, ich hatte mein eigenes Leben, und indem ich zwei so wunderliche Figuren mit ihren Eigenheiten zusammenwarf, entstand mir das Bild des Tasso, dem ich als prosaischen Kontrast den Antonio entgegenstellte.« Als Einunddreißiger hatte er 1780 den »Tasso« entworfen, in Italien ausgearbeitet und 1789 als Vierzigjähriger in Weimar vollendet. Da Goethe »in

Den Stoff zu seinem Schauspiel »Iphigenie auf Tauris« entnahm Goethe der Tragödie des Euripides. Die Konflikte verlegte er auf die seelische Ebene.

Weimar wie in Ferrara« keinen Unterschied in den Verhältnissen bei Hofe sowie im Leben und in der Liebe sah, glaubte er mit Recht von seiner Darstellung sagen zu können: »Sie ist Bein von meinem Bein und Fleisch von meinem Fleisch.« Die Gestalt des Tasso, dessen »rascher Geist von einer Grenze zu der anderen schwankt«, wurde dabei zum dichterischen Symbol der tragischen Spannung zwischen dem echten Genius und seiner Umwelt.

Außer diesen Werken schrieb Goethe noch eine Fülle größerer und kleinerer Arbeiten für die Bühne, darunter »Der Groß-Kophta«, »Der Bürgergeneral«, »Die natürliche Tochter«, ferner Singspiele, Operntexte, Festspiele und Gelegenheitsarbeiten aller Art. Auch übersetzte er zwei Stücke von Voltaire.

Goethes wesentlichster Beitrag für das deutsche und das europäische Theater aber ist der »Faust«, eine Dichtung, die ihn von 1770 bis 1832, fast sein ganzes Leben lang begleitete und an die er die letzte Hand erst kurz vor seinem Tod (22. März 1832) legte. War für das 19. Jahrhundert der erste Teil der entscheidende, Fausts suchender Geist Sinnbild des Strebens der ganzen Nation, ja des ganzen Abendlandes – so ist für das 20. Jahrhundert mehr und mehr der zweite Teil in den Vordergrund getreten.

Quellenmäßig stützt sich Goethes universalste Dichtung auf das Volksbuch vom »Doktor Faust« aus dem 16. Jahrhundert sowie auf das »Faust«-Drama von Christopher Marlowe (1564–1593), der den Stoff erstmals dramatisch behandelt hat. Der sogenannte »Urfaust«, die erste Niederschrift von 1773 bis 1775, enthält bereits die wichtigsten Bestandteile des späteren I. Teils der Tragödie, den Goethe in Abschnitten 1790 und 1808 veröffentlichte. Der Tragödie II. Teil, ursprünglich nicht für die Bühne bestimmt, wurde ein Jahr vor seinem Tod abgeschlossen und von ihm versiegelt; er erschien erst postum in seinen nachgelassenen Werken. Als Gesamtwerk betrachtet steht der »Faust« in Form, Gehalt und weltumspannender Thematik in einer Reihe mit den größten Dichtungen der Weltliteratur, neben den Epen Homers, Dantes »Göttlicher Komödie« und Shakespeares Dramen.

Goethes »Faust«-Dichtung hat ganze Gelehrtengenerationen mit Themen für ganze Bibliotheken von erklärenden und deutenden Werken versorgt, und jedes Buch fordert ein neues Buch über den gleichen Gegenstand heraus. »Da kommen sie und fragen: welche Idee ich in meinem Faust zu verkörpern gesucht? – Als ob ich das selber wüßte und aussprechen könnte . . .«, hat Goethe einmal unmutig zu seinem Privatsekretär Eckermann gesagt. »Es hätte auch in der Tat ein schönes Ding werden müssen, wenn ich ein so reiches, buntes und so höchst mannigfaltiges Leben, wie ich es im Faust zur Anschauung gebracht, auf die magere Schnur einer einzigen durchgehenden Idee hätte reihen wollen!« Und bei anderer Gelegenheit gestand er: »Der Faust ist doch ganz etwas Incommensurabeles, und alle Versuche, ihn dem Verstand näherzubringen, sind vergeblich.« Dennoch ist das reiche Leben Fausts umschlossen von Szenen, die eine mit dem Verstand zu fassende Grundidee offenbaren. Mit einer gerafften Inhaltsangabe jedoch ist dem »Faust« nicht beizukommen, man muß ihn selber lesen – mehr als einmal – und ihn auf der Bühne sehen, wann immer sich eine Gelegenheit dazu bietet.

Rechts: Der berühmteste Mephisto unseres Jahrhunderts ist Gustav Gründgens, der bei der Aufführung von Goethes »Faust« 1957 im Deutschen Schauspielhaus in Hamburg auch Regie führte. Den Faust spielte – nicht weniger berühmt – Will Quadflieg, und auch die übrigen Rollen waren mit namhaften Schauspielern besetzt. So sah das Publikum Elisabeth Flickenschildt als Frau Marthe und Antje Weissgerber in der Rolle des Gretchens.

Menschen vor Kleists Tribunal

Der am häufigsten aufgeführte Autor am Weimarer Hoftheater unter Goethes Leitung – überhaupt einer der meistgespielten Stückeschreiber seiner Zeit – war August von Kotzebue (1761–1819), der über zweihundert Trauerspiele, Schauspiele, Lustspiele, Schwänke, Possen, Operntexte, Parodien, Zwischenspiele und andere Texte schrieb. Obwohl Goethe das Lustspiel »Die deutschen Kleinstädter«, eine Verspottung der Titelsucht der Deutschen und ihrer kleinbürgerlichen Engstirnigkeit, nur ungern auf den Spielplan setzte und Kotzebue auch persönlich nicht gewogen war, erkannte er als Theaterdirektor vor allem an, »wie viele Mittel er uns in die Hand gegeben hat, die Zuschauer zu unterhalten und der Kasse zu nutzen«. Nur sehr wenige seiner mit allzu leichter Hand verfaßten Gebrauchsstücke haben sich trotz geschickter Dialogführung und unbestrittener Bühnengewandtheit auf dem Theater behaupten können.

Außer in Kotzebue fand das »klassische Zeitalter« des deutschen Schauspiels auch in August Wilhelm Iffland (1759–1814), dem Schauspieler, Regisseur und später auch Generaldirektor »aller königlichen Schauspiele« in Berlin, einen weiteren gewandten Schriftsteller für Unterhaltungslustspiele und Rührstücke.

Unter Goethes Leitung von 1791 bis 1817 war das Weimarer Hoftheater zum Vorort der deutschen Bühnenkunst und Bühnendichtung geworden, wo fast alle Werke, die wir heute klassisch nennen, erstmals aufgeführt wurden, darunter auch »Der zerbrochene Krug« des unglücklichen und glücklosen Heinrich von Kleist, dessen geniale und ursprüngliche dramatische Begabung zu seinen Lebzeiten verkannt worden war. Die Premiere in Weimar 1808 wurde ein Mißerfolg, da man das Stück in einer nicht bühnenwirksamen Fassung spielte: zum einen weil Goethe selbst den Einakter in drei Akte eingeteilt und dadurch den Handlungsablauf zerrissen hatte, zum anderen weil Kleist nach Auflösung der Spannung, wenn das Stück rasch zu Ende gehen müßte, noch eine überflüssige Szene mit langweiligen Erläuterungen hatte stehen lassen. Kleists spätere Überarbeitung kam erst nach seinem Tod heraus. »‚Der zerbrochene Krug' gehört . . . zu denjenigen Werken, denen gegenüber nur das Publikum durchfallen kann«, hat später Hebbel (1813–1863) geurteilt. »Der ergötzlichste Einfall und das farbigste Sittengemälde ist hier zum Genialen gesteigert, sich organisch verbindend wie Wurzel und Frucht. Seit dem Falstaff ist im Komischen keine Figur geschaffen worden, die dem Dorfrichter Adam auch nur die Schuhriemen auflösen dürfte.« Es ist die Komödie des Übeltäters als Richter, des bäuerlichen Schürzenjägers, der den Bräutigam des Mädchens, das er hatte verführen

Im Mittelpunkt der Gerichtsszene in Kleists Komödie »Der zerbrochene Krug« steht der Dorfrichter Adam.

wollen, ins Gefängnis geworfen hätte, wenn er nicht knapp nach dem von ihm verkündeten Urteil selbst entlarvt worden wäre. Die Anregung zu dem Stück hatte Kleist durch den Kupferstich »La Cruche cassée« von Le Veau erhalten und mit drei jungen poetischen Freunden gewettet, daß ihm der Anblick des Bildes genüge, danach eine Komödie zu schreiben, die er dann 1806 in Königsberg vollendete.

Geboren wurde Heinrich von Kleist, der aus einer alten preußischen Offiziersfamilie stammte, am 18. Oktober 1777 in Frankfurt an der Oder. Nach dem frühen Verlust der Eltern wurde der Fünfzehnjährige der Familientradition gemäß zunächst Soldat, nahm aber 1799 als Leutnant seinen Abschied, um zu studieren. Seine dämonische Unruhe trieb ihn von einer europäischen Stadt zur anderen, überzeugt vom »Unwert allen Wissens« und von der Sinnlosigkeit des Lebens. Nachdem es 1802 zu der denkwürdigen Begegnung mit dem alten Wieland gekommen war, der zu den wenigen gehörte, die

Kleists Genie zu seinen Lebzeiten erkannten, begann 1803 abermals ein unruhiges Wanderleben. In Paris stand er in selbstquälerischem Zweifel an seiner dichterischen Berufung nahe vor dem Selbstmord, ein Gedanke, der ihn auch später immer wieder befiel. Vorübergehend war er beim Finanzdepartement in Königsberg angestellt, dann kurzfristig auch als Redakteur. Völlig vereinsamt und in äußerste Not geraten, setzte er am 21. November 1811 am Kleinen Wannsee bei Potsdam seinem Leben selbst ein Ende. Er war mit der gleichaltrigen schwerkranken Henriette Vogel, einer Seelenfreundin, dorthin gefahren, um mit ihr gemeinsam den Tod wie ein Fest zu begehen. »Ich sterbe, weil mir auf Erden nichts mehr zu lernen und zu erwerben übrig bleibt«, schrieb er seiner Kusine in einem Brief, und seiner Halbschwester bekannte er: »Die Wahrheit ist, daß mir auf Erden nicht zu helfen war. Und nun lebe wohl; möge Dir der Himmel einen Tod schenken, nur halb an Freude und unaussprechlicher Heiterkeit dem meinigen gleich.«

»Der zerbrochene Krug« war nicht Kleists Erstlingswerk. Zunächst hatte er unter dem Einfluß von Shakespeares »Romeo und Julia« das fünfaktige Trauerspiel »Die Familie Schroffenstein« geschrieben und sich dann jahrelang mit »Robert Guiskard« beschäftigt, einem Stück um den Normannenherzog, das ein Fragment geblieben ist. Gleich nach dem »Zerbrochenen Krug« verarbeitete er dann in der Komödie »Amphitryon« den alten mythologischen Stoff und mit »Penthesilea« ein Trauerspiel um die Amazonenkönigin, die Achilles »halb Furie, halb Grazie« nennt. Das dramatisierte Gegenstück der grausamen, von Liebeshaß getriebenen »Penthesilea« war das dann folgende romantische Ritterschauspiel »Das Käthchen von Heilbronn«, das, wie Kleist selbst erklärte, ein Wesen ist, »das ebenso mächtig ist durch Hingebung als jene durch Handeln«. Kleists dramatisches Schaffen schloß mit zwei vaterländisch-historischen Schauspielen: War das Tendenzdrama »Die Hermannsschlacht« im Grunde genommen ein politischer Aufruf gegen Napoleon als Unterdrücker Deutschlands, so gab der »Prinz von Homburg« die vollendete Lösung des Ringens um die Staatsidee und ihre Fundierung in der freien sittlichen Selbstüberwindung des Individuums.

Kleists Ziel war es, die Elemente antiker Dramatik mit denen der Shakespeareschen Kunst zu einem neuen höheren Ganzen zu verschmelzen. Die Grundformen seiner Dramaturgie sind Frage und Verhör. Auch dann, wenn die Handlung nicht wie im »Zerbrochenen Krug« im Gerichtssaal stattfindet, stehen mit den Worten des Kritikers Rolf Michaelis »Kleists Menschen vor einem Tribunal. Und immer wieder wird auch die Ordnung der Gesetze in ihrem Scheinwesen entlarvt.«

Rechts: Johanna von Koczian als »Käthchen von Heilbronn«, 1957 in Berlin.

Abstecher nach Wien: Raimund, Nestroy, Grillparzer

»Die Neigung zur Schauspielkunst, durch den Besuch des k. u. k. Hoftheaters geweckt, erwachte schon sehr früh und mit solcher Heftigkeit in mir, daß ich schon als Knabe beschloß, nie einen anderen Stand zu wählen; doch war mein Sinn vorzugsweise dem Trauerspiel zugewandt, das Lustspiel begeisterte mich weniger, die Posse war mir gleichgültig.« In diesen Worten liegt die ganze Tragödie des Mannes, der sie ausgesprochen hat. Denn Ferdinand Raimund (1790–1836), dem das Trauerspiel und das Burgtheater in Wien für immer unerreichbare Ideale geblieben sind, ist ein Meister der Charakterposse und des Lustspiels geworden. Er war es, der das Wiener Volksstück mit seiner starken Märchenphantasie durchsetzte.

Nach verschiedenen Engagements als Schauspieler an Wanderbühnen gelang ihm 1814 der Sprung ans Theater in der Josefstadt in Wien, von wo er drei Jahre später als Mitglied und später auch als Regisseur zum Theater in der Leopoldstadt überwechselte. Bewundert als einer der beliebtesten Volksschauspieler, begann er bald schon damit, Stücke mit dankbaren Rollen für sich und seine Kollegen zu schreiben. Waren bisher am Wiener Lokalstück nur für den Tag schaffende Theaterpraktiker beteiligt gewesen, so hat Ferdinand Raimund es zu überzeitlicher, allgemein menschlicher Bedeutung erhoben. In ihm, dem naiven Genie, das naiv genossen sein will, fand das Wiener Volksstück seinen »Klassiker«. Nicht in der Lektüre erschließt sich der volle Zauber seiner vertrackten Zauberhandlungen, sondern nur auf der Bühne – oder richtiger: auf einer Wiener Bühne. Von seinen sieben Stükken seien hier drei Titel genannt: »Der Bauer als Millionär oder Das Mädchen aus der Feenwelt«, »Der Alpenkönig und der Menschenfeind« sowie »Der Verschwender«.

Ebenfalls Schauspieler und Dichter in einer Person war auch Johann Nestroy (1801–1862), der wie Raimund vom Zaubermärchen und von der Zauberposse ausging. Als Sänger hatte Nestroy begonnen und war dann Schauspieler geworden.

Bereits während seiner Tätigkeit in der Provinz, wo er sich immer mehr zum Komiker entwickelte, versuchte er sich als Bühnenschriftsteller. 1831 faßte er im Theater an der Wien festen Fuß und siedelte 1845 ins Theater in der Leopoldstadt über, das spätere Carl-Theater, dessen Leitung Nestroy selbst von 1854 bis 1860 übernahm, bis er sich dann zurückzog, um seinen Lebensabend in Graz und Bad Ischl zu verbringen. Seine letzte Rolle bei wiederholten Gastspielen in Wien war der Knieriem in »Lumpazivagabundus«. Bei seiner Beerdigung war ganz Wien auf den Beinen, um einem seiner größten Lieblinge das letzte Geleit zu geben.

»Neben 'n Nestroy bin i nix mehr; no, machen m'r halt Platz!« soll Raimund dem Direktor des Leopoldtheaters gesagt haben, als er in seinem Todesjahr 1836 Nestroys Posse »Der böse Geist Lumpazivagabundus« sah, mit dessen Uraufführung drei Jahre zuvor Nestroy der Durchbruch als Dramatiker gelungen war. Das Stück, schlecht gebaut und trotzdem oft gespielt, geht auf die Erzählung »Das große Los« von Karl Weisflog zurück, wie Nestroy überhaupt Handlung und Personenkonstellationen für seine Possen, Zaubermärchen und Parodien meistens aus Romanen, Novellen sowie aus Bühnenwerken der Wiener Tradition und aus Pariser Boulevardstücken und Vaudevilles, d. h. Singspielen, übernahm. In jedem Stück schrieb er eine Hauptrolle für sich, meist die eines galligen, sarkastischen oder zynischen Menschen, und eine zweite Hauptrolle für seinen Freund und Bühnenpartner, den trägen und fetten Schauspieler Wenzel Scholz.

Im Widerspiel zu dem mehr passiven, sich behaglich im Zuständlichen ergehenden Humor Raimunds wirkt Nestroys Komik ausgesprochen aggressiv; seine Antriebskraft ist die Parodie. Über die Welt läßt er seinen Arzt Kampl in dem gleichnamigen Stück einmal sagen: »Der Teufel soll sie holen . . . Das tut er nicht. Der Teufel holt nie, was man will.« Auch an den Menschen übt Nestroy bittere Kritik: »Ich glaube von jedem Menschen das Schlechteste, selbst von mir, und ich habe mich noch selten getäuscht.« Nestroys Satire zielt auf menschliche Schwäche im allgemeinen, im besonderen auf »Gier nach Geld, Geschlecht und Geltung«, auf sozialen Hochmut und Vorurteile.

Quälte Raimund sein Leben lang der ungestillte Ehrgeiz, große Bühnendichtungen für das Burgtheater zu schreiben, so gab sich Nestroy weitaus bescheidener: »Bis zum Lorbeer versteig' ich mich nicht, g'fallen sollen meine Sachen, unterhalten, lachen sollen d' Leut', und mir soll die G'schicht a Geld tragen, daß ich auch lach', das ist der ganze Zweck.« Die Mehrheit des Personals in seinen Stücken besteht aus Kleinbürgern, Handwerkern, Krämern sowie deren Frauen und Dienern, dazu kommen noch Großbürger wie Kapitalisten und Rentiers, selten Aristokraten; außerdem Vagabunden, Dichter, Schauspieler sowie in den Zauberpossen spaßige Magier, Feen und Teufel.

In seinen letzten dreißig Lebensjahren, von 1832 bis 1862, hat Nestroy nicht weniger als sechsundsechzig Stücke geschrieben, Possen mit Gesang, das heißt mit Liedern, Couplets und Duetten. Besonders hervorzuheben sind unter anderen »Zu ebner Erde und erster Stock oder Die Launen des Glükkes« (1835), »Der Talisman« (1840), »Das Mädl aus der Vorstadt« (1841), »Einen Jux will er sich machen« (1844), »Der Zerrissene« (1844), »Der Unbedeutende« (1846), »Frühere Verhältnisse« (1862).

Als glänzender Parodist, scharfer Satiriker und ironisierender Kritiker des vormärzlichen Wien nimmt Nestroy eine einzigartige Stellung im deutschen Bühnenschrifttum ein. »Was hat denn die Nachwelt für mich getan?« fragte er, sich selbst verspottend. »Nichts! Gut, das nämliche tu ich für sie!«

Doch hier irrte Nestroy, denn die Nachwelt hat ihn ebensowenig vergessen wie Raimund. Beide stehen heute neben ihrem Zeitgenossen Grillparzer im Repertoire des Burgtheaters, wo sie unnachahmlich und unübertrefflich aufgeführt werden – in dem Theater also, das 1776 Kaiser Joseph II. durch ein Dekret zum »Teutschen Nationaltheater« erhoben hatte und das damit zum ersten Theater in Europa geworden war, das mit der Pariser Comédie Française in einen ernsthaften Wettstreit treten konnte.

»Die Jugendeindrücke wird man nicht los. Meinen eigenen Arbeiten merkt man an, daß ich in der Kindheit mich an den Geister- und Feenmärchen des Leopoldstädter Theaters ergötzt habe«, hat rückschauend Franz Grillparzer bekannt, der 1791, also ein Jahr nach Raimund, in Wien geboren wurde, wo er auch 1872, wenige Tage nach seinem 81. Geburtstag, gestorben ist. Grillparzer, dem Geist Goethes und Schillers ebenso verpflichtet wie der Antike, den einheimischen Traditionen und den Spaniern, konnte nie etwas recht sein, nicht einmal er sich selber oder gar sein eigenes dramatisches Werk. »In mir leben zwei völlig abgesonderte Wesen. Ein Dichter von übergreifender, ja sich überstürzender Phantasie und ein Verstandesmensch der kältesten und zähesten Art.«

Grillparzer, der größte Dramatiker, den das alte habsburgische Österreich hervorgebracht hat, und zugleich einer der bedeutendsten Vertreter der deutschen nachklassischen Dichtung, wird heute nur noch wenig gespielt. »Wir sehen da auf ein gutes Dutzend von Theaterstücken, aber wir sehen, ganz wie bei Ferdinand Raimund, nur auf eine einzige echte Tragödie: Grillparzers Leben. Wir wissen von zwei erzählenden Werken, aber echte Größe hat nur Grillparzers Geschichte: seine Krankengeschichte namens Biographie, die ihn in unbegreiflicher Selbstentfremdung, Selbstentzweiung, in aberwitzigem Selbsthaß die eigene Größe abwürgen ließ«, hat in unseren Tagen sein Landsmann und Kritiker Hans Weigel über ihn gesagt, und der Literaturhistoriker Benno von Wiese: »Was Grillparzer an sich selbst erfährt und an seinen Menschen darstellt, ist nicht ein sittlicher Konflikt verschiedener, einander entgegengesetzter Werte, auch nicht, wie bei Heinrich von Kleist, ein tragisches Ringen des Ich um seine einmalige, gottgewollte Bestimmung in einer vom Wahn verdunkelten Welt, sondern es ist die Gefährdung des Ich durch sich selbst, die Auflösung und Aufspaltung dieses Ich durch die verschiedenen, in ihm divergierenden und einander entgegentretenden Möglichkeiten.«

Das Aquarell von Franz Russ zeigt das alte Wiener Burgtheater um 1875.

Grillparzer begann mit dem Schicksalsdrama »Die Ahnfrau«, schrieb dann »Sappho«, eine klassizistische Tragödie nach Goetheschem Vorbild über die antike Dichterin. »Das goldene Vließ« behandelt einen antiken Stoff, während »König Ottokars Glück und Ende« ein historisches Trauerspiel aus der böhmisch-habsburgischen Geschichte ist. Weitere Titel sind unter anderen: »Des Meeres und der Liebe Wellen«, eine Liebestragödie; »Der Traum ein Leben«, ein dramatisches Märchen; »Weh dem, der lügt!«, ein Lustspiel, dessen unfreundliche Aufnahme bei der Uraufführung am Burgtheater viel dazu beigetragen hat, den allzeit menschenscheuen, selbstquälerischen und empfindsamen Dichter zu verbittern und zu veranlassen, seine späteren Werke der Öffentlichkeit vorzuenthalten. Unter Grillparzers Dramen, die erst im Nachlaß gefunden wurden, ragen hervor: »Die Jüdin von Toledo«, »Libussa« und die historisch-politische Staatstragödie »Ein Bruderzwist in Habsburg«, die 1872 nach dem Tod des Dichters uraufgeführt wurde und sich als sein lebenskräftigstes Drama erwiesen hat.

Heiß umworben wurde das Schauspiel von der Romantik, der geistigen Strömung Anfang des 19. Jahrhunderts, die sich von den Idealen der klassischen Kunst abkehrte. Doch kam es durch die Romantik, abgesehen von Eichendorffs »Freiern« und Einzelzügen bei Kleist – wie im »Käthchen von Heilbronn« – zu keiner großen und bleibenden Bühnentat. Bedeutsam ist jedoch, daß sich damals die Brüder Schlegel und Ludwig Tieck bahnbrechend für Shakespeare und die großen Spanier eingesetzt haben. Eine Zwischenstellung zwischen Romantik und dem nun anbrechenden Realismus nahm Karl Leberecht Immermann (1796–1840) ein, der 1832 in Düsseldorf einen Theaterverein gründete und im Stadttheater »Mustervorstellungen« aufführte und der mit seinem Mysterium »Merlin«, von Goethes »Faust« inspiriert, eines der merkwürdigsten Kunstwerke des Jahrhunderts schuf.

Immermann war es auch, der in Düsseldorf von 1834 bis 1836 den wegen immer wiederkehrender alkoholischer Exzesse aus dem Staatsdienst entlassenen Christian Dietrich Grabbe (1801–1837) finanziell unterstützte, aber nicht aufführte. Der aus Detmold stammende Grabbe, Sohn eines Zuchthaus- und Leihhausverwalters, hatte Rechtswissenschaft studiert, vergebens versucht, Schauspieler zu werden, und als Einundzwanzigjähriger sein erstes Trauerspiel »Herzog Theodor von Gothland« vollendet, wohl eines der wirrsten und ungeschlachtesten Dramen deutscher Sprache. Von seinen Stükken, darunter »Don Juan und Faust« sowie »Die Hermannsschlacht« gehört sein erst 1907 in München zum erstenmal öffentlich aufgeführtes Lustspiel »Scherz, Satire, Ironie und tiefere Bedeutung« zum Besten, was Grabbe hinterlassen hat. Wie er in einem Vorwort zu dem Stück betont, »verspottet das Lustspiel sich selbst und werden daher die literarischen Angriffe von den beteiligten Personen leicht verziehen werden.« Am Schluß tritt der Dichter selbst auf und charakterisiert sich als einen dummen Kerl, »der auf alle Schriftsteller schimpft und selber nichts taugt«. Wie der Theaterkritiker Georg Hensel bemerkt, beherrscht Grabbe darin »schon Tricks, die erst 130 Jahre später durch Autoren wie Adamov und Ionesco populär geworden sind: so den schwarzen Humor, wenn Mordax sich vor der Ermordung der dreizehn Schneidergesellen eine Serviette umbindet, damit er sich nicht mit Blut bespritzt; so die wörtlich genommene und ausgespielte Metapher, wenn sich die vier Naturhistoriker mit Kieselsteinen buchstäblich ‚die Köpfe zerbrechen'.«

Was Willy Haas, ein Kritiker unserer Tage, über das Gesamtwerk Grabbes gesagt hat, mag wohl auch schon früher die Meinung vieler gewesen sein: »Vielleicht war Grabbe wirklich ein großes Genie – aber er hat sich selbst so überbrüllt, daß man es kaum noch erkennen kann. Wer die deutschen Dramatiker des ‚Sturm und Drang', vor allem Lenz und Klinger, sehr liebt, kann unmöglich ihrem eitlen Epigonen Grabbe zugetan sein.« Und sein Berliner Kollege Friedrich Luft urteilt: »Was er zeichnete, wurde ihm zur Fratze. Liebe, Glanz, Licht, Adel, Anmut, Ordnung kommen in seinem wie mißmutig hervorgestoßenen Werk nicht vor. Der hungrige Unfriede, in dem er mit sich selbst lebte, geht durch fast jede seiner Zeilen. Eines von den Halbgenies, tragisch, unvollendet, unersättlich, dämonisch umwittert, wie sie in der Historie unserer Dichtung nicht selten sind.«

Das Jahr 1813 wurde zum Geburtsjahr dreier deutscher Dramatiker, die in ihren Werken die nun folgende Entwicklung bedeutsam widerspiegeln: Otto Ludwig (1813–1865) als Verfechter des »poetischen Realismus«, Friedrich Hebbel (1813–1863) als psychologischer Dialektiker der Geschichte und aufwühlender Bühnenrealist sowie Georg Büchner (1813–1837) als politischer Dramatiker und als genialer Schöpfer des »Woyzeck«-Fragmentes, das bereits den Expressionismus vorausahnen läßt.

Nur durch ein einziges Stück, nämlich durch das Trauerspiel »Der Erbförster« (1850), war Otto Ludwig berühmt geworden; heute aber ist die ergreifende »Waldtragödie«, wie der Titel ursprünglich heißen sollte, ebenso vergessen wie seine übrigen Bühnenwerke.

Anders verhält es sich mit Friedrich Hebbel, dem großen Dramatiker des deutschen Nordens mit den typischen Eigenschaften seiner Menschen- und Seelenart. Am 18. März 1813 in Wesselburen in Norddithmarschen geboren, wuchs er als Sohn eines »sich zu Tode arbeitenden« Maurers mit der Armut auf. Zunächst war er Schreiber eines Kirchspielvogtes, studierte dann, durch Freunde und Gönner unterstützt, in Heidelberg und München, von wo er im Winter 1835 völlig mittellos zu Fuß nach Hamburg zurückkehrte. Dort entstanden seine ersten bedeutenden dramatischen Arbeiten. Mit einem Reisestipendium des Königs von Dänemark, das 1843 den Dreißigjährigen zunächst nach Paris, dann nach Rom und Neapel führte, lernte er 1845 auf der Rückreise in Wien die Burgschauspielerin Christine Enghaus kennen. Sie wurde seine Lebensgefährtin und gefeierte Darstellerin seiner großen Frauengestalten.

Mit Grillparzer ist Hebbel der wichtigste Vertreter der deutschen Nachklassik, ein Dramatiker zwischen Idealismus und Realismus. Der Grundgedanke seiner Bühnendichtungen ist der Gegensatz zwischen dem einzelnen und der Gesamtheit. Nach seiner Auffassung kann man nur einzelner sein, wenn man sich von der Gesamtheit löst. Wenn auch bei Hebbel dieses Recht dem einzelnen nicht bestritten wird, so bleibt es dennoch ein Abfall. Daraus ergibt sich für den Dichter ein tragischer Zwiespalt, zudem aber – da das Ganze über dem einzelnen steht – mit Notwendigkeit ein tragischer Untergang. Hebbel hat all seinen Scharfsinn aufgeboten, um in seinen Dramen, die gewissermaßen Menschenfallen sind, jeden Ausweg zu verbauen: »Es ist töricht, von dem Dichter das zu verlangen, was Gott selbst nicht darbietet, Versöhnung und Ausgleich der Dissonanzen. Aber allerdings kann man fordern, daß er die Dissonanzen selbst gebe und nicht in der Mitte zwischen dem Zufälligen und dem Notwendigen stehenbleibe. So darf er jeden Charakter zugrunde gehen lassen, aber er muß uns zugleich zeigen, daß er, wie der Tod, mit der Geburt selbst gesetzt ist.« Es geht also nicht um Schuld oder Schicksal, sondern das Anderssein genügt bereits zur Tragik. Dieses Anderssein setzt zweierlei voraus: Charakter und eine Idee. Hebbels Dramen sind daher Charakter- und Ideendramen.

»Bei Shakespeare haben die Charaktere ihre Ruhepunkte, ihr Eigentlichstes zeigt sich nur, wenn es herausgefordert wird durch die Situation«, wie Otto Ludwig vergleichend feststellt. »Hebbels Charaktere sind Tag und Nacht in ihrer vollen Wappenzier; jede seiner Personen ist beständig auf der Jagd nach den eigenen charakteristischen Zügen. Der Charakter ist in jedem bis zur Monomanie gesteigert. Sie wissen alle, daß sie Originale sind, und möchten beileibe nicht anders erscheinen.«

Bei diesem »Glutmenschen durch und durch«, wie Eduard Mörike ihn genannt hat, geht jede Gefühlsäußerung erst durch starke verstandesmäßige Arbeit in die künstlerische Form ein. Unerbittliche Konsequenz, strenger logischer Aufbau kennzeichnen seine Werke. Dabei ist der Blick stets auf »die großen Gegenstände der Menschheit« gerichtet. »Die Geschichte ist für den Dichter ein Vehikel zur Verkörperung seiner Anschauungen und Ideen, nicht aber ist umgekehrt der Dichter der Auferstehungsengel der Geschichte«, wie Hebbel 1843 in »Mein Wort über das Drama« bekennt. Den Hintergrund fast aller seiner Stücke bildet eine Zeitenwende, aus der heraus er die Konflikte sieht und ableitet.

Bereits mit seinem kraftgenialischen Jugendwerk »Judith« (1840) eroberte er sich sogleich einen führenden Platz auf dem zeitgenössischen Theater. Eines der Hauptthemen in Hebbels Dramatik, nämlich der Kampf zweier außerordentlicher Naturen – eines Übermannes und eines Überweibes –, erfuhr hier eine erste bedeutsame Formung. Mit »Maria Magdalene« (1846) versuchte er nach seinen eigenen Worten, »das bürgerliche Trauerspiel zu regenerieren und zu zeigen, daß auch im eingeschränktesten Kreise eine zerschmetternde Tragik möglich ist, wenn man sie nur aus den rechten Elementen, aus den diesem Kreise selbst angehörigen, abzuleiten versteht«. Während Schillers bürgerliches Trauerspiel »Kabale und Liebe« seinen Konflikt noch aus dem Gegensatz des aristokratischen und bürgerlichen Standes

Um zu zeigen, daß »auch im eingeschränktesten Kreise eine zerschmetternde Tragik möglich ist«, blieb Friedrich Hebbel in seinem Trauerspiel »Maria Magdalene« streng innerhalb der Grenzen der kleinbürgerlichen Welt.

bezog, blieb Hebbels »Maria Magdalene« streng auf die kleinbürgerliche Welt beschränkt – ohne soziale Anklage.

»Das Publikum verhielt sich nicht eben ablehnend, aber eiskalt«, notierte Hebbel bei der Uraufführung seiner Tragödie »Herodes und Mariamne« am 19. April 1849 durch das Wiener Burgtheater. Mit diesem Kampf und Mißtrauen der Geschlechter hat Hebbel das Paradox einer Liebestragödie ohne Liebe geschaffen.

In antiken Quellen von Herodot und Platon fand er einen ihm gemäßen Stoff für sein Stück »Gyges und sein Ring«: »Mich reizte die Anekdote, die mir, etwas modifiziert, außerordentlich für die tragische Form geeignet schien, und nun das Stück fertig ist, steigt plötzlich zu meiner eigenen Überraschung wie eine Insel aus dem Ozean die Idee der Sitte als die alles bedingende und bindende daraus hervor.«

Für die Trilogie »Die Nibelungen«, eine Neugestaltung des alten Epos, erhielt Hebbel kurz vor seinem Tod den Schillerpreis.

Bis Ende des 19. Jahrhunderts in der Tragödientradition der Hoftheater gespielt, wurde Hebbel um die Jahrhundertwende als Vorläufer Ibsens, Strindbergs und der Expressionisten verstanden. »Der erste große Dramatiker der Zwiespältigkeit – oder des Unbewußten«, wie der Kritiker Alfred Kerr 1899 schrieb. Nach dem Zweiten Weltkrieg sind die Aufführungszahlen von Hebbels Werken stark zurückgegangen.

Das Gegenteil läßt sich feststellen bei den wenigen Werken, die Georg Büchner hinterlassen hat und die alle erst im 20. Jahrhundert uraufgeführt wurden. Als Sohn eines Arztes am 17. Oktober 1813 in Goddelau bei Darmstadt geboren, studierte er Naturwissenschaften und Medizin in Straßburg und Gießen, wurde 1836 Privatdozent der Universität in Zürich, wo er dann überraschend am 19. Februar 1837 im Alter von nur 23 Jahren an Typhus starb.

Während seiner Gießener Studienzeit hatte er Verbindung zu einer hessischen revolutionären Gruppe aufgenommen und im Juli 1834 durch seine mitreißende politische Flugschrift »Der Hessische Landbote« mit dem Kampfruf »Friede den Hütten! Krieg den Palästen!« den Unmut der Obrigkeit erregt, die ihn wegen »indizierter Teilnahme an staatsverräterischen Handlungen« steckbrieflich verfolgte. Büchner entzog sich der Verhaftung durch die Flucht nach Straßburg.

»Das Leben der Vornehmen ist ein langer Sonntag«, heißt es im »Hessischen Landboten«, dem Manifest, in dem jede Zeile eine Bedrohung der Obrigkeit und einer engherzigen, absoluten Gewalt war. »Sie wohnen in schönen Häusern, sie tragen zierliche Kleider, sie haben feiste Gesichter und reden eine eigene Sprache; das Volk aber liegt vor ihnen wie Dünger auf dem Acker. Der Bauer geht hinter dem Pflug, der Vornehme aber geht hinter ihm und dem Pflug und treibt ihn, nimmt das Korn und läßt ihm die Stoppeln . . . Die Regierung wird gebildet von dem Großherzog und seinen obersten Beamten, die anderen Beamten sind Männer, die von der Regierung berufen werden. Ihre Zahl ist Legion . . . das Volk ist ihre Herde, sie sind seine Hirten, Melker und Schinder, sie haben die Häute der Bauern an, der Raub der Armen ist in ihrem Hause, die Tränen der Witwen und Waisen sind das Schmalz auf ihren Gesichtern.«

Der gleiche revolutionäre Atem weht auch in »Dantons Tod«, dem Drama aus der Zeit der Französischen Revolution, das Büchner noch im Elternhaus

Rechts: Zur Eröffnung des neuen Düsseldorfer Schauspielhauses 1970 inszenierte Karl-Heinz Stroux »Dantons Tod« von Georg Büchner.

begonnen hatte und das ihm das Geld für die bevorstehende Flucht nach Straßburg bringen sollte. »Sie haben uns gesagt: Schlagt die Aristokraten tot, das sind Wölfe! Wir haben die Aristokraten an die Laternen gehängt. Sie haben uns gesagt: Das Veto frißt euer Brot! Wir haben das Veto totgeschlagen. Sie haben gesagt: Die Girondisten hungern euch aus! Wir haben die Girondisten guillotiniert. Aber sie haben die Toten ausgezogen, und wir laufen wie zuvor auf nackten Beinen und frieren.«

Die Französische Revolution ersteht in »Dantons Tod«, eine geniale Beschwörung der Männer, die auf der Guillotine enden. Nach Büchners eigenen Worten ist es die höchste Aufgabe des Dichters, »der Geschichte, wie sie sich wirklich begeben, so nahe als möglich zu kommen«, also ein Geschichtsschreiber zu sein, aber »statt Charakteristiken Charaktere zu geben und statt Beschreibungen Gestalten«: ein Ziel, das er in hohem Maße in seinem Danton-Drama erreicht hat.

Angeregt durch ein Preisausschreiben des Cotta-Verlags schrieb Büchner 1836 in wenigen Wochen das übermütige, von feiner Ironie durchzogene Lustspiel »Leonce und Lena«.

Ein früher Vorläufer des Expressionismus auf der Bühne ist der nur als Fragment überlieferte »Woyzeck«, ein einziger Aufschrei der gequälten menschlichen Kreatur in ihrer untersten Schicht. In dieser dramatischen Geschichte eines harmlosen, friedlichen, ein wenig beschränkten Mannes, der halb Soldat und halb Bibelforscher ist, geschieht nicht mehr, als was alle Tage geschieht, solange es arme und reiche Leute gibt. Und doch ist dieses erste aufrüttelnde Sozialdrama der Neuzeit, das einen Gerhart Hauptmann und Frank Wedekind tief beeindrucken und anregen sollte, ein Stück mit stark konzentrierten Szenen, in denen der vom Hauptmann, Doktor und Tambourmajor mißhandelte und gequälte Soldat und Barbier Woyzeck zum Mord an seiner Geliebten Marie und dann in den Selbstmord getrieben wird.

Während bei Hebbel die Tragik im wesentlichen darauf beruht, daß der einzelne sich von der Gesamtheit löst, leidet der Mensch bei Büchner, einfach weil er Mensch ist. Das moderne Drama in der deutschen Bühnenliteratur beginnt mit Büchner. Gerhart Hauptmann hat über ihn gesagt: »Georg Büchners Geist lebte nun mit uns, in uns, unter uns. Und wer ihn kennt, diesen wie glühende Lava aus chthonischen Tiefen emporgeschleuderten Dichtergeist, der darf sich vorstellen, daß er, bei allem Abstand seiner Einmaligkeit, ein Verwandter von uns gewesen ist.«

Weit im Osten – hoch im Norden

Rußland tritt in den Kreis der europäischen Theaternationen

»Unsere Kenntnis des Möglichen ist durch ihr Zusammenspiel erweitert worden: Sie brachten die Pausen des Lebens, das Verdämmernde, die Daseinsvergänglichkeit selber in dieser Slawen-Welt auf eine nie zu vergessende Art . . . Man fühlte das Einsame, Niedere dieses stumpf, schnöde, fahl verfließenden Lebens . . . Eine Gesellschaft sitzt bei Tisch im Hintergrund eines größeren Raums . . . man hört Tellerklappern, das Geräusch der Messer, die Stimmen, lachende, tiefere, alltägliche . . . und man fühlt: dies Leben in Verlassenheit dahinziehend, in geselliger Verlassenheit, es ist die Verlassenheit von hundert Millionen, man spürt die Schattenseite des Erdballs, man gewahrt Menschen, die in aller Heiterkeit von der Schwermut ihrer Geographie bedrückt sind; im trauten Beisammensein ist ein Zug des Verzichtens, Sichfügens . . . man sagt: Brüderchen, Mütterchen, Väterchen, alle küssen sich, trinken Tee, mancher trinkt Schnaps . . .«

Das schrieb 1916 der Berliner Kritiker Alfred Kerr über das »Moskauer Künstlertheater«, das sich schon nach seiner ersten Gastspielreise durch Westeuropa eine führende Stellung im internationalen Theater erobert hatte. Gegründet hatte es 1898 ein Mann, der später unter seinem Künstlernamen Stanislawski weltberühmt geworden ist. Dreizehn Jahre zuvor hatte er das erste Moskauer Gastspiel der »Meininger« gesehen, wie das deutsche Schauspielensemble des Hoftheaters Meiningen kurz genannt wird, dessen Leitung Herzog Georg II. von Sachsen-Meiningen 1870 selbst übernommen hatte. Wie vom Blitz getroffen erkannte Stanislawski damals, daß dieses realistische Theater der Meininger den richtigen Weg für eine eigenständige russische Bühne öffnen könnte.

Die tiefgreifende Bühnenreform der Meininger bestand vor allem im Ensemblespiel und in der sorgfältigen, bedachten Ausstattung der Szene. Wenn Virtuosen überhaupt beschäftigt wurden, dann hatten sie sich dem Ensemble unterzuordnen, und auch die besten Schauspieler mußten Statistenrollen übernehmen. Ein Regiegrundsatz des Herzogs war es, schon für die erste Bühnenprobe die vollständige historische Ausstattung auch mit den Möbeln zu verlangen. Auch mußten die Schauspieler schon von Anfang an in historisch echten Kostümen, zum Beispiel in den schweren Ritterrüstungen, auftreten und durften bei diesen Proben nicht »markieren«, das heißt andeuten, sondern mußten vielmehr jeden Ton so und mit Aufwand sprechen, wie es später bei der Vorstellung erforderlich sein würde. Ab 1874 gastierten die Meininger sechzehn Jahre lang in 38 europäischen Städten, und überall waren der Erfolg, der Eindruck und die Begeisterung des Publikums geradezu ungeheuer. So wirkte der Meininger-Stil mit seinem Realismus, seiner Ensemblekunst und seiner Beseelung des Schauspielers weltweit.

Stanislawski, ein Fanatiker der Wirklichkeitstreue, der selten weniger als ein halbes Jahr an einer Aufführung arbeitete, war davon überzeugt, daß der Schauspieler eine seelische Regung auf der Bühne nur dann vollendet ausdrücken könne, wenn er sie im Augenblick des Spiels auch tatsächlich in seinem eigenen Innern erlebe. Wollte er die Stimmung der Einsamkeit hervorbringen, so sperrte er seine Darsteller von jeder Berührung mit der Außenwelt ab. Um sich in historischen Kostümen absolut natürlich bewegen zu können, mußten die Schauspieler sie schon lange vor der Premiere täglich tragen. Auch auf seiner Bühne wurde nichts »markiert«: Tee war echter Tee, Kaminfeuer richtiges Feuer, und gebratene Gänse kamen frisch vom Ofen.

»Mit dem seelisch vertieften Realismus Stanislawskis und mit seiner bis in die geringste Einzelheit verwirklichten, geschlossenen szenischen Vision haben zum erstenmal in der Geschichte des Welttheaters Russen eine international führende Rolle übernommen – ungefähr mit dem Beginn des 20. Jahrhunderts«, wie Georg Hensel zusammenfaßt. »In den Kreis der europäischen Theaternationen ist Rußland als letzte getreten. Bevor es eigene Leistungen exportieren konnte, mußte es polnisches, deutsches, französisches und italienisches Theater importieren. Während im übrigen Europa das Theater im 16. und 17. Jahrhundert schon seine großen Triumphe feierte, ergötzte sich der russische Hof noch an dressierten Affen und Bären, an Narren und an Faustkämpfern.«

Im Zuge der Bestrebungen zu nationaler Selbständigkeit in der Bühnenkunst des 19. Jahrhunderts trat nun auch Rußland erstmalig mit bodenständigen Schöpfungen auf den Plan. Mit »Verstand schafft Leiden« – auch »Geist bringt Kummer« betitelt – schrieb Alexander Sergejewitsch Gribojedow (1795–1829) die erste russische Komödie von übernationaler Bedeutung und bahnte damit einer national-russischen Theaterkunst den Weg. Das gesellschaftskritische Stück mit seinen lebendigen nationalen Charakteren war für das russische Theater von ähnlicher Tragweite wie rund sechzig Jahre zuvor Lessings »Minna von Barnhelm«.

An der entscheidenden Wende von der Romantik zum Realismus schuf Alexander Puschkin (1799–1837) mit »Boris Godunow« die erste große russische Tragödie, eine Historie nach dem Vorbild Shakespeares, doch ist nicht ein König der Held, sondern das Volk. So unübersehbar »Boris Godunow« für die Russen als ein nationales »klassisches« Stück ist, so wenig gilt dies für das internationale Theater. Erst als Oper von Modest Mussorgski, bearbeitet und instrumentiert von Nikolai Rimsky-Korssakow (1872), errang diese erste russische Tragödie in Shakespeare-Versen Welterfolg.

»Den Spiegel soll nicht schelten, wer eine Fratze hat«, lautet das russische Sprichwort, das Nikolai Wassiljewitsch Gogol (1809–1852) als Motto über seinen »Revisor« setzte. Diese glänzende Satire auf das Beamtentum ist die klassische russische Komödie und zugleich eines der genialsten Bühnenwerke der Weltliteratur: Chlestakow, ein kleiner Beamter, der auf der Heimreise von Petersburg aus Geldmangel in einem Gasthaus abgestiegen ist, wird von den ängstlichen Honoratioren und korrupten Beamten einer Provinzstadt, an der Spitze vom Stadthauptmann, für den angekündigten Revisor gehalten, was Chlestakow genüßlich auszunutzen weiß. Er läßt es sich wohl sein, nimmt ihr Geld und wird sogar noch der Bräutigam der Tochter des Polizeimeisters. Als ihm jedoch der Boden zu heiß wird, macht er sich aus dem Staub. In einem aufgebrochenen Brief Chlestakows, den der Postmeister bringt, lesen sich die als Dummköpfe beschriebenen Dummköpfe gegenseitig ihre Porträts vor – und während all ihre Hoffnungen zerrinnen und ihre Wut wächst, wird der wahre Revisor gemeldet. Mit Recht ist »Der Revisor« die volkstümlichste Komödie der russischen Bühne geworden und wird auch heute noch in allen Kulturländern der Welt immer wieder gespielt.

Der Welterfolg, den Iwan Turgenjew (1818–1883) mit seinen Romanen errang, überschattete seine dramatischen Arbeiten, obwohl von diesen die Komödie »Ein Monat auf dem Lande« nicht nur in Rußland, sondern auch in Westeuropa Anerkennung gefunden hat. Die flirrende Gefühlswelt zwischen Melancholie und Ironie, die Turgenjew mit Anmut und Poesie in diesem Stück für sensible Schauspieler ausbreitet, gibt schon eine Vorahnung auf Anton Tschechow, der zehn Jahre nach der Niederschrift dieser Komödie (1849/50) geboren wurde.

Als geübter Theaterpraktiker führte Alexander Nikolajewitsch Ostrowskij (1823–1886) mit fast fünfzig Bühnenwerken die nun schon zu einem festen Begriff gewordene russische Komödienkunst mit ihrer Geißelung gesellschaftlicher Mißstände weiter fort. »Meine Aufgabe ist es, der russischen dramatischen Kunst zu dienen, die jetzt nur mich allein hat. Ich bin ihr alles: die Akademie, ihr Mäzen und obendrein ihr Schutz.« Seine Stücke, die mehr von Charakteren und Zuständen leben als vom spannenden Aufbau, sind weniger dramatisch als episch. Er zeigt darin Menschen mit ihren großen Schwächen und bescheidenen Stärken in bestimmten gesellschaftlichen Verhältnissen, die vergangen sind und uns heute in unserer modernen Zeit nicht mehr besonders anrühren. Dennoch werden hin und wieder einige Werke Ostrowskijs auch noch auf unseren Bühnen gespielt, darunter »Es bleibt ja in der Familie«, »Der Wald«, »Eine Dummheit macht auch der Gescheiteste«, »Tolles Geld« sowie sein spätes resolutes Stück »Wölfe und Schafe«.

Mit Anton P. Tschechow (1860–1904) zieht die Kunst der feineren psychologischen Motivierung in das russische Bühnenschrifttum ein. In ihrer pessimistischen Grundhaltung, in der dennoch ein gewisser überlegener Humor mitschwingt, spiegeln seine Stücke den kränkelnden Zustand der höheren Gesellschaftskreise im Rußland des ausklingenden neunzehnten Jahrhunderts wider. »Von seinen Schauspielen sprach er als von ‚lustigen Stücken'«, berichtete Gorki, »und mir scheint, er war aufrichtig davon überzeugt, daß er eben ‚lustige Stücke' schrieb.« In der Tat sind sie so »lustig« wie die Leidtragenden, als diese bei Tschechows Beisetzung ihren peinlichen Irrtum bemerkten: In Moskau hatten sie sich am Bahnhof versammelt, wohin die Leiche des 1904 in Badenweiler im Schwarzwald an Tuberkulose und einer Herzerkrankung gestorbenen Tschechow übergeführt worden war. Die Leidtragenden, die dem Sarg folgten, wunderten sich, daß der Dichter mit Militärmusik beerdigt wurde; sie konnten ja nicht wissen, daß darin die Leiche des Generals Keller lag, die gerade aus der Mandschurei angekommen war. »Als der Fehler aufgeklärt wurde«, erzählte Maxim Gorki, »fingen einige lustige Leutchen an zu schmunzeln und zu lächeln. Hinter Tschechows Sarg schritten etwa hundert Menschen, nicht mehr . . .« Der Sarg des Dichters war in einem grünen Güterwagen transportiert worden, der die Aufschrift trug: »Für Austern«.

Noch während der junge Tschechow in Moskau Medizin studierte, hatte er, da er für seinen Unterhalt selbst sorgen mußte, lustige Kurzgeschichten für Witzblätter und Zeitungen geschrieben, mit denen er große Erfolge erzielte. Seinem Beruf als praktizierender Arzt verdankte er die Erweiterung seines Beobachtungsfeldes sowie Kenntnisse, »deren wirklicher Wert für mich als Schriftsteller nur der ermessen kann, der selber Arzt ist«. Mit siebenundzwanzig Jahren war er schon einer der am meisten gelesenen Autoren des russischen Kaiserreiches. Den frühen Ruhm, den Tschechow mit seinen Novellen erwarb, vertieften seine Erfolge als Dramatiker, obwohl eines seiner Stücke, »Die Möwe«, 1896 in Petersburg regelrecht ausgepfiffen wurde. Zwei Jahre später jedoch gab es bei der Inszenierung durch Stanislawski im »Moskauer Künstlertheater« einen überraschenden, orkanartigen Triumph. »Alle küßten sich«, berichtete Stanislawski, »selbst die Fremden, die die Bühne stürmten.« Damit wurde das »Moskauer Künstlertheater« zum

Rechts: Überall in der Welt wird Gogols satirische Komödie »Der Revisor« auch heute noch immer wieder gespielt.

Theater Tschechows, das seinen Dramen zum Bühnenerfolg verhalf, darunter »Onkel Wanja«, die »Szenen aus dem Landleben in vier Akten«, wie der Untertitel lautet; »Drei Schwestern«, das Drama von den schönen und an ihrer Sehnsucht nach Moskau in der Provinz verblühenden Schwestern. Die Komödie »Der Kirschgarten« war Tschechows letztes Stück, dessen Uraufführung er im Januar 1904 noch selbst in Moskau miterleben durfte; ein halbes Jahr später starb er. Neben der zum Symbol gesteigerten, mehr anekdotischen Handlung vom Untergang des Kirschgartens laufen zwar viele kleine Nebenhandlungen, ohne daß eine wirkliche tragende Fabel alles einschließt und einbezieht, und doch vermag dieses Schauspiel immer wieder das Publikum zu fesseln, da dem symbolistischen Realismus eine starke Lebenskraft innezuwohnen scheint.

Jahre später spielte das Moskauer Künstlertheater am Tage der Oktoberrevolution erneut den »Kirschgarten«, in dem, wie sich Stanislawski ausdrückt, »das Leben gerade der Leute dargestellt wird, gegen die der Aufstand vorbereitet wurde . . . Es hatte den Anschein, als wollten die Zuschauer noch einmal aufatmen in der Atmosphäre der Poesie, sich für immer vom alten, Sühneopfer fordernden Leben verabschieden. Die Aufführung endete mit lärmendem Beifall; doch aus dem Theater gingen die Zuschauer schweigend – vielleicht waren unter ihnen auch solche, die sich zum Kampf für ein neues Leben rüsteten. Sehr bald begann eine Schießerei, und ihr ausweichend, gelangten wir mit knapper Not nach Hause.«

Die Grundstimmung der Bühnenwerke Leo N. Tolstois (1828–1910) und Maxim Gorkis (1868–1936) läßt bereits die große Krise ahnen, auf die Rußland im 20. Jahrhundert politisch und geistig zusteuerte. Tolstoi, eine der einflußreichsten Persönlichkeiten und einer der größten realistischen Epiker des 19. Jahrhunderts, schrieb auch einige Dramen mit moralisierenden Tendenzen, darunter »Die Macht der Finsternis«, »Der lebende Leichnam« und »Das Licht scheint in der Finsternis«. Gorki hat zwar auch mehrere Bühnenstücke verfaßt, so »Die Kleinbürger« und »Wassa Schelesnowa«, doch der einzige Welterfolg, den er je auf dem Theater hatte, war sein »Nachtasyl«, das nach der Uraufführung 1902 am Moskauer Künstlertheater triumphal gefeiert wurde und dann auf dem Weg über Max Reinhardts Deutsches Theater in Berlin seinen Siegeszug antrat.

Hatte Stanislawski zwischen 1905 und der Oktoberrevolution 1917 auch symbolistische und sogar surrealistische Inszenierungen geschaffen, so konnte er sich mit der verordneten Parteidramatik nach dem Revolutionssieg

Rechts: Weniger mit Satire, mehr mit Symbolen arbeitet Tschechows Komödie »Der Kirschgarten«, deren Handlung anekdotisch aufgebaut ist.

nie anfreunden. »Tendenz und Kunst sind unvereinbar, eins schließt das andere aus«, schrieb er 1925 in seinen Erinnerungen. Die Illusion des Alltagslebens auf der Bühne, die er geschaffen hatte, mußte zu Gegenbewegungen führen. So entstand schon vor der Revolution die »Stilbühne«, bei der die Schauspieler in eine von den Bühnenbildnern geschaffene raffinierte optische Komposition dekorativ eingepaßt wurden. Sowohl gegen die Stilbühne als auch gegen den Illusionismus wandte sich Alexander Tairow (1885–1950) mit seinem »entfesselten Theater«. Für ihn war der Schauspieler mit seiner Phantasie und seinem Körperausdruck das Wichtigste. »Die Schauspieler Tairows sind durchweg fabelhafte Tänzer, ihr Schutzpatron ist der heilige Elastikus«, spöttelte damals der Theaterkritiker Alfred Polgar über das »entfesselte Theater«, bei dem sich das Spiel der Pantomime und Akrobatik bediente und sich dem Tanz und Turnen näherte. »Statisten gibt es keine, nur Movisten: Jeder ist mit ganzem Leibe bei der Sache. Tairows Leute sind auch Turner, Springer, Läufer, Kletterer, Schlangenmenschen . . . Übrigens scheint mir die Sache unkomplett, solange nicht der Publikumsraum in die Bewegtheit der Szene mit einbezogen ist. Vollendet wird das Spiel erst sein, wenn sich der Zuschauer, etwa durch Sprungfedern unter seinem Sitz, so erschüttert fühlen wird, wie ihn manchmal das alte Theater durch seine Kraft und sein Pathos erschüttert hat.«

Genau wie Tairow war auch sein Zeitgenosse Wsewolod Meyerhold (1874–1940) ein Schüler Stanislawskis gewesen. Meyerhold, der sich der bolschewistischen Partei anschloß und nach der Revolution mit einem beispiellosen Erfindungsreichtum experimentierte, hatte von der »Stilbühne« die »dekorative Verwendung des Schauspielers und die genau berechnete Symbolik der Gesten mitgebracht; nun nahm er dem Schauspieler vollends die Persönlichkeit und machte ihn zum Ausdrucksträger von anonymen Massenerlebnissen für das Massenerlebnis seiner Zuschauer«, wie der Theaterkritiker Georg Hensel hierzu anmerkt. »Versuchte Tairow, das Theater zu ‚theatralisieren', so wollte Meyerhold das Leben selbst ‚theatralisieren': durch Massenaufführungen im Freien, durch Allegorien der Revolution, verbunden mit Festzügen und Truppenparaden . . . Seine ‚Theater-Armee' reiste mit ihren ‚Theater-Sturmtrupps' durch die russischen Lande und trieb Propaganda und Agitation.«

Meyerhold war es auch, der die Satiren »Die Wanze« und »Das Schwitzbad« von Wladimir Majakowski (1893–1930), dem einzigen revolutionären Bühnendichter von Rang, inszenierte und damit bei der Parteikritik einen Sturm der Empörung auslöste. Majakowski erschoß sich; zehn Jahre später, im Februar 1940, starb Meyerhold im Gefängnis, in das ihn Stalin, der »rote Zar«, geworfen hatte. Die Theater, so forderte der Despot, sollten seine diktatorische Herrschaft rühmen, ebenso wie die Schriftsteller, die »Ingenieure der Seele«. Dem verordneten »sozialistischen Realismus« wollte sich Meyerhold nicht beugen und verteidigte 1939 öffentlich auf einem Kongreß der Regisseure, wo er eigentlich »Selbstkritik« üben sollte, mit Offenheit und Mut seine Einstellung: »Wenn das, was heute auf den besten Moskauer Bühnen geschieht, eine Großtat des neuen Sowjettheaters ist, dann ziehe ich es vor, als Formalist bezeichnet zu werden. Ich für meinen Teil finde das, was gegenwärtig in unseren Theatern geleistet wird, erbärmlich und erschreckend . . . Dieses erbärmliche und sterile Etwas, das den Namen ,Sozialistischer Realismus' beansprucht, hat mit Kunst nichts zu tun. Theater aber ist Kunst, und ohne Kunst gibt es kein Theater.«

Was aber die Sowjetregierung verlangte, geht unter anderem aus dem Beschluß des Zentralkomitees der Kommunistischen Partei der UdSSR von 1946 hervor: »Die Dramatiker und Theater sollen in den Schauspielen und Aufführungen das Leben der Sowjetgesellschaft in ihrer unaufhörlichen Vorwärtsbewegung wiedergeben und die Weiterentwicklung der besten Charakterzüge des Sowjetmenschen, die während des Großen Vaterländischen Krieges besonders stark zutage getreten sind, auf jede Weise fördern. Unsere Dramatiker und Regisseure sind berufen, an der Erziehung der Sowjetmenschen aktiv teilzunehmen, ihren hohen kulturellen Ansprüchen zu genügen, die Sowjetjugend so zu erziehen, daß sie optimistisch, lebensfroh, der Heimat ergeben ist, an den Sieg unserer Sache glaubt, keine Schwierigkeiten fürchtet und fähig ist, jedwede Schwierigkeit zu überwinden.«

Statt den Dramatiker ständig nach der Wahrheit suchen zu lassen, bestimmt nun die Partei, was als Wahrheit gelten soll: Das Theater ist damit zum Propagandainstrument des Parteiapparates erniedrigt worden. Daran hat sich auch heute noch nichts geändert, wie die immer wieder von der Partei und ihren Funktionären ausgegebenen Forderungen an Schriftsteller, Schauspieler, Regisseure deutlich erkennen lassen.

Ibsens »Lebenslüge«

Hatte erstmals der dänische Komödiendichter und Begründer des Nationaltheaters in Kopenhagen, Ludvig Holberg (1684–1754), den Blick auf ein Land im Norden Europas gelenkt, so empfing die im Laufe des 19. Jahrhunderts in Erscheinung getretene Bewegung des Realismus einen unerwarteten und starken Auftrieb aus den beiden anderen skandinavischen Ländern, die bis dahin nur wenig in der Theaterdichtung hervorgetreten waren: Norwegen und Schweden. »Seit dem Norweger Henrik Ibsen (1828–1906) und dem Schweden August Strindberg (1849–1912) ist nichts grundsätzlich Neues mehr für die Bühne und auf der Bühne erfunden worden: Das Drama des 20. Jahrhunderts wandelt Anregungen aus fast allen Epochen der Theatergeschichte ab, mit besonderer Vorliebe aber Anregungen von Ibsen und Strindberg, der in Ibsens Spur begonnen, ihn an Radikalität und Erfindungsreichtum aber bald übertroffen hat.«

Mit dieser Wertung steht Georg Hensel nicht allein da. Joachim Kaiser, ein anderer Kritiker unserer Tage, meint: »Zumindest die späten Tragödien Ibsens enthalten doch, ganz simpel gesagt, mehr Menschenkenntnis, mehr Schicksalsahnung, mehr Theaterkunst als beinahe alles, was das 19. Jahrhundert hervorbrachte . . . Nicht mit Naturalisten oder Realisten muß er sich messen, sondern mit Shakespeare oder Euripides. Die einzige Schwäche des Ibsenschen Kosmos ist ein totaler Determinismus. Die Welt besteht aus lauter Rädern, die in der Vergangenheit fabriziert wurden und nun allzugut ineinandergreifen.«

Das Werk des zweiten bedeutenden Skandinaviers, des schwedischen Dramatikers, hat Siegfried Melchinger wie folgt charakterisiert: »Bei Strindberg ist die Maske des Menschen, das Äußerste seines Gesichts, nicht abgehoben, sondern durchlöchert: auch in der schrecklichsten Enthüllung ist das Nackte noch von den Fetzen der Lüge bedeckt. Denn dieser Dichter hat gesehen, was keiner vor ihm und nach ihm sah: daß diese Maske in Wahrheit angewachsen war und daß das Nackte nur zum Vorschein kommen konnte, wenn es vom Blut der Zerfetzung der oberen Schicht überströmt war.«

Beide Dramatiker haben einige Gemeinsamkeiten: Sie waren eine Zeitlang als Theaterpraktiker tätig; sie sind nicht durch ihre nationalen Theater zum Weltruhm getragen worden, sondern durch Bühnen im Ausland, vor allem in Deutschland; sie standen in einer skandinavischen Tradition, eng verbunden mit der Heimat und dennoch in scharfem Protest gegen ihre Gesellschaft; sie unternahmen Fluchtreisen ins Ausland, wo sie Anerkennung errangen, die ihnen nach ihrer Rückkehr auch in der Heimat zuteil wurde.

Henrik Ibsen, einer der größten Dramatiker Skandinaviens und zugleich eine der stärksten Persönlichkeiten des dramatischen Schaffens im 19. Jahrhundert, wurde am 20. März 1828 als Sohn eines Kaufmanns in Skien geboren. Die Familie seiner Mutter stammte aus Deutschland. Da sein Vater früh verarmte, kam der Junge zu einem Apotheker in die Lehre. Nachdem sein Versuch, auf der »Studentenfabrik« das Abiturientenexamen nachzuholen, mißglückt war, erhielt er bald darauf eine Stellung als Dramaturg und Regisseur an der Nationalbühne in Bergen, von wo er später als künstlerischer Direktor an das norwegische Theater in Christiana berufen wurde. Als dieses Unternehmen Konkurs machte, war er vorübergehend künstlerischer Berater am alten »Christianer Theater«, ging dann aber nach mancherlei Mißhelligkeiten im Frühjahr 1864 ins Ausland, zunächst nach Italien, dann nach Deutschland, wo er zunächst viele Jahre in Dresden und anschließend bis 1891 in München wohnte. Seinen Lebensabend verbrachte der berühmt gewordene Dichter wieder in Christiana, wo er am 23. Mai 1906 starb.

Schon als Apothekerlehrling hatte er zu schreiben begonnen und sein Erstlingsdrama »Catilina« (1849) unter einem Pseudonym veröffentlicht. Dieses Römerdrama, so stellte er rückschauend fest, enthalte »in nebelhaften Andeutungen« vieles von dem, worum seine späteren Dichtungen kreisen: »den Gegensatz von Können und Verlangen, Wille und Möglichkeit, der Menschheit und des Individuums, Tragödie und Komödie«. Bereits sein zweites Werk, das Wikingerschauspiel »Das Hünengrab«, wurde 1850 vom Theater in Bergen aufgeführt, für das er eine Reihe von romantischen Stükken schrieb. Bevor er 1864 Norwegen verließ und nach Italien reiste, hatte er noch sein realistisches Drama aus der mittelalterlichen Geschichte, »Die Kronprätendenten«, beendet. In Italien entstanden dann die beiden Werke, die eine Abrechnung des Dichters mit seinen Landsleuten bedeuten: »Brand« zeigte in der Titelfigur des norwegischen Pfarrers Brand, dieses nach dem Grundsatz »alles oder nichts« handelnden Idealisten, wie seine Landsleute sein sollten, während er sie im »Peer Gynt« so zeichnete, wie sie sind. Wenn Ibsen mit dem »Peer Gynt« auch in erster Linie seinen norwegischen Landsleuten einen Spiegel vorhalten wollte, als einem Volk, das »in rotwangiger Zufriedenheit sich selbst genug ist«, so wuchs die mit damals aktuellen Bosheiten vollgestopfte Dichtung unter seinen Händen über diesen zeitbedingten Zweck doch weit hinaus ins Allgemein-Menschliche und wurde zu einem der großen dramatisch-philosophischen Weltgedichte.

Mit der Übersiedlung nach München im Jahre 1875 setzte dann die Reihe der sogenannten »Gesellschaftsdramen« ein, mit der Ibsen die Muster geschaffen hat, die von den verschiedenartigsten Autoren abgewandelt worden sind und noch heute abgewandelt werden. Sein Grundthema, um das fast alle seine Stücke kreisen, ist die Lebenslüge, der tiefe Widerspruch zwischen einer zur Schau getragenen, allgemein anerkannten sittlichen oder religiösen Idee und dem wirklichen Handeln. Dabei bestreitet er keineswegs, daß es einmal echte, also gelebte oder wenigstens erstrebte Ideale gegeben habe, doch seien sie längst erstarrt und zu Lügen und Gespenstern geworden. Statt der Greuel und überlebensgroßen Gestalten der klassischen Tragödie genügten ihm für die moderne Tragödie die scheinbar kleinen Frevel des Alltags, wie er sie tagtäglich in den Zeitungen fand, die er unersättlich las. Ein Zeitgenosse, der den alten Ibsen in einem Hotel in Christiana antraf, berichtete, der Dichter habe »einen Wall von Zeitungen um sich aufgebaut, skandinavische, deutsche, französische, englische, alle dicht um sich herum, als wolle er sich ihrer vergewissern, sie insgesamt, eine nach der anderen, seiner Lesebegierde zu eigen machen. Und er las . . . Wortwörtlich schien er, von Anfang bis zu Ende, alles zu lesen; vom politischen Leitartikel bis zu den Stadtneuigkeiten, den Kritiken, den Verlobungsanzeigen, den Geschäftsreklamen – alles! Zeitunglesen! Ob ich's kannte! Das aber hier war ein buchstäbliches Feststellen, ein In-sich-Aufsaugen von Wirklichkeiten, ein Nachleben des täglichen Lebens, dem ein Wächter zu sein für Ibsen Aufgabe und Schicksal war.« Was er darin entdeckte, waren die sich stets wiederholenden tragischen Konfliktstoffe des bürgerlichen Alltagslebens, sei es aus Geldnot oder Betrügereien, aus halben Lügen oder gefälschten Unterschriften.

Mit schonungsloser Offenheit und scharfer kritischer Sonde, zugleich mit der Sicherheit des genialen Bühnentechnikers, des Meisters in der Psychologie und in der Kunst, soziale Verhältnisse und atmosphärische Stimmungen szenisch zu verdichten, deckte Ibsen die Probleme der Illusionen und Lebenslügen, der Neurosen und Verdrängungen, der gesellschaftlichen Heuchelei und Selbstgerechtigkeit der herrschenden Klassen in seinen Gesellschaftsdramen auf. Mit seiner »analytischen« Dramaturgie brachte er die Verfehlungen der bürgerlichen Gesellschaft, ihr Versagen in der Vergangenheit und ihre ererbten Belastungen ans Licht. Wie keiner seiner Vorgänger meisterte er diese sogenannte analytische oder Enthüllungstechnik, bei der die entscheidenden Vorgänge vor die eigentliche Bühnenhandlung verlegt und dem Zuschauer durch geschickte Gesprächsführung wie unbeabsichtigt mitgeteilt werden. Anders ausgedrückt: Das analytische Drama entfaltet und erhellt die Folgen von Ereignissen, die sich vor Beginn der Bühnenhandlung zugetragen haben. Beispiele sind die klassische Tragödie wie »Ödipus« von Sophokles oder Schillers »Die Braut von Messina«; ferner Kleists »Der zerbrochene Krug«.

Den Anstoß zu dieser so bedeutsamen Wendung hatte Ibsen durch den dänischen Literaturhistoriker Georg Brandes (1842–1927) erhalten, dessen »Vorlesungen über die Hauptströmungen in der Literatur des 19. Jahrhunderts« er als epochemachend empfand und die ihm »wie die Goldfelder Kaliforniens vorkamen, als sie zuerst entdeckt wurden«. In Abständen von jeweils etwa zwei Jahren erschienen nun in seiner Münchener Zeit jene zwölf berühmten Gesellschaftsdramen, durch die Ibsen zum großen europäischen Dichter, zum Kosmopoliten und zum Anreger des internationalen Theaters geworden ist. Jedes wurde sofort begierig aufgegriffen, löste heftige Diskussionen aus und rief oftmals auch Skandale hervor.

»Die Stützen der Gesellschaft« (1877), das erste Werk der neuen Richtung, wurde noch verhältnismäßig günstig aufgenommen. Es ging von dem drei

Jahre zuvor erschienenen Schauspiel »Ein Fallissement« von Björnstjerne Björnson (1832–1910) aus, dem ersten norwegischen Dramatiker, der von der provinziellen Helden- und Bauernromantik zum Realismus wechselte. Im Gegensatz zu Ibsens Werken sind heute die für uns harmlos und pausbäckig wirkenden Dramen des Nobelpreisträgers Björnson aus dem Weltrepertoire verschwunden. Wurde in »Ein Fallissement« ein Großkaufmann durch einen Bankrott aus der moralischen Verluderung gerissen, so griff Ibsen mit den »Stützen der Gesellschaft« nicht mehr nur einen einzelnen an, sondern die ganze Gesellschaft.

Das weltberühmt gewordene Schauspiel einer unerfüllten Ehe folgte 1879: »Nora oder Ein Puppenheim«, ein gesellschaftskritisches Stück ersten Ranges, in dem sich die Frau als gleichwertiger Partner gegenüber dem Mann durchsetzt. Nora, die sich als »Puppenfrau« in einem »Puppenheim« fühlt, verläßt Mann und Kinder in der Hoffnung, durch die Trennung würden sie sich vielleicht als Partner so verändern, »daß ein Zusammenleben zwischen uns beiden eine Ehe werden könnte«. In der meisterlichen dramaturgischen Struktur zeigt sich Ibsen als Könner des »pièce bien faite«, des gut gemachten effektvollen Stücks der Franzosen.

Mit dem Familiendrama »Gespenster« (1881) schrieb Ibsen sein düsterstes Werk, das bei seinem Erscheinen vielen Anfeindungen und Mißverständnissen ausgesetzt war und einen Sturm der Entrüstung entfachte, vor allem in Skandinavien, aber auch in Deutschland. Zur satirisch-scharfen Abrechnung des Dichters mit seinen Gegnern wurde dann »Ein Volksfeind« (1883), eine große Kampfansage an die bürgerliche Welt seiner Zeit, die er von der »Lebenslüge« ganz und gar zerfressen sah.

Das gleiche Thema der Lebenslüge behandelte er anschließend in dem Schauspiel »Die Wildente« (1885), einer beißenden Tragikomödie, bei der Ibsen mit allen Mitteln der tragischen Ironie, der Symbolik und des doppelbödigen Dialogs arbeitete. Die Lebenslüge, die hier eine neue Variante erfährt, darf nicht ausgerottet, sondern muß als »das stimulierende Prinzip« geradezu kultiviert werden. »Gebrauchen Sie doch nicht das Fremdwort: Ideale. Wir haben ja das gute nationale Wort: Lügen«, sagt an einer Stelle der Arzt Dr. Relling – und an einer anderen: »Nehmen Sie einem Durchschnittsmenschen die Lebenslüge, und Sie nehmen ihm zu gleicher Zeit das Glück.«

In »Rosmersholm« (1887), einem Schauspiel unter »Adelsmenschen«, denen nur der freiwillige Weg in den Tod bleibt, hat Ibsen die analytische Technik besonders virtuos gehandhabt. »Die Frau vom Meer« (1889) bringt im Gegensatz zu »Nora« die nichttragische Lösung eines Ehekonflikts. In »Hedda Gabler« (1891) steht mit der schönheitstrunkenen, von starken Instinkten getriebenen Generalstochter wieder eine Frau im Mittelpunkt tragischer Auseinandersetzungen.

Die gedankenschwere Künstlertragödie »Baumeister Solness« (1892) leitet die letzte Epoche von Ibsens Schaffen nach seiner Rückkehr in die Heimat ein. Man hat darin ebenso die Tragödie des alternden Künstlers erblicken wollen wie eine allegorische Autobiographie. Nach zwei weiteren Stücken folgte dann Ibsens dramatischer Epilog »Wenn wir Toten erwachen« (1900), eine Abrechnung mit sich selbst.

Seiner eigenen Weltanschauung nach war Henrik Ibsen wie viele große Schriftsteller des »bürgerlichen« neunzehnten Jahrhunderts ein romantischer Individualist, der den Einzelmenschen aufrief, sich selbst zu verwirklichen, und ein Anarchist, dem der Sinn für die Notwendigkeit der Gesellschaft fehlte. »Der Staat ist der Fluch des Individuums«, schrieb er einmal dem dänischen Kritiker Georg Brandes. »Der Staat muß weg!« Der finanzielle Bankrott oder der gesellschaftliche Boykott, Formen des »bürgerlichen« Todes, sind die Verhängnisse, die seine Figuren gegenwärtig bedrohen oder früher aus der Bahn geworfen haben. Das dichte Gewebe der Motivationen und Symbolismen differenziert die ursprünglich von den französischen Effektdramatikern Sardou und Dumas übernommene Technik des »pièce bien faite« und macht die Figuren vieldeutig, lebendig und widersprüchlich. Die Thesen, die Ibsen in seinen Stücken vertrat, etwa die Selbstbestimmung der Frau oder die Kritik an der Honoratiorendemokratie, erregten seine Zeitgenossen so sehr, daß das Fortleben seiner Stücke an den Fortbestand der von ihm kritisierten Zustände geknüpft wurde. Erst in den letzten Jahrzehnten ist der Blick frei geworden für die physische und soziale Komplexität der Figuren und Themen. Schon um 1930 hat Egon Friedell prophezeit: Wenn Ibsens »Tracht dem Publikum einmal so fern sein wird wie die Adrienne der Lady Milford und der Haarbeutel Franz Moors, wird es erkennen, daß es sich um Ewigkeitsdichtungen handelt, obgleich oder vielmehr weil sie vom Dichter ebenso als tendenziöse Zeitdichtung konzipiert wurden wie die Räuber und Kabale und Liebe.«

Noch ist dieser Zeitpunkt nicht erreicht und damit auch noch nicht entschieden, ob Ibsen Ewigkeitsdichtungen geschaffen hat. Unbestritten aber ist der beispiellose Einfluß, den er auf die Dramatik des ausklingenden 19. und des beginnenden 20. Jahrhunderts ausgeübt hat. Der Naturalismus und der moderne Symbolismus haben in ihm ebenso ihre Wurzeln wie der Impressionismus, der Expressionismus und der Existentialismus. Ibsen ist, wie Ge-

Rechts: Gesellschaftskritik übt Henrik Ibsen in seinem weltberühmt gewordenen Schauspiel »Nora oder Ein Puppenheim«.

org Hensel zusammenfaßt, »für eine große Gruppe von Dramatikern in dreifacher Hinsicht zum Vorbild geworden: als Schöpfer scheinbar natürlicher Menschen, in denen der Zuschauer sich selbst oder seine nächsten Bekannten zu entdecken glaubt; als Dramenbaumeister und Dialogschreiber, der scheinbar alltägliche Vorgänge und Gespräche durch den Alltag übergreifende Symbole zu allgemeingültigerer Bedeutung führt; als Vertreter moralkritischer, gesellschaftskritischer und philosophischer Thesen.« Ohne Ibsen sind Gerhart Hauptmann, August Strindberg, Knut Hamsun, Anton Tschechow, Bernard Shaw, Frank Wedekind, Georg Kaiser, Eugene O'Neill, Tennessee Williams, Arthur Miller, Jean-Paul Sartre, Jean Anouilh, John Osborne und viele andere ebenso undenkbar wie »auch mindere Talente, Verfasser von Gebrauchsstücken bis hin zu den Drehbuchautoren sogenannter Problemfilme«. Sie alle »haben je nach Neigung, Talent und Temperament mehr vom psychologischen Naturalisten oder vom Symbolisten, mehr vom Techniker oder vom Thesenverfechter Ibsen gelernt«, in dessen starker Persönlichkeit die tiefe Wirkung seiner Werke gründet. »Alles, was ich gedichtet habe, hängt aufs engste zusammen mit dem, was ich durchlebt habe, wenn auch nicht erlebt habe«, wie Ibsen 1880 seinem deutschen Übersetzer des »Peer Gynt« geschrieben hat. »Jede neue Dichtung hat für mich selbst den Zweck gehabt, als geistiger Befreiungs- und Reinigungsprozeß zu dienen. Man steht niemals ganz über aller Mitverantwortlichkeit und Mitschuld in der Gesellschaft, der man angehört. Deshalb habe ich einmal als Widmungsgedicht dem Exemplar eines meiner Bücher folgende Zeilen vorangesetzt:

Leben heißt – dunkler Gewalten
Spuk bekämpfen in sich.
Dichten – Gerichtstag halten
Über sein eigenes Ich.«

Strindbergs Monomanie

»Die Werke dieses Monomanen haben eine kalte Glut«, hat einmal Alfred Kerr über August Strindbergs Dramen geurteilt. »Als ein Ankläger wandelt . . . nachtwandelt er durch seine Zeit. Weit mehr als ein sozialer Ankläger! Strindberg selbst in seiner dunklen Größe bildet ein wetterleuchtendes irres Gleichnis für das Schmachvolle, das Unzulängliche in der Welt. Er ist ein Erdenkläger.«

August Strindberg, am 22. Januar 1849 in Stockholm geboren, wo er auch am 14. Mai 1912 starb, bezog nach harten und düsteren Jugendjahren schon

Mit beißender Ironie, Symbolik und doppelbödigen Dialogen behandelt Ibsen das Thema der »Lebenslüge« in seiner Tragikomödie »Die Wildente«.

früh eine Kampfstellung gegen das Leben, das heißt gegen die Verhältnisse, in denen es sich ihm darbot. Durch seine Abkunft von einer ehemaligen Dienstmagd und Kellnerin fühlte er sich erniedrigt und beleidigt und litt schwer unter dem Zwiespalt zwischen seinem von ihm selbst als verächtlich empfundenen »Sklavensinn« und seinem Instinkt für das Aristokratische und Vornehme, der später durch die Begegnung mit Nietzsche noch geschärft wurde. Von der seelischen Bürde dieses Zwiespalts suchte er sich durch rückhalt- und rücksichtslose Offenheit zu befreien und wurde so zu einem der fanatischsten Bekenner, die es je in der Weltliteratur gegeben hat. Sein wichtigstes Prosawerk ist seine Autobiographie, eine nichts verschweigende Beichte und ein verzweifelter Versuch, sich selbst mit allen seelischen Krisen, Zwangsvorstellungen, Verfolgungswahn, Selbstmordgedanken, Eifersuchtszwängen und Angstzuständen zu durchschauen. Mit seinen eigenen Erfahrungen, Psychosen und Möglichkeiten experimentierte er auch unaufhörlich als Dramatiker. Infolge seiner Ichbesessenheit hat Strindberg seine dramatischen Werke sämtlich aus den inneren und äußeren Erfahrungen seines Ichs gewonnen und auch auf sein Ich bezogen. »Es ist alles echt an August Strindberg«, wie der Kritiker Heinrich Hart dazu anmerkt, »seine Zerknirschungen und seine Ekstasen, seine Ängste und seine Verzückungen, sein Größenwahn und seine Demutsparoxysmen, echt aber auch das bißchen Komödianterei und Scharlatanerie, das überall mit unterläuft, echt vor allem auch die Ironie, die immer wieder an den eigenen Empfindungen skeptisch herumzerrt und Götterphysiognomien in Fratzen verkehrt.« Doch jedes Bekenntnis endete schließlich stets bei der Erkenntnis seiner ausweglosen Einsamkeit. Auch seine drei Ehen, die alle geschieden wurden, waren nichts anderes als gescheiterte Befreiungsversuche von der dämonischen Umstrickung des Geschlechtstriebs, den er zwar haßte und dem er sich dennoch verfallen wußte. »Ihn Weiberhasser zu nennen, ist Schwachsinn«, urteilt Alfred Polgar. »Er war ein das Weib fanatisch Liebender. Ströme der Zärtlichkeit waren es, die die Mühlen seines Hasses trieben.«

Nach einem nur kurzen, rasch aufgegebenen Studium in Upsala arbeitete Strindberg als Volksschul- und Hauslehrer, unternahm einen vergeblichen Versuch, Schauspieler zu werden, war vorübergehend als Journalist, Kritiker und Redakteur tätig und dann von 1874–1882 Gehilfe an der Königlichen Bibliothek in Stockholm. Ab 1883 reiste er sechs Jahre lang durchs Ausland, wo er sich dann erneut von 1892–1897 aufhielt. Als Achtundfünfzigjähriger erhielt er dann endlich, was er sich wie alle Dramatiker immer gewünscht hatte: ein eigenes Theater nach dem Vorbild der Berliner »Kammerspiele« Max Reinhardts, das »Intime Theater« in Stockholm, das er am 26. November 1907 mit der Uraufführung seines »Pelikan« – späterer Titel »Der Scheiterhaufen« – eröffnete. Was Strindberg längst in anderen europäischen Ländern war, wurde er nun auch in Schweden: ein berühmter Mann. Doch blieb sein »Intimes Theater«, dem die letzten Lebensjahre des Einsamen gehörten und das nun die Uraufführungen vieler seiner Stücke herausbrachte, ein Verlustgeschäft, das ihn viel Geld kostete. Noch einmal verlobte er sich mit einer neunzehnjährigen Schauspielerin, doch vor der Ehe schreckten beide zurück. Am 14. Mai 1912 starb August Strindberg an Magenkrebs. Vertreter des schwedischen Königshauses, des Reichstags, der Regierung und Universität ehrten ihn bei der Totenfeier.

Strindberg, der zahlreiche Dramen sowie Romane, Novellen, wissenschaftliche, religiöse und dramaturgische Schriften veröffentlichte, begann als Realist und Naturalist in der unmittelbaren Nachfolge Ibsens, nachdem er wie dieser gleichsam als Auftakt mit einem historischen Schauspiel angefangen hatte. Er hat jedoch nicht nur das gesellschaftskritische, analytische Dra-

Zwei große Dramatiker Skandinaviens: Henrik Ibsen und August Strindberg.

ma Ibsens einfach fortgesetzt, sondern die zwischenmenschlichen Beziehungen um die Jahrhundertwende als psychologisch-gesellschaftliches Problem, die bürgerliche Ehe und Familie im höllischen, selbstvernichtenden Kampf auf die Bühne gebracht.

Als die drei wichtigsten Dramen aus Strindbergs naturalistischer Phase sind zu nennen: »Der Vater« (1887), »Fräulein Julie« (1889) und »Der Totentanz« (1900).

»Der Vater« ist ein autobiographisches Trauerspiel der Selbstanalyse und des Frauenhasses, bei dem seine eigene Ehe als Modell gedient hat. Seit Jahren schon lebte Strindberg in der Angst, wahnsinnig und von seiner Frau, die er lesbischer Beziehungen verdächtigte, mit dem Irrenhaus bedroht zu werden. Das Stück ist ein Musterbeispiel für seine Auffassung von Naturalismus: die beinahe wissenschaftliche Zergliederung seines eigenen Seelenzustands verbunden mit einer gefühlsbetonten dramatischen Polemik gegen die Emanzipationsbestrebungen seiner Zeit, weil er die Bestimmung der

Frau in der Mutterschaft sah. In Umrissen taucht in diesem Stück als zeitloses Thema die Unvereinbarkeit einer männlich-rationalen, logischen Welt mit einer weiblich-irrationalen, außerlogischen Welt auf.

Im Vorwort zu seinem naturalistischen Trauerspiel »Fräulein Julie«, dem am lebendigsten gebliebenen von den zwischen 1888 und 1892 entstandenen elf Einaktern, formulierte Strindberg seine Prinzipien für das naturalistische Drama, die er im Stück selbst verwirklichen wollte: »Ich . . . habe die Hirne unregelmäßig arbeiten lassen, wie sie es in Wirklichkeit tun, wo in einem Gespräch kein Thema bis auf den Grund erschöpft wird, sondern wo zwei Hirne ineinandergreifen wie zwei Zahnräder. Und daher irrt auch der Dialog umher, er versorgt sich in den ersten Szenen mit einem Material, das späterhin bearbeitet wird, aufgenommen wird, wiederholt, entfaltet wird, erweitert wird, wie das Thema in einer Musikkomposition.« Denn an »einfache Charaktere« konnte dieser Dichter der vielfältigsten Motive ebensowenig mehr glauben wie an die Mathematik des französisch konstruierten Dialogs. Deshalb stellte er die Charaktere als Komplex zahlreicher verschiedener Eigenschaften dar, den Gesetzen der Vererbung und des Milieus unterworfen. Strindbergs Technik der Charakterzeichnung und des Dialogs haben Tennessee Williams und Edward Albee, zwei Amerikaner des zwanzigsten Jahrhunderts, weitergeführt.

»Der Totentanz«, 1900 erschienen, scheint schon die existentialistische Dramatik Jean-Paul Sartres anzukündigen, die Höllenvision des aus dem Geschlechtshaß aufsteigenden total Bösen, die »Geschlossene Gesellschaft« (»Huis clos«) der Jahrhundertwende. Im »Totentanz« führt das Silberhochzeitspaar Kapitän Edgar und seine Frau Alice, eine frühere Schauspielerin, in einem Festungsturm auf einer Schäreninsel einen Vernichtungskampf gegeneinander, der durch Wiederholung den Charakter eines ausweglosen Spiels angenommen hat. Das Thema der Ehehölle, in der jeder der Teufel des anderen ist, wurde später außer von Sartre und Tennessee Williams auch von Edward Albee in »Wer hat Angst vor Virginia Woolf« neu entfacht und weiter ins Allgemeine getrieben von Samuel Beckett.

War bereits in der außerordentlichen psychischen Konzentration und Binnenspannung der naturalistischen Dramen die Überschreitung des bisherigen Realitätsbegriffs angelegt, so wurde dieser Schritt dann vollzogen mit der »Traumspiel«-Dramaturgie Strindbergs, eines Zeitgenossen von Sigmund Freud, dem Begründer der Psychoanalyse. Die Alogik des Traums, seine Aufhebung von Abgrenzungen durch Ort und Zeit, die Spaltung des Ichs, die Vergegenständlichung von Über-Ich und Unterbewußtsein werden praktiziert, was sich als folgenreich für die symbolische, die expressionistische und noch für die absurde Dramatik erwies. In der Trilogie »Nach Da-

Am Ende von August Strindbergs Trauerspiel »Fräulein Julie« zwingt der Diener Jean das gräfliche Fräulein zum Selbstmord.

maskus«, in den Jahren um 1900 entstanden, ist der ganze Expressionismus, ja auch schon der Surrealismus vorausgeahnt. Die Gestalten tragen keinen Namen, sind keine Individuen mehr, sondern fast nur noch Chiffren für seelische Zustände, Spaltungen des Komplexes »Mensch« in einer seiner gefährlichsten Krisen. Eigentlich steht nur ein einziger Mensch auf der Bühne: »Der Unbekannte«, der Autor selbst, der durch seine Gestalten mit sich spricht. Daher könnte man die Trilogie auch als einen gewaltigen Monolog auffassen. »Seine Selbstbiographie wird zur Kosmographie – seine unglückliche Liebe und sein leeres Portemonnaie zum Leid der ganzen Menschheit«, meinte Bernhard Diebold (1886–1945), ein scharfsinniger Kritiker des expressionistischen Theaters, der dennoch darin den Beginn dieser neuen Stilrichtung sah: »In ‚Nach Damaskus' steht mit dem ‚Unbekannten' zum erstenmal der Monologist des expressionistischen Dramas auf dem Theater. Jener im Kerne eher lyrische als dramatische Ankläger der Menschheit und

Ausschreier seiner Schmerzen, wie Sorges ‚Bettler', Hasenclevers ‚Sohn' und Kornfelds ‚Bitterlich', deren meiste Gegenspieler weniger Vertreter von wirklichen Gegenwillen sind als Materialisationen ihrer eigenen Seelen.«

Strindbergs episches Stationentheater »Nach Damaskus«, die dramatische Dichtung in drei Teilen, ist als Wanderung in der Landschaft der Seele angelegt und kommt in ihrer Struktur bereits den Traumspielen nahe: Wiederholung im Handlungskreislauf, Weltüberwindung und Resignation als Ergebnisse der Wanderung des Gottsuchers. Manchmal glaubt man, wenn von »der Leitung« gesprochen wird oder von »dem Verbrechen«, das jeder einmal begangen hat, daß sich hier schon erste Umrisse jener existenten, aber nicht realen Welt abzeichnen, in die dreißig Jahre später Franz Kafka eindrang. »August Strindberg, der sich zuerst mit der ganzen monomanischen Besessenheit seines Charakters dem naturwissenschaftlichen Denken des 19. Jahrhunderts überantwortet hatte«, meinte 1953 der Kritiker K. H. Ruppel (1900–1980), »war auch einer der ersten, die sich davon wieder lösten. ‚Nach Damaskus' ist das Zeichen dieser Wandlung – das Zeichen der Verzweiflung darüber, daß mit den Methoden der Wissenschaft keine Klarheit in den letzten Fragen, insbesondere über das Verhältnis des Menschen zu Gott, zu gewinnen war, und des Ringens um eine neue Gläubigkeit. In Strindberg brach heftiger als in irgendeinem andern Dichter um die Jahrhundertwende die große Krise der Zeit aus, die schreckliche Ernüchterung und Enttäuschung einer Generation, die plötzlich sah, daß das ‚Jahrhundert des Fortschritts' an den Rand des Nichts geführt hatte – dahin, daß der Mensch im Begriff war, in sich seine Seele, über sich Gott zu verlieren. Schon in seiner naturalistischen Zeit hatte Strindberg noch eine Tragik außerhalb der sozialen Sphäre entdeckt, die Tragik des Geschlechts, welche eine Tragik des Menschen selbst, nicht nur seiner Umstände war. Von hier aus ist Strindbergs enormer Einfluß nicht allein auf Dichtung und Theater, sondern auch auf viele andere geistige Erscheinungsformen seiner Zeit zu erklären. Die Kunst drängte wieder zum Menschen hin, nachdem sie lange genug nur mit seiner pathetisch dekorierten Attrappe (in der Epigonenkunst der Gründerjahre) oder nur mit seinen Verhältnissen (im doktrinären Naturalismus) zu tun gehabt hatte. Die Neuromantik konnte diesem Drang nicht genügen, denn ihr Idol war der poetisierte, der ‚exklusive' Mensch, der sein Leiden nicht durchlebte, sondern es zelebrierte. Bei Strindberg aber wurde das Leiden – wenn es vornehmlich auch nur sein Leiden war – zum erstenmal wieder ernst und wirklich genommen. Sein ‚Traumspiel', ein dramaturgisch schwaches und in der künstlerischen Symbolik fragwürdiges Stück, wirkte deshalb so stark, weil sich im irdischen Erlebnis der Indra-Tochter die Erkenntnis menschlichen Leids mit ebenso erschütternder Eindringlichkeit ausgesprochen fand wie in ‚Nach Damaskus' die Sehnsucht nach Glauben. Der Naturalismus hatte den in seinem sozialen Dasein bedrohten Menschen in den Mittelpunkt seiner Dichtung gestellt, Strindberg stellte (mit vielen Rückfällen in die schreckliche Enge seiner ‚speziellen' Lebensfrage, der Qual und Quälerei des Geschlechts) den daseinsbedrohten Menschen schlechthin als Zentralfigur auf die Bühne.«

So wenig erzählbar wie die Handlung von »Nach Damaskus« ist die des gerade erwähnten Stücks »Ein Traumspiel«, dessen Grundgedanken Strindberg selbst so formuliert hat: »Indras Tochter ist auf die Erde hinabgestiegen, um zu sehen, wie die Menschen leben; und da muß sie erfahren, wie schwer ihr Leben ist, und das Schwerste ist: anderen Böses zu tun, wozu man gezwungen wird, wenn man leben will.« Wie ein Kehrreim tönt es immer wieder aus dem Mund der Göttertochter Indra, wenn sie eine neue Station irdischer Mühsal durchmessen hat: »Es ist schade um die Menschen.« Daraus spricht der Glaube an eine ursprünglich edlere Bestimmung der Menschen, die keiner mehr zu erkennen vermag. Die Traumtechnik, die unzusammenhängende, aber scheinbar logische Form des Traums nachzuahmen, in der sich Strindberg in »Nach Damaskus« zum erstenmal versucht hat, ist im 1901 geschriebenen »Traumspiel« dann perfekt. »Alles kann geschehen, alles ist möglich und wahrscheinlich«, schreibt er darüber in seiner Vorbemerkung. »Die Gesetze von Raum und Zeit sind aufgehoben; die Wirklichkeit steuert nur eine geringfügige Grundlage bei, auf der die Phantasie weiterschafft und neue Muster webt: ein Gemisch von Erinnerungen, Erlebnissen, freien Erfindungen, Ungereimtheiten und Improvisationen. Personen spalten sich, verdoppeln sich, vertreten einander, gehen in Luft auf, verdichten sich, zerfließen, treten wieder zusammen. Aber ein Bewußtsein steht über allem: das des Träumers. Für dieses gibt es keine Geheimnisse, keine Inkonsequenz, keine Skrupel, kein Gesetz. Es verurteilt nicht, es spricht nicht frei, es berichtet nur. Und da der Traum meist trauriger und selten heiterer Natur ist, geht ein Ton von Wehmut und von Mitleid mit allem, was da lebt, durch die sprunghaft fortschreitende Erzählung.« Für die damalige Zeit war die Form des »Traumspiels« eine unerhörte Kühnheit: Sie ist wie die »Damaskus«-Trilogie zu einer Keimzelle des expressionistischen und surrealistischen Dramas im 20. Jahrhundert geworden.

»Ich wußte selbst kaum, was ich geschrieben hatte, ahnte aber etwas Erhabenes, das mich erschauern ließ«, bekannte Strindberg über die »Gespenstersonate«, bei deren Niederschrift (1907) ihm die Hand geblutet haben soll. Sie ist das letzte der um 1910 entstandenen vier »Kammerspiele« – »Wetterleuchten«, »Die Brandstätte«, »Der Scheiterhaufen« –, in dem ein vampirhaftes, altes Ungeheuer, nämlich Direktor Hummel als Entlarver, mit den Gespenstern seiner Vergangenheit ins Gericht geht, aber auch von ihnen gerichtet wird. In ihrer dramaturgischen Technik ist die »Gespenstersonate« surrealistisch, wenn auch aus dem Blickwinkel des Symbolismus und der Neuromantik gesehen.

Aus Strindbergs riesigem Gesamtwerk sind hier nur einige wenige besonders wegweisende Dramen vorgestellt worden. Nimmt man noch hinzu, daß er auch Märchenspiele, deutsche und schwedische Historien – wie »Luther«, »Gustav Adolf«, »Königin Christine« und andere – sowie die Trilogie »Moses«, »Sokrates«, »Christus« geschrieben hat, so findet man tatsächlich alle Gattungen und Entwicklungsstadien des europäischen Dramas vom Naturalismus bis zum Existentialismus im Werk dieses einen Dichters vereint, in dieser zerrissenen, qualensuchenden und qualenschaffenden monomanischen Persönlichkeit.

»Mitleid und Furcht« war die Forderung der Alten
an das Trauerspiel, mitleidend für die, welche heimgesucht wurden,
wenn die Götter in verborgenem Rat erschüttern
der Menschenkinder verschiedenes Geschick;
wir Neueren, wir haben den Ton etwas geändert;
Humanität, Resignation –
auf der Reise von der Insel des Lebens zu der des Todes!

Strindberg

Quer durch die Nationen in diesem Jahrhundert

Gerhart Hauptmann, einer der größten Gestaltenschöpfer

»Realismus, Naturalismus: Das erste Wort hat für mich eine leidliche Farbe, das zweite sieht sumpfgrün aus, sehr dunkel, sehr trostlos. ‚Der Realismus soll . . .' ‚Der Naturalismus soll . . .' Ja, sind denn die beiden Begriffe Tiere, die man dressieren kann, oder was denn sonst? Ja, was ist Realismus, was ist Naturalismus? Wenn meine Auffassung die rechte ist, so sind es Schilder in einem Magazin. Aber was darin steckt, bezeichnen sie nicht – und nun gar noch Idealismus. Wenn ich das Wort Idealismus höre, so habe ich die Vorstellung von dilettantischen Künstlern, die an Krücken gehen und borgen. Wenn ich das Wort Realismus höre, so denke ich etwa an eine grasende Kuh. Spricht jemand von Naturalismus, so sehe ich Emile Zola vor mir mit einer dunkelblauen großen Brille.«

Diese Worte stammen von Gerhart Hauptmann (1862–1946), einem Dichter also, den man gemeinhin zu den Naturalisten zählt. Sie machen jedoch auch nicht klar, wo der Realismus aufhört und der Naturalismus anfängt. Eine genaue Abgrenzung des Naturalismus gegen den Realismus des späten 19. und frühen 20. Jahrhunderts, im Drama vor allem durch Ibsen und Tschechow repräsentiert, ist kaum möglich.

Dennoch gibt es natürlich Unterscheidungsmerkmale. Als Ibsen die Herrschaft des französischen Salonstücks auf dem europäischen Theater brach und ihm, seine Technik übernehmend, das moderne Gesellschaftsstück entgegensetzte, stellte er damit die Bühne endgültig in den Dienst der Wirklichkeitssuche, wie man summarisch die Grundtendenz der gesamten literarischen Entwicklung des 19. Jahrhunderts bezeichnen kann. In jenem Jahrhundert war das Weltbild durch die Naturwissenschaften stark erweitert und geschärft worden, wobei sich allerdings auch Schattenseiten zeigten. Zur positivistischen Fortschrittsbegeisterung gesellte sich bald die Erkenntnis, aus den Triumphen der Wissenschaft lasse sich letztlich kein anderer Schluß ziehen, als daß der Mensch auf eine partikulare Existenz in den beiden Bereichen Natur und Gesellschaft beschränkt sei, in der er in zunehmender Gottferne dahinleben müsse. Dies sei seine einzige Wirklichkeit, allein aus ihr könne er selbst begriffen werden.

Ein möglichst getreues Abbild dieser Wirklichkeit zu geben war das Ziel, das sich auch die Kunst setzte. Mit dieser erklärten Absicht trat der Naturalismus auf den Plan, jene gesamteuropäische Tendenz in den beiden Jahrzehnten von 1880 bis 1900. Die Theater der Welt beherrschte der Naturalismus jedoch länger, nämlich in den drei letzten Jahrzehnten des 19. und im ersten Jahrzehnt des 20. Jahrhunderts; und auch heute ist er noch nicht tot, denn ein großer Teil des Films und Fernsehens zehrt von ihm. Auf den Naturwissenschaften, besonders der Vererbungslehre, sowie auf Milieutheorie und philosophischem Positivismus fußend, forderte der Naturalismus vom Künstler die naturgetreue, nichtidealisierte Abbildung der Wirklichkeit im Kunstwerk. »Die Kunst ist ein Stück Natur, gesehen durch ein Temperament«, wie es der französische Schriftsteller Emile Zola (1840–1902) als wichtigster Theoretiker der neuen Richtung formulierte. Diesen subjektiven Faktor wollte Arno Holz (1863–1929), ein führender deutscher Theoretiker, auch noch austreiben. Er stellte die sonderbare Behauptung auf: »Die Kunst hat die Tendenz, wieder die Natur zu sein. Sie wird sie nach Maßgabe ihrer jeweiligen Reproduktionsbedingungen und deren Handhabung.« Das naturalistische Drama neigt zu ausführlichen Bühnenanweisungen, analytischem Handlungsaufbau sowie Wahrung von Orts- und Zeiteinheit aus Gründen der Wahrscheinlichkeit. Die besondere Aufmerksamkeit der Dramatiker gilt den Problemen des Proletariats, der Asozialen und Kranken am Rande der bürgerlich-kapitalistischen Gesellschaft, und häufig lassen sie ihre Bühnenfiguren in Alltagssprache und Dialekt reden.

War Arno Holz noch davon überzeugt, nur der »konsequente Naturalismus« könne die Wirklichkeit mit unbedingter Wahrhaftigkeit und höchster Lebenstreue einfangen und sei darum die allein mögliche und gültige Kunst der Zeit, so wurde er schon bald eines Besseren belehrt, als Gerhart Hauptmann, der begabteste Vertreter der jungen, von der Berliner »Freien Bühne« unter Otto Brahm getragenen Bewegung, in seinem Schaffen bereits sehr früh eine Wendung zur Neuromantik nahm.

Mit dem berühmten Theaterskandal bei der Uraufführung von Hauptmanns »Vor Sonnenaufgang« am 20. Oktober 1889 begann die Bühnengeschichte des deutschen Naturalismus. »In dem Stück ward nach einer Hebamme gerufen«, berichtete der Augenzeuge Adalbert von Hanstein, »und dabei erhob sich ein durch seine Bissigkeit bekannter Arzt und Journalist, der in Wirklichkeit nichts ungerupft seines Weges ziehen läßt, und schwang ein chirurgisches Instrument diskretester Art, das er auf die Bühne werfen zu wollen schien. Rasender Tumult erhob sich.« Es handelte sich dabei um eine Geburtszange. Schon vorher hatte der Arzt, als auf der Bühne ein betrunkener Bauer seine Tochter umarmte, empört geschrien: »Sind wir denn hier in einem Bordell oder im Theater?« Von Akt zu Akt wuchs der Lärm des bürgerlichen Publikums über den Einbruch der bis dahin ungewohnten »Häßlichkeitsdichtung« auf der Bühne. Schließlich lachte und jubelte, höhnte und trampelte man mitten in die Unterhaltungen der Schauspieler hinein. »Da den fanatischen Gegnern fanatische Bewunderer entgegentraten«, schrieb Otto Brahm, der als Leiter des »Vereins Freie Bühne« diese Uraufführung veranstaltete, »so ergab sich ein Kampf der Lungen und der Hände, der Zischenden und der Klatschenden, der mit einer ganz ungewöhnlichen Heftigkeit geführt wurde und lange unentschieden hin und her wogte, bis eine große Liebesszene im vierten Akt selbst die Widerstrebenden zum Beifall hinriß.«

Bereits ein Jahr zuvor hatte Otto Brahm nach der Lektüre des Stücks »Vor Sonnenaufgang« über den jungen Gerhart Hauptmann und dessen ausländische Vorbilder geäußert: ». . . von Ibsen empfing er die modernen Mittel des Dialogs und der Charakteristik, volle Natürlichkeit, Reichtum des charakteristischen Details, Verzicht auf äußere Handlung und das sogenannte eigentliche Dramatische; von Zola empfing er das große Thema der Vererbung, und er konnte ihn lehren . . . den schönfärberischen Darstellungen der Bauernnovellen die rückhaltlos wahre Schilderung des Lebens auf dem Lande, dieser rohen Genußsucht, dieser verheerenden Wirkung des Alkohols, entgegenzusetzen.«

Doch schon sieben Jahre nach »Vor Sonnenaufgang« durfte sich das aufgeschreckte bürgerliche Publikum an der poetischen Märchenwelt von Hauptmanns Drama »Die versunkene Glocke« entzücken. Die Revolution der Wirklichkeitsfanatiker hatte also bereits im Verlauf eines knappen Jahrzehnts die ästhetische Gegenrevolution hervorgerufen.

Die meisten naturalistischen Dramatiker sind heute vergessen, nur einige werden noch gelegentlich gespielt: so Hermann Sudermann (1857–1928), dessen Stücke »Die Ehre« (1889), »Sodoms Ende« (1891), »Heimat« (1893) und »Johannisfeuer« (1900) sensationelle Publikumserfolge gewesen sind; ferner Max Halbe (1865–1944), dessen an Ibsen orientierte Dramen »Jugend« (1893), »Mutter Erde« (1897) und »Der Strom« (1903) durch ihre Atmosphäre, Lyrik und Naturgewalt über das Programm des Naturalismus hinausgehen.

Weltrang unter den deutschen Naturalisten hat allein Gerhart Hauptmann erreicht, der Sohn eines Hotelbesitzers, der am 15. November 1862 im schlesischen Obersalzbrunn geboren wurde. Ursprünglich wollte er Bildhauer werden, studierte dann aber in Berlin und Jena Geschichts- und Naturwissenschaften. In den achtziger Jahren ließ er sich in dem Berliner Vorort Erkner nieder und wurde in der Kampfzeit des Naturalismus bald die führende Persönlichkeit der neuen literarischen Bewegung. Von heftigem Widerstreit umtobt, schuf er Werk um Werk, die Stimmen seiner Gegner immer mächtiger übertönend, bis der Fünfzigjährige dann 1912 durch die Verleihung des Nobelpreises für Literatur als einer der großen und repräsentativen Dichter seiner Zeit geehrt wurde. Von seinen vielen Reisen, vor allem nach Italien und Griechenland, kehrte er immer wieder nach Agnetendorf auf seinen geliebten »Wiesenstein« im schlesischen Riesengebirge zurück. Als 1945 nach dem Ende des Zweiten Weltkriegs seine Heimat unter polnische Verwaltung kam, sollte auch der dreiundachtzigjährige Greis Schlesien verlassen. Doch vor der Zwangsausweisung starb er am 6. Juni 1946. Seine Leiche wurde nach der Ostsee-Insel Hiddensee überführt, wo er in Kloster ein Haus besaß, und dort auf dem Friedhof beerdigt.

Noch gegen Kriegsende hatte er den Untergang der von ihm so geschätzten Stadt Dresden im Feuersturm »unter den Sodom- und Gomorrha-Höllen der feindlichen Flugzeuge« erlebt und in seiner »Totenklage auf Dresden« geschrieben: »Ich bin nahezu 83 Jahre alt und stehe mit meinem Vermächtnis vor Gott, das leider machtlos ist und nur aus dem Herzen kommt: es ist die Bitte, Gott möge die Menschen mehr lieben, läutern und klären zu ihrem Heil als bisher.«

Hauptmanns umfangreiches dramatisches Werk ist erstaunlich vielgestaltig, dabei jedoch stilistisch und qualitativ höchst unterschiedlich. Während sich auf der Bühne weder seine neuromantischen noch die balladesken und antikisierenden Werke gehalten haben, gehören seine realistischen, mehr oder minder »naturalistischen« Stücke zum festen Bestandteil des Repertoires des deutschsprachigen Theaters.

»Wieso ist ein so kleines lokales Ereignis durch mein Drama über die Welt gegangen? – Weil irgend etwas in vielen Ländern Gemeinsames damals darin mitschwang. Etwas vom Geiste der Bergpredigt ist überhaupt in meiner Dichtung.« Dies sagte der einundachtzigjährige Gerhart Hauptmann über »Die Weber« (1892), eines der stärksten sozialen Dramen der deutschen Literatur, das sich eng an den historischen Aufstand der Weber 1844 im schlesischen Eulengebirge hält. Wegen der »demoralisierenden Tendenz« des Stücks ließ Kaiser Wilhelm II. die Hofloge im Deutschen Theater kündigen.

Zu einer der wenigen deutschen Charakterkomödien ist »Der Biberpelz« (1893) geworden, ein ohne jeden Zweifel unverwüstliches Stück. Obwohl als Zeitsatire konzipiert, ist diese »Diebskomödie«, die »irgendwo um Berlin«, zur Zeit des »Septennatskampfes« im Jahre 1887 spielt, ein immer wieder aufgeführtes Meisterwerk der Umwelt- und Menschenbeobachtung, der sprachlichen und figuralen Treffsicherheit.

Ohne eine Wertung vorzunehmen, seien hier von Hauptmanns Werken noch angeführt: die Traumdichtung »Hanneles Himmelfahrt« (1893); »Florian Geyer« (1895), das historische Schauspiel über den Bauernkrieg; das »neuromantische« Märchendrama »Die versunkene Glocke« (1896), das zu einem beispiellosen Welterfolg wurde, heute aber »versunken« ist; »Fuhr-

In der »Titelrolle« von Gerhart Hauptmanns Drama »Die Weber« tritt erstmals eine Gruppe von Menschen auf, ein ganzer Berufsstand, ein Kollektiv.

mann Henschel« (1898), eine Tragödie von antiker Ausweglosigkeit; die Komödie »Schluck und Jau« (1900); das Künstlerdrama »Michael Kramer« (1900); »Rose Bernd« (1903), ein Schauspiel um ein Bauernmädchen und vier Männer; das sogenannte Glashüttenmärchen »Und Pippa tanzt« (1906) mit seiner tiefen Verbindung von Naturmystik und zarter Seelenenthüllung; die Berliner Tragikomödie »Die Ratten« (1910); das Spätwerk »Vor Sonnenuntergang« (1928), noch einmal ein Drama des Eros: die Liebe des siebzigjährigen Geheimrats Clausen zu der achtzehnjährigen Inken Peters.

Wie immer die Literaturgeschichte im Wandel der Zeit auch Hauptmanns Werk einstufen mag, nie wird sie bestreiten können, daß dieser Schlesier einer der größten Gestaltenschöpfer des abendländischen Theaters gewesen ist. »Hauptmann ist der Kreatur im Menschen begegnet«, schrieb der Kritiker Siegfried Melchinger. »Durch die Gestalten, die er auf die Bühne brachte, gehen die Ströme dessen, was Freud später das Es nannte. Aber dieses Es war und blieb bei Hauptmann das Unerforschte, das Unbekannte, das Übermächtig-Geheime. Er liebte die Menschen, weil er Mitleid hatte mit ihrer Seele, mit dieser armen Menschenseele, die der Gewalt der sie durchströmenden Mächte nicht widerstehen kann.«

»Wir spielen immer, wer es weiß, ist klug«

Die Schauspieler von Schwulst und falschem Pathos, von verlogener Pose und geleckter Routine befreit zu haben, war eine Tat des Naturalismus, die bis heute nachwirkt. Denn damals wurde zum erstenmal die These aufgestellt: Nicht wer sein Wesen in tausend Masken verstecken kann, ist der beste Darsteller, sondern wer es in der zu verkörpernden Rolle völlig darbringt. Der Preis für die Erziehung zu künstlerischer Ehrlichkeit war die Gefahr einer Verkümmerung der Phantasie, einer Verengung des Blickfelds, das nur noch bestimmte soziale Schichten und Probleme erfaßte. Immerhin wurde das naturalistische Weltbild wenn schon nicht umgebildet, so doch wenigstens aufgelockert und verfeinert, als der in der großen französischen Malerei der zweiten Jahrhunderthälfte weltgültig dokumentierte Impressionismus auch in der Literatur Eingang fand. Aber im Impressionismus – der Kunstrichtung, die den subjektiven Eindruck, also die Impression der Wirklichkeit, unmittelbar wiedergeben will – steckt ja auch ein wissenschaftliches Element: die »Sehweise«; und die zweite bewegende Kraft, die die Grobschlächtigkeit des doktrinären Naturalismus zusehends differenzierte, kam vollends von der Wissenschaft her: die Psychoanalyse, die der Wiener Arzt und Seelenforscher Sigmund Freud (1856–1939) begründete.

Die Verfeinerung und Sensibilisierung in der Charakterschilderung von der wissenschaftlichen Seite her sowie von der künstlerischen die Auflockerung und Nuancierung der Darstellungsmittel bewirkten in Wien vor allem im dramatischen Schaffen Arthur Schnitzlers die feine Nerven- und Sinnenkunst des literarischen Impressionismus. »Ihr Ergriffensein von den Wahrheiten des Unbewußten, von der Triebnatur des Menschen, Ihre Zersetzung der kulturell-konventionellen Sicherheiten, das Haften Ihrer Gedanken an der Polarität Liebe und Sterben, das alles berührte mich mit einer unheimlichen Vertrautheit«, stellte Sigmund Freud bewegt in einem Brief zu Schnitzlers sechzigstem Geburtstag fest. Mit diesem Satz hat der Psychoanalytiker genau den dauerhaften Kern der Werke des Schriftstellers getroffen: nämlich die »Wahrheiten des Unbewußten« hinter den zeit- und ortsgebundenen Erscheinungen seiner Heimatstadt Wien – den Salons, Pratercafés, Offizierskasinos und Wirtsgärten; hinter der Abenddämmerungszeit der alten Donaumonarchie und ihres reichen Bürgertums; hinter dem Typ des »süßen Mädls« aus der Vorstadt, den gesellschaftlichen Affären, Bankrott und Duell.

Arthur Schnitzler (1862-1931), Sohn eines assimilierten jüdischen Internisten in Wien und selbst Arzt, gehört neben Hugo von Hofmannsthal (1874–1929) zu den hervorragendsten Vertretern des österreichischen Bühnenschrifttums zwischen 1890 und 1920. Er war der kühle, skeptische, innerlich kaum ergriffene, aber als Diagnostiker ihres Seelenzustands ungemein treffsichere Zuschauer und Schilderer seiner Zeit, soweit sie sich in der großbürgerlichen und kleinadeligen Schicht der Wiener Gesellschaft verkörperte. Er sah, was faul und morsch an ihr geworden war, aber es fehlte ihm an jeglichem Pathos und Rigorismus, um aus seinem Kulturpessimismus eine Anklage zu machen und sich sozialkritisch zu erregen. »Wir wissen nichts von andern, nichts von uns; wir spielen immer, wer es weiß, ist klug.« Die für die Flüchtigkeit und Unbeständigkeit der von ihm mit Vorliebe dargestellten erotischen Empfindungen, Reize und Genüsse so angemessene Form des Einakters hat Schnitzler zu hoher Virtuosität entwickelt.

Schon in dem Einakterzyklus »Anatol«, ein früher Reigen der halben Gefühle, des Liebesbetrugs und des betrogenen Liebesbetrügers, erwies sich Schnitzler als Porträtist Wiener Typen und Wiener Atmosphäre um die Jahrhundertwende. Der weibliche Gegentyp des berufsmäßigen Lebensgenießers Anatol ist das »süße Mädl«, das kleinbürgerliche junge Mädchen, das an der hingebungsvollen Liebe zugrunde geht, weil sie für den Partner nur eine »Liebelei« war, wie der Titel eines Schauspiels lautet.

Wiederum ein Einakterzyklus ist der »Reigen«, zehn frivole und zärtliche, ironische und melancholische, triebhafte und todestraurige Dialoge um Liebesverlangen und Liebesgewährung: ein Ringelspiel der Amouren, das zu Skandalen und in Berlin zum »Reigen«-Prozeß führte, bei dem jedoch alle Beteiligten freigesprochen wurden. Erwähnt seien ferner noch »Der grüne Kakadu«, »Das weite Land« und »Professor Bernhardi«.

Wie der Naturalismus schätzte auch der Impressionismus an der dramatischen Kunst besonders das Dokumentarische. Während jedoch die bieder fortschrittsgläubigen Naturalisten der Aufbruchsjahre das Dokumentarische der Bühnendichtung mit sozialrevolutionärem Eifer priesen, setzten die Impressionisten der reinen Widerspiegelung der Wirklichkeit ihren Zweifel entgegen, sahen die Grenzen einer Dichtung, die sich auf Tatsachen beruft. Dabei war der literarische Impressionismus mit seiner Skepsis und müden Empfindsamkeit die bürgerliche Spielart des Naturalismus, gewissermaßen sein Verfall, und insgeheim der Wegbereiter der neuromantischen Gegenbewegung, die sich idealistisch, poetisch und naturverbunden gab, dem Metaphysischen und Mystischen zugeneigt. In extremem Gegensatz zum zeitbezogenen, materialistischen, prosaischen, vornehmlich großstädtischen Naturalismus stellte diese künstlerische Bewegung das »Schöne« über das »Wahre« und vereinte ihre Anhänger ungeachtet aller individuellen Verschiedenheit im Zeichen eines mehr oder weniger welt- und wirklichkeitsflüchtigen Ästhetizismus.

»Unsere Epoche ist eine Epoche der Wiederherstellung – obwohl der Ausdruck der Schwäche nie so ohne Scham und der Wille zur Desintegration nie so ungezügelt war«, schrieb 1925, vier Jahre vor seinem Tod, Hugo von Hofmannsthal, ein literarisches »Wunderkind« von kaum faßbarer Frühreife und einer der letzten großen Zeugen der künstlerischen und geistigen Kultur Altösterreichs. »Hinter dem Treiben der Untergangspropheten und Bacchanten des Chaos, der Chauvinisten und Kosmopoliten, der Anbeter des Moments und der Anbeter des Scheins, im großen ernsten Hintergrund der europäischen Dinge sehe ich die wenigen über die Nationen verstreuten Individuen, welche zählen, sich auf einen großen Begriff einigen: den Begriff der schöpferischen Restauration.«

Begonnen hatte der Ruhm des 1874 in Wien geborenen Hofmannsthal im Wiener Café Griensteidl, wo sich die »Modernen« trafen und schon bald den siebzehnjährigen Gymnasiasten als Genie begrüßten. »Verse von solcher Vollendung hatten wir von keinem Lebenden je gehört, ja seit Goethe kaum für möglich gehalten«, erinnerte sich später Arthur Schnitzler. Aus heutiger Sicht wirkt manches anders. Dem Naturalismus stellte Hofmannsthal eine Kunst der hochgezüchteten Form und sprachlichen Erlesenheit gegenüber. Mit gleichsam spielerischer Hand rief er das vom Naturalismus verworfene Wunder und Geheimnis, den Traum und die Entrückung auf die Bühne zurück, die ein sozialkritisches Forum geworden war. Zu einer einzigartigen Zusammenarbeit in der Bühnengeschichte ist es zwischen Hofmannsthal als Librettisten und dem Opernkomponisten Richard Strauss gekommen, und zwar bei »Elektra«, »Der Rosenkavalier«, »Ariadne auf Naxos«, »Die Frau ohne Schatten«, »Die ägyptische Helena« und »Arabella«. Die Arbeit am »Rosenkavalier« ließ Hofmannsthal seine Begabung für das Lustspiel erkennen, von denen vor allem die venezianische Casanova-Komödie »Cristinas Heimreise« genannt sei sowie die beiden meisterhaften Charakterlustspiele aus dem Milieu des österreichischen Adels: »Der Unbestechliche« und »Der Schwierige«.

Mit »Jedermann« hat Hofmannsthal das mittelalterliche Spiel »Everyman« vom Sterben des reichen Mannes erneuert, das seit der Inszenierung Max Reinhardts 1920 alljährlich vor dem Salzburger Dom während der Festspiele aufgeführt wird.

»Seine Werke werden verblühen, verwehen, vergessen werden, sofern nicht Richard-Strauss-Musik sie mit sich in die Zukunft schleppt«, schrieb 1959 der österreichische Kritiker Hans Weigel, »und nur das Lustspiel ‚Der Schwierige' – eine Ausnahme, die die Regel bestätigt – wird dauern und wird sogar an Leuchtkraft gewinnen. Dieser ‚Schwierige' ist ein Gnadengeschenk, ein Wunder, unter den Lustspielen deutscher Sprache nur der ‚Minna von Barnhelm' vergleichbar (mit der er mancherlei Parallelen hat).«

GBS oder »Joey der Clown«

»Ich bin auch ein Journalist, und ich bin stolz darauf und streiche mit Vorbedacht alles aus meinen Arbeiten heraus, was nicht Journalismus ist, überzeugt, daß nichts, was nicht Journalismus ist, lange als Literatur lebendig bleiben oder, solange es lebt, von irgendeinem Nutzen sein wird. Denn der Mann, der über sich selbst und seine eigene Zeit schreibt, ist der einzige Mann, der über alle Menschen und über alle Zeiten schreibt.« Das jedenfalls behauptete George Bernard Shaw, kurz GBS, der nach seinem eigenen Bekenntnis »um der reinen Kunst willen keinen einzigen Satz zu schreiben für der Mühe wert gefunden hat«. Er war genau der Gegenpol zu dem Ästheten Oscar Wilde, der nur um der Kunst willen schrieb und nicht im entferntesten daran dachte, mit seiner Gesellschaftskritik den Anstoß zu moralischen oder gar sozialen Verbesserungen zu geben. So wie in Schweden August Strindberg und in Deutschland Frank Wedekind gehörte in England George Bernard Shaw zu den Kräften, die inzwischen das ganze europäische Theater zu erfassen und es sowohl aus dem Ästhetizismus der Neuromantik wie aus der engen Gegenständlichkeit des daneben ja noch keineswegs abgetakelten Naturalismus herauszuführen begannen.

Der Rationalist Shaw, 1856 in Dublin geboren, kam zwanzig Jahre später als Kontorist nach London, wo er sich, sozialistischen Gedankengängen von vornherein nahestehend, 1884 der sozialreformerischen Fabian Society anschloß. Nach fünf erfolglosen Romanen und zahlreichen Kritiken über Musik- und Schauspielaufführungen veröffentlichte er ab 1899 als freier Schriftsteller die lange Reihe seiner Bühnenwerke, die ihm 1925 den Nobelpreis eintrugen. Als Moralist schrieb er seine Stücke in der Absicht, die sozialen Verhältnisse zu verändern, und legte seine Tendenzen in den brillant formulierten Vorreden dar, angriffslustige, geist- und witzsprühende Abhandlungen, manche länger als das eigentliche Stück, durch die Shaw genauso berühmt geworden ist wie als Dramatiker. Vielfach hat man ihn als eine Art Aristophanes unserer Zeit bezeichnet, als einen »lustigen Rat«, der sich nie davor scheute, auch als Clown und Spaßmacher aufzutreten, wo es ihm nötig erschien, um seine Ideen auszubreiten und verständlich zu machen. Die von Shaw, dem Meister des witzigen, geschliffenen Dialogs, geschaffene Verbindung von traditioneller britischer Unterhaltsamkeit und neuer sozialkritischer Inhaltlichkeit beendete einen langen Zeitraum, in dem das englische Theater von Melodramen und Lustspielen beherrscht war.

Zahlreiche Stücke wie »Frau Warrens Gewerbe«, »Helden«, »Candida«, »Der Teufelsschüler«, »Cäsar und Cleopatra«, »Mensch und Übermensch«, »Der Arzt am Scheideweg« und andere hatten ihn bereits auf vielen Bühnen heimisch gemacht, ehe er dann mit dem Weltschlager »Pygmalion«, 1913 vom Wiener Burgtheater uraufgeführt, auf dem Höhepunkt seines Ruhmes stand. Er war damals, wie sich sein englischer Kollege Priestley ausdrückte, »der Führer des Aufräumungskommandos zur Beseitigung viktorianischen Gerümpels«. Als jedoch im Ersten Weltkrieg die letzten Reste dieses Gerümpels verschwanden, hatte damit zugleich Shaw seine beste Zielscheibe verloren. Dieser Mann aber, dem »die Maske des Narrentums zum Medium der Verkündigung« wurde, hat als beinahe Siebzigjähriger sein wohl bestes Stück geschrieben: »Die Heilige Johanna« (1923), die dramatische Chronik, die, wie Shaws Landsmann Chesterton einmal gesagt hat, »die Keuschheit und die Heftigkeit Irlands« aufweist.

Als Shaw am 2. November 1950 im Alter von vierundneunzig Jahren starb, schalteten die Theater am Broadway eine Minute lang ihre Neonröhren aus. Doch war damit das Kapitel der Theatergeschichte, das GBS heißt, keineswegs zu Ende, denn vorläufig lacht das Publikum immer noch über »Joey den Clown«, wie ihn seine Landsleute liebevoll genannt haben, über die er in einem Interview mit einer französischen Zeitung spöttisch gesagt hat: »Manchmal sehen Sie einen Engländer lachen. Das kommt dann daher, daß er ein Jahr vorher ein Stück von mir gesehen hat. Jetzt beginnt er, es zu begreifen.«

Den Bürger aufs Korn genommen

»Er hatte einen Humor auf Tod und Leben. Aus der steinernen Ruhe seiner Menschen brechen Trieb und Instinkt mit schamloser Grimasse vor wie die gotischen Tiere aus der Kirchenfassade. Moderne Walpurgisnacht.« Alfred Polgars Kritik bezieht sich auf Frank Wedekind (1864–1918), eine Schlüsselfigur in der Geschichte des modernen Theaters und neben Gerhart Hauptmann die bedeutendste Erscheinung unter den Dramatikern der Jahrhundertwende. Wedekind war es, der in Deutschland das naturalistisch verengte

Der bekannte Kabarettist Werner Finck in der Hauptrolle des Stückes, das seinem Autor, George Bernard Shaw, Weltruhm einbrachte: »Pygmalion«.

und neuromantisch poetisierte Menschenbild auf der Bühne zu verdrängen begann. »Die heutige Dramatik«, stellte er selbstbewußt fest und meinte damit seine eigene, »behandelt ernstere Probleme und pflegt eine weitaus höhere Kunstform, als sie der Naturalismus kannte.«

In seinen Stücken erscheint die Vorform der Karikatur des Bürgers, ohne die später der Expressionismus in seinem Typenarsenal nicht mehr auskam – ebenso aber auch sein Gegenbild, der »Außenseiter«, der niemals in der bürgerlichen Ordnung Heimische und Geduldete. Dieser tragisch Vereinzelte, der sich nach Brüderlichkeit sehnt, sollte die eigentliche Schicksalsfigur des Expressionismus werden. Wedekind, der die bürgerliche Moral seiner Zeit für verlogen, prüde und heuchlerisch hielt, wurde zu einem der herausragendsten Vertreter der antibürgerlichen Bohème, deren Lebenselement der Kampf gegen die Spießer war. Nach rückwärts weist er zu Lenz, Büchner und Grabbe – und nach vorwärts zu den Expressionisten, die sich auf ihn berufen und in ihm einen ihrer großen Wegbereiter sahen, bis hin zum jungen, anarchistischen Bert Brecht und zu Dürrenmatt, die von ihm gelernt haben.

Aufschlußreich als Selbstcharakteristik sind die folgenden Worte, die Wedekind 1906 ins »Merkbuch der Bekenntnisse« im Hause des politischen Schriftstellers Maximilian Harden eingetragen hat: »Liebling-Schriftsteller: Schiller . . . Liebling-Buch: Casanova . . . Motto: 2 x 2 = 4.«

Wie Georg Hensel hierzu bemerkt, traf Wedekind damit »Wichtiges: das Pathos und die Leidenschaft Schillers, dessen ‚Seelengröße' und ‚Seelengut' er wütend gegen Schauspieler und Regisseure verteidigt hat; Casanovas heuchelfreie Prosa (über die ‚sexuelle Schamlosigkeit' schrieb Wedekind in einem Briefentwurf an Georg Brandes, 1909: ‚Ich gebe auch ohne weiteres zu, daß ich dieser einen Absonderlichkeit alles übrige verdanke'); die Rationalität des Einmaleins; dazu kommt, oft unterschätzt: die Pointenlust des Kabarettisten, der pure Spaß am Jux.«

Doch provoziert Wedekind heute noch?

Die Kindertragödie »Frühlings Erwachen«, neunzehn Szenen um die Liebe und Pubertätsnöte zweier vierzehnjähriger Gymnasiasten, war nach der Berliner Erstaufführung 1906 ein literarischer Sensationserfolg, doch heute werden sich selbst Vierzehnjährige darüber kaum noch aufregen, denn solche Aufklärungsprobleme haben sie nicht mehr.

Und wie steht es mit »Erdgeist« und »Die Büchse der Pandora«, die in den ersten Ausgaben wegen der unverblümten Drastik ihrer Sprache noch auf weite Strecken französisch und englisch geschrieben, später dann unter dem Titel »Lulu« zu einem Schauspiel zusammengezogen wurden? Längst sind die Kämpfe um die »theatralischen Provokationen« von Wedekinds engem Thema – Sexus und bürgerliche Gesellschaft – beendet und zum Randproblem geworden, Thema und Milieu der beiden Lulu-Dramen haben ihre Schrecken verloren. »Im übrigen«, so Hensel, »erkennt der Zeitgenosse Ionescos, daß Wedekind als Szenentechniker nicht nur ein Wegbereiter des Expressionismus gewesen ist, sondern auch bereits Effekte des absurden Theaters mit seinen schwarzen Humoren und seinem Hohngelächter über ausweglose Situationen vorweggenommen hat.«

Anders als die oben erwähnten Werke ist der Einakter »Der Kammersänger« (1897) ein brillantes, völlig unverstaubtes Stück. Denn die Satire auf den Kulturrummel, der sich für Kunst ausgibt, und den Starbetrieb, der sich in unseren Tagen eher noch verschlimmert hat, trifft auch heute noch.

Für sein »künstlerisch reifstes und geistig gehaltvollstes« Stück hielt Wedekind selbst das Schauspiel »Der Marquis von Keith« und den Hochstapler Keith »für die beste Rolle, die ich geschrieben habe«. Er selbst, der ja auch

Die Rolle der Wendla Bergmann in Frank Wedekinds Kindertragödie »Frühlings Erwachen« spielte 1961 Sabine Sinjen.

Schauspieler war, hat diese komödiantische Hochstaplerrolle oft gespielt und den Revolver, mit dem sich Keith erschießen wollte, grinsend wieder beiseite gelegt, um weiterzuleben mit dem berühmten Schlußwort: »Das Leben ist eine Rutschbahn.« Auch hier lassen sich die Moralitäten Wedekinds nur noch historisch nachempfinden. Doch selbst wenn Wedekind heute nicht mehr provoziert, hat die leergewordene Gebärde seiner Provokation immer noch ihre theatralischen Reize.

Ohne das Vorbild Wedekinds wäre die schneidend angreiferische Komödienreihe »Aus dem bürgerlichen Heldenleben« Carl Sternheims (1878–1942) undenkbar gewesen, dessen konstruierte Dialogsprache nur zeitlich mit der Sprachzertrümmerung des Expressionismus parallel geht, aber wesensmäßig nichts mit ihr zu tun hat. »Sieben Komödien schrieb ich von 1908 bis 1913, die letzte, die des Vorkriegsjahres Namen trägt, zeigte, wohin in aller Einfalt des Bürgers Handel gediehen war. Vom Dichter gab es nichts, nur noch von Wirklichkeit hinzuzusetzen«, stellte Sternheim fest, der auch meinte, er sei kein Humorist, vielmehr die Leute seien komisch. Er fühlte sich berufen, der »Arzt am Leibe seiner Zeit« zu sein, und besaß hierfür auch die Gabe der scharfen und unbarmherzigen Diagnose, an therapeutischen Fähigkeiten mangelte es ihm jedoch völlig. Er nahm den Spießbürger der Nach-Bismarck-Zeit aufs Korn und klagte die wilhelminische Gesellschaft an, deren geradliniges Ergebnis der Erste Weltkrieg war. Als 1912 bei der Premiere seines Stücks »Die Kassette« das Publikum in München raste, erschien Sternheim »im tosenden Gebrüll auf der Bühne und guckte auf die tobenden Zuschauer mit einem Lächeln, von dem ich sagen muß, es war wohl das süffisanteste Lächeln, das ich je gesehen habe«, wie ein Publizist berichtete. »Je kreischender und dräuender die Münchener, die sich zum Angriff von ihren Sitzen erhoben hatten, ihre Stimmen erschallen ließen, um so höhnischer kräuselten sich Sternheims Lippen, die Provokation tat ihm mindestens so wohl wie der Beifall des Publikums.«

Nach romantisch-mystischen-eklektizistischen Anfängen begann Sternheim mit seiner Komödienreihe »Aus dem bürgerlichen Heldenleben«, deren Hauptstück die sogenannte Maske-Trilogie ist, die Komödie des sozialen Aufstiegs aus dem Kleinbürgertum in die Aristokratie, dargestellt durch den Werdegang der Familie Maske in »Die Hose«, »Der Snob« und »1913«. Wie viele Stücke insgesamt zu der Komödienreihe gehören, hat Sternheim selbst nie eindeutig gesagt, doch sind sicherlich »Die Kassette«, »Bürger Schippel« und wohl auch noch »Tabula rasa« hinzuzurechnen.

Fremd klingt uns seine Sprache, aus der die Artikel gestrichen sind und in der die Partizipialkonstruktionen hart aufeinanderknallen; mit Alfred Polgars Worten: »In Sternheims Sprache geht es zu wie auf dem Exerzierplatz. Scharfe Kommandi. Mitteilungen in knappster Fassung. Entgegennahme ebenso. Habt acht! Prädikat hinein, Subjekt heraus! Stechschritt der Worte in genauest ausgerichteter Linie. Alles klappt. Strammes Deutsch, für Ernstfall sichtlich bereit. Auch Kasernenhofblüten. Monokel-Glanz über Roheit. Siehe: ein Preuße! Um nicht zu sagen: un boche!«

Die Sternheim-Renaissance nach dem Zweiten Weltkrieg beruht darauf, daß uns diese Zeit des wirtschaftlichen Aufschwungs zwar keine Neuauflage der wilhelminischen Ära beschert hat, wohl aber so manche Parallelerscheinung unter Arbeitgebern wie Arbeitnehmern. Und was 1921 der Theaterkritiker Bernhard Diebold schrieb, trifft abgewandelt und angepaßt auch in unseren Tagen noch vielfach zu: »Aber wie heute reiche Haussöhne Bolschewisten-Programme bejubeln, weil es ihnen die durch Besitz ermöglichte innere Distanz erlaubt, sich für jegliches Moderne schmerzlos zu begeistern, so ist auch Sternheims souveräner Blickpunkt aus der Höhe seelischer und mate-

Zweimal wurde Wedekinds »Lulu« verfilmt: als Stummfilm mit Asta Nielsen und — unser Bild zeigt es — mit Nadja Tiller in der Hauptrolle.

rieller Unabhängigkeit begreifbar: Adel und Proletariat sind als geprägte Extreme ihm immer noch sympathischer als die verschwommene Bourgeoisie, die in einer kapitalistisch gesicherten Lebensromantik denk- und herzensfaul dahindämmert. Da engagiert sie der Grandseigneur für sein amüsantes Affentheater.«

Rund um die »O-Mensch-Dichtung«

Wiederholt ist vom Expressionismus die Rede gewesen und dabei auch erwähnt worden, daß man Strindberg und Wedekind als seine Vorgänger bezeichnet. Unter Expressionismus — vom französischen »Ausdruck« — versteht man die zu Anfang des 20. Jahrhunderts sich durchsetzende Kunstrichtung, die in der ausdrucksvollen Umformung der Natur die Vorstellungen so wiederzugeben bemüht war, wie sie in der individuellen Erlebniskraft des Künstlers vorgegeben sind. Nicht nur auf Malerei und bildende Kunst wirkte der Expressionismus ein, sondern auch auf die Schauspielkunst und Literatur. Verbrüderung aus der Solidarität des Menschseins heraus war eine der Grundthesen des Expressionismus, der Kunst, die den Ausdruck, den Ruf und die Schau aus dem Innern gestalten, das fast fotografisch getreu wiedergegebene Außenbild der Welt durch das Innenbild verdrängen wollte.

Im expressionistischen Drama ging es darum, die Innerlichkeit wiederzugewinnen, die Seele wiederzuentdecken, und darüber hinaus auch noch darum, den Menschen als Kreatur wiederaufzufinden. Hatte der Naturalismus den Menschen von seinem Milieu, der Impressionismus und die Kunst des Fin de siècle, des Jahrhundertendes, ihn von seinen Nerven, seinen Komplexen her zu erfassen versucht, so war er der Neuromantik vor allem als Gegenstand einer poetischen Verklärung und Entrückung erschienen. Die Dichtergeneration vor dem Ersten Weltkrieg bemühte sich dann, den Menschen wieder in die Wirklichkeit hereinzuholen, und zwar in die innere Wirklichkeit seiner Seele statt in die äußere Wirklichkeit seines sozial, psychologisch oder sonstwie bedingten Lebens: nicht mehr als das determinierte Individuum, sondern als den »Bruder Mensch« in seiner geschöpflichen Nacktheit. Die Anrede »O Mensch« kam, vor allem in der Lyrik des Expressionismus, so oft vor, daß sie der ganzen literarischen Epoche den Namen »O-Mensch-Dichtung« gab. Die brüderliche Hingabe an die Welt war als ein Grundgefühl des Expressionismus in einem schon 1911 erschienenen Gedichtband Franz Werfels (1890–1945) ausgesprochen worden mit dem bezeichnenden Titel »Der Weltfreund«.

Den Monolog, den der Naturalismus als wirklichkeitsfremd abgelehnt hatte, führte der Expressionismus bezeichnenderweise wieder ein als typisches Mittel, das Außenbild der Welt durch das Innenbild zu malen. Seine Sprache, die ekstatisch, eruptiv und glühend war, schleuderte oft nur Satzfetzen heraus, wie bei den um 1910 entstandenen Dramen des großen Malers Oskar Kokoschka, oft aber glich sie einem Gedankenstenogramm, wie bei Georg Kaiser (1878–1945), dem Autor, in dem sich wie bei keinem anderen der dramatische Expressionismus so rein verkörpert hat. Als »Denkspieler« hat ihn schon 1924 der damalige Kritiker der »Frankfurter Zeitung« Bernhard Diebold charakterisiert, und diese Bezeichnung trifft in der Tat die Eigenart dieses leidenschaftlichen dramatischen Konstrukteurs genau, der seine Stükke mit mathematischer Präzision Zug um Zug wie eine Schachpartie entwikkelte und zu Ende führte. Die Gestalten seiner Dramen sind mit ihrer gehetzten, gepreßten, oft formelhaft verkürzten Sprache mehr »Rollen« als »Personen«. Mit Dramen wie »Von Morgens bis Mitternacht« (1912), »Die

Bürger von Calais« (1914), »Die Koralle« (1917), »Gas I« (1918), »Hölle, Erde, Weg« (1919), »Gas II« (1920), »Der gerettete Alkibiades« (1920), »Nebeneinander« (1923), »Papiermühle« (1927), »Die Lederköpfe« und »Oktobertag« (1928) wurde Georg Kaiser zum erfolgreichsten Dramatiker des Expressionismus, der neben Gerhart Hauptmann bis 1933 die deutschen Bühnen beherrschte und in aller Welt aufgeführt wurde.

Seitdem hat sich vieles verändert, wie es unter anderem knapp und bündig aus den beiden Zitaten herauszulesen ist: »Kaiser hat – so klingt das heute (,Gas') – eher ,modisch' herumgebastelt, aber nicht den Durchbruch vollzogen. Folge ist ein quälendes Auseinanderklaffen. Die Bildwelt ist futuristisch; die Sprache – nachhinkend – ,Krampf'. Mögen die Manen Bernhard Diebolds mich nicht umbringen; was wir hier als Expressionismus benennen, ist die Beschönigung einer Notlage«, schrieb 1958 Albert Schulze Vellinghausen – und 1961 Kasimir Edschmid: »Es geschehen zwar Wunder. Mirabeau kam mit Backenzähnen zur Welt, die sich sonst erst nach drei Jahren zeigen, aber dreißig Jahre genügten nicht, um Georg Kaiser wieder in die Gunst des Publikums zurückzuführen.«

Historisch pflegt man den Beginn des Expressionismus im Drama mit Reinhard Johannes Sorges (1892–1916) »Der Bettler« zu fixieren und nennt als weitere Bahnbrecher Reinhardt Goering (1887–1936), der aus dem Erlebnis des Ersten Weltkriegs das packende Drama »Seeschlacht« schrieb, eines der Schlüsselstücke des deutschen Expressionismus, sowie vor allem Walter Hasenclever (1890–1940), dessen Schauspiel »Der Sohn« ein Problem aufgriff, das die neue Kunstrichtung besonders stark beschäftigte: den Zwiespalt zwischen den Generationen und den Widerstand jugendlicher, weltoffener Herzen gegen eine erstarrte Autorität. Da fast alle frühexpressionistischen Dichter Kriegsteilnehmer gewesen waren, ist es um so verständlicher, daß sie sich gegen das Morden und Schlachten wandten und die Brüderlichkeit beschworen. Einige – wie besonders Fritz von Unruh (1885–1970) – nahmen eine leidenschaftlich pazifistische Haltung ein, andere – wie der exaltierte Idealist Ernst Toller (1893–1939) und Friedrich Wolf (1888–1953) – verbanden den Verbrüderungsgedanken mit der kommunistischen Ideologie. Viele Namen noch wären hier zu nennen, doch nur wenige dürften heute die Aufmerksamkeit des theaterbegeisterten Laien erregen.

Die zwölf Jahre der nationalsozialistischen Herrschaft ab 1933 haben die Entwicklung des Expressionismus, der vorläufig letzten in sich geschlossenen literarischen Bewegung in Deutschland, jäh und brutal unterbrochen. Schon einige Jahre früher hatte diese Kunstrichtung abzuklingen begonnen: »Trommeln in der Nacht« (1922) des jungen Bert Brecht läßt sich als eine satirische Kriegserklärung an den Expressionismus auffassen. Die geistige Bewegung, die dann folgte, hat man mit dem Verlegenheitsausdruck »Zeittheater« zu kennzeichnen versucht, was, genauer genommen, zeitkritisches Theater bedeutete. Darunter fiel die dramatische Auseinandersetzung mit aktuellen Tagesfragen: etwa die Schäden bei erotisch fehlgeleiteten oder pädagogisch mißhandelten Jugendlichen; die Justizkrise; der Antisemitismus; aber auch die Anwendung gesellschaftskritischer Erkenntnisse auf das bis dahin hinter einer Art heimatschützlerischem Sicherheitszaun gedeihende Volksstück, das dadurch stark satirisch und polemisch angeätzt wurde. Als Beispiele seien hier nur zwei Werke genannt: die Komödie »Geschichten aus dem Wienerwald«, mit der sich Ödön von Horváth (1901–1938) gegen das Duliöh-Wien der Operette und der Heurigenfilme wandte, sowie »Pioniere in Ingolstadt«, ein Schauspiel, mit dem Marieluise Fleißer (1901–1974) der verlogenen Kleinstadtidyllik einen unsanften Stoß versetzte. Dieses 1928 uraufgeführte Stück, in dem eine Reichswehrkompanie eine Brücke baut und Ingolstädter Mädchen von den Soldaten benutzt und verlassen werden, lobte Alfred Kerr: »Meisterlich kommt von einem Städtle, von einer Tiefschicht und einer Mittelschicht . . . die Atmosphäre heraus.«

»Ein Meister der List, der Tarnung und des Verwischens«

Über die offizielle Dramatik der nationalsozialistischen Zeit mit ihrer beschränkten thematischen Enge und Vereinfachung, ihrer geistigen Armut und sprachlichen Aufgequollenheit hier auch nur ein Wort zu verlieren, wäre ein verlorenes Wort. Nach der Schreckensherrschaft, in der Zeit nach dem Zweiten Weltkrieg, blieb der erwartete Zustrom an bedeutsamen Werken aus, die, so hoffte man, in den Jahren der Unterdrückung entstanden und vor dem Zugriff der Büttel sorgfältig versteckt worden waren. Zu übermächtig waren die Kräfte des Chaos gewesen, das deutsche Drama schien verstummt. Zwei norddeutsche Dramatiker, deren Stimme lange unterdrückt gewesen war, wurden damals zu Ereignissen des deutschen Theaters nach 1945: der Hamburger Orgelbauer Hans Henny Jahnn (1894–1959) und der große Bildhauer Ernst Barlach (1870–1938). Ihre Stücke sind heute auf unseren Bühnen kaum noch zu sehen.

Ganz anders verhält es sich mit zwei Dichtern, die dank der Bedeutung ihres dramatischen Werks schon vor 1933 ihren festen Platz in den deutschen Spielplänen hatten und nach ihrer Rückkehr aus der Emigration auch wieder festen Fuß faßten: Bert Brecht und Carl Zuckmayer.

Bertolt Brecht, 1898 in Augsburg geboren und 1956 in Ost-Berlin gestorben, hatte schon als Vierundzwanzigjähriger nach dem Ersten Weltkrieg mit dem Heimkehrerdrama »Trommeln in der Nacht« den ersten Erfolg erlebt. Nach weiteren Stücken verließ er Ende Februar 1933 Deutschland. Statt nüchterner biographischer Daten über Brechts Stationen sei hier Georg Hensel zitiert, der damit zugleich eine Charakterbeschreibung verbindet: »Sein Leben ist überschaubar, doch so vieldeutig wie die meisten seiner Bühnenstücke und theoretischen Schriften: teils bewußt, teils unbewußt unterlegte er seinen Werken nachträglich Absichten, die er bei der Arbeit kaum gehabt haben dürfte; er war ein Meister der List, der Tarnung und des Verwischens seiner eigenen Spuren. Er war Kommunist, doch niemals Mitglied einer Partei. Als er 1940 vor den deutschen Truppen aus Finnland fliehen mußte, reiste er mit seiner Familie zwar nach Moskau, aber er blieb nicht dort, wo nach den Schauprozessen niemand vor der Verhaftung sicher war, sondern fuhr nach Santa Monica bei Hollywood, ging als erfolgloser Drehbuchschreiber, wie es in einem seiner Gedichte heißt, ,auf den Markt, wo Lügen gekauft werden', und dieser entwürdigende Ort mußte ihm sicherer erscheinen als das mörderische Moskau, doch zog er daraus nicht die bescheidenste Konsequenz. Er schrieb einige der schönsten Gedichte, die es in deutscher Sprache gibt, und er machte sich lächerlich durch Lobhudel-Strophen für Stalin und die Kommunistische Partei, ja, er reiste 1955 nach Moskau, um den Stalin-Friedenspreis entgegenzunehmen.

In Washington 1947 vom Ausschuß zur Untersuchung ,unamerikanischer Betätigung' verhört, zog er sich mit zweideutigen Formulierungen aus der Schlinge, flog in die Schweiz und ging 1948, nachdem er vergeblich auf eine Einreisegenehmigung nach Westdeutschland gewartet hatte, mit einem tschechischen Paß nach Ost-Berlin, erwarb aber zwei Jahre später mit seiner Frau, der Schauspielerin und doktrinären Kommunistin Helene Weigel, die österreichische Staatsbürgerschaft. Ein Jahr danach beugte er sich dem Verlangen des SED-,Ministeriums für Volksbildung' und baute in sein pazifistisches ,Verhör des Lukullus' einen Hymnus auf den Verteidigungskrieg ein – den uneingeschränkten Pazifismus überließ er dem kapitalistischen Westen, wo er sich auch einen Verlag suchte, Auslands-Tantiemen in Dollar, zahlbar auf eine Schweizer Bank.«

In Ost-Berlin erhielt er das »Theater am Schiffbauerdamm« als eigenes Haus, wo er mit seinem »Berliner Ensemble« sein dramatisches Werk mit unbegrenzter Probenzeit inszenieren und vollenden konnte. »Brecht denkt unerbittlich, weil er an vieles unerbittlich nicht denkt«, hat der Schweizer Friedrich Dürrenmatt einmal über ihn gesagt – und der Kritiker Jürgen Rühle: »Beide, die Unterdrückten wie die Terroristen, haben aus seinem Werk genommen, was sie gebrauchen konnten. Und haben sich an seinem Werk gestoßen. Brechts Tragik, die hinter Zynismus und Redensarten nur mühsam verborgene Melancholie seines Lebens, lag darin, daß er von dem Widerspruch wußte.« Das alles besagt, wie stark Brechts Werk von den einen gelobt, von den anderen verdammt wird.

Stark beeinflußt vom Erlebnis der Revolution des Jahres 1918 schleuderte Brecht seine Anklagen gegen die herrschende Gesellschaft und wiederholte immer wieder, daß »unser Erdteil in Barbarei versinkt, weil die Eigentumsverhältnisse mit Gewalt festgehalten werden«. Diese marxistische Geschichtsschau, die er 1934 in seiner programmatischen Schrift »Fünf Schwierigkeiten beim Schreiben der Wahrheit« verkündet hat, findet sich auch in seinen Romanen und Dramen.

Aus der Zeit vor 1933 ist vor allem Brechts »Dreigroschenoper« zu nennen, seit ihrer Uraufführung 1928 in Berlin der vielleicht größte Bühnenerfolg jener Jahre überhaupt. Es ist eine aggressive sozialkritische Satire, deren Songs, von Kurt Weill hinreißend frech komponiert, noch immer packen. Wie in ihrem Vorbild, der englischen »Beggar's Opera« von John Gay (1728), führen sich die Verbrecher wie Bürger auf, um dem Publikum zu zeigen: Da die Verbrecher durch bürgerliche Manieren und Methoden erfolgreich sind, müssen die bürgerlichen Methoden und Manieren verbrecherisch sein. Der große Erfolg von 1928, der vor allem Lotte Lenja, Erich Ponto und Roma Bahn zu verdanken war, blieb 1958 bei einer Wiederaufnahme im Steglitzer Schloßpark-Theater aus.

Seit den späten fünfziger Jahren sind Brechts Stücke immer wieder und oft gespielt worden, und in der Spielzeit 1967/68 stand er in den Spielplänen der Theater in der Bundesrepublik sogar an zweiter Stelle hinter Shakespeare. Zu den stets wirkungssicheren Werken gehören »Mutter Courage und ihre Kinder«, »Herr Puntila und sein Knecht Matti«, »Der gute Mensch von Sezuan«, »Leben des Galilei«, »Der kaukasische Kreidekreis«. Das ist nur ein geringer Teil von Brechts umfangreichem dramatischem Schaffen, von dem so manches Stück zum »Agitprop« gehört, zum Theater der Agitation und Propaganda. Das gilt vor allem für seine trockenen »Lehrstücke«, die er in dem Jahrzehnt von etwa 1928 bis 1938 schrieb, nach seinem Studium des Marxismus, der für seine Kunst und Theatertheorie maßgeblich wurde. »Er wollte«, wie der Schriftsteller Martin Esslin 1962 schrieb, »der Sache der Revolution dienen, wurde aber von den Bannerträgern der Revolution mit Argwohn betrachtet, als Formalist bekrittelt und wegen seines gefährlichen Einflusses unterdrückt; er wollte die kritischen Fähigkeiten seines Publikums wachrufen, erreichte aber nur, daß es zu Tränen gerührt wurde; er wollte sein Theater zu einem Laboratorium der sozialen Erneuerung machen, zu einem lebenden Beweis dafür, daß die Gesellschaft verändert werden kann – und mußte sehen, wie die Zuschauer das Theater verließen, be-

Arthur Schnitzler

Bertolt Brecht

stärkt in ihrem Glauben an die unveränderliche und stetige Lebenskraft einfacher Menschen und der unerschütterlichen menschlichen Natur; er mußte sehen, wie seine Bösewichter als Helden bejubelt, wie seine Helden als Bösewichter abgelehnt wurden. Er wollte das kalte Licht logischer Klarheit verbreiten – und schuf ein kompliziertes Gewebe poetischer Ambivalenz.«

Wann immer der Name Brecht fällt, werden damit auch stets Begriffe wie »episches Theater« und »Verfremdung« verbunden, die in der äußerst umfangreichen Literatur über ihn manchmal schwer verständlich gedeutet werden. Die Nachfolgedramatiker Brechts legten ihre Stücke »episch« an, verbunden mit einem politischen Anspruch. Zum Teil begnügte man sich allerdings damit, Material zusammenzustellen, dialogisierte Leitartikel zu schreiben, statt theatergerechte Stücke zu gestalten.

Brechts Theater, eine Einheit von Stücktext, Theatertheorie und Aufführungspraxis, geht davon aus, daß Mensch, Welt und Gesellschaft erkennbar, damit also auch darstellbar und veränderbar sind. Leichter überschauen und durchschauen läßt sich jedoch stets das, was ästhetisch und historisch weggerückt ist. Da also dabei alles auf die richtige Distanz ankommt, entwickelte Brecht eine Fülle von Distanzierungsmitteln – von ihm Verfremdungsmittel genannt –, um begreiflich zu machen und zum Eingreifen zu erziehen.

Zu diesen Verfremdungsmitteln gehören: die Episierung, das heißt die Durchbrechung des dramatischen Präsens durch das epische Imperfekt; die Historisierung, das heißt die Herleitung der Personen und Situationen aus den geschichtlichen, seitdem veränderten, also veränderbaren Umständen; die Parabelform, das heißt die Übertragung gesellschaftlicher Vorgänge in vereinfachte, fernliegende, exotische Milieus, eingerahmt durch Vor- und Nachspiel, die in der Gegenwart angesiedelt sind. Manchmal wird der Dialog durch Songs, Conférencen und Worte an die Zuschauer unterbrochen, und Szenentitel, Projektionen sowie Filmeinblendungen liefern Kommentare.

Das »Epische«, das Brecht meint, ist aus der Negation des »Dramatischen« zu verstehen, aber jenes »Dramatischen«, wie es sich in der Endphase des bürgerlich-illusionistischen Dramas darstellte. Es enthält zweierlei Aggressionen, von denen sich die eine gegen das Aktestück richtet, die andere gegen das Dramatisieren von Vorgängen und Dialogen. Mit dem Aktestück fällt vor allem die Fiktion, daß das Geschehen auf der Bühne abrollen müsse, als ob die Spieler nichts von den Zuschauern wüßten. Damit wird die umständliche »Exposition«, der das bürgerliche Drama so große Aufmerksamkeit zuwenden mußte, ebenso beseitigt wie der Zwang zur möglichst genauen »Natürlichkeit« des Dialogs. Das »Dramatisieren« – das im üblichen Wortsinn soviel heißt wie »mit Erregung erfüllen« – hatte nach Brecht sowohl auf der Bühne wie im Publikum stattgefunden: bei den Darstellern dadurch, daß sie sich mit der Rolle und ihren Emotionen völlig identifizierten, daß sie sich in sie hineinsteigerten und so in einer Trance spielten, bei der das »Spielen« restlos in angebliche Wahrheit aufgelöst werden sollte. Im Publikum geschah das Dramatisieren durch Einfühlung, Suggestion, Verzauberung, Berauschung, also ebenfalls durch eine Art Trance, in welche die Leute versetzt werden sollten. Das epische Theater stellt demgegenüber an die Spitze aller seiner Maßnahmen den Satz: Das Theater ist Theater und nichts anderes. Der Schauspieler »ist nicht Lear, Harpagon, Schwejk – er zeigt diese Leute«: Das ist ein Verfremdungseffekt. Die Haltung des Publikums unseres wissenschaftlichen Zeitalters ist die Unterhaltungsart der Kritik, und die Erkenntnisvorgänge im Theater sollen nach Brechts Meinung unterhaltsam sein, sinnlich und heiter. Das bedeutet auch eine Einschränkung des Individualistischen und der differenzierten Psychologie. Wenn Spiel und Publikum einander angenähert werden sollen, müssen die psycho-

Die deutsche Erstaufführung von Brechts »Der gute Mensch von Sezuan« fand am 16. November 1952 an den Frankfurter Städtischen Bühnen statt.

logischen Vorgänge verallgemeinert und die auftretenden Personen mehr dem Typischen zugeführt werden.

Theaterhistorisch gesehen ist das alles ein Rückgriff auf das vorillusionistische Theater, in dem das Theatralische noch nicht durch das Axiom der Natürlichkeit verdächtig gemacht worden war. Episches Theater im Sinne Brechts war das chinesische, das indische, teilweise auch das Elisabethanische Theater. Versuche man festzuhalten, wie Bert Brecht neue Theaterformen schaffen wollte, so sei sein »episches Theater« eigentlich ein immanenter Widerspruch, meint der Theaterwissenschaftler Hans Knudsen. Denn Theater und Epos seien zwei Kunstformen, die sich ausschließen, wenn wir unter dem Begriff Theater die überkommene dramatische Gestaltung verständen. Brecht wolle mit dem Begriff »episch« offenbar den Willen zum Objektivieren ausdrücken. »Es geht ihm durchaus für sein Theater um heftige Wirkung von der Bühne herab. Aber er distanziert sich vom seiner Gegenwart noch nahen naturalistischen Theater ebenso wie von dem expressionistischen. Allem Pathetischen steht er fremd und abweisend gegenüber. Es kommt ihm vordergründig auf die Sprache in Drama und Theater an. Er sieht, wie die Zeit sich durch die sprachlichen Ausdrucksformen in billigen Zeitungsüberschwemmungen hat verderben lassen. Und in der Emigration hat Brecht erst recht ein helles Gehör für sprachliche Gestaltungskraft gewonnen. Mit seinen bewußten und verantwortungsvoll genutzten Mitteln will er mit seinen Dramen im Theater fern von aller Konvention durchaus auf den Zuschauer einwirken. Aber er will in ihm keine Empfindungen auslösen, ihn nicht bewegen oder erregen oder ihn zu ‚Erlebnissen' bringen, sondern er will ihn in seinen Verstandesbezirken treffen, seinen Intellekt herausfordern, ihn zu Entscheidungen zwingen. Er will die Distanz erreichen, sowohl für den Schauspieler wie auch für das Publikum. Der Schauspieler soll sich nicht in die gespielte Figur verwandeln, sondern zu ihr in Abstand, in Distanz bleiben. Das ist die ‚Verfremdung' bei Brecht.« Bei der Gegenüberstellung der »epischen Form des Theaters« mit der überlieferten dramatischen Form hat Brecht selbst betont, daß das epische Theater den Zuschauer »zum Betrachter macht«, aber »seine Aktivität weckt«, von ihm »Entscheidungen erzwingt« und ihm »Kenntnisse vermittelt« – während sonst seine »Aktivität verbraucht« wird und ihm »Gefühle ermöglicht« werden. Statt »Suggestion« dort – treten hier »Argumente«; statt »Empfindung« dort – hier »Erkenntnisse«.

In seinem Gedicht »An die Nachgeborenen« bittet Bertolt Brecht:

». . . Ach wir,
Die wir den Boden bereiten wollten für Freundlichkeit,
Konnten selber nicht freundlich sein.
Ihr aber, wenn es soweit sein wird,
Daß der Mensch dem Menschen ein Helfer ist,
Gedenkt unser
Mit Nachsicht.«

Der Retter »vor dem hemmungslosen Literatenmist«

»Aber ich liebe das Leben, das menschliche Leben, nicht in einer illusorischen Vorstellung von seiner Glücksbestimmung, nicht als einen regulierbaren Vorgang zur Erreichung möglicher Zufriedenheit, sondern das bedrohte, umstellte, unendlich tragische und unendlich freudvolle Leben der Geschöpfe, die ein Schöpfer erweckt, erschaffen und beseelt hat. Ich liebe es in Furcht und Ehrfurcht, Vertrauen und Dankbarkeit.«

Diese Sätze, mit denen 1952 Carl Zuckmayer (1896–1977) seinen Rechenschaftsbericht »Die langen Wege« beendete, enthalten das Geheimnis seiner Wirkung. Schon zu Lebzeiten von Gerhart Hauptmann war Zuckmayer, der Nachkomme rheinhessischer Weinbauern aus Nackenheim, der einzige deutsche Dramatiker, der sich mit dem großen Schlesier vergleichen durfte. Doch während der Dramatiker aus dem ostdeutschen Riesengebirge im Grunde seines Wesens ernst und schwerblütig war, besaß der Rheinhesse das bewegliche, lange jugendlich gebliebene Temperament, den Sinn für Spaß und Witz. Gleichzeitig mit Brecht hat Zuckmayer durch den Austritt aus dem Expressionismus die antiprogrammatische Wendung unternommen, die dem Drama neue Wege zur Kommunikation mit dem Publikum erschließen sollte. Er steigerte die damals viel angewandte Form der szenischen Reportage ins Dichterische in seinem Meisterwerk »Der Hauptmann von Köpenick«, dem er den ironischen Untertitel »Ein deutsches Märchen« gab. Mit dieser 1931 uraufgeführten historischen Geschichte vom mehrfach vorbestraften Schuster Wilhelm Voigt, der am 16. Oktober 1906 in Hauptmannsuniform zwölf Soldaten des IV. Garderegiments nach Köpenick kommandiert, dort den Bürgermeister mit allem militärischen Zeremoniell verhaftet, die Stadtkasse an sich genommen und damit den preußischen Uniform-Gehorsam vor aller Welt lächerlich gemacht hatte, war dem jungen Zuckmayer eine der großen deutschen Komödien und eine der treffenden politischen Satiren gelungen.

Mit Erfolg gewann er dem Lustspiel die Volkstümlichkeit zurück und hatte den Mut, Helden der Unbürgerlichkeit romantisch zu verklären. Neben einer guten Portion jugendbewegten Überschwangs waren dabei aber mindestens ebensoviel zupackende szenische Kraft und Menschenerfindungsgabe beteiligt.

Begonnen hatte Zuckmayer mit dem 1920 uraufgeführten Jugendwerk »Kreuzweg«, einem expressionistischen Erlöserdrama im Stil der Zeit, die dieses Stils gerade überdrüssig geworden war. »Wann wird der Retter kommen aus diesem Chaos?« fragte damals der Kritiker Alfred Kerr und erhielt fünf Jahre später vom gleichen Autor die Antwort mit dem Lustspiel »Der fröhliche Weinberg«. Obwohl Kerr an dem Stück, das beim Publikum zu einem triumphalen Erfolg wurde, so manches auszusetzen fand, verteidigte er dennoch den »Spaß« mit den Worten: »Vier Paare. Sic transit gloria expressionismi . . . der bekehrte Zuckmayer . . . wenn die große Holzerei ausbricht – wie beim Ganghofer, wie beim Kotzebue-Original der Meistersinger, und wenn dazu g'soffe wird, was im deutschen Herzen einen Widerhall findet: da brüllt das Haus noch mehr als die Mimen. Ich verderbe den Spaß nicht. Warum? Weil er das Theater heute vielleicht vor dem hemmungslosen Literatenmist rettet: vor der anspruchsvollen Unmacht, vor dem sabbernden Chaos.«

Knallbunt ist die eigentlich traurige und dennoch fröhliche Moritat vom »Schinderhannes« (1927), dem Räuberhauptmann Johann Bückler in der Napoleonzeit, der nur die Reichen »erleichtert« und schließlich mit seiner Bande auf dem Schafott in Mainz endet.

Ein Jahr später kam »Katharina Knie« heraus, ein rührendes »Seiltänzerstück« um den historischen Schweizer Zirkus Knie.

Zum erfolgreichsten deutschen Drama der ersten Nachkriegsjahre, das die Frage der Mitschuld an den Verbrechen der Hitler-Diktatur stellte, wurde »Des Teufels General«. Die Tragödie des Fliegers Udet, dessen Charakter und Schicksal als Vorbild diente für die Rolle des Luftwaffengenerals Harras in dem streng gebauten Aktestück, hatte Zuckmayer bereits 1942 im amerikanischen Exil geschrieben. Um so mehr überraschte seine unerhörte Treffsicherheit im Jargon und seine geradezu unheimliche Vorstellungskraft, mit der er Milieu und Atmosphäre im kriegsgelähmten und gleichzeitig im Bereich der Kriegsapparatur hektisch betriebsamen Berlin zu zeichnen verstand.

Wenn auch keinem der nachfolgenden Schauspiele ein ähnlicher Erfolg beschieden, manches sogar mißlungen war, so gehören dennoch einige Stücke aus Zuckmayers Gesamtwerk schon jetzt zum klassischen Repertoire des deutschsprachigen Theaters.

Die Flut nach der Sintflut

Nach der nationalsozialistischen Schreckenszeit, die wie eine Sintflut das kulturelle Leben in Deutschland ertränkt hatte, setzte die Flut ausländischer, vor allem amerikanischer Stücke ein, die seit 1933 zwölf Jahre lang auf deutschen Bühnen nicht gespielt werden durften. Mit dem wieder geöffneten Blick in die Welt begann die Zeit des »Nachholens«, und viele der Schauspiele, die damals geradezu hereinströmten und zum Teil begeistert aufgenommen wurden, sind heute so spurlos versunken, wie sie damals maßlos überschätzt worden sind.

Vor allem in den Stücken amerikanischer Autoren waren viele Elemente des europäischen Dramas umgeschmolzen, wenn auch manchmal, wie bei Eugene O'Neill (1888–1953) und Thornton Wilder (1897–1975), in überraschend neue Formen gegossen worden. Seit O'Neill, dem von Ibsen und Strindberg beeinflußten und in einigen Stücken dem deutschen Expressionismus verwandten Dramatiker, haben die amerikanischen Bühnenautoren

»Ein deutsches Märchen in drei Akten« nannte Carl Zuckmayer voller Ironie seine Komödie »Der Hauptmann von Köpenick«.

»mit dem europäischen Pfund gewuchert, und ihre Zinsen geben sie seit dem Ende des Zweiten Weltkriegs an die europäischen Bühnen zurück«, wie es Georg Hensel 1966 formuliert hat. In jenen Jahren waren die Vereinigten Staaten zu einem Dramen-Exportland ersten Ranges geworden, vor allem mit ihren perfekten kleinen Komödien, Massen- und Markenartikel zugleich. »Die amerikanischen Sorgen, ihre Familiengeschichten, ihr Kummer mit den Südstaaten, mit den Farbigen, mit dem ‚Sex', ihre puritanisch-antipuritanische Schizophrenie, ihre ‚Mommy', die geliebt und gehaßt wird wie der Whisky, ihre Entdeckung des Alptraums im ‚amerikanischen Traum', ihre Ernüchterungen, ‚Frustrationen' und Neurosen-Plantagen, sie sind nicht immer die Hauptsorgen der Europäer, doch viele ihrer Probleme von heute werden der europäische Ärger von morgen sein.«

Bevor O'Neill auftrat, gab es in Amerika nur reines Unterhaltungstheater. Unter dem Eindruck des großen europäischen Dramas entdeckte er die Psychologie für die amerikanische Bühne. Als Amerikas größter Dramatiker, ein Weggenosse des Italieners Pirandello, hat er 1936 den Nobelpreis erhalten. O'Neill steigerte die Gesellschaftskritik zur Kritik des Menschlichen überhaupt und griff den amerikanischen Puritanismus an, von dem er selbst berührt war. Im Vordergrund stand dabei das Problem der Schuld, und die Metaphysik dieses Problems näherte sich den Vorstellungen der antiken Tragödie. Das erklärt seine Versuche, antike Stoffe in modernem Gewand neu zu fassen, wie etwa in »Trauer muß Elektra tragen« (1931), der Trilogie, in der er die »Orestie« des Aischylos auf eine amerikanische Familie in den Jahren 1865/66, der Zeit nach dem Bürgerkrieg, übertragen hat.

Weitere Titel sind unter anderen das autobiographische Schauspiel »Eines langen Tages Reise in die Nacht«; »Ein Mond für die Beladenen«, das Drama um Romeo und Julia in der Bitternis der modernen Zeit; sowie »Fast ein Poet«, ein Schauspiel aus dem Nachlaß, das wie alle späten Dramen O'Neills eine Variation über das Thema Leben und Traum bildet.

In den Nachkriegsjahren oft gespielte Stücke von Thornton Wilder, dem amerikanischen Romancier und Dramatiker, waren »Unsere kleine Stadt« (1938), nach seinen Worten »ein Versuch, einen unbezahlbaren Wert in den kleinsten Ereignissen unseres täglichen Lebens zu finden«; »Die Heiratsvermittlerin« (1938) nach Nestroys Posse »Einen Jux will er sich machen« sowie »Wir sind noch einmal davongekommen« (1942), ein Familienstück als Welttheater, in dem der Autor höchst effektvoll die Zeiten der Menschheitsgeschichte und die Techniken von Bühne, Film und Rundfunk mischt. Dieses Schauspiel demonstriert mit den »auflösenden« Formmitteln einer destruktiven Zeit Wilders Überzeugung von der menschlichen Fähigkeit, die Einbrüche des Zerstörerischen zwar nicht aufhalten, sich jedoch aus ihnen wieder befreien zu können. Von der Eiszeit bis zur Gegenwart ist sich der Mensch im Grunde immer gleichgeblieben, und so wie er sich in den wechselnden Katastrophen immer wieder auf die gleiche Weise gerettet hat, so wird er sich auch in Zukunft retten. Wilder hat in seinen antiillusionistischen Stücken humanistisches Bildungsgut und amerikanischen Alltag höchst bühnenwirksam verarbeitet.

Eine lange Reihe von Autoren, die das neue amerikanische Theater geformt haben, ließe sich anführen, doch seien hier nur noch zwei Dramatiker herausgegriffen. Tennessee Williams (1914–1983), der neben Arthur Miller (geb. 1915) der bedeutendste Autor des psychologischen Realismus der amerikanischen Dramatik nach dem Zweiten Weltkrieg war, verdankte seinen Erfolg einer, wenn es sein mußte, robusten, aber auch, wenn er wollte, diffizilen Beherrschung der Technik des Aktestücks, die er in fast allen seinen Dramen anwandte, und einer ebenso aus Brutalität und Überfeinerung gemischten Thematik. Diese beruhte fast ausschließlich auf tiefenpsychologischen Problemen, geschult an Freud und C. G. Jung. Zum Welterfolg wurde »Die Glasmenagerie« (1945), in der die Illusionswelt eines leicht verkrüppelten Mädchens der allzu gesunden Welt der Realität gegenübersteht. Besonders erfolgreich waren unter anderem auch »Endstation Sehnsucht« (1947), »Die tätowierte Rose« (1951) und »Die Katze auf dem heißen Blechdach« (1955).

Arthur Miller ist einer der zeitgenössischen amerikanischen Autoren, die Ibsens postume Nachwirkung in den Vereinigten Staaten beweisen. Seinen ersten Welterfolg errang er 1947 mit »Alle meine Söhne«, einem Familiendrama im Ibsen-Stil. Einer antiillusionistischen Technik durch Rückblenden, Wachträume, Halluzinationen, Erscheinungen in der realen Welt, die als Scheinwelt enthüllt wird, bedient sich Miller in »Der Tod eines Handlungsreisenden« (1949), der Tragödie eines Vertreters, der sich und seiner Familie die Illusion von Erfolg und Beliebtheit vorgaukelt.

Seine »Hexenjagd« (1953), der die Hexenverfolgung schottisch-englischer Puritaner in Salem, Massachusetts, im Jahre 1692 zugrunde liegt, ist ein historisch verschlüsselter Angriff auf die kommunistischen Hexenprozesse in der Sowjetunion und auf die antikommunistischen Hexenjäger des amerikanischen Senators McCarthy. Millers Selbstporträt und das seiner ehemaligen Ehefrau Marilyn Monroe enthält das Stück »Nach dem Sündenfall«, das 1964 uraufgeführt wurde.

Auch aus England kam damals Neues. So beispielsweise von John Boynton Priestley (1894—1984), der in seinen erfolgreichen Bühnenstücken meist die Wünsche und Sehnsüchte von Menschen aus der unteren Mittelschicht darstellt. Mit dem Zeitbegriff experimentiert er in »Die Zeit und die Conways«, einem Familienstück, dessen dritter Akt zwanzig Jahre früher als der zweite spielt.

Neue geistige Ziele haben dem britischen Theater jedoch vor allem Thomas S. Eliot (1888—1965) und Christopher Fry (geb. 1907) gewiesen, die beide als Erneuerer des poetischen Dramas durch Verssprache gelten.

Eliot, der naturalisierte Engländer aus Amerika, vertritt eine betont christliche Haltung, die ihre oberste Aufgabe darin sieht, dem Menschen das Heil zurückzugewinnen oder ihn vielmehr für das schwer zu erlangende Heil »reif« zu machen. »Mord im Dom« (1935) ist ein christliches Spiel in antikisierender Form, das Martyrium des Thomas Becket, der sich in der Kathedrale von den Rittern des Königs erschlagen läßt, weil der Märtyrertod stets die »Absicht Gottes« ist.

Das neue Verfahren, sich der Form des britischen Gesellschaftsstücks zu bedienen, um diese an bestimmten Stellen antiillusionistisch zu durchbrechen, hat Eliot zum erstenmal in »Der Familientag« erprobt. Seine späteren Stücke – »Die Cocktailparty«, »Der Privatsekretär«, »Ein verdienter Staatsmann« – gleichen zwar äußerlich Konversationsstücken, stecken aber dennoch voller symbolischer Verweise und literarischer Anspielungen.

»Unser größter Dichter seit Shakespeare«, sagte der großartige englische Schauspieler Sir Laurence Olivier über Christopher Fry, den »Poeten« des zeitgenössischen Theaters, der über eine geradezu bestürzende Sprachphantasie verfügt und die Metaphorik der englischen Dichtersprache Shakespeares und des siebzehnten Jahrhunderts auf eine durchaus eigenständige und originelle Weise wieder zum Blühen gebracht hat. Auch Fry bekennt sich zu einem religiös betonten Humanismus, und wie alle Romantiker zieht ihn das Mystische als ein Weg zur Erkenntnis des Gottesgeheimnisses oder des Seelen- und Naturgeheimnisses mächtig an.

Über seinen ersten Welterfolg, die Verskomödie »Die Dame ist nicht fürs Feuer« (1948), schrieb Friedrich Luft: »Partien, Spracheinfälle, Bilder, die aus Shakespeareschen Narrenszenen sein könnten, dabei gesprochen aus einem so modernen Lebensgefühl, daß der sprachlichen Erheiterungen kein Ende ist. Gestalten, so feste, poetische Figuren, daß jede ihr eigenes Gesicht sofort und mit dem ersten Satz schon zeigt. Skurrile Erfindungen darin, daß eine wirklich so flirrende, so wahrhaft zierliche Ermunterung zum Leben am Ende entsteht, wie sie uns von der Bühne lange nicht anwehte.«

Während »Die Dame ist nicht fürs Feuer« die elisabethanische Form aufgreift, nähert sich »Venus im Licht« (1950) der Gesellschaftskomödie, die jedoch stark poetisiert erscheint. »Das Dunkel ist Licht genug« (1954) ist zwar ein vom Tod durchtränktes Stück und dennoch eine Komödie. Alle drei Werke gehören zum Zyklus der sogenannten Jahreszeitenstücke: Die »Dame« ist das Frühlingsstück, die »Venus« das Herbstspiel und das »Dunkel« das Winterstück.

Jenseits der Alpen

Obwohl nach dem Zweiten Weltkrieg Italien mit seinen neoveristischen Filmen so wesentliche Beiträge zur künstlerischen Gestaltung brennender Zeitprobleme geliefert hat, ist es auf dem Gebiet des Dramas nur wenig hervorgetreten. In den Jahrzehnten davor war das noch anders gewesen, als der Sizilianer Luigi Pirandello (1867–1936), »der geheimnisvolle Italiener«, dem Drama neue Aspekte gab, indem er die psychologische Problematik des modernen Menschen in einer ihm sehr eigentümlichen unauflöslichen Verbindung von Ernst und Ironie darstellte und sein Leben als ein unaufhörliches Wechselspiel von Wirklichkeit und Schein gestaltete. »Ich lebe vor lauter Spiegeln und vor lauter Augen, die mich beobachten«, hat er einmal gesagt – und sechs Jahre bevor er starb: »Mein Tod wird mein größtes Abenteuer sein. Ich werde mich hinsetzen und zusehen, wie Pirandello stirbt.«

Nach dem Ersten Weltkrieg war Pirandello, der Repräsentant der modernen italienischen Dramatik, so etwas wie eine Sensation des gesamteuropäischen Theaters, aber schon bei seinem Tod im Jahre 1936 schien der romanische »Denkspieler« beinahe wieder vergessen zu sein. Die Thematik Pirandellos ist das Mißtrauen gegenüber der bürgerlichen Scheinwelt, gegenüber den Konventionen menschlicher und sozialer Beziehungen. Die ständige Umkehrbarkeit von Schein und Sein und der daraus entspringende Zweifel »an der Kontinuität des persönlichen Ichs« ist das einzige Thema, das er in allen seinen Stücken mit bohrender Dialektik abwandelt. Durch die immer konsequentere Überlagerung von Schein und Sein wurde er zum Revolutionär des Menschenbilds auf der Bühne. Weder als natürliches noch als gesellschaftliches Wesen ist der Mensch eindeutig fixierbar und seiner eigenen Wirklichkeit nie völlig sicher. Scheinbar banale Situationen erweisen sich als paradox und fragwürdig. Der Irrsinn der moralischen Konvention zwingt die Menschen zu sinnlosen Komödien, zu Gratwanderungen zwischen individuellem und gesellschaftlichem Wahn: als verläßliche Realität bleibt einzig die Ästhetik, die mit einem tragischen Bewußtsein aufgebaute Welt der Schatten und Illusionen. Pirandello nimmt als psychologische Konsequenz dieser durch und durch skeptischen Haltung die »Lebensangst« voraus, die nach dem Zweiten Weltkrieg besonders von der französischen »Littérature noire« als das Grundgefühl des heutigen Menschen verkündet wurde – allerdings mit dem Unterschied, daß Pirandellos merkwürdige Ironie auch dieses Gefühl selbst erfaßt und zuweilen wieder aufhebt. Seine Hinwendung zum Spielerischen erscheint in einem völlig neuen, gespenstisch-unheimlichen Sinn: Was der Mensch »spielt«, tritt ins Leben und wird Aktion. Dies ist das Thema der großen Trilogie vom »Theater auf dem Theater«, die mit dem Welterfolg »Sechs Personen suchen einen Autor« (1921) beginnt und über »Jeder auf seine Weise« (1924) mit »Heute abend wird aus dem Stegreif gespielt« (1930) endet.

Pirandello, der acht Romane, über zweihundert Novellen und rund vierzig Stücke schrieb und 1934 den Nobelpreis erhielt, ist mit Ibsen und Strindberg einer der drei Nährväter des modernen Theaters und unter ihnen der jüngste und eleganteste. Als Begründer des modernen Theaters sieht ihn auch Anouilh, der von Pirandellos Methoden ebenso profitiert hat wie so grundverschiedene Autoren wie O'Neill, Thornton Wilder, Brecht, Ionesco, Peter Weiss und Samuel Beckett, bei dem das Leben nur noch das bewußte

Spielen eines abgedroschenen Spiels ist. In der Tat gilt Pirandello als der konsequenteste Erfinder des Bühnenmenschen, der seine ordentlichen Konturen verloren hat und deshalb nicht mehr einen bestimmten Charakter mit genau ablesbaren Zügen »vorstellt«. Als Antiillusionist ist er weniger Szeniker als Analytiker. Es sind die Menschen und ihr Milieu, die bei ihm den Boden unter den Füßen verloren haben, die Bühnenwelt selbst ist meist im strengen Sinn des Aktestücks zusammengehalten. In seinem Lieblings- und Meisterwerk »Heinrich der Vierte« (1922) läßt er einen nur scheinbar Verrückten die Normalen zu Verrückten degradieren, die nicht imstande sind, ihren Wahn zu erkennen. Auf die Sensationen, die er in den zwanziger Jahren erregte, folgte ein Rückschlag, doch der »Pirandellismo« ist zu einem Weltbegriff geworden.

»Ich bin nicht verträumt. Ich habe oft genug und kühl durchdacht, was ich denke, und als guter Andalusier besitze ich das Geheimnis der Kühle, weil mein Blut alt ist.« So hat sich einmal in einer »Plauderei über das Theater« ein großer spanischer Dichter charakterisiert, dessen dramatisches Werk erst Jahre nach seinem Tod auf die deutschen Bühnen gelangte: Federico Garcia Lorca (1898–1936), der zwei Monate nach dem Beginn des Spanischen Bürgerkriegs von den Falangisten erschossen wurde. Dieser Andalusier war als Erneuerer des poetisch-lyrischen Theaters aus den Elementen der spanischen Volksballade und des spanischen Volksstücks der letzte große Tragödiendichter Europas. Er besaß eine elementare dichterische Kraft, die sich in seinen Bühnenwerken mit dem harten und magischen Realismus verbindet, der von allem Anfang an ein Wesensmerkmal der spanischen Kunst ist. Den Stoff für alle seine Tragödien fand er in der spanischen Wirklichkeit. So ist zum Beispiel das Thema in seinen Tragödien »Bluthochzeit« und »Bernarda Albas Haus«, die Befreiung der erotischen Sehnsucht junger, von der strengen Sitte des bäuerischen Lebens in ihren Triebregungen unterdrückter Frauen. »Yerma« schildert die Tragödie einer durch die Gefühlskälte ihres Mannes kinderlosen Bäuerin. »Vier Bilder eines erotischen Bilderbogens in der Art eines Kammerspiels« lautet der Untertitel der Tragödie »In seinem Garten liebt Don Perlimplin Belisa«, ein Stück, bei dem der Tod in der Realität zu einem ewigen Leben im Traum wird.

Kennzeichnend für alle Gestalten Lorcas ist, daß sie ihren Weg konsequent zu Ende gehen, was zugleich auch ein Teil des archaischen Wesenskerns ist, der das Werk prägt. So wie er selbst kaum einen Kompromiß kannte, so billigte er auch seinen Personen keinen Ausweg zu.

Aus der Schweiz stammen Max Frisch (geb. 1911) und Friedrich Dürrenmatt (geb. 1921), die zu den führenden Dramatikern unserer Gegenwart gehören.

»Wir halten uns für den Spiegel und ahnen nur selten, wie sehr der andere seinerseits eben der Spiegel unseres erstarrten Menschenbildes ist, unser Erzeugnis, unser Opfer«, heißt es in Frischs »Tagebuch 1946–1949«. Die Stücke dieses Architekten, Essayisten, Erzählers und Bühnenschriftstellers stellen Gewohnheiten und Gewißheiten in Frage. Viele seiner Figuren sind bemüht, sich der Fixierung durch die Umwelt zu entziehen, und es erscheint als schwerste Verfehlung, daß man sich ein »Bildnis« vom anderen macht und ihn darauf festlegt. Frisch bedient sich der verschiedensten, meistens antiillusionistischen Theaterformen. In Deutschland wurde man auf ihn aufmerksam, als 1945 kurz nach dem Krieg sein Schauspiel »Nun singen sie wieder« in München aufgeführt wurde. In diesem Versuch eines Requiems für die Toten des Zweiten Weltkriegs hatte der Schweizer Dramatiker die Stimmen der Deutschen laut werden lassen, deren Mund im eigenen Land noch vom kaum überwundenen Entsetzen verstummt war.

Es folgte »Die Chinesische Mauer« (1947), eine als »dramatische Farce« bezeichnete Allegorie mit mythischen, historischen und literarischen Gestalten, die in einer Art Gleichzeitigkeit alles Geschichtlichen auftreten, um über Macht und Schuld zu dozieren. Über mehr als eine Predigt ist diese unter der ersten Atombombenexplosion stehende Warnung vor dem kollektiven Selbstmord nicht hinausgekommen. Dem naturalistischen Zeitstück »Als der Krieg zu Ende war« (1948) und der Moritat »Graf Öderland« (1951) schloß sich 1953 die brillante Konversationskomödie »Don Juan oder Die Liebe zur Geometrie« an, hinter der sich die Tragikomödie des modernen Intellektuellen verbirgt.

Als »Lehrstück ohne Lehre« hat Frisch »Biedermann und die Brandstifter« (1958) bezeichnet, die Parabel vom Bürger, der die faschistische Gefahr im eigenen Haus erst wahrhaben will, als es zu spät ist. Zu einem der erfolgreichsten deutschsprachigen Stücke der Nachkriegszeit wurde »Andorra« (1961), eine Parabel über rassische Vorurteile und deren schreckliche Folgen. Boulevardhafte Züge finden sich in »Biografie« (1968), der Komödie über die Zufälligkeit jedes Lebenslaufs.

»Wer so auf dem letzten Loch pfeift wie wir alle, kann nur noch Komödien verstehen«, sagt Romulus in »Romulus der Große« (1949), Friedrich Dürrenmatts Zeitsatire in historischem Gewand. Dahinter steckt natürlich auch die persönliche Ansicht des Schweizer Dramatikers selbst, der 1955 in den »Theaterproblemen« formuliert hat, einer heillosen Welt wie der unseren könne man auf dem Theater nur mehr mit der Komödie beikommen. Das Grundthema aller seiner Stücke ist der Versuch, den Standort des Menschen zu bestimmten. Das geschieht mit den Mitteln eines bohrenden Intellekts und einer ausschweifenden Theaterphantasie. Im Gegensatz zu Brecht, dem er in manchem in der parabelhaften Form seiner Gesellschaftsdarstellung folgt, neigt Dürrenmatt zu einem grundsätzlichen Pessimismus gegenüber einer möglichen Veränderbarkeit der Welt. Er »baut in seinen Komödien künstliche Welten auf, in denen er mit Personen, auch mit Zeit und Raum, mit illusionistischen und antiillusionistischen Wirkungen, mit symbolischen und kabarettistischen Effekten schaltet und waltet, wie es ihm gerade notwendig erscheint«, meint Georg Hensel. Stets aufs stärkste herausgefordert vom Widerspruch, neigt er von der Satire bis zum Kabarett, zur grotesken Überzeichnung und zur Travestie aller bürgerlichen Idole. Unter dem Einfluß der von ihm so geliebten Satiriker Aristophanes und Nestroy, aber auch angeregt von Wedekind, Pirandello, Sternheim und Brecht, verfolgt Dürrenmatt eine moralische, nicht gesellschaftlich engagierte Kritik. »Ich schreibe nicht über unsere Zeit«, hat er sich gegen die Kritiker seines politischen Schauerstücks »Die Ehe des Herrn Mississippi« (1952) gewehrt, »sondern eine Komödie unserer Zeit. Von hier aus ist mein Stil zu begreifen, der Leidenschaft zur Sprache ist und nicht Wille zur Aussage, dichterisch auch gerade dort, wo es nach der Meinung der Kritiker nur Leitartikel gibt.« Dennoch ist er ein Moralist wider Willen, der sich für einen Spieler hält.

Als ein Meisterwerk gilt seine tragische Komödie »Der Besuch der alten Dame«, 1956 im Schauspielhaus Zürich uraufgeführt und dann zum Welterfolg geworden. In eine Kleinstadt, in der man sich in bürgerlicher Selbstzufriedenheit und Nörgelei konformistisch selbst belügt, bricht das Schicksal in Gestalt der einst schmählich verratenen und verstoßenen Claire Zachanassian, jetziger Multimillionärin. Sie ist bereit, der Stadt eine Million zu schenken, unter einer Bedingung: Sie fordert das Leben des Mannes, der sie einst hat sitzenlassen. Den Sarg hat sie gleich mitgebracht. Der ersten Empörung folgt nach und nach der Kniefall vor dem Geld. Jener Mann Ill, verheiratet, mit Sohn und Tochter, Muster eines ordentlichen Bürgers, sieht selbst ein, daß er sich opfern muß. Einmal kann er sich noch im neugewonnenen Reichtum sonnen: auf einer Autofahrt mit der Familie. Bald darauf wirft sich die alte Dame über seine Leiche im Sarg wie einst Salome über Johannes. Wie in der antiken Tragödie treten die Bürger zum Chor zusammen, der den Preis des Wohlstands anstimmt. »‚Der Besuch der alten Dame' ist eine Geschichte, die sich irgendwo in Mitteleuropa ereignete, geschrieben von einem, der sich von diesen Leuten durchaus nicht distanziert und der nicht so sicher ist, ob er anders handeln würde«, vermerkt Dürrenmatt im Nachwort zur Buchausgabe.

Wilde Komik und blankes Grauen liegen in der meisterhaft gebauten Komödie »Die Physiker« (1962) so dicht nebeneinander, »daß sich der Zuschauer mit seinem eigenen Gelächter verwundet«, urteilt Hensel. Es ist ein

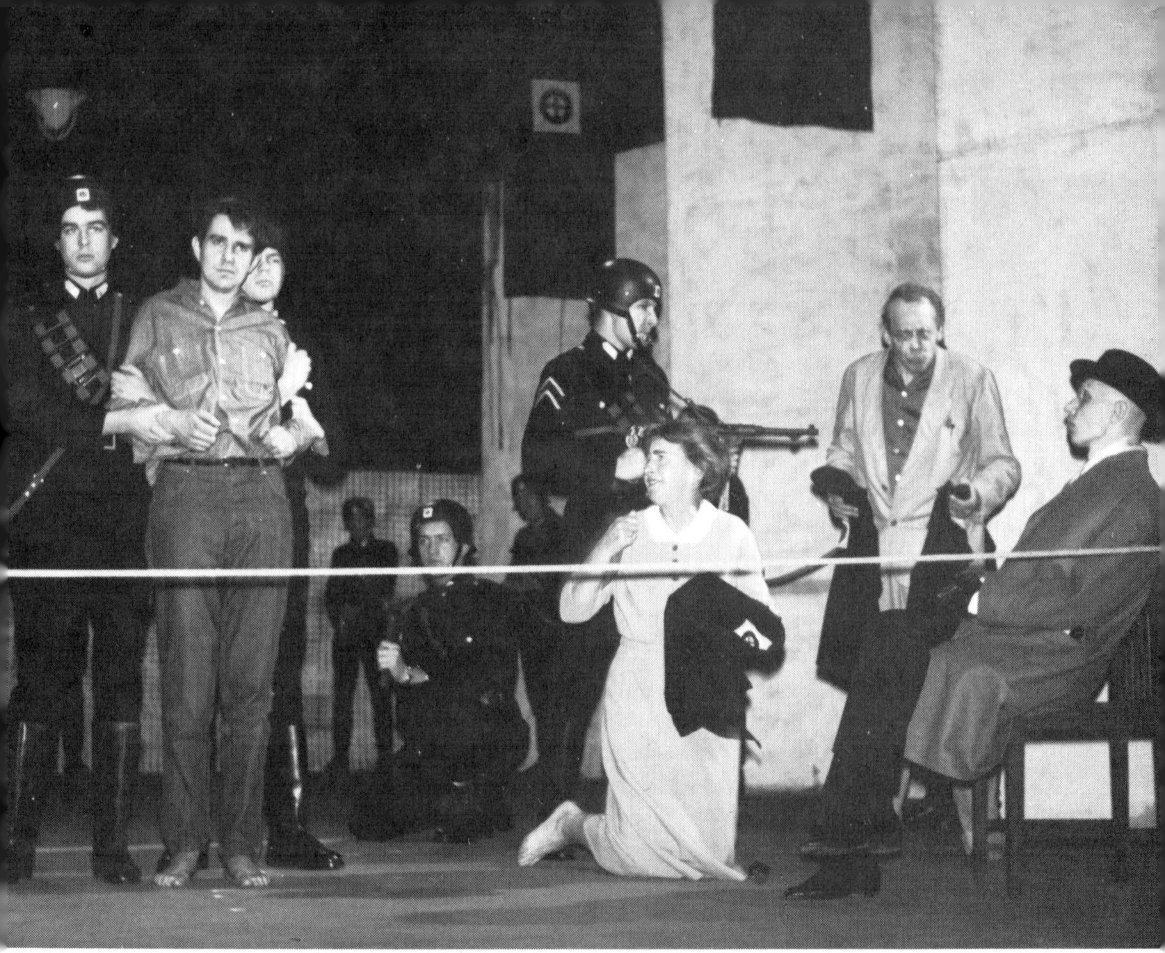

Nach der vielbeachteten Züricher Uraufführung des Dramas »Andorra« von Max Frisch brachten die Münchner Kammerspiele das Stück am 20. Januar 1962 als deutsche Erstaufführung heraus (Foto).

Schauspiel zum brennenden Weltproblem des Mißbrauchs der Kernenergie in den Händen verantwortungsloser oder irrsinniger Verbrecher. Von anderen Stücken Dürrenmatts seien hier noch genannt: »Ein Engel kommt nach Babylon« (1953), »Herkules und der Stall des Augias« (1963), »Der Meteor« (1966) und »Achterloo« (1983). Manche seiner Stücke zerflattern in »Ulk und Witzchen, die man bei ihm nicht für möglich halten möchte«, meint Hensel, der darauf hinweist, daß die Qualität von Dürrenmatts Komödien völlig abhängt von dem Beziehungsreichtum und der inneren Richtigkeit seiner Fabeln. »Seine besten Komödien sind Gedankenspiele und folgen ihren eigenen Gesetzen.«

Die französische Palette

Was sich in unserem Jahrhundert, also seit 1900, auf den französischen Bühnen ereignet hat, ist so vielseitig und bunt wie das Farbenspektrum auf der Palette eines Malers. Alle Dramatiker und ihre Werke vorzustellen, würde den Rahmen dieses Buches sprengen. Deshalb muß sich auch hier der summarische Überblick auf einige wenige Namen beschränken, an denen die Strömungen verdeutlicht werden.

Da ist zunächst einmal Jean Giraudoux (1882–1944) zu nennen, der in der ersten Jahrhunderthälfte als Frankreichs berühmtester Dramatiker galt. Mit seinem 1928 uraufgeführten »Siegfried«, einer dramatischen Bearbeitung seines Romans »Siegfried et le Limousin«, öffnete er die französischen Bühnen einem neuen Stil und einer neuen Generation von Dramatikern. Ein Jahr später folgte die Komödie »Amphitryon 38«, ein innig-frivoles, frivolinniges Zaubergebilde. Vielgespielte Stücke sind auch »Der Trojanische Krieg findet nicht statt« (1935), »Elektra« (1937) und vor allem sein nachgelassenes und erst nach seinem Tod aufgeführtes Meisterwerk »Die Irre von Chaillot«. In seinen sprachlich preziösen Dramen, die lyrische wie reflektierende Tendenzen enthalten und auch mit den Theatermitteln und der Theaterillusion spielen, hat er die Welt der französischen Bourgeoisie spielerisch in Irrealität, Traum, Poesie und Mythos hinein erweitert. Wie fast alle großen Schriftsteller unseres Jahrhunderts war auch Jean Giraudoux ein Zeit- und Gegenwartskritiker. Aber hinter seiner Kritik stand nicht die Verzweiflung, sondern die grundsätzliche Bejahung des Lebens, der Welt und des Menschen. Er war ein Ironiker, aber kein Zyniker – ein Skeptiker, aber kein Nihilist. Vor allem aber war er ein unerschütterlicher Humanist.

Den Humanismus der Verzweiflung vertrat dagegen die ihm nachfolgende Generation der »Littérature engagée«, die sich allein der aktuellen Situation des modernen Menschen annahm und deren geistiges Oberhaupt Jean-Paul Sartre (1905–1980) war. Dieser im und nach dem Zweiten Weltkrieg führende französische Dramatiker verkündete in seinen formal eher konservativen, jedoch meisterhaft gebauten Aktestücken seine Philosophie des Existentialismus und wurde so auf dem Theater zum Repräsentanten des existentialistischen Dramas, in dem das Menschenbild seiner Philosophie – Humanismus gleich Atheismus – auf der Bühne erschien. Sartres Existentialismus, gestützt auf die Philosophie Descartes', Hegels, Kierkegaards, Heideggers und Jaspers, kommt aus dem Grunderlebnis einer katastrophischen Zeit und stellt den Menschen ohne Rückverbindung mit einem göttlichen Prinzip allein auf sich selbst in die Mitte der Welt, die seine innerste Existenz bedroht. »Es kann nichts a priori Gutes mehr geben, da es kein unendliches und vollkommenes Bewußtsein mehr gibt, um es zu denken.« Sämtliche »etablierten Werte«, Kosmos und Transzendenz negierend, »beginnt das menschliche Leben jenseits der Verzweiflung«.

Die französische Variante der Existenzphilosophie ist für das Drama nicht nur bedeutsam geworden durch die Personalunion des Denkers und Dramatikers Jean-Paul Sartre, sondern auch durch die Schule, die sie in der Auffassung des Menschen und ihrem Bild von der Welt, in der wir leben, bei den Dramatikern gemacht hat. In ihr wurzelt die sehr wichtige Kategorie der Selbstentfremdung, in der die bei Pirandello beginnende »Schichtung« der Bühnenfigur bis ins Extrem vorangetrieben wird. »Der Mensch ist dauernd außerhalb seiner selbst.« Bei Sartre wird das auf die Willenssphäre beschränkt: Es ist gleichgültig, ob ein Mensch das Gute oder das Böse will, denn bei seinen Handlungen kommt immer das Böse, das heißt das Sinnlose heraus. Das ist der für den Existentialismus bezeichnende Zug des Absurden. Aber Sartre hat in seiner Analyse der Einbildungskraft auch die Begründung für das Verfahren etwa Ionescos gegeben: Real, sagt er, ist nur das Imaginäre. Daher muß die angebliche Realität der Welt, in der wir leben, negiert werden. »Der Mensch ist nichts als das, was er aus sich macht.« Er existiert überhaupt nur, indem er »sich außerhalb seiner selbst verliert«. Sartre hat dieses Nein zur realen, das heißt zur bürgerlichen Welt bis zur Rechtfertigung der Immoralität und des Verbrechens getrieben.

Seitdem der Existentialismus aus der Mode gekommen ist, sind auch Sartres Stücke nur noch selten auf der Bühne zu sehen, darunter Werke wie »Die Fliegen« (1943), »Geschlossene Gesellschaft« (1944), »Tote ohne Begräbnis« (1946), »Die ehrbare Dirne« (1946), »Die schmutzigen Hände« (1948), »Der Teufel und der liebe Gott« (1951), »Nekrassow« (1955) und »Die Eingeschlossenen von Altona« (1959). In einem seiner geistreichsten Bücher, »Die Wörter«, schrieb Sartre den skeptischen Satz: »Lange hielt ich meine Feder für ein Schwert: nunmehr kenne ich unsere Ohnmacht.«

Die folgenden Sätze von Jean Anouilh (geb. 1910) enthalten im Kern alles, was man über den in den fünfziger und sechziger Jahren meistgespielten französischen Dramatiker wissen muß: »Wir können uns beleidigen, verraten, massakrieren unter mehr oder weniger noblen Vorwänden, zu scheinbaren Größen aufblasen: wir sind komisch. Nichts anderes — alle zusammen, wie wir gebacken sind, einschließlich derer, die wir unsere Helden nennen. Wenn doch die Apostel der Verzweiflung, die immer wieder die Schrecklichkeit der menschlichen Existenz ergründen und uns daran hindern möchten, uns im Theater zu amüsieren, sich in das Unabänderliche fügen wollen: wir sind komisch! Und das ist am Ende noch schrecklicher als die grauenvollen Schilderungen unseres Nichts.«

Nachhaltig beeindruckt durch eine Aufführung des »Siegfried« von Giraudoux begann der junge Anouilh selbst, Bühnenstücke zu schreiben. Mit der bei fast allen Dramatikern traditionellen Sicherheit und Perfektion des technischen Könnens verbindet Jean Anouilh eine sehr persönliche geistige Haltung, nämlich die eines standhaften, aufrechten Pessimismus gegenüber dem Unheil der Welt, dem der Mensch auf keine Weise entgehen kann. Einsamkeit und Ekel, die Unmöglichkeit des Kontakts und die Melancholie des Alters sind Themen, die der erfolgreiche Autor und brillante Szenentechniker in seinen Stücken schildert. Sie haben ihn zu einem der meistaufgeführten Dramatiker des 20. Jahrhunderts gemacht, auf der Bühne und auf dem Bildschirm, der nach geistreichen Dialogen hungert. »Ich bin ein guter Stückefabrikant«, hat er einmal von sich behauptet, »und ich schäme mich gar nicht, ein Handwerker zu sein. So amüsiere ich an die zwanzig Jahre mein gutes Pariser Publikum: Ich liefere den Schauspielern einen Vorwand, auf den Brettern den Hanswurst zu machen, und jeden Abend können fünf- oder sechshundert Personen ihren Alltagskram vergessen. Während dreier Stunden die Menschen ihr Schicksal und den Tod vergessen zu machen, das ist ein gutes, ein nützliches Handwerk, man braucht sich gar nicht noch weiter zu ‚engagieren'.«

Das bei Anouilh häufig vorkommende Mittel des »Theaters im Theater« kann als Grundmodell seiner Stücke gelten – von der Titelfigur seines Welterfolgs »Antigone« (1942) bis zu den Stücken »Der arme Bitos oder das Diner der Köpfe« (1956) und »Majestäten« (1960), die ganz und gar vom Rollenwechsel und der Spannung zwischen Rolle und Wirklichkeit leben. Von seinen Werken, die Anouilh selbst in die ernsten »Schwarzen Stücke« und die heiteren »Rosa Stücke« eingeteilt hat, seien hier angeführt: »Einladung ins Schloß oder Die Kunst, das Spiel zu spielen« (1947), »Jeanne oder Die Lerche« (1953), »Ornifle oder Der erzürnte Himmel« (1955), »General Quichotte oder Der verliebte Reaktionär« (1959) sowie »Beckett oder Die Ehre Gottes« (1959).

Eine völlig andere »Farbe« der »französischen Palette« ist das sogenannte »absurde Theater«, ein Begriff, der, von einem kleinen Pariser Theater in alle Welt gegangen, selbst absurd ist; denn das lateinische Wort »absurd« bedeutet mißtönig, widersinnig und unsinnig – und genau das ist das absurde Theater nicht. »Selbstverständlich ist das ‚Absurde', sei es als Theaterstil, sei es als Lebensgefühl, keine Pariser Nachkriegserfindung dreier Nichtfranzosen, des Russen Adamov, des Rumänen Ionesco und des Iren Beckett, die alle französisch schreiben«, wie Georg Hensel hierzu anmerkt, »doch diese drei haben nun einmal in der Weltmeinung dieses Banner in ihrem Lager, ob sie wollen oder nicht – und sie wollen alle drei nicht oder

Auf Sophokles geht Jean Anouilhs »Antigone« zurück. Hier eine Inszenierung des Hamburger Ernst-Deutsch-Theaters von 1984.

doch nicht mehr, und daß sie ein Lager bilden, würden sie mit Recht bestreiten: Auch dies ist absurd an den Absurden.«

Absurdes Theater ist die Bezeichnung für Theaterstücke der fünfziger Jahre, die sich später allgemein durchgesetzt hat. Dazu ist außer Adamov (1908–1970), Ionesco (1912–1986) und Beckett (geb. 1906) als vierter Nichtfranzose noch der spanische Dramatiker Arrabal (geb. 1932) zu zählen, der seit 1954 in Paris lebt und gleichfalls in französischer Sprache schreibt, und zwar über traumatische zwischenmenschliche Konflikte, sexuelle Herrschaftsverhältnisse, pervertierte Gottsuche, antizivilisatorische Sehnsüchte.

Das absurde Theater löste das philosophische Debattierstück der existentialistischen Dramatik Sartres und Camus' in Frankreich ab und verschärfte den schon von Camus formulierten Aspekt der Absurdität der Existenz. Albert Camus (1913–1960), der Philosoph im Umkreis des Existentialismus, benutzte die dramatische Form, um seine Philosophie darzustellen: Die Welt tritt als Absurdes und Fremdes dem Menschen gegenüber, der als freies und verantwortungsvolles Wesen aber nicht aufhören darf, den permanenten Kampf mit der Absurdität zu führen. In seiner Untersuchung über das absurde Theater schreibt Martin Esslin: »Das Theater des Absurden verzichtet darauf, über die Absurdität der menschlichen Existenz zu diskutieren, es stellt sie einfach dar als konkrete Gegebenheit – das heißt: in greifbaren szenischen Bildern.« Weder Adamov noch Beckett, weder Ionesco noch Arrabal sind in Frankreich geboren, und das bedeutet: Ihre Fremdheit in der Welt, die Entfremdung als Gesellschaftszustand sind Voraussetzung ihrer Dramatik, zu deren Darstellung sie sich der Mittel der Parodie, der Groteske, der Farce, des provokanten Verstoßes gegen die Wahrscheinlichkeitskonventionen bedienen und dabei an das Avantgarde-Theater der vorhergehenden Jahrzehnte anknüpfen.

»Es war einmal ein arm Kind und hatt kein Vater und keine Mutter, war alles tot, und war niemand mehr auf der Welt. Alles tot, und es is hingangen und hat gesucht Tag und Nacht. Und weil auf der Erde niemand mehr war, wollt's in Himmel gehn, und der Mond guckt' es so freundlich an; und wie es endlich zum Mond kam, war's ein Stück faul Holz. Und da is es zur Sonn gangen, und wie es zur Sonn kam, war's ein verwelkt Sonneblum. Und wie's zu den Sternen kam, waren's kleine goldne Mücken, die waren angesteckt, wie der Neuntöter sie auf die Schlehen steckt. Und wie's wieder auf die Erde wollt, war die Erde ein umgestürzter Hafen. Und es war ganz allein. Und da hat sich's hingesetzt und geweint, und da sitzt es noch und is ganz allein.«

Diese traurige Geschichte von dem elternlosen Kind, dem die Rückkehr zur Erde versperrt ist, hat kein Autor nach dem Zweiten Weltkrieg geschrieben, sondern vor mehr als hundertfünfzig Jahren der deutsche Dramatiker Georg Büchner: Die Großmutter, die sie im »Woyzeck« erzählt, drückt in diesem negativen Märchen, in der später so beliebt gewordenen Technik des Absurden, das Lebensgefühl des Absurden, des Sinnlosen aus. Nur ein kleiner Schritt ist es von Büchner bis zu Franz Kafka (1883–1924), dessen unvollendete Romane »Der Prozeß« und »Das Schloß« zu den Geburtshelfern des modernen absurden Theaters gehören. Eine Hauptrolle hat dabei aber auch der französische Dramatiker Alfred Jarry (1873–1907) gespielt, der mit seinen »König Ubu«-Stücken zunächst das klassische Historientheater parodiert, dann das surrealistische Theater begründet und schließlich die Vorformen des absurden und dadaistischen Theaters geschaffen hat.

Gegen Ende der fünfziger Jahre lief die Zeit des absurden Theaters rasch aus. Als Adamov 1957 mit dem Stück »Paolo Paoli« zur historischen Konkretion überging, begründete er dies mit dem Hinweis, er sei »der abstrakten

Situationen und Themen müde geworden«. Ionesco schrieb 1958 mit dem Welterfolg »Die Nashörner« eine politische Parabel, in der er nicht mehr mit Symbolen arbeitet, die immer ein unauflösbares Geheimnis enthalten, sondern mit einem klaren Gleichnis, das mit dem Verstand ohne Rest zu erfassen ist. Sogar Ionescos Gegner haben ihn nach diesem Stück mit dem Erzrationalisten Molière verglichen.

Beide Autoren – Adamov und Ionesco – verließen damit den Bereich dessen, was man absurdes Theater genannt hat.

Und Samuel Beckett? Als 1953 in Paris sein Stück »Warten auf Godot« uraufgeführt wurde, bezeichnete es Anouilh als eines der drei oder vier Schlüsselstücke des zeitgenössischen Theaters. Sein Welterfolg bestätigt, daß sich der Mensch unserer Zeit hier selbst erkennt, in der Sinnlosigkeit seiner Welt, aber auch in dem unstillbaren Wunsch, ihr zu entrinnen.

Aufsehen erregten auch »Endspiel« (1957), »Das letzte Band« (1958), »Glückliche Tage« (1961), »Spiel« (1963). Zunehmend erwiesen sich Becketts Texte als Ausdruck einer stoischen Spielhaltung, die von der Bezeichnung »absurdes« Theater nicht mehr gedeckt wird. Seine »Stücke lassen sich nicht ausdeuten, denn die Pointe dieser Spiele besteht eben darin, daß sie nichts anderes als Spiele sind, doch wenigstens andeuten lassen sich ihre Zusammenhänge«, meint Georg Hensel. »Becketts Gestalten leben in gleichnishaften Situationen, in Metaphern aus Fleisch und Blut. Die alte Mysterienbühne war eine Metapher für die Willensfreiheit, für die Entscheidung zwischen Engeln und Teufeln. Auch Becketts Figuren stehen auf einer Mysterienbühne, auf der Erde zwischen Zenit und Grube, doch kein Engel kommt aus dem Himmel und kein Teufel aus der Hölle; die Menschen sind mit sich, mit der Erde, in die sie versinken, mit dem Tod, dem sie entgegenwachsen, mit der ablaufenden Zeit allein. Das einzige Mysterium in diesen Mysterienspielen einer metaphysikfreien Erde: daß der Mensch weitermacht im Schmerz, den die Zeit ihm zufügt.«

Über sein Werk hat Samuel Beckett selbst gesagt: »Ich konnte nicht die Antworten geben, die man erhofft hatte. Es gibt keine Patentlösungen.«

Völlig andere Töne kamen von dem in Frankreich mächtigen Block des literarischen Katholizismus, dem einige führende Dramatiker zuzurechnen sind. Einer von ihnen ist Paul Claudel (1868–1955), dessen gesamtes Schaffen um die Manifestation des Göttlichen in dieser Diesseitswelt und um die Prüfung des Menschen für die Gnade Gottes kreist. Sein vierteiliges Riesenwerk »Der seidene Schuh oder Das Schlimmste trifft nicht immer zu«, 1919 bis 1924 entstanden und erst 1943 uraufgeführt, ist Mysterium und grandioses Welttheater in einem. »Claudel hat den Franzosen das metaphysische Drama gebracht – den Franzosen, die das unmetaphysische Volk sind; darin liegt das Wunderbar-Erregende seiner Erscheinung«, schreibt der Romanist Ernst Robert Curtius. Damals vielgespielte Stücke Claudels, um den es heute still geworden ist, waren unter anderem »Der Tausch« und »Mittagswende«. So wie er unter den Katholiken glühende Anhänger besitzt, die ihn als den »größten Dichter der Katholizität« feiern, so nennen ihn seine Gegner den »größten Ketzer innerhalb der Kirche«.

Der gleiche bedingungslose Glaubensernst findet sich auch in den Werken anderer französischer Katholiken: so in dem Stück »Die begnadete Angst« (1951) von Georges Bernanos (1888–1948), dem Kämpfer gegen die »lauen Christen«; bei François Mauriac (1885–1970), dessen christliche Stücke im Ibsenstil geschrieben sind; bei Henry de Montherlant (1896–1972), der zuerst einem heroischen Vitalismus huldigte und im Glauben ein Mittel der Disziplin fand; oder bei Gabriel Marcel (1889–1973), dem christlichen Existentialisten, der sich später Neo-Sokratiker nannte, dessen Gedankendramen jedoch keinesfalls die Durchschlagskraft Sartres, seines Widersachers und Gegenpols, erreichten.

Sind damit alle erwähnt?

Nein, weder die Dramatiker unserer Tage in Frankreich noch in einem anderen Theaterland – und auch nicht so mancher aus früherer Zeit. Eine lange Liste ließe sich aufstellen mit Namen von Bühnenschriftstellern, deren Werke in den Spielplänen immer wieder auftauchen oder die mit Uraufführungen von sich reden machen. Würde man versuchen, sie alle aufzuzählen, so würde der aufmerksame Leser und Theaterkenner dennoch den einen oder anderen darunter vermissen. Einige sind mit ihrem Werk schon in die jüngsten Ausgaben der Schauspielführer eingegangen, andere haben gerade erst Eingang gefunden ins Feuilleton der Tageszeitungen. Wer heute hoch gepriesen wird, kann schon morgen in der Versenkung verschwinden, aus der ihn vielleicht später einmal ein Dramaturg oder Regisseur wieder »ausgräbt« – oder auch nie mehr. Über manches einzelne Stück des einen oder anderen Autors ließe sich vieles sagen, über andere dagegen ist es besser zu schweigen. Aber für diese erwähnenswerten Titel gilt das gleiche wie für ihre Urheber: Auch diese Liste würde unvollständig und subjektiv bleiben. Dramen und Dramatiker sind hier vorgestellt worden, um mit ihnen Entwicklungen und Strömungen zu erklären. Dieses Buch ist kein Schauspielführer, es will vielmehr aufzeigen, wie das entstanden ist, was wir lieben und Theater nennen.

Seine Majestät das Publikum

Beenden wir das Buch damit, womit es begonnen hat: mit dem »verehrungswürdigen Publikum«, wie es in der Einladung zur Wiedereröffnung des Theaters von Pompeji hieß. Denn ohne Publikum ist Theater überhaupt nicht vorhanden: Eines kann ohne das andere nicht leben.

»Tun sich des Theaters Pforten auf,
strömt ein der Pöbel in vollem Hauf.
Da ist es denn des Dichters Sache,
daß er ein Publikum aus ihnen mache.«

Wie recht Grillparzer damit hat, wird Abend für Abend in allen Theatern der Welt immer wieder bestätigt.

Als nach der Uraufführung seiner Komödie »Pygmalion« das Publikum vor Begeisterung raste, trat Shaw vor den Vorhang. Erst als er ein Zeichen gab, daß er sprechen wolle, wurde es still. Doch da rief plötzlich jemand von der Galerie herunter: »So ein blöder Quatsch!«

Ohne sich aus der Fassung bringen zu lassen, lächelte der Dichter hinauf und rief: »Ich bin ganz Ihrer Meinung! Aber was können wir beide gegen so viele ausrichten?«

Umgekehrte Mehrheitsverhältnisse fand einmal Wedekind vor, als er in einem seiner Stücke vor fast leerem Haus spielte. Schließlich zischte auch noch einer, was den Mimen veranlaßte, an die Rampe zu treten und zu drohen: »Nehmen Sie sich in acht da unten! Wir haben die Mehrheit!«

Immerhin hatte Wedekind noch die Reaktion seines Publikums hören können, was durchaus nicht immer der Fall ist. Als Bernard Shaw einmal berichtet wurde, ein zeitgenössischer Dramatiker sei neuerdings mit einer attraktiven Schauspielerin befreundet, meinte er: »Unmöglich! Bei dem schläft nur das Publikum.«

Bestimmt hat das Publikum nie geschlafen, wenn Theodor Döring, ein Vollblutkomödiant des vorigen Jahrhunderts, im Königlichen Schauspielhaus Berlin mit bezwingend komischer Wirkung seinen Falstaff, Adam oder Polonius auf die Bretter legte. Was er von seinem Publikum hielt, hat er einmal so ausgedrückt:

»Oh, dies Berliner Publikum! Seh'n Sie, in der ganzen Welt geht der Mensch ins Theater, um seine Freude daran zu haben. Nur der Berliner geht ins Theater, um diese Freude nicht zu haben, und diese Nichtfreude ist seine einzige Freude. Auf diese Freude wartet er. Und deshalb setzt er sich ins Parkett, nicht als ein dankbarer Zuschauer, sondern wie ein Sonntagsschütze, der sich in eine Sandkuhle legt, um einen armen Hasen abzumorden. Der Hase aber, auf den er wartet, das ist der Fehler oder auch bloß der anscheinende Fehler, den der arme Schauspieler da oben machen soll. Weh ihm, wenn er ihn nicht macht, dann ist er vollends verloren. Aber, Gott sei Dank, der Fall tritt nicht ein, jetzt steckt der Hase den Kopf raus, der Fehler ist da, und nun knallt es los. Das ist das, was der Berliner sein Theatervergnügen nennt.«

Obwohl jeder Schauspieler weiß, daß das Publikum ein Ungeheuer ist, würde kein Schauspieler je den Faust oder Hamlet oder Don Juan spielen ohne ein Publikum. Denn er braucht dieses Ungeheuer, jene andere Hälfte des Theaters, ohne die ein Theater überhaupt nicht denkbar wäre. Was heute den jugendlichen Fans ein Rockkonzert oder Popfestival bedeutet, das war zum Beispiel 1799 eine Schiller-Aufführung – nämlich ein Anlaß zum Abreagieren. So schrieb der Schauspieler Becker über eine Aufführung der »Räuber« am 28. Juli 1799 am Theater zu Lauchstädt:

»Sie machten vor Anfang der ‚Räuber' solch einen Lärm, wie ich ihn zeit meines Lebens in einem Schauspielhaus noch nicht erlebt habe. So arg war's, daß sich niemand von den Kurgästen in den Logen durfte sehen lassen, denn sie wurden ausgepfiffen und mußten runter. Die Wache, welche Ruhe gebot, wurde ausgelacht und so fort. Es war der Auswurf der Universität, und da konnte es nicht anders kommen. Wie ich meinen Monolog hielt, kam mir ein Kirschenkern auf den Tisch geflogen. Ich stand auf und sagte zu einem Trupp, der vorn beim Orchester saß und Kirschen aß, in einem festen und befehlenden Ton, welchen ich so ganz in meiner Rolle als Franz Moor innehatte: ‚Stille! Was soll das? Kirschenkerne auf das Theater zu werfen!'«

Aber noch schlimmer ist es, wenn das Ungeheuer Publikum vor der Rampe liegt und schläft, denn dann wird es für den Schauspieler noch ungeheuerlicher. Statt ein Echo zu hören und zu spüren, spricht und spielt er in ein Loch hinein, in eine gähnende Leere. Das bringt ihn mehr aus der Fassung als ein zähnefletschendes Publikum, dessen lautstarke Abwehr den Schauspieler eher anspornt und zu einem Duell herausfordert. Schläft das Publikum, dann findet kein Theater statt.

»Das Publikum ist gütig. Es lacht sogar an Stellen, wo es gar nichts zu lachen gibt.«

Wie wahr ist dieser Ausspruch von Curt Goetz, dem Erzkomödianten, der sich seine Komödien selbst auf den Leib schrieb – wenngleich er augenzwinkernd mit »gütig« genau das Gegenteil meinte.

Mißverständnisse und Fehlinterpretationen beim Publikum kommen ebenso häufig vor wie in der Politik. Ich entsinne mich noch gut an meine Theaterzeit in den fünfziger Jahren, als Ionescos absurde und für viele schwer verständliche Stücke gespielt wurden. Bei einer Premiere im Düsseldorfer Schauspielhaus, bei der die Snobs der Stadt das Parkett füllten, herrschte in der großen Pause betretenes Schweigen. Beim Glas Sekt im Foyer wollte das sonst übliche Geplauder über die Vorstellung nicht so recht in Gang kommen, denn keiner wußte, was er dazu sagen sollte. Aber einfach schweigen und so in den Verdacht geraten, nichts verstanden zu haben? Angriff ist die beste Verteidigung – und so eröffnete dann schließlich jemand in einer Gruppe die Debatte mit der Erkenntnis:

»Großartig, einfach phantastisch, was der Dichter uns da wieder mit seinem Stück zu sagen hat!«

»Ja, finde ich auch«, pflichtete ihm eine intellektuell aufgemachte Dame bei. »Es ist zwar sicherlich für manchen nicht leicht, alles zu begreifen, aber wenn man in der Literatur und Philosophie bewandert ist, erfaßt man die Tiefe des Werks.«

Alle nickten beifällig, als hätten sie verstanden, was sie nicht begriffen hatten. Die Dame legte die Stirn in Denkerfalten. »Wissen Sie, nur eine einzige Stelle ist mir nicht ganz klar geworden. Ich meine, als der Mann da an die Tür klopfte, und die Frau rief: ‚Herein!' – Was hat uns der Dichter damit wohl sagen wollen?«

Leichter von Begriff war dagegen ein molliger, gutbürgerlicher Zuschauer, der im Dresdner Schauspielhaus »Wallensteins Tod« sah. Als gerade in der elften Szene des fünften Aktes der Leichnam, in einen roten Teppich gehüllt, über die Bühne getragen wurde und ergriffenes Schweigen im Zuschauerraum zu »hören« war, ertönte auf der Galerie die halblaute Stimme des Herrn, der seiner Nachbarin unbedingt mitteilen mußte: »Iebrichens, Lehmanns zieh'n morch'n um.«

So greift also das Theater ständig in unser Leben ein.

Wie sehr das Publikum manchmal das Schicksal eines Stücks entscheidet, hat uns beispielsweise Professor Brander Matthews von der Columbia-Universität über eine Theaterpremiere berichtet:

»Das Stück hat vier Akte. Ich war Gast des Autors. Nach dem ersten Akt habe ich anstandshalber als einziger applaudiert. Nach dem zweiten Akt verhielt ich mich still, während das Publikum pfiff. Nach dem dritten Akt ging ich zur Kasse und kaufte einen Stehplatz. Nach dem vierten Akt habe ich ‚Buh' gerufen.«

Tja, für die Bühne zu schreiben ist ein hartes Brot! So mancher Autor, der glaubt, es dem Publikum und den Kritikern besonders recht gemacht zu haben, erlebt bei der Uraufführung einen Reinfall mit Pauken und Trompeten.

»Um in Berlin als Dramatiker Erfolg zu haben, muß man tot sein oder pervers oder Ausländer. Am besten ist man ein toter perverser Ausländer.«

Was so klingt, als sei es von heute, hat vor mehr als einem halben Jahrhundert der Schriftsteller Ludwig Fulda gesagt.

Obwohl Carl Zuckmayer weder tot noch pervers, noch Ausländer war, machte er 1931 in Berlin die genau gegenteilige Erfahrung, als nämlich sein »Hauptmann von Köpenick« erstmals über die Bühne ging. In seinen Memoiren »Als wär's ein Stück von mir« hat er folgenden Brief veröffentlicht, den er nach der Premiere erhielt:

»Werter Verfasser, gestern habe ich im Deutschen Theater den Hauptmann von Köpenick gesehen, ich kann Ihnen nicht sagen, wie mir zumute war, als unser liebes, altes Sitzcafé, das National, auf der Bühne erschien. Tränen der Rührung liefen mir über die Wangen. War ich doch selbst die bekannte Goldfisch-Anna, da ich einen sehr vollen Busen besaß und sich die Herren vergnügten, mir lebende Goldfische aus dem großen Bassin mit Springbrunnen in den stets dekolletierten Busenschlitz schlüpfen zu lassen, die sie dann aus meinem Korsett wieder herausfischten, wobei ich zu ihrem Spaß laut quietschte. So manchen Thaler habe ich mir damit ehrlich verdient! Goldene Zeiten.

Dank Ihnen, werter Meister, daß Sie diese Erinnerung an die glücklichsten Tage meines Lebens auf das Theater gebracht haben.

Ihre Goldfisch-Anna«

Shakespeare hat schon recht, wenn er seinen Jacques in »Wie es euch gefällt« sagen läßt:

»Die ganze Welt ist Bühne
Und alle Frau'n und Männer bloße Spieler.«

LITERATURHINWEIS

Aristoteles: Poetik. Übersetzt und erläutert von Dr. Hans Stich. Reclamausgabe 2337
Devrient, Eduard: Geschichte der deutschen Schauspielkunst. Bd. 1/2. Berlin 1905
Drese, Claus Helmut (Hrsg.): Das neue Nationaltheater. Mannheim 1957
Friedell, Egon: Kulturgeschichte der Neuzeit. München 1931
Friedell, Egon: Kulturgeschichte Griechenlands. London 1949
Friedell, Egon: Aphorismen und Briefe. München 1961
Friedell, Egon: Wozu das Theater? München 1964
Frischauer, Paul: Die Welt der Bühne als Bühne der Welt. Bd. 1/2. Hamburg 1967
Gascoigne, Bamber: Illustrierte Weltgeschichte des Theaters. München 1971
Georgiades, Thrasybulos: Musik und Rhythmus bei den Griechen. Hamburg 1958
Gregor, Joseph: Weltgeschichte des Theaters. Bd. 1/2. München 1944
Groos, Karl: Die Spiele der Tiere. Jena 1896
Groos, Karl: Die Spiele der Menschen. Jena 1899
Grosse, Ernst: Die Anfänge der Kunst. Freiburg i. Br. 1894
Gundolf, Friedrich: Shakespeare und der deutsche Geist. Berlin 1911
Gundolf, Friedrich: Shakespeare. Sein Wesen und Werk. Berlin 1928
Hauser, Arnold: Sozialgeschichte der Kunst und Literatur. München 1953
Hensel, Georg: Spielplan. Bd. I/II. Berlin 1966
Kitto, Heinrich D. F.: Die Griechen. Stuttgart 1957
Knudsen, Hans: Deutsche Theatergeschichte. Stuttgart 1970
Kutscher, Artur: Grundriß der Theaterwissenschaft. München 1949
Laaths, Erwin: Geschichte der Weltliteratur. München 1953
Ludwig, Otto: Shakespearestudien. Leipzig 1872
Molinari, Cesare: Theater. Freiburg i. Br. 1975
Nebel, Gerhard: Weltangst und Götterzorn. Eine Deutung der griechischen Tragödie. Stuttgart 1951
Piderit, Theodor: Mimik und Physiognomik. Detmold 1867
Polgar, Alfred: Ja und Nein. Schriften des Kritikers, 4 Bde. Hamburg 1956
Reinhardt, Karl: Sophokles. Frankfurt 1933
Reinhardt, Karl: Aischylos als Regisseur und Theologe. Bern 1949
Rischbieter, Henning: Theater-Lexikon. Zürich und Schwäbisch-Hall 1983
Riemer, Friedrich Wilhelm: Mitteilungen über Goethe. 1841
Schadewaldt, Wolfgang: Griechisches Theater. Frankfurt 1964

Thieß, Frank: Der Tanz als Kunstwerk. Studien zu einer Ästhetik der Tanzkunst. München 1920
Voßler, Karl: Lope de Vega und sein Zeitalter. München 1932
Weigel, Hans: Flucht vor der Größe. Wien 1960
Wiese, Benno von: Die deutsche Tragödie von Lessing bis Hebbel. 2. neu bearbeitete Auflage. Hamburg 1952

BILDNACHWEIS

Archiv für Kunst und Geschichte: 25, 85, 89, 117, 177 (oben links und rechts, unten rechts), 215 (oben links, unten links und rechts), 239 – Deutsche Presse-Agentur: 13, 17, 37, 47, 57, 59, 67, 75, 83, 113, 119, 139, 141, 145, 157, 161, 165, 169, 185, 187, 193, 195, 209, 211, 213, 217, 219, 221, 223, 227, 229, 231, 233, 235, 243, 245, 251, 253, 261, 263, 267, 275, 281, 283, 285, 291, 293, 297, 305, 309 – Deutsches Theatermuseum, München: 9, 207 – Helen Fischer: 21, 31 – Mykenae-Verlag: 100, 125, 177 (unten links), 205, 215 (oben rechts), 265, 291. Alles andere aus dem Archiv des Verlags.

STICHWORTVERZEICHNIS

Die kursiv gesetzten Zahlen weisen auf Abbildungen hin.